本书受中国历史研究院学术出版经费资助

中国历史研究院
Chinese Academy of History

学术出版资助

# 印度人民党的崛起与执政

宋丽萍 著

中国社会科学出版社

## 图书在版编目（CIP）数据

印度人民党的崛起与执政 / 宋丽萍著. —北京：中国社会科学出版社，2020.3

ISBN 978-7-5203-5853-8

Ⅰ.①印… Ⅱ.①宋… Ⅲ.①印度人民党—研究 Ⅳ.①D735.164

中国版本图书馆 CIP 数据核字（2019）第 294848 号

| 出 版 人 | 赵剑英 |
|---|---|
| 责任编辑 | 宋燕鹏 |
| 责任校对 | 王　龙 |
| 责任印制 | 李寡寡 |

| 出　　版 | 中国社会科学出版社 |
|---|---|
| 社　　址 | 北京鼓楼西大街甲 158 号 |
| 邮　　编 | 100720 |
| 网　　址 | http://www.cssp w.cn |
| 发 行 部 | 010-84083685 |
| 门 市 部 | 010-84029450 |
| 经　　销 | 新华书店及其他书店 |

| 印刷装订 | 北京君升印刷有限公司 |
|---|---|
| 版　　次 | 2020 年 3 月第 1 版 |
| 印　　次 | 2020 年 3 月第 1 次印刷 |

| 开　　本 | 710×1000　1/16 |
|---|---|
| 印　　张 | 22 |
| 字　　数 | 303 千字 |
| 定　　价 | 98.00 元 |

凡购买的中国社会科学出版社图书，如有质量问题请与本社营销中心联系调换
电话：010-84083683
**版权所有　侵权必究**

# 中国历史研究院学术出版
# 编委会

**主　任**　高　翔
**副主任**　李国强
**委　员**（按姓氏笔画排列）
　　　　　卜宪群　王建朗　王震中　邢广程　余新华
　　　　　汪朝光　张　生　陈春声　陈星灿　武　力
　　　　　夏春涛　晁福林　钱乘旦　黄一兵　黄兴涛

# 中国历史研究院学术出版资助项目
# 出版说明

为了贯彻落实习近平总书记致中国社会科学院中国历史研究院成立贺信精神，切实履行好统筹指导全国史学研究的职责，中国历史研究院设立"学术出版资助项目"，面向全国史学界，每年遴选资助出版坚持历史唯物主义立场、观点、方法，系统研究中国历史和文化，深刻把握人类发展历史规律的高质量史学类学术成果。入选成果经过了同行专家严格评审，能够展现当前我国史学相关领域最新研究进展，体现我国史学研究的学术水平。

中国历史研究院愿与全国史学工作者共同努力，把"中国历史研究院学术出版资助项目"打造成为中国史学学术成果出版的高端平台；在传承、弘扬中国优秀史学传统的基础上，加快构建具有中国特色的历史学学科体系、学术体系、话语体系，推动新时代中国史学繁荣发展，为实现"两个一百年"奋斗目标、实现中华民族伟大复兴的中国梦贡献史学智慧。

中国历史研究院
2020 年 3 月

# 目 录

引 言 ………………………………………………………… (1)

**第一章 印度人民党崛起的历史背景**……………………… (24)
  第一节 地方政党的崛起及其与全国性
         政党的冲突与合作……………………………… (25)
  第二节 表列种姓和落后阶级的觉醒
         及国大党影响力的降低………………………… (31)
  第三节 教派意识的增强与
         宗教政治的发展………………………………… (42)
  第四节 中产阶级的宗教取向
         及政治态度的变化……………………………… (51)
  第五节 国大党的衰落……………………………………… (61)

**第二章 人民同盟的历史发展**……………………………… (69)
  第一节 印度人民同盟建立的历史背景…………………… (69)
  第二节 人民同盟的建立…………………………………… (75)
  第三节 人民同盟的政策主张……………………………… (77)
  第四节 人民同盟在政治和组织上的发展………………… (95)

## 第三章　印度人民党的建立和崛起
　　——从边缘到中心 …………………………………（102）
　第一节　印度人民党的建立 …………………………………（102）
　第二节　印度人民党的意识形态主张 ………………………（108）
　第三节　印度人民党和同盟家族的教派主义鼓动 …………（130）
　第四节　印度人民党的实用主义选举战略 …………………（169）

## 第四章　印度人民党的执政 …………………………………（207）
　第一节　印度人民党的经济思想及政策 ……………………（207）
　第二节　印度人民党的政治文化政策 ………………………（246）
　第三节　外交上的大国战略与现实主义 ……………………（276）

## 结　论 …………………………………………………………（306）

## 附　表 …………………………………………………………（329）

## 参考书目 ………………………………………………………（332）

# 引　　言

　　独立后印度政党体制经历了国大党一党独大的主从政党制到多党竞争体制的发展。在这个过程中，国大党的绝对优势地位不断下降，地方政党、种姓政党、宗教政党纷纷崛起，掌控地方政权，甚至作为联合伙伴问鼎联邦政权。印度社会在经济发展和民主政治的双重驱动下经历嬗变，社会集团之间的分隔与冲突日益加剧，极化倾向明显。在这样的历史背景下，印度教民族主义力量在政治和社会领域获得了令人瞩目的发展，经历20世纪50—60年代的发展低谷，20世纪60年代以后，印度教民族主义力量在政治和社会领域的活动明显增多，影响力也逐步增强，1977年更是以人民党成员的身份执掌联邦政权。20世纪80年代中期以来，印度人民党以极端的印度教特性意识形态进行社会和政治动员。对此，国大党没有坚守世俗主义立场，坚决谴责教派主义意识形态的危害，相反，为了角逐政治权力，它也迎合教派主义主张，利用教派主义资源进行政治动员，在教派主义意识形态领域内与印度人民党展开角逐，从而导致国大党既失去了坚定的世俗主义力量的支持，也未能赢得极端教派主义力量的支持，而教派主义成为政治意识形态领域争夺的焦点，客观上助推了印度人民党的上升势头。在20世纪90年代的地方议会选举中，印度人民党在北方几个邦获得执政地位，同时在联邦选举中也屡创佳绩，取得了令人瞩目的成就。1996年成为议会第一大党，1998年和1999年两次联合地方政党在联邦执政。虽然在2004年选举中，以印度人民党为首的全国民主联盟落败，但莫迪领导的印度人民党在2014年大选中卷土重来，成为近20年来唯一获得人民院半数以上席位的执政党。在2019年大选中，印度人民党继续了横扫的势头，所获议席甚至高于2014年大选。

随着印度教民族主义力量在政治和社会领域影响力的增强，学界对印度教民族主义概念、印度民主政治的发展特性、印度发展模式与西方模式的矛盾与冲突等问题的研究和探讨逐步增多。这些研究成果主要聚焦于西方与东方、教派主义与世俗主义、现代与传统等理论问题的探讨上，其中讨论最多、争议最大的是教派主义与世俗主义的关系。

从独立后历史发展进程来看，印度政治史的发展趋势是世俗政治力量的衰退和印度教民族主义力量的崛起。世俗政治以国大党为代表，强调不同社会集团的平等与和谐共处，强调宽容和包容性政治，视宗教、语言、种姓等为原始落后的偏狭认同。在西化精英看来，随着现代化进程的全面铺开，滴漏效应会促使这些原始认同融入现代国家认同之中。但是，独立后，70年的发展带来的不是民族国家认同的加强，而是造成了语言、宗教、种姓等认同的加强，也就是说，旧式身份认同并没有在现代化过程中逐步消解，反而随着现代政治的发展，以新的形式进入民主政治进程中，威胁到国家的稳定和整合。在各派政治力量的博弈过程中，印度人民党作为强调印度教主体地位的教派主义政治的代表，从诸多分散的身份认同政治中脱颖而出，其发展势头超过国大党和第三派力量。印度人民党的崛起引发世俗力量的担忧，他们担心教派主义政党会加剧印度社会的分裂，对少数派的生命安全乃至整个社会的发展产生负面影响。但是，无论瓦杰帕伊政府，还是莫迪政府执政时期，虽然印度人民党的政治、经济和文化政策也包含某些教派主义的内容，但从总体趋势看，印度人民党的统治并没有走向极端化，印度民主政治也没有像其他第三世界国家一样走向崩溃，相反，民主政治和选举都能如期举行，政党都能正确地面对和接受选举结果，实现政权的平稳过渡。也就是说，印度人民党及其所主张的教派主义意识形态既没有成为国际原教旨主义的一部分，也没有在执政后分化和加剧印度社会的矛盾。印度人民党及其教派主义意识形态没有极端化的原因主要源于两个方面的因素。其一，民族主义意识形态虽然伴随印度人民党历史发展的始终，但它绝不是印度人民党政治动员和政策制定的唯一基础，应该说，印度教民族主义和实用主义政治战略的结合造就了印度人民党在政治上的迅速崛起。其二，印度教民族主义意识形态也是正在发展中的思想体系，社会和政治现状是其意识形态建构的基础，也决定了印度教民族主义思想的内容。在印度人民党的发展过程中，印度教民族主义思想的内涵和外延也在不断地发生变化。为了准确地了解印度人民党的政治属性，有必要先了解一下对其发展起关键作用的一对概念——印度教民族主义和世俗主义。

## 印度教民族主义

印度教民族主义概念是印度人民党存在的意识形态基础和根本，如何界定这一概念是了解印度人民党历史发展的前提。民族是全体人民作为一个有组织的力量的表象，[①] 它是现代社会发展的产物。作为晚近出现的历史现象，对民族定义的理论探索还不成熟，争议也很大。本尼迪克特·安德森强调民族概念的先设地域特征，将民族界定为"想象的政治共同体"——并且，它是被想象为本质上有限的，同时享有主权的共同体。[②] 霍布斯鲍姆强调民族形成和发展的动

---

① [印度]泰戈尔：《民族主义》，谭仁侠译，商务印书馆1982年版，第58页。
② [美]本尼迪克特·安德森：《想象的共同体》，吴叡人译，上海世纪出版集团2005年版，第6页。

态过程，指出民族并没有先验的定义，只是民族主义的后设的产物。① 斯大林指出，民族是人们在历史上形成的有共同语言、共同地域、共同经济生活以及表现于共同的民族文化特点上的共同心理素质这四个基本特征的稳定的共同体。斯大林的定义既体现了民族的形成过程，也指出成熟民族所具有的特征。也就是说，民族概念包含民族的形成与稳定的民族共同体两个层面。对宗教民族主义的概念而言，也存在截然对立的两种观点，教派主义者认为印度民族是起源于古代吠陀文明的稳定的印度教民族。世俗主义者则从现代民族主义的角度出发，认为只存在根源于多元文化的印度民族，宗教民族主义者所倡导的民族主义是一个伪概念，印度教右派力量只是在利用民族主义的概念来追求教派主义的意识形态。

除了民族主义视角外，学者们也从不同的角度对印度教民族主义概念进行了学理的解释。有人从种族主义的观点出发阐释印度教民族主义的含义。如 D. B. 希特（Heater）认为印度教民族主义是种族宗教民族主义。他认为印度教民族主义在思想观念、社会结构以及人生观等内容上都来源于印度教，印度教民族就像犹太民族一样，具有种族的含义。有人认为印度教民族主义是文化民族主义。D. D. 帕塔奈克认为印度教民族主义是指文化民族主义，文化包括了民族生活的全部内容，印度民族主义的实质和基础都是印度教性质的。他并不认为印度教民族主义是狭隘的具有沙文主义色彩的社会思潮，在他看来，印度教民族主义是普世的、人性的、宽容的、非教派的，非宗派的和非神权的社会思潮。② 这种观点认为，西方地域的、世俗的和政治的民族主义概念不符合印度国情，印度有自己的历史、地域和文化根基。王红生主要从社会学的角度来定义印度教民族主义，认为印度教民族主义意指印度社会中一些人主张通过复兴印度教，振兴印度教传统文化，改造印度国民的软弱涣散的心理

---

① ［英］霍布斯鲍姆：《民族和民族主义》，李金梅译，上海人民出版社2000年版，第9页。
② D. D. Pattanaik, *Hindu Nationalism in India*, Vol. 1, New Delhi, 1998, pp. 64–76.

素质，克服印度社会中教派林立，种姓对立，社会分散缺乏内聚力等弊病，在此基础上将印度建成一个统一而强大的现代国家。这一思潮同时具有强烈的教派主义和民族主义的价值取向，因而被称为印度教民族主义。[1] 兰迪尔·辛格从阶级分析的角度界定印度教民族主义概念，认为作为意识形态和社会实践的印度教民族主义，首先是统治阶级政治的一部分。他认为印度社会是带有浓厚封建殖民传统和尖锐的宗教对立的资本主义社会。印度教派主义力量是统治阶级的一部分。[2] 朱明忠从社会政治的角度定义印度教民族主义。在《印度教民族主义的兴起与社会影响》[3] 一文中，他提出印度教民族主义是当代印度一种带有强烈教派主义色彩的社会政治思潮。其理论核心是"复兴印度教社会"，"振兴印度教传统文化"，在印度建立一个"印度教国家"。

学者们切入的角度虽然不同，但立足点主要集中在两个方面：第一，印度教民族主义的属性。印度教民族主义是宗教属性、文化属性、种族属性、政治属性，还是兼而有之。在不同学者的眼中，印度教民族主义强调的重点也不一样。目前，学者们大致达成共识的是印度教民族主义不是纯粹的与宗教关联的概念，它具有多重属性。因为多重属性的存在，印度教民族主义思想体系充满了矛盾。正如普里（Puri）所说，作为民族主义的印度教就其含义来说是自相矛盾的：一方面是作为宗教信仰而存在的印度教，宽容其他的宗教信仰和宗教活动，为它们留下足够的生存空间；另一方面则是作为印度民族主义宗教化版本的印度教，就民族主义而言，印度教与民族主义合二为一意味着其他宗教必须认同印度教的宗教信仰和宗教活动，不能存在偏离印度教的行为，这同印度教的宗教宽容传统

---

[1] 王红生：《二十世纪印度教民族主义的历史和社会探源》，《北大史学》第4集，北京大学出版社1997年版。

[2] Randhir Singh, Theorising Communalism: A Fragmentary Note in the Marxist Mode, *Economic and Political Weekly*, Vol. 23, No. 30, 1988, p. 1548.

[3] 张蕴岭、孙士海主编：《2001年亚太发展报告》，社会科学文献出版社2002年版。

是矛盾的。① 也就是说，印度教与民族主义实际上是两个不同范畴的概念，作为民族主义的印度教与作为宗教体系的印度教是矛盾的统一体。况且，印度教内部还存在着各种各样的地方民族主义集团，还有种姓集团横向和纵向的切割。以印度教作为民族主义的基础，从概念范畴的界定而言是自我否定的。概念体系的歧义也为后来印度教民族主义者灵活利用它提供了空间。

第二，印度教民族主义是否能代表印度民族主义。对此学界有三种观点。有人认为两者完全相容，他们认为民族主义从本质上说也是一种霸权主义的话语体系，多数派民族主义被认定为民族主义主流，这是民族主义通常的做法。后来转向宗教神秘主义的小资产阶级民族主义者奥若宾多认为的印度教就是印度民族主义。印度民族主义最重要的女神就是印度母亲，印度民族史诗就是印度教的圣典。② 与之相对，另外一种观点认为印度教民族主义是一种原始的认同，与印度民族主义的概念完全不相容，是教派主义。除此之外，还有一种折中的观点认为印度教民族主义是印度民族主义的组成部分之一。这里也涉及另一个问题，即印度教民族主义与印度教教派主义是否可以画等号呢？范德维尔提出，印度教教派主义是西方话语体系的主导者，即世俗主义者对印度宗教民族主义的称呼。他认为印度教民族主义和教派主义是同一事物的两个方面，分别代表温和派和激进派的主张。③ 吉恩安德拉·潘德伊（Gyanendra Pandey）从强调教派主义和民族主义是两个不同范畴的角度出发，认为印度教教派主义是针对其他集团挑战的应对，因而它并没有自己的思想主张体系，而是依附于印度教民族主义思想体系的社会现象。他认为教派主义是一个针对性的概念，任何针对其他集团的敌对行为都

---

① Balraj Puri, Commualism and Regionalism, *Economic and Political Weekly*, Vol. 22, No. 28, 1987, pp. 1132 – 1133, 1135 – 1136, p. 1133.

② Balraj Puri, *Communalism and Regionalism*, p. 1133.

③ Van Der Veer, *Religious Nationalism: Hindus and Muslims in India*, Berkeley, University of California Press, 1994, pp. 22 – 23.

可称为教派主义。教派主义的产生严格局限在同一领域范围内。例如，印地语教派主义对乌尔都语教派主义，印度教教派主义对伊斯兰教教派主义。因此，教派主义与民族主义不是同一范畴内的概念。教派主义只是针对他者挑战的反应，依附于印度教民族主义意识形态和具体的社会环境和历史事件，即是说，印度教教派主义是印度教民族主义思想的衍生物。①

笔者认同范德维尔的观点，即印度教民族主义和印度教教派主义分别代表了印度教民族主义的温和派和激进派，而印度教民族主义则是印度民族概念的组成部分之一。从广义上说，印度民族主义的概念可以涵盖印度教民族主义，但印度教民族主义的某些因素显然会超越印度民族概念的边界，排斥少数集团，带有教派主义的特征。从历史发展的角度来看，印度教民族主义的发展与印度民族主义的发展并不相悖。在分析印度教民族主义在近代历史发展中的作用时，世俗主义者多从负面出发，认为其破坏印度民族主义的发展。随着对印度教教派主义研究的深入，许多学者提出更为中肯的观点，认为印度教是印度传统的重要组成部分，在民族主义形成过程中既有消极的影响，也有积极的建设性作用，应该具体问题具体分析，客观地把握印度教民族主义在政治发展中的作用，以及对印度社会的影响。

民族的形成是一个长期的历史过程。自古以来，印度各宗教集团之间基本可以做到和平共处，印度教吸收其他宗教体系并融入印度教宗教体系之内，从而形成独具特色的多元宗教文化。古代印度很少将政治与国家和民族联系在一起，很少出现宗教迫害。即使在伊斯兰教进入印度后，形势也没有发生质的变化。虽然穆斯林统治者一手拿着剑，一手拿着古兰经，希望对南亚次大陆进行宗教改造。但印度教宗教体系的柔性特征，再加上莫卧儿王朝的统治范围有限，

---

① Gyanendra Pandey, *The Construction of Communalism in Colonial North India*, Delhi, 1990, pp. 1–13.

时间短,因而以印度教为主体,整合吸收其他宗教的宗教文化体系依然保持着生命力。这是印度民族发展过程的刚性特征,虽然英国殖民统治时期有所变化,但其本质依然没有改变。

英国殖民者来到印度次大陆后,为了殖民统治的需要,英国人掀起研究印度和东方文明的高潮,形成所谓的东方主义学派。东方主义者对印度历史发展的学术建构是近代印度教民族主义思想发展的理论基础。他们确立的印度历史发展三段论一直是西方史学编撰的依据。他们抬高古代印度教文明的历史地位,强调西方和印度教文明有共同的印欧根基,吠陀的研究对于理解西方文明是至关重要的。在抬高古代文明的同时,贬低伊斯兰文明时期印度的衰落,从而把自己抬高为帮助印度教兄弟反对穆斯林东方专制统治的拯救者,埋下了教派冲突的祸根。1885年国大党建立后,印度民族解放运动进入新的发展时期。最初,民族解放运动温和派的领导并不主张激进的反殖民斗争,他们推崇西方民族和民族国家政治体系,并力图通过英国殖民者建构印度民族国家体系。但英国殖民者并不是来印度次大陆与印度民族主义力量共享平等民主的政治理念,民族民主理念的传播使英国殖民者看到了统治危机,为了延长殖民统治的需要,他们转而扶植穆斯林宗教势力,挑动落后种姓对抗高等种姓,企图以"分而治之"政策分裂印度社会,削弱印度民族主义力量。伊斯兰教民族主义和印度教民族主义正是在这样的历史背景下逐步萌芽发展的。

因为上述背景,印度宗教民族主义的发展除了具备西方民族主义发展的普遍特点外,还增加了冲突这一不确定成分。印度宗教民族主义所具有的冲突性特征要归因于英国殖民者。英国统治时期,以宗教为标准重新统计人口,以宗教为标准设立单独选区,这些行为无论在主观还是客观上都加剧了社会集团之间的分裂,使原本模糊的社会集团划分法律化、制度化。虽然在英国殖民者来到印度之前,不同的社会集团存在已是事实,但将其作为社会政治类别运用到政治和社会活动中,还是英国殖民谋划的结果,是殖民主义思想的一部分，这样的政策给印度民族主义思想的发展打上了分裂的烙印。此后，穆斯林联盟提出两个民族的理论以及印巴分治加剧了南亚两个最大的宗教集团之间的对立与冲突。在"两个民族"理论的刺激下，印度教民族主义理论也在逐步走向极端化。它以与伊斯兰集团的冲突为前提，构建印度民族主义思想。在印度教民族主义理论体系中，穆斯林是印度民族主义最大的敌人，印巴分治为印度教民族主义者构筑教派民族主义提供了活生生的例证。他们指出穆斯林是一个整体，是危险的外部因素，不可能真正融入印度社会或者政治生活中。随着印巴之间在克什米尔及其他问题上的矛盾、巴基斯坦伊斯兰认同的加强、印度穆斯林向中东输出劳动力、印度教贱民改宗等问题的发酵，印度教民族主义者对穆斯林集团的警惕和不信任感进一步加强。从上述历史发展历程中可以看到，印度教民族主义是近现代印度民族形成过程的产物，是在殖民统治和教派冲突历史背景下建构的民族主义思想体系。它在某些层面抛弃了古代印度民族思想体系的优良传统，加入了西方民族主义理论中对立冲突的因素，成为世俗民族主义的对立物。

独立后，印度教民族主义思想也在不断地发展演变，从最初的直接与宗教种族关联，到后来扩大至印度教文明，再到后来的印度文明，这个演变过程也与印度人民党在政治上的起伏发展密切相关。这部分内容将在正文中作进一步的探讨。

## 世俗主义

世俗主义是与宗教民族主义相对的概念，对世俗主义的了解有利于更深入了解印度教民族主义在独立后政治发展和社会变迁过程中的积极和消极作用。世俗主义是来自西方的概念，倡导宗教与政治分离和理性探索精神。西方世俗主义的产生有其特定的历史背景与社会条件，而这些并不适合印度的国情。鉴于印度宗教与社会结构紧密相联且多宗教并存的现状，印度的世俗主义政策主要包括以下几方面的内容：政教分离、不设立国教；平等地对待一切宗教及信仰；个人和宗教团体有宗教信仰、进行宗教活动和从事文化教育活动的自由；反对教派主义；反对种姓制度；对印度教的改革及对少数派和落后集团的保护。也就是说，印度的世俗主义政策既包括不干预宗教的西方世俗主义政策的内容，也包括对宗教领域内涉及不良社会习俗的部分予以干预的印度特色的世俗主义政策内容。总体说来，印度世俗主义不同于西方的两个特征是宗教平等和反对教派主义。

宗教平等是印度政治领域最受争议的概念，因为印度的宗教平等并不是对所有宗教实行均一化的政策，而是根据各宗教集团的历史发展和现实状况，实行区别对待的政策。按照印度政府的政策原则，宗教平等可以分为三个层面：第一个层面，对本土宗教，主要是印度教，推行由国家倡导的改革。印度政府专门针对多数派的印度教徒制定了《印度教法典》等法律规范，废除传统陈规陋习，为建立现代世俗社会创造条件。第二个层面，针对本土宗教中的落后种姓和落后阶级，制定特殊的保留政策。保留政策是指在立法、教育和行政机构内，为社会弱势群体保留相当比例的份额，以改变几千年来形成的高等种姓对社会政治资源的不平衡占有，促进、提高表列种姓平等参与国家经济和政治活动的机会和能力。第三个层面，对外来宗教，主要是伊斯兰教，采取不干预政策。伊斯兰教徒民事法律关系所依据的依然是伊斯兰教个人法，而不是统一的民法。这样的世俗主义政策一直饱受争议，尤其是伊斯兰教个人法，它本来就是现代国家建设的障碍，甚至一些伊斯兰教国家都废除了相关的规定，但印度政府却予以保留。这遭到印度教教派主义力量的质疑，他们提出政府保护落后的目的是建立选民库的需要，带有明显的政治意图。

印度政府对印度教和伊斯兰教实行双重政策的目的是希望多数派能够同政府合作，从民族国家建设的大局出发，成为少数派未来改革的样板。对穆斯林少数派集团则以稳定为前提，希望其内部进步力量能够主动引导宗教改革潮流,然后以宗教力量和政治力量结合的方式,和平地、渐进地推进少数派社会改革。虽然政府的初衷是好的,但是以宗教集团作为划分标准制定政策,本身就是一种割裂社会的行为。再加上表列种姓和表列部落的保留政策,印度社会因为政府的政策而被人为撕裂。而且,政府在政策的实施上有很大的局限性,难以摆脱宗教的影响。例如,针对表列种姓的保留政策,其实施对象的确定标准并不完全依据世俗的经济社会指标,而是以宗教的归属作为前提。即保留政策只针对表列种姓,而只有印度教徒中才有表列种姓。如果一个表列种姓成员改信伊斯兰教,不管其他方面的指标多么符合保留政策的规定,都不能享受政策待遇。对那些因为不堪种姓压迫而被迫改宗的人来说,这样的规定会造成他们对印度教和印度社会的双重疏离。

在印巴分治的大背景下,印度的世俗主义政策强调教派主义的危害。印度首任总理尼赫鲁认为教派主义是当代印度唯一最具破坏性的意识形态。他曾经将教派主义描述为印度版本的法西斯主义。他认为,所有的教派主义都是不好的,但是少数派教派主义至少是因为恐惧而产生的。相反,多数派教派主义是一种政治的反动。

极端教派主义无疑是印度国家整合和社会和谐发展最大的威胁,国大党的世俗主义政策是消除教派主义消极影响的一剂良方。国大党在独立之初确实很好地执行了世俗主义政策,但20世纪60年代后期,地方政党、教派政党、左翼政党对国大党的统治地位形成威胁,尤其是印度教教派主义政党在20世纪80年代中后期的兴起,对国大党冲击很大。面对诸多政治力量的挑战,国大党疲于应付,在政治上采取权宜之计,没有坚定地执行世俗主义政策。例如,英·甘地与印度人民党争夺印度教选民,迎合印度教宗教势力;锡克教教派主义力量的发展也与英·甘地扶植锡克教极端力量、打击锡克教温和派有关。面对各种政治力量的发展和社会的变化,国大党左右逢迎,失去了自己的意识形态核心,变成了政治机会主义的代名词。独立后所建立的社会基础也因为政治格局变化和社会变迁而慢慢瓦解。在国大党社会支持基础萎缩的同时，印度人民党则积极调整政治战略，在利用教派主义达到巩固印度教选民的基础上，又强调印度文明和印度的崛起，以大国复兴和民族主义情节吸引民众，扩大社会支持基础，这样的政治战略取得了很好的效果。

在 2014 年选举中，印度人民党获得议会半数以上的席位。在 2019 年选举中，虽然经济发展状况令人担忧，但社会下层和农民对印度人民党的支持率不降反升。国大党则继续低迷的状态。从最初的边缘地位到现在的政治中心位置，印度人民党的历史发展进程包含多重线索，值得我们研究和重视。它虽然利用极端教派主义实现崛起，但执政后并没有走向极端化，而是继承和延续了国大党的诸多政策，实现了印度民主政治的平稳过渡。印度人民党的历史发展历程是怎样的？它是如何适应变化的历史情境的？对这些问题的研究有助于我们深入理解印度政治和社会发展特点。

## 研究现状

从国内外研究状况来看，关于印度人民党的研究大致可分为两个阶段：20 世纪 80 年代以前，这一时期世俗主义政治理念占据主导地位，印度人民党在政治上的发展有限，因而学界对印度人民党的关注较少，研究著作大多从批判的角度出发，认为印度教民族主义是世俗主义和社会主义的对立面，其指导思想是传统保守的宗教，其手段以暴力等非民主手段为主。概而言之，印度教民族主义运动破坏了印度民主的正常发展，不利于国家的统一和整合。代表性的论著有美国学者克雷格·巴克斯特的《人民同盟：一个印度政党的传记》[1]、K. L. 马亨德拉的《粉碎国民志愿团的法西斯图谋》[2] 以及

---

[1] Craig Baxter, *The Jana Sangh: A Biography of an Indian Political Party*, Bombay, 1971.

[2] K. L. Mahendra, *Defeat the RSS Fascist Designs*, New Delhi, 1973.

比潘·钱德拉的《现代印度的教派主义》① 等。

20世纪80年代以后,尤其是90年代,大量的关于印度人民党的研究专著开始涌现。代表性的如马里克和辛格合著的《印度的印度教民族主义:印度人民党的崛起》②、帕塔·S.高士的《印度人民党和印度教民族主义的演变:从边缘到中心》③ 以及克里斯托弗·詹弗里洛特的《印度的印度教民族主义运动》④ 等著作。此时的研究不再仅仅将印度人民党视作右翼破坏性的力量,而是从印度教民族主义发展、民主政治发展、印度社会变化等多方面着手,深入探究印度人民党崛起的背景、原因和政治战略。可以说,90年代以后的研究更加全面、深入,基本上摒弃了以往单一化的价值判断和刻板的负面形象设定,观点上更为客观,研究领域上更为深入。

在印度人民党的研究中,学者们的关注焦点主要有以下几个方面:

第一,关于印度人民党的思想基础和政党属性的认定。这方面的讨论主要围绕印度教民族主义这一焦点展开。大多数研究者在探讨印度人民党的思想基础时,是从印度教民族主义出发的。但由于学者们对印度教民族主义的理解角度不同,因而着眼点也不同。一方面,有学者从宗教民族主义与世俗政治二元对立的角度探讨这一问题。如美国学者马里克和印度学者辛格认为,印度自独立运动以来,形成了两种形式的民族主义,即印度教民族主义和世俗民族主义,前者以印度人民党为代表,后者则以国大党为核心力量。⑤ 美国

---

① Bipan Chandra, *Communalism in Modern India*, New Delhi, 1987.
② Yogendra K. Malik and V. B. Singh, *Hindu Nationalists in India*, Colorado, 1994.
③ Partha S. Ghosh, *BJP and the Evolution of Hindu Nationalism: From Periphery to Centre*, New Delhi, 1999.
④ Christophe Jaffrelot, *The Hindu Nationalist Movement in India*, New York, 1996.
⑤ Yogendra K. Malik and V. B. Singh, *Hindu Nationalists in India*, pp. 3–19.

学者托马斯·布洛姆·汉森[1]和法国学者克里斯托弗·詹弗里洛特都持此观点。印度世俗主义学者与西方学者的这种观点基本相同,如印度马克思主义学者比潘·钱德拉认为印度人民党的思想基础是教派主义,钱德拉的教派主义实际是指印度教民族主义。[2] 他认为这种民族主义违背了民主政治和世俗政治的运行规则。A. G. 诺拉尼甚至认为印度人民党是法西斯组织。[3] 印度国内同盟家族的学者所主张的印度民族主义概念与印度教民族主义概念等同,认为印度教民族主义是一种有印度特色的思想,具有普世性、宽容性、非神权性。[4]

另一方面,有的学者从民主政治动员的角度分析印度人民党的思想基础。如帕塔·S. 高士认为印度教民族主义只是印度人民党为了攫取政治权力运用的工具和符号。[5]

可见,在印度人民党意识形态的研究中存在着两种研究视角,一种视角认为印度人民党的思想基础是印度教民族主义,但对印度教民族主义的含义存在不同的解释,这在上文中已经作了介绍。另一种视角则从政治发展的角度,认为印度人民党的思想基础是现代民主政治观念,印度教民族主义只是政治动员的手段和工具。

第二,印度人民党迅速崛起的历史背景分析。这方面的分析,学者们主要从四个方面着手:其一,从民主政治变化的角度进行分析。约吉德拉·K. 马里克和 V. B. 辛格认为,自 20 世纪 70 年代开始,国大党对政治权力的追求导致政治机会主义盛行,权力、金钱开始成为政治运作的主角,形成了以政治腐败和政治犯罪为特征的"国大党文化",不仅丢弃了尼赫鲁式的自由主义和世俗主义,而且助长了政治的钱权交易和暴力犯罪,最后导致印度民主政治体制逐

---

[1] Thomas Blom Hansen, *The Saffron Wave: Democracy and Hindu Nationalism in Modern India*, New Jersey, 1999, p. 3.

[2] Bipan Chandra, *Communalism in Modern India*, p. 99.

[3] A. G. Noorani, *The RSS and The BJP: A Division of Labour*, New Delhi, 2000, p. 2.

[4] D. D. Pattanaik, *Hindu Nationalism in India*, Vol. 1, pp. 64 – 76.

[5] Partha S. Ghosh, *BJP and the Evolution of Hindu Nationalism*, pp. 15 – 16.

渐衰落。正是在这一背景下,标榜承袭甘地民族主义精神,认同传统文化价值观念,同时重视组织纪律建设的印度人民党开始脱颖而出,逐渐从政治的边缘走向主流。

其二,从社会经济发展的角度分析,如普拉迪普·K. 希波尔认为国大党政府的国有化政策,忽视了中产阶级、小商人、富农以及私营企业职工的利益。在国大党统治时期,这些集团被边缘化了。印度人民党在世俗主义政治舞台上也是一支被边缘化的政治力量。80年代中后期,尤其是1991年以来,国大党政府的经济改革政策释放了这些被压制的社会力量,这些集团经济地位的改善要求相应政治和社会地位的提高。正是在这一背景下,力量日益壮大的印度人民党成为这部分社会力量的政治代言人。[①] 塔班·巴苏也从经济发展的角度分析印度教民族主义运动的社会基础,认为在五六十年代被国大党政府疏远的商人种姓,以及七八十年代小工业政策下数量急剧增加的小业主们,由于无法适应90年代的经济竞争压力,纷纷成为印度教右派势力的主要支持者。[②]

其三,从社会舆论变化的角度分析,阿文德·拉贾戈帕尔认为印度人民党能够在政治舞台上处于突出的位置缘于几个方面:首先,80年代末国大党在国家电视台播放根据两大史诗(《罗摩衍那》和《摩诃婆罗多》)改编的电视系列剧,引起了人们对印度教宗教文化的怀旧情结,从而为印度人民党利用宗教符号动员群众创造了机会。其次,印度教民族主义者通过将宗教符号和仪式与政治参与结合方式,鼓动民众认同教派政治。再次,利用多种语言(主要是印地语)媒体为自己的政治主张作宣传。最后,利用电视观众对罗摩衍那系列剧的解读,在政治动员中加入宗教因素。总之,印度人民党利用

---

① Pradeep K. Chhibber, *Democracy Without Associations*, Michigan, 1999, pp. 159 – 160.
② Tapan Basu, *Khaki Shorts and Saffron Flags: A Critique of the Hindu Right*, New Delhi, 1993, pp. 112 – 114.

公共舆论，构造了推行印度教政治的社会情境。①

其四，从思想观念变化的角度分析。邱永辉认为印度人民党得胜的关键之处，是思想观念上的胜利。"大印度教民族主义观念的兴盛，与当代印度的政治经济发展和 80～90 年代社会思潮的变迁都有密切的关系，也是对印度人民党最终得以执政的最好解释。"②

第三，关于印度人民党社会基础的研究，这方面学者们的研究主要集中在分析印度人民党社会基础扩大的原因上。有学者从印度人民党自身分析。如奥利弗·希斯认为印度人民党在社会动员过程中，以自身实力的强弱，将各邦划为三个层次：在政党基础牢固的北方各邦，采取单独选举的方式；在基础较为薄弱而表列种姓和表列部落较多的地区，则采取联合战略；在穆斯林选民较多的地区，则采用外部支持的方式，支持地方政党。这一战略有效地保证了印度人民党能够最大限度地扩充自己的社会支持基础。③

有学者从分析其他政党社会基础萎缩的角度入手，分析印度人民党社会基础的扩大。如希波尔认为，随着国大党全民社会基础的瓦解，各社会集团都在寻找本集团利益的代言人。印度人民党顺理成章地成为印度教徒利益的代表。④ 斯图尔特·考普里吉和约翰·哈利斯认为，国大党的腐败、低效和宗派主义，除使印度人民党在赢得商人种姓的一贯支持外，还吸引了政府管理人员、退休公务员和高层管理人员的支持。⑤

有学者从印度人民党和同盟家族成员之间的关系出发，分析其社会基础。如贾卫德·阿拉姆认为同盟家族之间的功能和结构划分

---

① Arvind Rajagopal, *Politics After Television*, Cambridge, 2001, p. 1.
② 邱永辉、欧东明：《印度世俗化研究》，巴蜀书社 2003 年版，第 242 页。
③ Oliver Heath, "Anatomy of BJP's Rise to Power", Zoya Hasan ed., *Parties and Party Politics in India*, New Delhi, 2002, pp. 255-256.
④ Pradeep K. Chhibber, *Democracy Without Associations*, pp. 135-158.
⑤ Stuart Corbridge and John Harriss, *Reinventing India: Liberalization, Hindu Nationalism and Popular Democracy*, Cambridge, p. 123.

有助于各组成部分保持自己的自主性和回旋空间,具有相当的伸缩性,是其他政党所不及的。[1] A. G. 诺拉尼也从组织分工的角度论述印度人民党的社会动员战略。[2]

有学者从宗教社会心理角度出发,分析印度人民党的社会基础。如苏迪·凯卡尔认为,每个人的社会认同从儿时起就受到其所属宗教集团的强烈影响,这种潜意识中的宗教认同为印度人民党的印度教政治动员提供了社会心理基础。[3]

在印度人民党社会基础的研究上,学者们一致认同印度人民党的社会基础局限于上等种姓和中产阶级,如普拉迪普·K. 希波尔、塔班·巴苏和克里斯托弗·詹弗里洛特等。他们认为这种障碍使印度人民党的印度教民族主义无法成为全民认同的基础,这也是印度人民党政治发展的局限所在。

第四,对印度人民党执政后的政策分析。学界存在两种不同的观点,一种观点认为,印度人民党执政后政绩良好。如塔库尔和德文德拉的专著,通过对印度人民党1998—1999年第一次执政情况的概述,对瓦杰帕依的施政政策大加赞赏。[4] 鲁达尔·达特的专著对印度人民党政府的经济改革政策进行研究,他基本持肯定的态度。[5] 在外交方面,桑迪和普拉卡什·南达认为,在瓦杰帕伊政府外交政策中,理性的考虑最终代替了纯粹消极的感情因素,这一原则性的转变形成了瓦杰帕伊政府在外交政策方面的现实主义道路。[6] 刘善国、李竹梅也认为"印度人民党的上台执政为囿于党派之争的印度政坛

---

[1] Javeed Alam, "BJP and the Route to Counter-Revolution", Arun K. Jana ed., *Class, Ideology and Political Parties in India*, New Delhi, 2002, p. 180.

[2] A. G. Noorani, *The RSS and the BJP*, pp. 57 – 73.

[3] Sudhir Kakar, *The Colors of Violence: Cultural Identities, Religion and Conflict*, Chicago, 1996, pp. 189 – 190.

[4] C. P. Thakur and Devendra P. Sharma, *India Under Atal Behari Vajpayee: the BJP Era*, New Delhi, 1999, pp. v – vii.

[5] Ruddar Datt, *Second Generation Economic Reforms in India*, New Delhi, 2001, pp. 5 – 6.

[6] M. L. Sondhi and Prakash Nanda, *Vajpayee's Foreign Policy*, New Delhi, 2001, p. 13.

注入了生机与活力,其果断强硬的作风、灵活务实的外交手段、民族主义的国防政策以及一系列行之有效的社会改革措施,结束了印度自国大党衰弱后一蹶不振的局面,使印度的政治、经济形势得以稳步发展,综合国力和国际影响力不断得以恢复性增长"[1]。

但也有学者批评印度人民党执政后的政策,如保罗·R. 德特曼认为,印度人民党上台后表现出强烈的民族主义取向,认为全国民主联盟政府在100天的执政中对自己选举中提出的日程实现的很少,政府的政策几乎没有给人留下印象深刻的业绩。他尤其反对印度人民党政府的核政策,认为这是一条毁灭之路。[2] 邱永辉也认为印度人民党在教育政策上实行的教派化政策可能对印度政治民主、公民自由和世俗教育产生严重危害。[3]

也有学者认为应该对印度人民党的执政成绩一分为二地进行评价。如斯图尔特·考普里吉和约翰·哈利斯特强调了印度人民党联合政府的新内容,一方面,在政治和外交方面表现出印度人民党印度教民族主义取向的一面,如核试验、针对基督教徒暴力行为的增加、教育和历史教科书问题等;另一方面,在经济方面则表现出更多的现实主义政策取向,推行第二代经济改革。[4]

印度人民党的外交政策,尤其是核政策以及印巴关系是学者们关注最多的几个问题。关于印度人民党的核政策,有的学者如桑迪和普拉卡什·南达,认为在几个世界大国试图进行核垄断的情况下,印度人民党联合政府的核试验和导弹试验是印度民族自立的标志。[5] 这种观点否认核试验对社会和经济发展带来的负面影响,强调印度人民党政府在核试验后的外交政策应该更加强硬,而不应转入守势。

---

[1] 刘善国、李竹梅:《印度人民党执政以来的政治经济形势浅析》,《南亚研究》2000年第2期,第14页。

[2] Paul. R Dettman, *India Changes Course*, London, 2001, p. 175、205.

[3] 邱永辉:《印度的历史教科书及其相关问题》,《南亚研究季刊》2002年第2期。

[4] Stuart Corbridge and John Harriss, *Reinventing India*, pp. 134 – 137.

[5] M. L. Sondhi, Prakash Nanda, *Vajpayee's Foreign Policy*, p. 131.

有的学者认为印度人民党政府推行核政策的动机是复杂多样的,体现了印度人民党一贯主张的印度教民族主义意识形态,也是在经济实力无法实现大国地位的目标时所采取的"快捷"手段,同时也有利于巩固脆弱的联合政府,赢得更多选民的支持。如 D. M. 奥拉帕里[1]和吴永年[2]等都持此观点。一些欧美学者,如保罗·R. 德特曼认为,印度人民党的核试验政策给印度经济发展更多地带来了负面影响,破坏了地区稳定和发展,造成了核军备竞赛的恶劣后果。同时也造成环境污染,将对人类发展带来灾难性的影响。[3]

总的来说,目前研究主要是针对一些突出的热点,如核政策、印巴关系、古吉拉特教派冲突等,而这些都不足以全面反映印度人民党的政策取向和执政成绩,而且很多分析还停留在表面的层次上。这与印度人民党执政时间短以及执政效果与政策之间的时间差有一定的关系。

第五,对印度人民党未来发展前景的展望。关于印度人民党的发展前景,存在三种观点。第一种观点认为印度人民党会继续呈上升发展趋势,如普拉里·坎厄戈认为印度教民族主义政治正在以较快的速度将新的社会集团和新的地区纳入这一轨迹之中,在很多地区,印度教传统主义已经让位于印度教特性。[4] 第二种观点认为印度人民党的执政前景很难预料。西卡塔·班纳吉认为印度人民党在获得议会绝对多数或者经济发展不如意的情况下,有可能会推翻宪法的世俗主义原则,走宗教民族主义路线,只是目前由于不同观点、

---

[1] D. M. Ollapally, Mixed Motives in India's Search for Nuclear Status, *Asia Survey*, No. 6, 2001, p. 925.

[2] 吴永年:《印度人民党政府的核政策与印度政局动向》,《国际观察》1998 年第 4 期,第 25—27 页。

[3] Paul. R. Dettman, *India Changes Course*, pp. 37 – 45.

[4] Pralay Kanungo, *RSS's Tryst With Politics*, Delhi, 2002, p. 283.

公共对话机制以及选举制约,暂时还没有出现这样的情况。① 第三种观点认为印度人民党不会有大的发展。如斯图尔特·考普里吉和约翰·哈利斯特认为印度人民党在影响范围和社会基础方面的成功是建立在偶然因素基础之上的,如反对党的分裂,因而执政不会长久。随着印度人民党在政治上的发展,它和印度教民族主义运动之间的距离也会越来越大,同盟家族的文化社会组织很可能放弃支持印度人民党。另外,印度人民党的威权主义倾向与民主观念深入人心的发展趋势是背道而驰的。②

就以上的研究现状而言,国外的研究比较深入,但就研究视角而言,印度学者和西方学者存在一定的差异。印度学者多从印度政治和社会的现实出发,或者批判印度教右派,或者为印度教民族主义鼓噪。在评价印度人民党政府的政治和外交政策时,印度学者基本上从国家利益的角度出发,肯定第二代经济改革与核战略为主的强势外交政策。而西方学者则大多以西方民主制度为参照,从印度人民党的兴起和执政,尤其是教派民族主义对世俗民主制度影响的角度,关注印度民主政治的发展趋势,以及印度核政策对周边地区乃至国际战略格局的影响。就我国学术界而言,由于印度人民党长期处于政治边缘地带,学者们没有给予足够的重视,与欧美学术界的研究差距较大。多数研究成果只涉及印度教民族主义和世俗主义,对于这两个概念的解释也流于笼统和简单。

## 本研究的主要内容

"任何一党的历史都只能产生于对社会和国家整体(往往还有国

---

① Sikata Banerjee, *Warriors in Politics: Hindu Nationalism, Violence, and the Shiv Sena in India*, Boulder, 2000, p. 176.

② Stuart Corbridge and John Harriss, *Reinventing India*, p. 193.

际分支)的复杂描写。因此可以说书写一个政党的历史无异于从专论的视觉描写一个国家的整部历史,旨在突出其特别的方面"。[1] 本书关于印度人民党的研究不仅包括对政党发展历史的介绍,对其思想基础和政治纲领的分析,而且包括对印度政治、经济和社会发展史的研究。

因为政党的发展离不开社会政治经济环境的变化,而印度社会政治环境非常复杂,如何将这些复杂的因素统一到政党的研究过程中是一个棘手的问题。在这里,笔者借用葛兰西的政党存在三要素:即群众要素、凝聚力量和中间要素,作为分析印度人民党历史发展的主线。这三个要素是相辅相成的关系,如果没有群众基础,政党的社会动员和政治动员就会无的放矢,具有很大的盲目性;如果没有第二个要素,借用葛兰西的话来说,犹如失去将领的部队很快就会垮掉,"而一批团结的将领如果彼此为着共同的目标达成协议,很快就能创造出一支前所未有的部队"。[2] 如果没有第三个要素,第一个要素和第二个要素就失去了现实的政治和社会意义,政党也无法巩固和扩大自己的社会基础,传播自己的思想主张,政党的存在也就失去了意义。具体来说,印度80%以上的民众是印度教徒,社会现实和同盟家族的基层组织是印度人民党起家的群众要素。印度教民族主义的政治哲学主张以及在印度教民族主义思想基础上采取的灵活多变的选举策略是凝聚要素。印度政治的发展、政党体制的变化、社会的变迁则发挥连接群众要素和凝聚要素的桥梁作用。

基于以上认识,本书以印度人民党的历史发展为线索,运用分析叙述这一传统的历史学研究方法,借鉴现代政治理论的相关内容,从客观条件和印度人民党主观努力两个层面着手,围绕对印度人民党崛起影响较大的几个方面,探讨印度人民党崛起的原因,分析印

---

[1] [意]安东尼奥·葛兰西:《狱中札记》,曹雷雨等译,中国社会科学出版社2000年版,第114页。

[2] [意]安东尼奥·葛兰西:《狱中札记》,第116页。

度人民党的崛起对印度未来发展的影响。

按照历史发展的脉络，本书的内容分为印度人民党崛起的历史背景分析、人民同盟的历史发展、印度人民党的建立和崛起以及执政四个章节。第一章的内容是对印度人民党崛起的历史背景的介绍，主要从地方政党、表列种姓和落后阶级、宗教集团、中产阶级以及国大党的衰落五个方面论述印度人民党崛起的历史背景。第二章主要从历史继承的角度，阐述印度人民党的前身即人民同盟的建立和政治组织的发展。第三章是本书的重点，分析阐述印度人民党的建立、意识形态的变化、印度人民党及同盟家族的社会和政治动员。第四章主要论述印度人民党执政后的政策，旨在考察执政前后印度人民党的思想主张和政策的异同，深入了解印度人民党的政党属性。

## 本研究的意义

对印度人民党的研究具有以下几个方面的意义：

第一，就史学研究而言，印度人民党及其前身人民同盟的发展历程贯穿了近现代史发展的始终。对印度人民党的研究就是对近现代史的研究。以印度人民党作为切入点，通过对印度人民党历史遗产、印度社会的变迁、印度人民党的社会动员策略和政治战略的研究，可以立体呈现近现代印度政治经济发展的脉络。

第二，就现代化发展道路研究而言，后殖民国家在独立后面临相同的道路选择问题。对多数选择西方议会民主制的国家来说，20世纪80年代后出现了民族主义思潮的回归。尤其是宗教传统厚重的国家，以传统宗教作为政党意识形态基础的政党纷纷崛起。宗教民族主义思想回归意味着什么？这一现象是暂时性的情绪波动，还是一种历史的选择？

第三，就政治意义而言，印度是一个多宗教、多语言、多民族的多元社会，即使在同一宗教内部也存在着种姓和宗派的划分。西方学术界将印度视作多宗教、多种族、多语言民族国家建设的试验场。印度独立70多年的时间里，在国家整合方面确实遇到了一系列的问题，也出现过政治危机，但印度政府却能够顺利地应对一个个危机。印度教民族主义作为教派主义意识形态之一，对世俗主义立国原则的挑战也是国家整合的一个主要方面。在两者的政治博弈中，印度政府以及印度教民族主义力量的政治应对、危机处理和策略调整能够为多民族国家解决矛盾冲突提供政策参考。

第四，就现实意义而言，中印是亚洲大国，也是世界大国，两国之间既存在合作关系，又面临竞争。在新的历史发展时期，中印关系的友好发展对稳定周边环境、更好地实施国家发展战略具有重要的现实意义。印度人民党经过近40年的发展，在印度政治格局中已呈与国大党对峙之势，其所主张的印度教民族主义思想对印度政治经济发展道路产生了重要的影响。在中印关系的发展中，印度人民党已成为重要的元素之一。因此，了解印度人民党及其思想体系对相关政策的制定具有一定的参考价值。

# 第 一 章
# 印度人民党崛起的历史背景

  政治生态环境的变化是印度人民党能够迅速崛起的前提条件。自近代以来,印度社会经历了两次整合与分化。两次整合是指民族解放运动中的民族团结以及独立初期国大党以世俗主义理念为核心的民族国家建设过程;两次分化则是指民族解放运动过程中出现的以教派和地方行政单元为基础的政治和社会动员以及20世纪60年代以来所经历的以社群集团为基本单元的分化。在社会整合与分化的过程中,政党既凝聚了社群的力量,造就印度从等级社会向多元社会的转变[①],同时又撕裂了印度社会,造成政治和社会的不稳定。在社会变迁的过程中,印度政党体制也经历从一党占绝对优势到多党竞争体制的变化。国大党逐步丧失了在权力政治游戏中的主导地位,而地方政党、种姓政党、宗教政党和其他政党的联合,进一步对国大党的全民社会动员手段以及一元政治构成强大的挑战。国大党不可避免地衰弱了,与此形成鲜明对照的是印度人民党的迅速崛起。印度人民党在社会分化的基础上以印度教高等种姓和中产阶级作为社会动员的核心,同时提出有竞争力的选举纲要和联合战略以吸引其他社会集团的支持,从而有效地扩充了社会支持基础,扩大

---

① [美]加布里埃尔·A. 阿尔蒙德等:《当今比较政治学》(第九版),中国人民大学出版社2014年版,第617页。

了政治影响力，获得多个邦的执政权，并在联邦四次执政。本章从地方、种姓、宗教等几个方面论述社会变迁在印度人民党崛起中的作用。

## 第一节　地方政党的崛起及其与全国性政党的冲突与合作

地方主义是指以地方利益为指向，在地方利益与国家利益冲突中强调地方利益的政治和社会行为。在现代政治体系的民主政治交易和竞争的过程中，各个集团期望的满足程度以及现实政治竞争产生的不平衡，都是产生地方主义的诱因。与分裂主义相比，地方主义政治要求相对缓和，属于压力政治的范畴。但是，地方主义政治有时也会超越政治体系所能承受的极限，演变为分裂主义。通常来说，分裂主义的过分要求只是政治策略的需要，地方主义力量更倾向于在压力政治的轨道内解决问题。

从独立后印度政治发展过程来看，国大党执掌联邦政权的时间很长，中央地方关系在多数情况下表现为国大党与地方政党或者地方执政党之间的关系。它们之间的协商合作与矛盾冲突影响甚至决定着国大党在地方和全国选举中的成绩及社会基础的建构。对印度人民党而言，它虽然是全国性政党，但其政治势力主要集中在北印度，从政治影响区域的角度来说属于地方政党的范畴，在北印度对国大党社会基础建构的威胁最大。也正是因为印度人民党没有全国性的社会基础，故在反国大党主义盛行的时候，它作为反对党阵营的一部分，与地方政党和其他政党联合，共同对抗国大党。也正因为如此，印度人民党能够借助反国大党主义的旗帜，依靠反对党阵营的协作拓宽社会支持基础，增加政治影响力。

独立后，印度确立了联邦制作为解决中央地方关系的基本框架。与传统意义上的联邦制下的各单元政治地位平等不同，印度的联邦制具有强中央的特征。例如，单一国籍、单一宪法，联邦在征税等经济事务上的优先权，通过总统治理的形式干预地方政治等。在强中央的联邦制框架下，由于中央权力过重，中央地方关系的顺利运行更多取决于中央政府的政策措施。

印度地方成为与中央相对的政治一极始于1956年的语言邦重组。语言邦的建立一方面适应了印度社会多样性的需求，保证了各语言和文化集团传统遗产的保留与发展，体现了联邦主义的原则。但另一方面也造成地方政治势力的扩张，语言邦重组使联邦各单元在社会和文化上的凝聚力增强，而本集团认同又会以与其他集团的差别作为参照系，从而使地方结合成更加紧密一致的实体，表达共同的政治诉求，而政治上要求的满足与挫折又会成为地方主义意识和地方感情增长的新起点，从而使地方主义政治具有相对的集中性和持久性。

1956年语言邦重组后，地方主义并没有迅速演化为政治现实。这与尼赫鲁个人的政治作风密切相关。尼赫鲁是印度政治的领军人物，但在中央地方关系的处理上，他很注意调动和发挥地方领导的积极性，让地方实力派人物有足够的政治运作空间。当时国大党在联邦和邦同时掌握政权也有助于民主协商解决模式的推行和实施。这样，中央和地方矛盾主要表现为党内矛盾，地方政治的发展基本处在联邦可控范围之内。

尼赫鲁去世后，地方主义的发展进入新阶段。在这一阶段，地方实力派人物试图摆脱联邦政府对邦政治的过度控制，以地方利益为政治动员的手段，提出地方自治的若干要求，挑战联邦政府的权威。这一现象的出现是由以下两点原因造成的：第一，中央领导人的变化。尼赫鲁去世后，经过夏斯特里两年过渡期，英·甘地成为国大党和国家的最高领导人。英·甘地在政治上的影响力远远不如其父亲，在她执政初期，地方实力派人物试图加强对联邦政权的影响，架空英·甘地。为了摆脱地方实力派人物的控制，英·甘地不惜分裂国大党，压制地方实力派人物。同时，以激进政策吸引下层民众，建立统治基础。英·甘地对地方实力派人物的排斥增强了地方领导对地区利益的关注，也加剧了双方在地方问题上的争夺，地方问题在印度政治中所占的比重逐步增加。中央和地方的冲突及地方实力派人物的政治影响力使联邦政府对地方自治要求的处理过度敏感，将地方正当的政治、经济利益和文化发展需求等联邦制运行过程中出现的普遍问题当作政治竞争对手的筹码，而没有根据客观形势的变化及时调整运作层面上的滞后。中央的主观片面性又间接助长了地方主义的要求和气焰。第二，20世纪60年代，印度政治精英结构发生变化，某些具有农村背景、在本国接受教育的精英阶层日益活跃在印度政治舞台。这一阶层的出现与20世纪50年代的土地改革以及随后的绿色革命息息相关。土地改革和绿色革命使农村富裕农民的经济实力明显增强，经济实力的增强也伴随着政治和社会地位的提高，他们在政府、法庭等国家公务机构任职的比例也在大幅增加，对社会公共领域的影响力也越来越强。这批农业精英不同于独立运动时期的国大党精英，他们乡土观念浓厚，眼界相对狭小，更关注狭隘的地方利益。他们的兴起和社会政治地位的提高，以及民主政治的发展，导致地方认同的政治表达更为明确，中央与地方的矛盾也日趋激化。

20世纪60年代后期，邦政府开始建立邦级委员会，向联邦提出改革中央地方关系的要求和建议。最早建立的邦级委员会是建立于1969年的泰米尔纳杜邦拉贾曼纳尔委员会。随后，西孟加拉政府于1977年提出西孟加拉文件，1973年和1978年旁遮普的阿卡利党提出阿南德普尔·萨希布决议。围绕加强地方自治，这些文件提出了很多改善中央地方关系的建议，主要包括：修改宪法扩大邦政府的权力；禁止中央对邦自治权力的侵犯；修正现有财政分配体系；减少计划经济对邦经济发展的干预。地方的要求既有合理的成分，也有过分的压力政治的内容，但中央政府并没有对此进行合理区分，一律视为不合理的地方利益集团的政治诉求均予拒绝，从而导致了地方主义政治的进一步发展和中央地方矛盾的激化。

20世纪80年代初,地方各邦将文本上的抗议转变为实际政治行动,开始了邦际之间的联合。1983年3月20日,安得拉、泰米尔纳杜和卡纳塔克三个邦的首席部长与本地治理的首席长官在班加罗尔召开会议,会议组建了南方首席部长委员会。这是地方向中央挑战的重要信号。1983年10月5—7日召开的斯里那加会议吸引了18个地方政党与会,会议强调恢复和加强邦自治,反对滥用邦长的权力。面对地方的进一步施压,中央政府不得不做出表态。在班加罗尔会议召开3天后,英·甘地总理宣布将建立委员会以考察中央地方关系——这就是1983年建立的萨卡利阿委员会。萨卡利阿委员会于1988年提交了报告,就改善中央地方关系提出了许多建设性的建议,但这些建议因为种种因素并没有付诸实施。同时,一些特殊邦地方自治运动的发展愈演愈烈,尤其是旁遮普问题,英·甘地本人也为此饮弹身亡。20世纪七八十年代中央和地方矛盾的激化进一步加剧了地方政党对地方问题的开发,地方对联邦的离心力也越来越强。

拉·甘地任总理后,决定改变英·甘地时期集权压制的政治应对方式,采用协议解决的方法缓和中央与地方的矛盾冲突,但由于协议的签订太过仓促,对党派利益的考虑以及政治操作上的不成熟,中央和地方之间的对立依旧很严重。国大党在与地方势力的争夺中继续失分。

20世纪90年代,印度全面进入联合政治时代,不但邦政权普遍出现联合政府,联邦政权亦是如此。无论是国大党,还是印度人民党都无法获得议会多数席位,而地方政党实力却处于上升状态。根据《经济与政治周刊》的统计,在20世纪90年代的四届大选中,地方党所得席位和得票率直线上升,从1991年的55席和15.1%,上升到1999年的222席和23.3%。[①] 在地方政党势力增强的同时,全国性政党的得票率和席位都有所下降。鉴于两个大党都无法获得

---

① 梁洁筠:《印度百年老党国大党的兴衰浮沉》,《当代亚太》2002年第6期,第6页。

议会半数以上席位,地方政党就成为国大党和印度人民党能够执政的关键决定力量。1998年选举后组成的全国民族联盟政府就是印度人民党与湿婆军、平等党、泰卢固之乡党、国民会议党等地方政党联合的产物。地方政党参与中央政权一方面有利于地方政党从国家的整体利益出发,克服狭隘的地方观点,缓和中央和地方之间的矛盾。中央政府在制定政策时也可以充分考虑地方的利益要求,增加决策的准确性和可行性。另一方面地方政党在地方政治和联邦政治中享有与其政党力量并不匹配的政治能量,一个地方小党往往能够决定联邦政府成立与否。为了自身利益的需要,一些小党以议会席位为交易对象,要挟全国性政党满足其过分的政治要求。这样的政治行为会对联邦的整体发展规划产生不良的影响,也会影响政权的稳定,增加政治投机行为。

除了中央地方关系运作领域的矛盾外,地区发展不平衡也容易引发地方主义和地方分离主义运动。计划经济的发展并没有能够消除地区之间在经济发展上严重失衡的状态。1991年拉奥经济改革后,地方发展不平衡的情况更加严重。据统计,独立后,经济发展最快的几个邦就是原来经济基础较好的邦,北方和东北部邦的经济发展水平很低,经济发展的落后导致落后地区对中央政府的疏离和对中央政策的不满,地方认同得以增强。这种类型的地方主义运动主要集中在东北部小邦,这些地区是部落民聚居的区域,在经济发展理念上与平原地区也有一定的差异。

另外,随着经济发展而带来的就业竞争,在很多地方出现了地方保护主义现象,即驱逐外来人的"土地之子"运动。最为突出的是马哈拉施特拉的湿婆军驱逐外来人的运动。马哈拉施特拉的首府孟买城,马哈拉施特拉人占接近一半的比例,非马哈拉施特拉人的比例要高于一半。他们控制了服务业和商业,造成本地人的失业,从而促成了本地人的"我们"和"孟买是我们的"这样的身份认同感。为了保护本地人的利益,1966年他们成立了湿婆军。湿婆军以马哈拉施特拉年轻人为社会基础,提出土生土长的马哈拉施特拉人应该在就业和经济发展中享有优先权,要求在政府职位中,为本地人保留席位。为此,湿婆军还展开一系列的文化运动,在单一语言的马哈拉施特拉培养地方意识。如把西瓦吉作为马哈拉施特拉的英雄,竖立他的雕像。除了湿婆军外,阿萨姆人斗争大会也是在反对外来移民的斗争中建立起来的地方政党。

地方政党的兴起一方面影响国大党和印度人民党对联邦政权的控制力,另一方面会掏空两党在地方的社会基础。全国性政党无论在联邦还是地方执政都需要地方力量的支持与合作。邦成为全国政党和地方政党竞争的主要场域。国大党最初信心十足,只依靠自己的力量独自参加选举,后来意识到单独执政的可能性已经越来越小了,所以不得不改变策略,开始与地方政党联合。印度人民党的势力主要集中在北方,在其腹地以外的区域则同其他地方政党联合,以期扩张势力,真正成为全民性政党,与国大党抗衡。

应该说,地方政党的兴起是印度多党制政治体系发展的必然结果,国大党虽然是全民政党,但它也不可能容纳和代表所有的地方感情和利益,以强调地方利益和文化为主的地方政党的兴起是必然的历史现象。然而,地方政党的兴起对国大党社会基础的巩固和扩张起到了负面的作用,因为地方政党的兴起分割了国大党的全民社会基础。对国大党而言,从独立运动以来,它一直以印度民族代表的身份活跃在政治舞台。独立后,国大党强调以世俗民主作为立国基础,反对以种姓、宗教等社会要素分割印度民族,而它自己则以印度全民族代表的身份自居。无论在选举政治中,还是联合政治中,国大党都不像其他政党那样公开利用地方因素和感情,而通常以比较隐蔽的方式来进行。这样的社会动员方式当然无法与地方政党赤裸裸利用地方感情开发政治资源的方式相比。从1967—1996年,国大党虽然几度沉浮,但最终都能通过政治手段,或依赖外在因素的影响,延续以尼赫鲁—甘地家族为主体的国大党政府,甚至1992年拉奥的少数派政府也设法获得了议会多数。国大党的家族遗产、政治能力对其他政党形成掌权的压力,地方政党不愿再成为国大党隐形的小伙伴。

但是，地方政党的发展对印度人民党来说却是利大于弊，因为地方政党要想在地方事务乃至全印事务中施加影响，必须与国大党潜在的敌人或对手建立共同阵线，印度人民党正好可以利用与地方政党的结盟扩大自己的社会支持基础。人民同盟和后来的印度人民党基本上以反对党的身份存在。虽然因为印度教教派主义而一度受到其他政党和主流政治的排斥，但它在民主政治的框架内进行了积极的战略调整。与其他政党之间联合和合作的经历，是印度人民党能够在中央掌权的关键所在。印度人民党的前身——人民同盟，在1975年紧急状态期间与其他反对党同甘共苦；1977—1979年的人民党政府，人民同盟也积极参与；在1989年反国大党主义浪潮中，印度人民党作为外部力量支持人民党的维·普·辛格政府。这种与其他政党联合的经历，一方面，淡化了印度人民党浓厚的印度教教派主义色彩，使印度人民党的意识形态具有更多现实主义的成分。另一方面，这一经历也使印度人民党能够为其他政党所接受。对印度人民党而言，由于其意识形态相对单一，缺乏更广泛的代表性，其他政党的支持是其扩大社会基础并在政治上掌权的有效途径。这样的政治联合有利于印度人民党政治和社会基础的拓展。

## 第二节　表列种姓和落后阶级的觉醒及国大党影响力的降低

种姓制度作为社会组织和社会关系的规范机制，在印度社会存在了几千年，是印度教徒日常生活的基本组成部分，潜移默化地影响印度教乃至印度社会的社会关系和社会价值观念体系。种姓制度将印度社会分成四个等级，即婆罗门、刹帝利、吠舍和首陀罗。但在长期的历史发展过程中，这四大种姓又衍生出众多的亚种姓，从而形成以四大种姓为基本结构的枝杈众多的种姓制度。除了这四大种姓之外，还有等外的表列种姓，他们的社会地位最低，所受剥削压迫也最为深重。

种姓制度在印度社会延续了几千年，虽然现代化发展的摧枯拉朽般的冲击力改变了现代历史发展进程，但传统积淀深厚的种姓却没有被现代化大潮涤荡一清，相反，它以新的包装重新融入了现代民主政治进程中，并发挥重要的作用。印共（马）重要的理论家E. M. S. 南布迪里巴德曾说过，在选择参加竞选的候选人和指派人员参加政府时，甚至是"具有先进思想的工人阶级政党也必须考虑到这一因素"——种姓、次种姓和教派等意识。① 种姓制度在现代民主制度下的现代嬗变已经超越了制度本身，带有民主政治与传统等多重特性，更具复杂性。本节主要论述与国大党选举政治密切相关的贱民集团和其他落后阶级。

## 一　表列种姓和表列部落问题

贱民就是上文所说的等外种姓，他们被称为"不可接触者"，社会地位低下，只能住在村子外面，不能进神庙，不准进学校，不能和其他种姓的人同桌就餐、同饮一口井水，只能从事打扫卫生等不洁的工作。长期以来受到非人的待遇，人身安全得不到保障，高等种姓杀害贱民甚至不会受到法律的制裁。表列种姓人口约占印度总人口的六分之一。根据1991年的统计数据，表列种姓共1.38亿人，占印度总人口的16.48%。2001年的统计数据，表列种姓人口约1.67亿人，占印度总人口的16.2%，② 主要分布在北方邦、西孟加拉邦、泰米尔纳杜邦和安得拉四个邦。因为人数众多，贱民集团备受各政党的关注。

就贱民集团的政治取向而言，从甘地领导不合作运动开始，他

---

① ［美］弗朗辛·R. 弗兰克尔：《印度的宗教文化观、政治渐进主义和经济发展（续）》，施尧伯、凌静译，《南亚研究》1982年第2期，第53页。

② Sukhadeo Thorat, *Dalit in India*, New Delhi, 2009, p.225.

们一直是国大党的坚定支持力量。国大党也确实在改变贱民落后社会地位上做出了一系列的尝试和努力。为了消除落后的种姓制度，建立民主平等的世俗社会，国大党政府首先以法律的形式确立了民主平等的社会原则。"确保一切公民在社会、经济与政治方面享有公正；思想、表达、信念信仰与崇拜的自由；在地位与机会方面的平等"。① 宪法第 17 条明确规定废除贱民制。在宪法基本权利相关章节中，对公民的平等权、反剥削权、文化教育权等也做出相应的规定。1955 年，印度政府又通过《不可接触制犯罪法》，规定对前贱民实施任何不可接触制的歧视行为，都构成刑事犯罪。

在确立公民平等权的同时，国大党政府还以社会救济的方式力图改变落后种姓长期以来的边缘地位，这就是保留政策，也就是西方所说的平权运动。保留政策是指在立法、教育和行政机构内，为社会弱势群体保留相当比例的份额，使之能尽快赶上和融进社会发展的主流。这一政策始于 1932 年安贝德卡尔②和甘地达成的浦那协议。独立后，1950 年 1 月生效的印度宪法规定了针对贱民的保留政策，为他们在人民院和邦议会中保留一定比例的席位，期限为 10 年。1959 年第 8 次宪法修正案，把保留期限从 10 年延长到 20 年。此后这种保留成为滚动式的，议会每 10 年延长保留期限 10 年。除议会外，政府还为表列种姓和表列部族在政府机关中保留一定比例的工作。保留比例最初为 17.5%，后来提高到 22.5%，其中表列种姓为 15%，表列部族为 7.5%。保留政策的实施有利于改变几千年来形成的高等种姓对社会资源的不平等占有，促进、提高表列种姓平等参与国家经济和政治活动的机会与能力。

国大党政府改善表列种姓集团经济和社会地位的举措赢得了他们的信任和支持。20 世纪 80 年代中期之前，表列种姓一直是国大党

---

① 姜士林等主编：《世界宪法全书》，青岛出版社 1997 年版，第 583 页。
② 安贝德卡尔出身贱民，在封建王公的资助下留学英、美，获得博士学位。1936 年，他成立了贱民政党"独立劳动党"，并在 1942 年建立全印表列种姓联盟，参与政治选举。

的忠实支持者。对表列种姓而言，由于居住得比较分散，无法集中力量与其他社会团体抗衡，因此支持信奉世俗主义原则的国大党是维护自身利益的有效手段。但在20世纪80年代之后，情况发生了变化，变化的原因在于：第一，国大党失去了对权力的绝对控制，尤其是邦一级政权。丧失地方政权的国大党不再是表列种姓集团利益的有效保护者。第二，政府的保留政策在原贱民集团中培养了一批政治和社会精英，这些精英成长为表列种姓的领导者和代言人，他们开始在政治上发声。第三，国大党对原贱民的保护并没有改善贱民不利的社会地位，针对原贱民的暴力事件不断增加。1986年针对原贱民的暴力事件达到15416起，1981—1986年6年的时间达到91097起。① 表列种姓成员并没有因为社会地位的改善而更加安全，反而因为冒犯种姓观念，分享了高等种姓独占的社会资源而成为受害者，他们需要代表和维护自己集团利益的政党。因此，80年代后，表列种姓改变了单方面依赖国大党的局面，更多依赖集团的力量来维护自身的利益。

对表列种姓而言，改宗和建立政治组织是改善自身地位的两种最有效的途径。改宗是摆脱贱民身份的快捷通道，因为只有印度教有种姓制度，如果选择了改宗基督教、伊斯兰教、佛教等主张身份地位平等的宗教，就直接可以摆脱贱民的称号，这也意味着社会地位上的平等。贱民改宗以佛教和伊斯兰教为主。1956年3月，安贝德卡尔率领2000多名表列种姓成员皈依佛教，成为所谓的新"佛教徒"。在他的影响下，很快就有350万名表列种姓成员成为佛门弟子。② 1981年，泰米尔纳杜邦表列种姓成员集体皈依伊斯兰教，在印度教社会引起恐慌。2001年11月4日，来自印度各地的约2万名

---

① T. V. Sathyamurthy ed., *Region, Religion, Caste, Gender and Culture in Contemporary India*, Oxford, 1996, p. 375.

② 邱永辉：《现代印度的种姓制度》，四川人民出版社1996年版，第201页。

前贱民在德里集会，集体改宗佛教。这一行动引起巨大的社会反响。① 改宗有利于从心理上解放贱民，改善他们的不利处境，但改宗在改善贱民地位方面的作用十分有限。正如一位署名为 S. B. 的学者所指出的，"改宗并没有多大帮助。种姓主义仍然继续存在，改变信仰的基督教徒和新佛教徒还是被称为哈里真"。②

除了改宗外，贱民也尝试在政治上行动起来，或者通过暴力斗争，或者通过参与民主政治的方式给当权者施加压力。与改宗相比，参与民主政治在改变表列种姓社会地位上的作用直接而有效。安贝德卡尔曾建立表列种姓政党，但并不是很成功。20世纪80年代以来，多数人党（Bahujan Samaj Party）在这方面取得了突破性进展。1984年，由堪希·拉姆建立的多数人党成为表列种姓政治新的代言人。拉姆是表列种姓的著名领导人，他呼吁低等种姓联合起来，摆脱高等种姓的政治统治以及在经济文化上的剥削压迫。多数人党在20世纪90年代政治实力明显增强。1985年多数人党在邦立法会议的选举中，只赢得4%的选票，1989年增加到9.33%，1991年达到11%，③ 1998年更是达到了20.9%。④ 在全国大选中，1989年该党获得2.07%的选票，1996年达到3.64%，1998年又增加到4.7%。⑤ 多数人党在北方邦的政治发展尤为突出。1993年与社会党联合，获得北方邦的执政权。1995年，又与印度人民党结成联盟，其领导人马亚瓦蒂成为首席部长。她上任后，积极为表列种姓谋取利益，引起了印度人民党的恐慌。1995年10月18日，印度人民党撤销了对多数人党的支持。多数人党执政的时间虽然不长，但其上台执政的

---

① 薛克翘：《印度近年来宗教热分析》，《当代亚太》2005年第3期。
② 杨瑞琳：《印度教种姓制度的今昔》，《南亚研究》1982年第1期，第80页。
③ Prakashi Chandra, *Changing Dimensions of the Communal Politics in India*, Delhi, 1999, p. 184.
④ Alyssa Ayres and Philip Oldenburg, *India Briefing: Quickening the Pace of Change*, New York, 2002, p. 143.
⑤ Alyssa Ayres and Philip Oldenburg, *India Briefing: Quickening the Pace of Change*, p. 143.

经历足以说明表列种姓群体对民主政治认知的改变。据社会发展中心的调查，在1996年邦立法会议选举中，表列种姓选民的选票有63.4%投给了多数人党，而投给高等种姓的选票则不足1%。① 表列种姓集团提出"我们选举，你们（指高等种姓）统治的时代已经一去不复返了"，"我们要选出自己的总理和首席部长；我们要通过保留制就任警察总监和地方长官"。② 相比于民主政治的体制建构而言，动态的认知能力的改变更能发挥改变表列种姓不平等地位、建设民主平等社会的效用。

从表列种姓集团政治认知的变化可以看到，曾是国大党坚定支持基础的表列种姓集团③在20世纪80年代后逐渐出现离心趋向。独立初期，表列种姓认可国大党政府建构的法律制度框架与平权政策，但经过30多年的发展，表列种姓整体极端落后的局面并没有大的改观，观念上根深蒂固的歧视更使他们成为暴力政治的受害者。制度与实践之间巨大的鸿沟使表列种姓对国大党的平权政策和法律制度失去了信心。与此同时，国大党因为执政能力弱化，也开始利用种姓政治为选举利益服务，从而进一步将表列种姓推离国大党支持者的行列。在政治多元化发展的历史背景下，表列种姓越来越倾向于自力更生，通过建立政治组织的形式来保护自己的切身利益。随着表列种姓政党的建立和表列种姓政治意识的提高，表列种姓的投票意向也发生了根本性的改变，他们或者选择支持表列种姓政党，或者倾向于支持维护自己利益的政党，这等于掏空了国大党的表列种姓社会基础。表列种姓政治意识的提高和投票行为的改变对印度人民党来说有利无弊。因为表列种姓本来就不支持以上等种姓为主体的印度人民党，而民主政治对教派和种姓政治的利用所造成的以集

---

① Alyssa Ayres and Philip Oldenburg, *India Briefing: Quickening the Pace of Change*, p. 146.

② T. V. Sathyamurthy ed., *Region, Religion, Caste, Gender and Culture in Contemporary India*, p. 346.

③ 自独立以来，国大党一直在打造KHAM的选民支持基础，其中K代表萨帝利，H代表哈里真，即贱民，A代表表列部族，M代表穆斯林。通过KHAM战略，国大党取得了很好的战绩。

团为基础的分化反而巩固了印度人民党的上等种姓选民库，也吸引了一些印度教保守力量。

## 二、其他落后阶级问题

独立后，活跃在政治舞台上的另一支种姓力量是其他落后阶级。其他落后阶级的具体数字很难确定，大概占印度总人口的40%，是一支不可忽视的社会力量。从词面上看，其他落后阶级跟种姓没有关系。但是，从落后阶级的认定标准来看，种姓一直是决定其他落后阶级地位的主要标准。关于其他落后阶级的认定是采用种姓标准还是社会经济指标，独立后一直争议不断。1953年国大党政府建立的K·凯利卡尔委员会提交的报告，以种姓作为判断落后的标准，界定了2399个种姓为落后阶级，并就改善落后阶级的保留制度提出建议。但当时的尼赫鲁政府认为没有实行保留制的必要，他在1961年6月给首席部长们的信中写道："我不喜欢任何形式的保留，尤其不喜欢在政府职务中的保留。"[①] 问题被搁置，但搁置并不意味着问题的解决。

20世纪70—80年代，保留制度再次成为政治焦点。原因有二：其一，落后种姓的经济实力提高，要求相对应的政治和社会地位。印度政府推行的土地改革政策和绿色革命等农业发展政策，使出身低种姓的首陀罗农场主和富农富裕起来，他们在获得丰厚的收入后，投身到农业和工业产业中，但生活的富裕并没有改变他们低种姓的社会地位，尤其在进入国家行政管理机构和官僚机构时，种姓依旧是决定性的因素。这样，"对立阶级的斗争形式，在印度社会上就表现为低种姓向高种姓挑战"。[②] 其二，由于社会政治经济的发展，劳动力市场竞争加剧，失业问题日益严重，一些高种姓青年将自己的

---

① 高鲲：《印度的保留政策和种姓矛盾》，《南亚研究》1992年第2期，第3页。
② [美]弗朗辛·R.弗兰克尔：《印度的宗教文化观、政治渐进主义和经济发展（续）》，施尧伯、凌静译，第50页。

失业归结为落后种姓的保留政策。低等种姓在面对激烈的市场竞争时，则希望政府为他们保留更多的名额，双方的对立一触即发。

1978年人民党执政时期，比哈尔、古吉拉特、中央邦和北方邦先后都发生了与保留政策相关的骚乱，导致多人丧生。在这种情况下，人民党政府于1979年1月1日任命了第二个落后阶级调查委员会——曼达尔委员会。曼德尔委员会根据社会、教育、经济领域的11个标准，认定落后阶级与低等种姓的概念高度重合，占印度人口的52%，委员会认为他们都应该享有保留制规定的权利。但鉴于最高法院已经规定保留的最高限额是50%，而表列种姓和表列部落已经享有23.5%的保留份额，故委员会建议给予"落后阶级"在中央行政部门和国有企业27%的保留比例。

曼达尔委员会于1980年将报告递交给政府，但任命曼德尔委员会的人民党政府已垮台，接受报告的是国大党（英）政府。对于国大党来说，它致力于建构全民社会基础，专门针对其他落后阶级的曼达尔报告显然不利于印度社会的整合，因而国大党政府选择了不予理睬，但因保留制而引发的社会冲突在20世纪80年代中后期明显增多。1985年发生在古吉拉特邦艾哈迈德巴德的种姓骚乱是其中比较严重的一次，这次骚乱源于邦政府决定提高落后种姓的保留比例，从以前的18%提高到28%。此次保留引发了高等种姓的反保留示威游行，游行引发的暴力冲突导致局面失控，最后在军队的干预下，问题才得以解决。这次冲突持续了6个月，造成438人死亡，1800人受伤。[①] 邦政府被迫辞职，增加的保留比例也被迫取消，但围绕保留制所引发的争议却持续发酵，1990年在国民阵线政府宣布实施曼达尔报告后，冲突达到了顶点。

1990年，在联邦执政的维·普·辛格政府决定实施曼达尔报告的内容，给予根据曼达尔委员会确定的社会和教育落后种姓以27%

---

① Nagindas Sanghavi, From Navnirman to the anti-Mandal riots: the political trajectory of Gujarat (1974 – 1985), *South Asian History and Culture*, Vol. 1, No. 4, 2010, p. 490.

的保留份额。此令一下，立即招致高等种姓的抗议，尤其是青年学生。在经济发展不景气、失业严重的背景下，保留制的实行直接影响到高等种姓青年的就业前景。他们建立了诸如反曼达尔委员会论坛等组织，开展示威和请愿活动，要求取消对落后阶级的保留。值得注意的是，1989年的反保留制运动不再局限于单个邦，而是遍及印度各地，尤其是北方各邦。例如，比哈尔、北方邦、喜马偕尔、奥里萨、拉贾斯坦、中央邦和德里、昌迪加尔等地都爆发了抗议骚乱。在各方的压力下，10月1日最高法院判决延缓执行曼达尔报告，但由此引发的反保留的骚乱仍在北印断续发生，直到辛格政府下台才告结束。这场冲突涉及面广，种姓营垒分明，加速了以种姓为基础的社会分化。

拉奥执政时期实施了对落后阶级的保留政策，不过在判断落后与否的标准中增加了经济因素的考量。从现实政治和社会的角度来说，曼达尔报告是消除种姓歧视，争取实现社会平等的一次努力和尝试。之后的骚乱和政府的下台表明，种姓制度是印度政治无法避开的顽疾，它不仅与顽固的社会保守观念有关，也与经济和政治利益紧密相连。

曼达尔报告的实施直接造成了印度社会以种姓为基础的两极分化。对低等种姓而言，保留制增强了他们的政治团结意识，高等种姓对保留制度激烈反对的态度促成了其他落后阶级的联合。对高等种姓而言，低等种姓的团结和挑战激起了他们的斗志和团结的努力，高等种姓集团也出现了自独立以来规模最大的团结运动。正如《经济和政治周刊》所说，"整个印度教高种姓突然变得坚如磐石，原教旨主义的和世俗主义的、马克思主义的和甘地主义的、城市的和乡村的高种姓，都从来没有过那样团结一致"。[①] 虽然保留制对高等种姓的传统优势地位发起挑战，但它在社会变革方面的作用还是十分有限。"落后阶级的运动并没有形成一种平等主义思想，也没有认

---

① 高鲲：《印度的保留政策和种姓矛盾》，《南亚研究》1992年第2期，第6页。

真地努力发动处于最无权地位的那些社会集团。……因此，其结果就是种姓冲突——先进种姓与落后阶级之间的冲突，以及落后阶级与较年轻的哈里真（他们已日益政治化和认识到自己的公民权利）之间的冲突。"[1] 也就是说，低等种姓争取政治权利的斗争不是基于社会平等的原则，不是理念之争，他们之间的冲突更多的是政治经济利益之争，这样造成的结果是低等种姓反对高等种姓不公平，而反过来，低等种姓也会压迫比他们地位更为低下的贱民，因此，种姓冲突依然是建立在等级制度之上的旧式社会冲突，无法真正改变不平等的种姓等级制度和种姓观念。这是印度从传统向现代嬗变的困境，人数占优的其他落后阶级始终无法在社会变革上取得突破性的进展。

在这场种姓战争中，印度人民党是受益者。因为印度人民党的主要支持基础是高等种姓。在高等种姓和低等种姓冲突激烈的时候，印度人民党更容易得到高等种姓的信任，成为他们的代言人。而国大党是全民政党，支持任何一方的立场都违背了世俗主义原则。为了维护全民政党的形象，国大党采取了等距离原则，但这样的策略既得罪了高等种姓，也无法讨好低等种姓。在这场种姓之争中，国大党失去了对局势的掌控，印度人民党和种姓政党成为最大的赢家。但是，种姓分裂也会影响印度人民党的印度教徒选民库，因而它通过教派鼓动转移因种姓矛盾而引发的印度教内部的分裂。它也利用国大党经济改革启动时期改革政策与效果之间的时间差所形成的社会不满情绪，将低等种姓的注意力从反抗高等种姓转移到关注经济发展带来的失业和经济状况恶化上。同时，利用人们抗拒改革造成的社会流动和社会秩序混乱、渴望稳定的社会秩序和维持传统伦理价值观念的心理，为低等种姓提供心理慰藉。印度人民党也充分利用宗教的工具作用，在开展宗教活动时，给予低等种姓成员相应的

---

[1] ［美］弗朗辛·R. 弗兰克尔：《印度的宗教文化观、政治渐进主义和经济发展（续）》，施尧伯、凌静译，第50页。

尊重和责任，以感情要素、传统伦理价值观念为诱饵，以宗教上的平等掩盖政治上的分歧和社会地位上的不平等，这样的矛盾转移手段确实在一定程度上加强了印度教集团的统一和团结。

从以上对种姓社会现象的解读中可以看出：印度独立后实行的消除种姓歧视、实现社会平等的政治经济措施，在一定程度上改善了低等种姓的社会和经济状况，增强了他们的民主意识。但是，20世纪70年代以后，随着社会经济政治的发展，对一些紧缺社会和政治资源的争夺加剧了低等种姓和高等种姓的矛盾冲突，在政治领域表现尤为突出。20世纪70年代后，代表落后种姓的政党，如民众党、多数人党、社会党等都纷纷建立。这些政党的影响力在逐步增强。这从当选议员中低等种姓成员数量的增长上可见一斑（见表1）。从理论上说，虽然低等种姓集团在政治上影响力的增强会破坏印度教集团的统一，但这种破坏也是有限的。对于印度人民党来说，不只有印度教这一武器，传统也是有杀伤力的利器。它利用民众对印度传统的执念，吸引部分低等种姓的支持，"工匠和中间农民种姓在现代化冲击下，试图重新找回传统职业，这同婆罗门找回失去的社会地位一样。在社会变迁过程中，这些离散的民众倾向于抓住传统，以阻止'历史的车轮'前进"[①]。种姓政治的发展对国大党的打击是致命的：其他落后阶级的政党和表列种姓政党将低等种姓和表列种姓从国大党的社会基础中拉走了；印度人民党则夺走了高等种姓对国大党的支持。这样，国大党作为全民政党的社会基础就大大萎缩了。

---

① T. V. Sathyamurthy ed., *Region, Religion, Caste, Gender and Culture in Contemporary India*, p. 276.

表1　　　　1980—1999年印地语地区当选议员所属的种姓和集团　　　（%）

| 年份<br>种姓和集团 | 1984 | 1989 | 1991 | 1996 | 1998 | 1999 |
| --- | --- | --- | --- | --- | --- | --- |
| 高等种姓 | 46.90 | 38.20 | 37.11 | 35.30 | 34.67 | 30.90 |
| 中等种姓 | 5.31 | 8.00 | 5.43 | 7.53 | 8.89 | 6.40 |
| 其他落后阶级 | 11.10 | 20.87 | 22.60 | 24.80 | 23.56 | 22.20 |
| 表列种姓 | 17.26 | 17.78 | 18.10 | 18.14 | 18.22 | 17.80 |
| 表列部落 | 7.52 | 7.56 | 8.14 | 7.52 | 7.56 | 7.30 |
| 穆斯林 | 9.73 | 5.78 | 4.52 | 3.54 | 5.33 | 5.00 |

资料来源：Alyssa Ayres and Philip Oldenburg, eds., *India Briefing: Quickening the Pace of Change*, New York, 2002, p.138。

## 第三节　教派意识的增强与宗教政治的发展

宗教民族主义是印度人民党意识形态的核心，在它崛起和执政的过程中，宗教与世俗的矛盾一直贯穿始终。政府的宗教政策、各宗教集团思想和政治主张的变化都会直接影响印度人民党的发展。

独立后，执行世俗主义政策的国大党对宗教采取双重政策：改革本土宗教，以印度教的改革带动外来宗教的改革；对伊斯兰教则执行尊重其宗教习俗的政策，试图依靠其内部的改革力量和社会发展所带来的客观变化渐进地实现变革。这一宗教政策对社会融合的作用正负参半。一方面，它采取分别对待的策略，避免激烈的一刀切政策所带来的不稳定和冲突，有利于维持社会和国家的整合。另一方面，在教派对立和民主政治的背景下，它又容易使宗教集团之间的区隔固定化，加强集团间的不信任感，产生隔阂，不利于沟通。独立后50多年的发展，政府的宗教政策并没有发挥积极引导的作用，相反，宗教集团之间的隔阂和对立的状况却在恶化，导致印度教集团和伊斯兰教集团的教派认同感越来越强，教派主义对印度政治发展的影响也越来越大。下文重点论述穆斯林集团宗教意识的增强和穆斯林政党的发展，印度教民族主义只做简略的概述，这部分内容将在印度教社会动员部分做详细的论述。

### 一、穆斯林集团宗教意识的逐步增强和穆斯林政党的发展

印度穆斯林是一个特殊的社会集团。在英国殖民者入侵前，他们是印度的统治阶级，因而也是殖民者针对的主体，但后来为了实施分而治之政策，殖民者又开始拉拢穆斯林集团。1947年印巴分治后，印度穆斯林集团遭受重大的打击。一方面，分治直接削弱了穆斯林集团在政治和社会上的影响力。另一方面，大部分穆斯林精英移居巴基斯坦，致使留在印度的穆斯林人口锐减，而且大多穷困不堪，穆斯林成了名副其实的弱势群体。

尽管如此，分治初期的穆斯林人口仍然占印度总人口的11%左右，是印度社会中不可忽视的力量。印度独立后，为了建设现代民主国家，国大党积极扶植穆斯林中的改革派，也正是这些革新派的观点成为新形势下穆斯林政治活动和发展方向的指导原则。改革派通常被称作民族主义的穆斯林，他们反对教派主义，主张穆斯林积极融入民族生活的主流。改革派的代表人物包括国大党领导人阿扎德[①]、穆吉布、A·侯赛因以及后来任印度总统的Z·侯赛因等人。在改革派的领导下，独立初期，穆斯林政治向良性方向发展，极端势力遭到压制，教派冲突减少。国大党的政策得到穆斯林群众的认可，他们视国大党为穆斯林集团的保护者，在选举中也是清一色地支持国大党。

进入20世纪60年代以后，对穆斯林集团来说威胁最大的是印度人民同盟在政治上的发展。自第一届大选后，人民同盟在大选中所获选票比例和席位均呈稳步上升的态势，甚至以联合伙伴的身份

---

① 阿扎德出身于一个著名的学者家庭，年轻时就立志摆脱伊斯兰教正统的束缚，在独立运动时期成为活跃于国大党的穆斯林代表，分治以后又在稳定穆斯林方面发挥了决定性作用。

掌控邦政权，这引发了穆斯林集团的恐慌。另外，自60年代以来，印、穆教派冲突事件增多，这导致穆斯林集团心理的变化。他们在改革派的领导下，认同世俗政府，但这样的政治取向未能得到印度教教派主义者的认可，而且，穆斯林集团的社会经济乃至教育落后的状况也没有得到明显的改善。在这样的政治生存环境中，他们渐渐对世俗政府的政治动机产生怀疑，认为政府并不是真正从维护穆斯林集团利益的角度考虑问题，而是看中了他们的选票库功能。在对政府信心不足和教派冲突阴影的双重作用下，穆斯林集团也开始调整政治战略，决定依靠自身的努力改善穆斯林集团的生存状态。1964年穆斯林协商大会的成立正是穆斯林走向依靠自己保护集团利益的重要体现。

早在20世纪50年代，为了加强穆斯林集团的内聚力，部分穆斯林在阿里加召开了全印穆斯林会议，但当时印度的教派矛盾相对缓和，世俗政府的各项措施也在平稳推行，他们呼吁穆斯林加强团结的努力并不符合当时的主流发展方向，因而也没有得到社会舆论和穆斯林精英集团的支持。20世纪60年代，教派冲突增多，穆斯林的生命财产受到严重威胁。穆斯林领导人认识到必须统一集团力量，形成一致的声音，才能形成有效的政治力量，在政治和社会领域提出集团的诉求。1964年8月8—9日，各地穆斯林组织在勒克瑙召开全印穆斯林大会，会议代表覆盖了穆斯林各个派别，既包括民族主义的穆斯林，也包括极端主义的穆斯林。会议表达了对1964年严重的宗教冲突以及穆斯林生存现状的关注，提出加强穆斯林团结的希望。会议决议批评政府没有采取必要的措施保护少数派的生命财产安全。

勒克瑙会议对独立后穆斯林集团政治立场的转变产生了深远的影响。首先，印度穆斯林认识到积极行动的重要性，不再被动地依靠国大党和印度政府的保护，这也导致穆斯林集团逐步走向封闭，为穆斯林极端势力的崛起提供了机会。其次，穆斯林集团认识到团结起来建立全国性组织的重要性。穆斯林极端派的代表认为穆斯林集团分散在全国各地，不利于政治立场的统一，诉求也无法得到足够的关注。加强团结、统一立场可以使穆斯林的诉求表达更加具有威慑力。穆斯林集团的这一认识也为印度教教派主义力量提供了口实，加剧了原本已经非常紧张的教派冲突的局面。再次，穆斯林协商大会的成立直接导致国大党内穆斯林精英的流失，这直接影响穆斯林集团对国大党的政治支持。1967年大选，国大党内非穆斯林议员的数量从1962年的15.4%增加到42.3%。邦的情形也是如此，比哈尔邦1962年穆斯林立法议员共17人，1967年降为8人；非国大党穆斯林1962年共5人，1967年则增加到10人。[1]

全印穆斯林协商大会成立后，积极参与议会大选。在选举纲要中，他们提出了穆斯林集团的特殊要求，包括修改教科书、选举中采用比例代表制、保持穆斯林个人法现状、宣布乌尔都语为北印度各邦第二官方语言、保持阿里加穆斯林大学的传统和伊斯兰特性等。选举纲要还谴责了政府和国大党在保护穆斯林利益上措施不力。这些要求中的比例代表制、保持穆斯林个人法现状都带有强烈的教派主义色彩，与社会进步的理念和民主平等的原则相悖，而对关乎穆斯林集团未来发展的改革问题却只字不提。如此看来，穆斯林协商大会也不是真正从维护穆斯林集团利益、保障其未来发展的角度思考问题，而是带有强烈的政治动机。穆斯林协商大会将宗教作为政治动员的要素之一带入政治舞台，这对世俗政治的发展有百害而无一利，对改善穆斯林集团的社会经济状况也是消极作用大于积极作用。

穆斯林协商大会的建立刺激了印度教教派主义者的仇恨心理，加剧了教派冲突。就在全印穆斯林协商大会建立的1964年，教派冲突事件达到了超纪录的1170次，1965年共发生676次教派冲突，

---

[1] Zaheer Masood Quraishi, Electoral Strategy of a Minority Pressure Group: The Muslim Majlis-E-Mushawarat, *Asian Survey*, Vol. 8, No. 12, p. 984.

1969年还保持在501次这样较高的频次上。① 在生命财产受到教派威胁的困境中，穆斯林不得不收缩自身的活动，重新回到国大党阵营。但紧急状态期间，英·甘地的儿子桑贾依·甘地领导青年国大党实行拆除贫民窟和强制绝育计划，大大伤害了穆斯林集团的宗教感情，恶化了他们的生存环境。1977年大选，穆斯林集团又抛弃了国大党。

20世纪80年代以后，随着社会政治环境的发展变化，印度穆斯林激进势力重新抬头。首先，执行世俗主义政策的国大党公开迎合印度教民族主义者的要求。1982年年初，英·甘地在阿吉米尔举行的一次会议上说，印度教"达摩"受到了前所未有的威胁。1983年，在比旺迪，她非但没有谴责湿婆军②领导煽动暴力的行为，反而要求印度的少数派学会适应环境。③ 其次，印度教教派主义活动与日俱增，印、穆冲突不断。20世纪70年代末80年代初，低等种姓的印度教徒因不满种姓制度的压迫而改宗伊斯兰教的事件增多，其中1981年泰米尔纳杜邦密纳克希普拉姆改宗事件④引发印度教徒的恐慌。印度教教派主义力量认为印度教徒大量改宗伊斯兰教将会减少印度教徒的人数，而伊斯兰教的多妻制规定又会加速穆斯林人口的增长，这样总有一天穆斯林人口的数量将超过印度教徒。伊斯兰教宗教活动的增加也引起印度教徒的不满。这一时期，前往海湾国家打工的印度穆斯林劳工人数激增，他们在海外赚钱后寄回国内履行宗教功课。这些资金或者被用来修缮清真寺，或者被用来资助穆斯林发展教育，这也引起印度教徒的不满。

20世纪80年代中期，对穆斯林社会发展影响最大的两个历史性

---

① Zenab Banu, *Politics of Communalism*, Bombay, 1989, pp. 173 - 174.
② 湿婆军是马哈拉施特拉邦拥护印度教意识形态的政党，是印度人民党的联盟伙伴。
③ Prakashi Chandra, *Changing Dimensions of the Communal Politics in India*, p. 6.
④ 1981年2月19日，在穆斯林联盟领导的主持下，泰米尔纳杜邦密纳克希普拉姆地区1000多名表列种姓从印度教改宗伊斯兰教。3月4日，还在该村举行清真寺奠基典礼。随后的几个月，南印许多表列种姓的成员改宗伊斯兰教，这引起印度教徒的恐慌。

事件是沙·巴诺案件和阿约迪亚寺庙之争。沙·巴诺案件是关于穆斯林个人法争论的典型案例，也是穆斯林教派情绪日渐极端化的体现。沙·巴诺是一个贫穷的穆斯林离婚妇女。根据穆斯林个人法，离婚妇女只有在离婚后的三个月内可以从前夫那里获得生活费，但三个月后，75岁高龄的沙·巴诺无法维持个人生活，因此要求其前夫继续支付生活费。最高法院根据刑事诉讼法125条支持了沙·巴诺的诉讼请求。高院的判决受到了进步人士的欢迎，他们希望这一判决能够引起对穆斯林个人法的重新审视，从而能够在穆斯林个人法问题上取得突破性进展。但在穆斯林集团内，只有为数很少的人和组织支持判决，大多数的穆斯林政党和组织都抗议最高法院的判决，要求维持穆斯林个人法的现状。一些穆斯林议员则要求拉·甘地政府修订刑事诉讼法，宣布刑诉法第125条不适用于穆斯林。拉·甘地政府最初站在最高法院一方，但随着国大党在几个邦选举的失利，拉·甘地政府改变了立场。1986年，国大党政府通过了《穆斯林妇女（离婚权利保护）法案》，规定离婚穆斯林妇女在没有任何亲属和生活来源的情况下由各邦瓦克夫集团负责支付其生活费。这一法案实质上推翻了高等法院的判决，维护了穆斯林个人法。法案的通过不但违背了行政不干预司法的原则，而且国大党的这一行为被解读为为了选举利益的考量，牺牲世俗主义的建国理念。

事实上，穆斯林个人法与现代公民概念以及社会平等观念都存在较大的差异，是一种落后的社会习俗，其中的多妻制和男女不平等观念与现代世俗民主政治相抵触，是穆斯林集团融入印度社会主流的主要障碍。在其他的伊斯兰国家，很多都对穆斯林个人法进行了改革，如埃及、印度尼西亚、伊拉克、利比亚、科威特、苏丹、突尼斯、土耳其和也门等国都为离婚的妻子提供赔偿费。但在印度，由于穆斯林个人法与宗教认同和集团认同紧密联系在一起，受到一些既得利益者的支持和保护，因此始终无法得到彻底的解决。而穆斯林集团坚持落后的个人法的行为则被印度教徒贴上异质的标签，他们指出印度穆斯林的主要忠诚对象是伊斯兰教而不是印度民族国家，穆斯林保留个人法的目的是保留多妻制，以便多生孩子，使穆斯林在人数上赶超印度教徒。

阿约迪亚寺庙之争进一步巩固了宗教作为政治动员要素的地位。1992年的毁寺事件及其后发生的印穆教派冲突是独立后印穆关系发展史上的分水岭。毁寺事件后，虽然主张宗教团结、反对双方激进行为的势力仍然存在，但人数在减少，而持极端化立场的穆斯林人数却在上升。印度教和伊斯兰教集团的对立更为激烈。1992年寺庙之争的具体内容将在第三章中做详细的论述。

综上所述，穆斯林虽然是印度的少数派，但在印度政治发展中始终是不可忽视的社会集团，也一直是各个政党力图拉拢的对象。从政治发展的角度来看，独立后穆斯林积极参与民主政治进程，但政治立场却呈阶段性变化。对穆斯林集团来说，作为宗教少数派，挑起教派冲突对他们来说并不是维护自身利益的最佳手段，而参与民主进程则可以缓解穆斯林在人数上的劣势。因此，他们积极参与民主政治。在参与民主政治的过程中，穆斯林最初主要依赖国大党维护自身利益。在国大党势力衰退、教派冲突增加的环境下，穆斯林集团改变了单方面依赖国大党的政治斗争手段，转而依靠团结全国穆斯林，建立穆斯林政治组织来维护集团的利益。当然，穆斯林集团也没有放弃对世俗政党国大党的政治支持。在印度人民党势力迅速上升、印度教极端力量进行政治动员的关键时刻，穆斯林集团也选择支持可能在选举中获胜的世俗和地方政党。总体上说，穆斯林集团在政治上还是弱势群体。

从社会改革的角度来看，穆斯林集团还是相对保守的。印度独立后，穆斯林集团一直面临着宗教和民族国家双重认同的困境。巴基斯坦建立后，印度穆斯林的公民身份界定一直是印度教徒攻击的要害，以巴基斯坦作为历史证据，印度教教派主义者不但将穆斯林排除在民族主流之外，而且还抹杀和诋毁穆斯林在印度历史发展中的贡献，将穆斯林妖魔化。印度的穆斯林在巴基斯坦和印度教极端势力的夹缝中艰难地维持平衡。这样的处境加强了穆斯林集团的封闭性和保守性。长期以来，保守的穆斯林领袖在穆斯林个人法、阿里加穆斯林大学的性质、乌尔都语地位、寺庙之争等问题上态度顽固，拒绝现代化。印度政党为了穆斯林的选票，刻意回避穆斯林集团的改革问题，这也是穆斯林集团保守落后的一个重要原因。社会上的保守与政治集团对民主制度的利用结合起来，造成穆斯林在政治和社会发展上的双重困境。穆斯林集团在社会改革上的保守态度也为印度教教派主义力量提供了口实，通过制造异质的穆斯林他者，印度教教派主义力量有效地加强了印度教集团的内聚力，强化了印度文明的印度教特征，为印度人民党的政治动员做好了铺垫。

**二、同盟家族的印度教化努力和印度人民党社会基础的扩大**

独立后，印度教教派主义的发展与穆斯林集团宗教态度的变化亦步亦趋。20世纪50—60年代，印度教教派主义者的活动范围极为有限。60年代以后，印度教教派主义者的活动逐步增加。1964年，在国民志愿团的授意下，世界印度教大会正式成立。印度教大会不同于穆斯林协商大会，它只是一个宗教组织，与国民志愿团和人民同盟组成同盟家族的社会、政治、宗教三驾马车，彼此推动，互相促进，共同开展印度教化活动。这部分内容将在第三章做详细的论述。

印度教民族主义者的印度教社会化努力，改变了公共政治文化的内容。世俗主义独占鳌头，决定社会价值取向，引导舆论导向的局面在慢慢发生变化。印度教化活动导致印度社会出现了宗教热。"新修缮和兴建的庙宇如雨后春笋，其速度是以往任何时候都无法比拟的；新出现的神汉、圣母、贞洁妇、宣讲师和密教师等都超过以往任何一个时期；城镇里，坐在宗教大师跟前聆听教诲的男女老少远远超过听瓦杰帕伊和索尼娅·甘地演讲的人群。富人和知识分子阶层的宗教积极性也空前高涨。"[①] 民众对宗教价值理念的认同及虔

---

① 薛克翘：《印度近年来宗教热分析》，《当代亚太》2005年第3期，第58页。

诚信仰为同盟家族的印度教教派主义动员奠定了社会和舆论基础。

印度教社会化也使得政党公开开发教派主义意识形态，甚至竞相攀比，看看谁的调门更高，从而导致政党无底线地利用教派主义，危及社会稳定。为了提高选举成绩，政党可以歪曲事实，曲解历史，肆意利用宗教符号开展政治动员。国大党也加入利用教派主义的行列。虽然国大党对印度教教派主义的利用没有那么赤裸裸，但开发行为本身就开启了恶性竞争的潘多拉之匣，此后局面的发展已非政党所能控制。在教派主义和世俗主义较量的斗争中，国大党的政治策略明显存在瑕疵。它并没有在应该坚持的世俗主义立场上发力，而是跟着印度人民党的主旋律在走，而在教派主义领域竞争，国大党显然跟不上印度人民党的节奏。在宗教和教派主义政治日益成为政治和社会热点的历史背景下，国大党已经失去对局势的把控。印度人民党则抓住时机，赤裸裸地开发教派政治，引导社会舆论，为政党选举造势，从而能够实现短期内选举成绩的大幅提升。

总而言之，独立后穆斯林集团认同的恢复和穆斯林政治组织的建立，以及国大党对教派主义政治的利用，导致一部分穆斯林放弃了对国大党的支持，他们或者从事极端的教派主义活动，或者倾向于支持选举中获胜的世俗政党。穆斯林本来是国大党坚定的支持者和选民库，这对国大党无疑是一个重大的打击。与此同时，印度教教派主义者的印度教化努力则为印度人民党营造了良好的社会氛围，巩固和扩大了印度人民党在印度教徒中的社会支持基础。印度人民党社会支持基础的扩大则意味着国大党支持率的降低。这样，国大党在印度社会两个主要的宗教团体中的社会支持基础都萎缩了。穆斯林集团在印度人民党的政治发展战略中并不占突出位置，在印度人民党的选民库中，穆斯林占比也一直偏低。因此，印度教化行为虽然会进一步降低穆斯林对印度人民党的支持，但印度教徒对印度人民党的支持会大幅上升。总体均衡来看，印度人民党是受益的一方。

## 第四节　中产阶级的宗教取向及政治态度的变化

从政治学上说，中产阶级在国家行政管理体系中占有优势，具有引导公共舆论导向的特质，从一定意义上说，中产阶级对政党政治发展的影响是决定性的。在独立运动期间，中产阶级一直是国大党的领导阶层和支持基础。独立初期，中产阶级也是国大党政治经济发展战略的设计师和执行者。但自20世纪70年代后，国大党慢慢失去了中产阶级的支持。根据维纳（Myron Weiner）对1980年选举所做的研究，中产阶级对国大党的支持呈现下降态势。在北方邦、哈里亚纳邦、比哈尔邦的农村地区，中产阶级农民对国大党的支持率分别是36%、29%、36%[①]。这一比例明显低于20世纪80年代之前。城市中产阶级也不倾向支持国大党，很多知识分子反对甘地夫人。国大党在加尔各答、孟买和马德拉斯等大都市都失去了多数席位。[②] 20世纪末，中产阶级对国大党的支持率进一步降低。在抛弃国大党的同时，大多数人选择支持印度人民党，在印度人民党崛起的过程中发挥了重要的作用。印度中产阶级到底是怎样的一个社会群体呢？

对中产阶级的概念界定一直比较模糊。从广义上说，中产阶级主要是指位于大资产阶级和小有产者之间的社会各阶层，作为一个社会集团，他们大多受过较好的教育，经济上比较富裕，因而具有相似的思想观念和价值取向。印度中产阶级的概念界定争议更大，因为印度没有根据就业者的收入和税收推算的准确的收入数字，因

---

[①] Myron Weiner, Congress Restored: Continuities and Discontinuities in Indian Politics, *Asia survey*, Vol. 22, No. 4, p. 341.

[②] Myron Weiner, Congress Restored: Continuities and Discontinuities in Indian Politics, p. 341.

此通常使用收入与消费结合的模式来推定中产阶级的划分标准，但消费与收入并不总是对等，所以中产阶级的数据也处在不断变动之中。印度国家应用经济研究理事会将印度人的收入分为五档，分别是年均超过 96000 卢比，70001—96000 卢比，45001—70000 卢比，22501—45000 卢比，少于 22500 卢比①。收入对应的社会阶层分别属于非常富有、消费阶级、向上阶级、渴望上升阶层和贫民。这五档中，第二档的低收入者和第三档符合中产阶级的范畴。那么，这一阶层的人口比重又如何呢？1986—1994 年，全国应用经济调查委员会在德里的调查显示，非常富有的阶层约有 600 万人（或者 100 万个家庭）、消费阶级约有 1.5 亿人口（是传统估计的半数）、向上阶层（下层中产阶级）约有 2.75 亿人口、渴望上升阶层约 2.75 亿人口（这些人按北美或者欧洲标准属于穷人），最后是贫民约 2.1 亿人口。按照这个调查结果，第一层次和第二层次基本高于中产阶级的消费水平，第三层次属于中产阶级的范畴。② 如果根据这一标准推算，中产阶级有 2 万—3 万人，这样的估算也与亚齐·耶奈克（Achin Yanaik）的观点基本一致，他估计中产阶级的人数最高应该在 2 亿至 2.5 亿人，占总人口的 20%—25%③。但年均 45000 卢比还不到人民币 5000 元，印度中产阶级的标准显然很低。实际上，在印度的中产阶级中，只有不到 10% 的家庭买得起目前最流行的印日合资"玛鲁蒂"牌小汽车或日本的丰田摩托车；中等中产阶级的大多数只能买一部印度产轻便摩托车；而下等中产阶级中的多数人还得骑自行车上班。④ 也就是说，印度中产阶级很多属于刚刚脱贫的群体，而非不愁吃穿的富有阶层。

印度中产阶级的诞生和历史发展过程不同于西方国家，因而对

---

① Achin Vanaik, Consumerism and New Classes in India, Edited by Sujata Patel, Jasodhara Bagchi, Krishna Raj, *Thinking Social Science in India*, Sage Publications, New Delhi, 2002, p.228.

② Shashi Tharoor, Who Is This Middle Class? Hindu, May 22, 2005.

③ Achin Vanaik, Consumerism and New Classes in India, p.228.

④ 赵章云：《印度中产阶级，过得一般》，《环球时报》2002 年 6 月 24 日。

印度政治发展的影响也不同于其他国家的中产阶级。根据西方社会的发展经验，中产阶级以脑力劳动者为主，他们一般受过良好的教育，能够满足最低的生活需求，有一定的闲暇时间，追求较高的生活质量，有一定的消费能力，对自己的生活也有较好的把控。因而，他们大多具有较高的道德意识和个人修养，生活态度积极，追求平等的社会价值观，在政治文化和社会道德层面具有一定的引导作用。但印度中产阶级却不具有这样的特征。从印度中产阶级的历史形成过程来看，它不同于西方国家因现代经济发展而引起的传统社会等级制度解体的自然发展过程，而是英国殖民统治外部干预的结果。印度中产阶级主要由以下三个部分构成：第一部分是以公务员和律师为主的公职人员。由于殖民统治的需要，英国推行西方教育培养行政人员和法律职员，从而在印度产生了一个中产阶级，他们是独立运动时期印度中产阶级主要而稳定的组成部分。值得一提的是，种姓制度控制下的印度社会，有能力和资格接受教育而获得上述职业资格的以上等种姓为主。第二部分是民族资产阶级。英国殖民者实施的自由贸易政策和工业政策所造就的新商业阶层和工业资产阶级也进入中产阶级的行列，但由于英国统治者的压制，所以印度商业、金融和工业资产阶级的力量在独立运动时期一直很虚弱。第三部分是地主。在农村地区，一部分地主也得以跻身中产阶级行列。以上三部分人虽然是因为经济发展而跻身中产阶级的行列，但此时的经济发展带有半殖民主义半封建主义的特征，很难真正从经济意义上解释中产阶级的形成。印度独立是通过移交政权的方式实现的，社会结构层面的变动不大。独立后，国大党政府利用社会改革、平权运动、保留政策等措施力图破除传统等级结构，但效果有限。单纯依靠现代经济的发展，想要在短期内改变社会各阶层在经济、政治、社会资源占有上的不平等是很难的。即使是在现代经济的发展过程中，原先处于统治地位的上等种姓也是近水楼台先得月，最先获得发展的收益，他们可以依靠传统的遗产轻易取得其他阶层努力奋斗无法取得的成就。因此，印度中产阶级缺乏西方中产阶级文化中积极向上、努力奋斗、倡导正面积极的人生和社会价值观。20世纪 70 年代以后，随着富裕农民数量的增多以及新兴城市工业资产阶级力量的壮大，中产阶级的力量进一步得到充实。即使有这部分力量的参与，也没有从根本上改变印度中产阶级的阶级属性，没有改变中产阶级与其他社会阶层的矛盾特征。与西方中产阶级相比，印度中产阶级具有以下几方面的特征。

首先，印度中产阶级具有很强的保守性，过多关注个人利益，公共意识差。从历史发展过程来看，印度中产阶级的产生并不是自然的经济发展而形成的社会流动的结果，而是在缺乏经济基础的条件下，由殖民统治者外部推动的结果，因此中产阶级的构成依然继承了传统社会的阶层结构。也就是说，有能力晋升到上述地位的人都是传统上占优势的社会阶层，即高种姓成员。这样，从它诞生的那一刻开始，印度中产阶级就没有摆脱传统社会思想的束缚，具有很强的保守性和封闭性。

从印度的社会结构来看，中产阶级之下的低等阶级占人口的绝对多数。中产阶级虽然对公司管理、官僚行政机构、媒体以及专业领域的决策具有决定性的影响力，但是也难以控制民主进程中来自社会下层的政治和社会诉求，以及由此引发的社会和政治运动。而这些恰恰会威胁到中产阶级现在所占有的社会位置，导致他们更多地感受到不安全感和挫折感。"一个政府部门，一份永久性的雇佣合同，一份有保障的退休金和医疗保障，以及其他一些小额优惠（包括低息房贷），这些提供了他们所必需的安全，决定了中产阶级的行为模式和态度。"[①] 他们需要维护既得利益，对数量上占优的下等阶层的发展持忧虑态度，中产阶级对紧急状态的支持以及反曼达尔报告都体现他们的自私本性和保守立场。在紧急状态期间，英·甘地政府实行了一系列的过激措施，如限制个人自由、拆除贫民窟、禁止罢工等行为，中产阶级对此都无条件支持。因为这些政策都没有

---

① Revolt of the Indian middle class, *India Sunday*, May 28, 2006.

触犯中产阶级的利益，反而有利于保护他们的既得利益。它甚至支持政府实施的强制绝育政策，因为实行人口控制，可以减缓社会下层过快的人口增长速度，也变相减少了威胁他们社会和政治地位的力量。而在紧急状态后，同样的中产阶级集团又开始谴责紧急状态，认为这是一个政治灾难，是对印度民主政治的破坏，这充分表现了中产阶级个人利益至上的自私本质。1990年维·普·辛格政府宣布实施曼达尔报告，遭到中产阶级的强烈反对。据统计，受到曼达尔报告影响的职位大约有五万个，对落后阶级的保留就意味着高等种姓机会的减少，因此来自低等中产阶级的高等种姓青年对实施曼达尔报告的反抗更为激烈。"如果一个社会中某些已达到了富足，那么他们就会力图通过文化与经济方面的行动以保持对其他人的相对优势，这就妨碍了其他人的发展与升迁。优势者将变为一个利益集团，或是一个社会阶级或者地位团体。"[1]

维护自身社会地位的需要导致印度中产阶级过多关注物质方面的追求，而道德层面的建设则相对落后，缺乏社会公德意识和公共意识。中产阶级掌握政治、法律和经济命脉。按照正常的发展过程，他们会获得升迁的机会，或者成功地经营事业，进入富人的行列。因而对现存的社会等级制度和不平等的社会结构，中产阶级并没有倡导社会改革的动机。经济改革后，印度中产阶级落后保守的社会意识并没有过多的改变。"他们作为公民的感觉十分淡漠：从总体上说，他们根本不会与穷人打成一片，也不认可政府在经济发展以及解决国家所面临问题上的能力，他们在政治上是冷漠的。""印度中产阶级很少意识到对穷人的义务。……他们非常关注个人需要，因为他们付出了很多才获得今天的地位，担心稍有不慎就会失去现在

---

[1] ［英］安德鲁·韦伯斯特：《发展社会学》，陈一筠译，久大文化股份有限公司、桂冠图书股份有限公司1990年版，第6页。

的位置。"① 由此可见，印度中产阶级已经忘掉了民族解放运动的遗产，缺乏对社会公众事务的关心、缺少对社会弱者的同情，将自己的利益摆在了第一位，将民主进程看作实现集团需要的工具，无视政治道德，纵容甚至参与非道德政治。

其次，中产阶级对宗教的认同和对精神层面的追求导致其对现实政治的不合理现象采取视而不见的态度。宗教在印度社会生活中的影响无处不在。从传统上说，印度文明追求超自然的永恒存在，强调灵魂的净化。"这一目标是如此重要以至于常常使人们对政治上的'功名'和经济上的'利禄'的追求降至次要地位。"② 印度人认为人的精神完善更为重要，精神上的完善意味着离轮回越来越远，离解脱和灵魂永恒越来越近。随着现代化进程的推进，印度人的宗教观念也在变化，世俗价值观慢慢地渗入社会生活的各个领域，导致中产阶级中间出现归属感和安全感危机。对中产阶级而言，传统大家庭制度的解体，小家庭之间缺乏交流导致他们难以排解生活中面临的压力。物质生活的残酷和竞争的激烈加剧了他们的焦虑感。在经济改革之后，印度发展进入快轨道，社会变迁速度也在加快，传统社会逐渐解体，新的社会秩序和价值体系还没有完全定型，社会无序状态带来的混乱导致传统价值理念认同的回归。在政治上，国大党领导的官僚体制充斥腐败现象，机会主义政治风行，道德的败坏使中产阶级对古代社会充满向往，对被奉为道德典范的罗摩充满敬畏。婆罗门种姓在精神层面上对社会的引导被理想化，宗教作为完美价值的体现受到中产阶级的青睐。从社会层面来说，中产阶级对印度教的认同也取决于印度教有利于维护高等种姓——即中产阶级大部分人——的利益。中产阶级对印度教的认同决定了它并不是国大党世俗政治的坚定支持者，印度人民党因为与传统和宗教的

---

① Scott Baldauf, Boom Splits India's Middle Class, *The Christian Science Monitor*, May 13, 2004.
② 尚会鹏：《印度文化传统研究》，北京大学出版社2004年版，第255—256页。

密切关系而在中产阶级中间有很深的社会根基。

由于以上这些特征，印度中产阶级更加倾向于支持带有宗教民族主义色彩的印度人民党。从1988—1991年所做的选民调查可以看到这一趋势。1988年所做的民意调查显示，投票给国大党的选民比例是45.7%，而愿意投票给国大党的中产阶级选民比例则只有25.5%；想要投票给印度人民党的中产阶级选民比例占39.6%，但全印选民中准备投票给印度人民党的选民比例仅为15.3%。即使是在1990年寺庙之争引起激烈争论并可能导致大规模教派冲突的背景下所做的民意调查，中产阶级选民对印度人民党的支持率依旧居高不下：支持国大党的中产阶级选民比例是26.9%，全印比例是23.6%；支持印度人民党的中产阶级选民比例是36.9%，而全印的比例则是34.5%。1991年选举前的民意调查显示印度人民党在中产阶级中支持率的回升：支持国大党的中产阶级选民比例是36.9%，而全印比例是38.4%；支持印度人民党的中产阶级比例是32.7%，而全印的比例是25.1%。[①] 表2—表4是1992年毁寺事件后的社会调查结果。调查显示印度教徒中高等种姓和婆罗门支持毁寺事件的比率分别达到55%和50%；白领、商人和小生意人的支持率则高达60%和62%。中产阶级集团内，高种姓支持毁寺事件的比率也达到61%，婆罗门种姓更是高达63%。在对政府态度的调查中，高等种姓认为政府偏向某些社会集团的比率也相当高，达到66%。这组数据表明，印度中产阶级对印度教教派主义的支持相当稳定。

---

[①] Philip Oldenburg ed., *India Briefing*, 1992, Colorado, 1992, p.161.

表2　　　　　　　印度教徒支持毁掉清真寺及毁寺者的比例

|  |  | 支持率（%） |
|---|---|---|
| 种姓 | 高等种姓 | 55 |
| 种姓 | 婆罗门 | 50 |
| 种姓 | 其他种姓 | 45 |
| 性别 | 女性 | 45 |
| 性别 | 男性 | 52 |
| 年龄 | 45岁以上 | 63 |
| 年龄 | 45岁以下 | 47 |
| 职业 | 白领（服务业） | 60 |
| 职业 | 商人和小生意人 | 62 |
| 职业 | 学生 | 32 |
| 职业 | 工人 | 28 |

资料来源：寺庙之争后的调查，转引自 Pradeep K. Chhibber；Subhash Misra，Hindus and the Babri Masjid：The Sectional Basis of Communal Attitudes，*Asian Survey*，Vol. 33，No. 7，p. 669。

表3　　　　支持毁掉清真寺及毁寺者的种姓、职业分布　　　　（%）

| 种姓 | 中产阶级 | 非中产阶级 |
|---|---|---|
| 高等种姓 | 61 | 47 |
| 婆罗门 | 63 | 39 |
| 其他种姓 | 57 | 36 |

资料来源：寺庙之争后的调查，转引自 Pradeep K. Chhibber；Subhash Misra，Hindus and the Babri Masjid：The Sectional Basis of Communal Attitudes，*Asian Survey*，Vol. 33，No. 7，p. 670。

表4　　　　　　种姓集团对政府宗教政策的满意度　　　　　　（%）

| 种姓 | 政府偏向某些集团 | 政府对所有集团一视同仁 |
|---|---|---|
| 高等种姓 | 66 | 43 |
| 婆罗门 | 62 | 49 |
| 其他种姓 | 46 | 40 |

资料来源：寺庙之争后的调查，转引自 Pradeep K. Chhibber；Subhash Misra，Hindus and the Babri Masjid：The Sectional Basis of Communal Attitudes，*Asian Survey*，Vol. 33，No. 7，p. 671。

为什么印度中产阶级更加倾向于支持印度人民党呢？首先，印度人民党的教派民族主义主张恢复印度教传统，这对上等种姓占多数的中产阶级集团有很强的吸引力。上等种姓传统上一直垄断社会资源，自然更愿意支持有利于巩固自己政治地位的印度人民党。除了对自身地位有深深的优越感外，以上等种姓为主的中产阶级对低等种姓怀有根深蒂固的偏见和歧视。例如，中产阶级将社会道德水平的下降归咎于低等种姓政治家的文化修养差，将行政管理的混乱归因于没有资格的低等种姓成员依靠保留制进入行政管理领域。一位婆罗门职员说："我们不需要这些愚蠢的人，他们毫无用处……应该让有能力的个体制定政策决策。如果一千个人以不同的方式进行思考是解决不了任何问题的。"[1] 因为对低等种姓的歧视，他们不满国大党的保留政策，支持以高等种姓为主的印度人民党。

其次，经济因素的作用。经济利益的考虑是中产阶级支持印度人民党的最基本原因，这表现在两个方面。其一，对于中产阶级的中上层而言，印度人民党一直主张推行自由主义经济政策，反对计划经济和政府管制，这有利于工商业资产阶级的发展，因而得到他们的支持。其二，对于广大中产阶级中下层来说，印度人民党的经济民族主义主张缓和了他们对不确定的经济发展所带来的社会地位变化的担忧。在中产阶级集团内，下等中产阶级占了很大的比重。他们的兴起源于20世纪60年代和70年代政府推行的小工业政策、绿色革命以及由此形成的农村劳动力向城市转移的移民潮。这部分人进入城市后，大部分成为私人小企业主和小商人。这些小企业资本积累没有大企业雄厚，经济规模小，经济效益受外部因素左右，尤其是在激烈的经济竞争环境下，更是容易成为被淘汰的对象。对这部分中产阶级而言，失业是最大的威胁。在失业率不断攀升、出生率偏高、死亡率偏低的经济发展环境下，就业人口剩余率也在不断攀高，尤其是受过高等教育而社会地位并不高的人。对于这部分

---

[1] Thomas Blom Hansen, The Saffron Wave, p.147.

人来说，他们处于不上不下的位置。在他们之下的低端劳动力多以劳力输出的方式进入中东国家打工，居于他们之上的中产阶级上层，因为雄厚的经济基础和几代人的积累，可以轻易得到去美国、英国等发达国家求学和就业的机会。但对于他们这些新晋中产阶级而言，在海外就业的机会有限，而国内竞争又十分激烈。[①] 在国内竞争中感受到压力的中产阶级最早起来反对国大党的政治经济管理模式。经济改革政策实施后，最先感受到压力的也是这部分人。他们成为印度人民党的坚定支持者。2014年大选，印度人民党能够获得超过半数以上的席位也得益于这部分人的支持。

再次，印度经济发展滞后和全球化发展中形成的对印度文明古国复兴的渴望也是中产阶级支持印度人民党的重要原因。全球化虽然弱化了民族国家的界限，但也会加强民族保护主义。印度是世界文明古国之一，独立后一直梦想恢复大国地位。但在全球化时代，东亚和东南亚国家的复兴，欧美的科技优势，使印度受教育集团认识到印度在经济发展上的落后现状。他们也最先感受到印度在全球民族国家体系中地位下降的危机感。面对现状，雄心勃勃的中产阶级深深感受到挫折感。这样，就产生了双重的心理过程：对西方的技术，科技和经济发展羡慕的同时，又对西方政治上的霸权，经济上的剥削和文化的渗透怀有很深的敌意。西方商业社会消费至上、金钱至上观念的传播，使处于边缘化的低等中产阶级对失去传统地位和文化实体颇感恐惧。这种倾向表现在国内和国际政治领域，就是对民族主义的追求。在这样的历史背景下，印度人民党的经济民族主义和大国战略都成为吸引中产阶级的主要筹码。

最后，对国大党政治的不满，使中产阶级转而选择印度人民党作为实现政治梦想的工具。20世纪60年代末期，国大党体制也在发生变化。宗派政治、贪污腐败、威权作风、政治犯罪化等现象的出现及发展，使中产阶级对国大党民族国家建设模式失去信心。他们

---

[①] Myron Weiner, Congress Restored: Continuities and Discontinuities in Indian Politics, p.351.

不再信任这一政治环境下所培养的政治家。印度人民党正好利用了中产阶级对国大党的疏离感，成功地塑造了廉洁、服务、致力于国家统一的进步形象，从而在中产阶级中间树立了积极正面的能够领导印度走向成功的典范形象。

民族主义的追求、对传统文明和价值理念的执着都使中产阶级成为印度人民党选民库的一部分，而中产阶级在选举政治中的重要性不言而喻，他们能够引导公共舆论，在政治上有发言权和领导的特质，由此带来的联动效应使印度人民党的选举成绩实现几何级的飞跃。在这场政治互动游戏中，中产阶级和印度人民党都是赢家。

## 第五节　国大党的衰落

在地方政党、种姓政党和宗教政党的力量日益壮大之时，国大党却在走下坡路。主要表现为以下三个方面：其一，独立后，国大党内部经历了三次分裂。第一次分裂是在1969年。尼赫鲁去世后，地方实力派人物组成的辛迪加集团加强对英·甘地的控制。为了摆脱辛迪加派的控制，在1967年国大党的加达库尔会议上，英·甘地批准了激进的十一点计划，与右派进行对抗。十一点计划包括实行银行社会控制、保险业国有化、进出口贸易国有化、废除前土邦王公特权等激进主张。这些主张的提出进一步激化了双方矛盾，进而在新总统选举中达到矛盾的顶峰。在总统选举中，英·甘地没有按照惯例支持辛迪加派提名的候选人雷迪，而是让国大党员按照良心投票，实际上暗示国大党党员支持自由候选人吉里。英·甘地的这一做法直接挑战辛迪加派的权威，导致两者的关系发展到无法修补的程度，最终以国大党的分裂而告终。辛迪加派开除了英·甘地的党籍，准备重新选举国大党议会党团领袖。英·甘地则组织召开国大党工作委员会会议，开除辛迪加派的党主席尼贾林伽帕的党籍。至此，国大党正式分裂为国大党（执政派）和国大党（组织派）。

这次分裂削弱了国大党对地方政治的控制，也改变了国大党的政治动员风格。因为辛迪加派的成员大多是国大党地方组织的领导人，掌控国大党的地方组织和政治动员。他们的退出弱化了国大党中央对地方的控制，尼赫鲁时期形成的中央与地方协商解决问题的政治运作方式也随之发生变化。英·甘地将国大党地方组织掌握在自己的手中，任命了一批没有地方根基，政治经验缺乏但容易掌控的成员担任地方领导，这些人完全听命于英·甘地，在地方政治舞台活动的空间小，这为后来国大党的衰落埋下了伏笔。此后，国大党又经历了两次分裂。1977年，国大党发生第二次分裂，贾·拉姆带领一部分成员退出国大党，建立民主国大党。1978年年初，英·甘地和恰范各自建党，国大党又一次分裂为国大党（英）和国大党（乌尔斯）。国大党（英）也就是现在索尼娅·甘地和拉胡尔·甘地领导的政党。除了这几次大的分裂外，还有很多次小的分裂，这里就不一一详述。（国大党的分裂情况，见图1）

其二，在政党建设方面，国大党组织萎缩，意识形态僵化，这种局面从英·甘地时期开始，一直没有找到解决方案。英·甘地取消了党内的民主选举，地方领导的选择都由英·甘地来控制，英·甘地挑选地方领导的标准是服从自己。这样导致一批地方实力派人物退出国大党，另组新党。与此同时，他们也带走了国大党的地方社会基础。拉吉夫在担任国大党主席期间，力图恢复党内民主，宣布1986年举行党内选举。但是，拉·甘地担心党内选举可能出现伪造选票，不可能达到净化党组织的目的，而且实力派人物主导选举，可能导致自己在党内地位的下降。因此党内选举被无限期拖延，随着1987年邦选举成绩不理想，拉·甘地也取消了雄心勃勃的改革计划，加强国大党中央对地方的控制，依靠青年国大党为自己服务，党的组织建设也处于停滞状态。宗派斗争和组织建设的缺乏削弱了国大党的力量。

拉奥就任国大党主席后，因为他不具备尼赫鲁家族的威望，而且其政治基础主要在安得拉邦，因此许多地方实力派人物都想取代拉奥。为了巩固自己在党内的地位，拉奥沿袭了英·甘地以来的政党建设策略。在就职后，拉奥曾宣布举行党内选举，重新恢复国大党的民主作风。但后来的事实证明这只是一个空口许诺。1991年人民院选举后，拉奥认为国大党中央工作委员会的某些成员势力过于强大，不易控制，因而利用自己国大党主席的职位，以工作委员会内缺少妇女、表列种姓和表列部落成员为借口，强迫其中的一半成员辞职，这些成员中包括来自马哈拉施特拉的帕瓦尔和来自中央邦的阿琼·辛格，他们都是国大党内的实力派人物。之后，拉奥拒绝建立国大党议会委员会和中央选举委员会，而依靠实力较弱的中央工作委员会和邦国大党委员会保持自己的绝对权力，拉奥的一系列动作不但没有巩固自己的权威，反而造成人心涣散，国大党的凝聚力进一步降低。

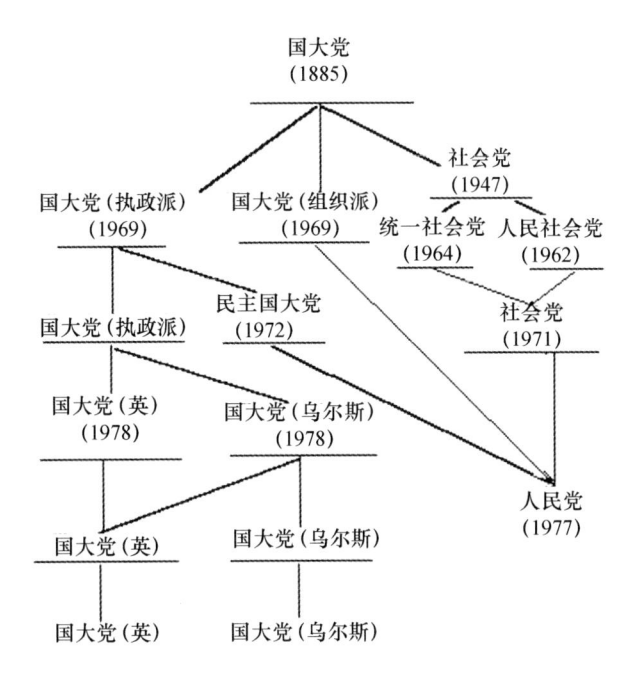

**图1　国大党的分裂（1983年前）**[1]

---

[1] George E. Delury ed., World Encyclopaedia of Politcial Systmes, Vol. 1, Essex, 1993, p. 445.

在政治意识形态日益多样化的印度政坛，选民对家族政治的关注度在慢慢降低，而国大党依然在打家族政治的牌，忽视组织建设在提振政党士气上的作用，这是国大党衰落的主要原因。它一再强调国大党的遗产，在意识形态建设上缺乏变通性，没有根据形势的发展主动调整政治战略。除了世俗主义之外，国大党无法提出更加有效的吸引选民的日程。即使是世俗主义政策，国大党也并没有坚守自己的原则立场，反而因为担心失去选民而缩手缩脚，甚至与教派主义力量同流合污。20世纪80年代中后期，因为国大党在教派主义与世俗主义问题上的立场不够坚定，从而使教派主义成为政治热点话题。一旦教派主义成为政治动员的主导话题，国大党就力不从心，无法与以教派主义起家的印度人民党竞争。在印度人民党处于政治边缘地带的时候，世俗主义是政治话题中心，它无法与国大党竞争。而在教派主义位于政治中心时，国大党已无法掌控局面，印度人民党现在掌握了主动权，国大党的被动适应只会失去更多的选民支持。

其三，腐败问题更是困扰国大党政府的首要问题。政治腐败在拉·甘地统治时期已经到了非常严重的程度。在拉吉夫统治初期，V. P. 辛格任政府财政部部长，他极力推行经济自由化政策，同时致力于消除经济领域的腐败现象。这一行为侵害了党内既得利益者的利益，在他们的政治压力下，拉吉夫将其调任国防部部长。这一行动本身被看作对商人和腐败官员的让步，破坏了拉吉夫"清廉先生"的形象。在国防部，辛格继续关注腐败问题，他宣布要就英迪拉任总理期间从德国公司购买潜水艇的军事合同展开调查，因为德国公司宣称它支付了3亿卢比的佣金，政府则坚持没有任何中间人参与交易。国大党同僚和高层领导指责辛格毁坏尼赫鲁家族的声誉，破坏国大党的形象，辛格被迫辞职。辞职后，辛格开始公开批评国大党政府，1988年被驱逐出国大党。拉吉夫的这一行为被看作对腐败的妥协，进一步破坏了他在民众中的形象。

对拉吉夫政府打击更大的是博福斯丑闻。在辛格辞职几天后，瑞典广播电台披露，瑞典武器公司在与拉吉夫政府签订12.5亿美元的购买榴弹炮合同时，曾贿赂印度政界高官。随后《印度教徒报》报道称，回扣落入了政府官员及国大党权贵之手，其中一部分资金进入国大党的财库。① 国大党及拉吉夫本人都出面否认与此事相关，但又拒绝建立议会调查委员会就这一事件开展调查，就更增加了媒体的猜疑。面对媒体的质疑，国大党政府非但没有顺应民意，反而试图压制媒体在这一事件上的深度挖掘。1987年9月，政府派武装警察搜查了要求调查受贿丑闻的《印度快报》办公室。拉·甘地政府在民众中的声望进一步降低。

拉奥政府统治时期，国大党更是丑闻缠身。1993年，一位经纪人卷入数额高达17亿卢比的有价证券买卖的丑闻中。他披露，曾经向拉奥行贿1000万卢比，用于政党竞选的秘密捐款。中央情报调查局后来证明拉奥无罪，但是，公众普遍认为中情局受到拉奥政府的控制。1994年还发生了食糖丑闻事件。当年，政府延误了进口食糖的时间，随后的糖价补贴耗费了政府6.5亿卢比，而食糖生产厂家和零售商却从中谋取暴利。糖是民众生活中不可缺少的食材，政府在食糖问题上的贪腐行为引发了众怒。正当国大党政府苦苦挣扎的时候，1995年"哈瓦拉"丑闻的曝光更是印度政坛的一颗定时炸弹。该年8月，安全部部长皮洛特逮捕了拉奥的政治顾问圣人昌德拉，他们怀疑昌德拉与孟买黑社会有联系。昌德拉一案的审理牵出工业家S. K. 贾恩，在随后展开的调查中发现了贾恩的日记本，日记本详细记录了跨国集团向政府官员行贿的时间、地点等信息。哈瓦拉受贿案中涉案官员范围之广，数额之巨大，都是前所未有的。哈瓦拉丑闻进一步打击了民众对国大党政府的信心，同时，对国大党利用经济管制谋取私利的行为感到深深地失望。他们也忧虑国大党的政治经济发展模式会将印度带向何方。这也是导致1996年国大党选举失败的直接原因。

---

① 梁洁筠：《印度百年老党国大党沉浮记》，《亚太研究》2002年第6期，第8页。

尼赫鲁时期建立的国大党体制经过几十年的发展，并没有达成预期的发展目标，相反却带来了更多的经济和社会问题。自20世纪80年代中期以来，为了解决国家经济上面临的问题，国大党仓促推出经济改革政策。经济改革虽然解了燃眉之急，缓解了外汇储备危机，但政策的推出太过仓促，各方面的准备不足，这也造成了贫富差距的拉大，社会福利和民生经济发展滞后，民众对国大党的信任和支持度进一步降低。政治腐败成为压倒国大党的最后一根稻草。难以解决的经济困境、政治体制建设的脆弱、领导人政治威望的缺乏共同导致国大党体制的衰败。

综上所述，独立后地方主义、种姓、宗教的发展影响着印度人民党和国大党的社会基础建构。印度人民党思想观念的核心是印度教民族主义，印度教民族主义力量是其坚实的支持基础。国大党意识形态的基础是世俗主义，其社会基础是全民族，并不与任何特定的社会集团结盟。在一定程度上，国大党是一个悬浮的政党，依靠实际政治条件的变化，在具体的政治操作中，附着于某些实力社会集团。

印度人民党和国大党社会基础的特点，决定了印度人民党的扩张态势和国大党的收缩态势。印度人民党的扩张态势来源于它的三层支持力量：首先，印度教社会组织以国民志愿团、世界印度教大会等同盟家族的成员为中心，组成印度教政治的社会支持力量的核心，他们是印度教民族主义坚定的拥护者与倡导者。其次，印度人民党作为政党形成第二层力量，它也以印度教民族主义作为自己政策导向的中心，但又加上了实用主义的政治色彩而淡化了它的教派意识。这部分力量还包括印度人民党的政治联盟者，甚至一些地方政党和种姓政党也属于这一层次的政治力量。最后，印度教徒悬浮分子形成第三层势力，之所以称为悬浮分子是因为这部分人的集团政治意识并不固定，但印度教的宗教纽带依旧发挥重要的作用，尤其是信仰弥笃的人更是如此。在印度教宗教感情的驱使下，他们会成为教派势力的支持者和鼓吹者。① 但在正常的社会生活中，这些悬浮部分则又会改变自己的社会和政治认同。从 20 世纪 80 年代以来，这三种势力形成了以印度教民族主义为核心的同心圆，并呈扩散之势。

印度人民党社会基础呈扩张态势　　　　　国大党社会基础呈剥落之势

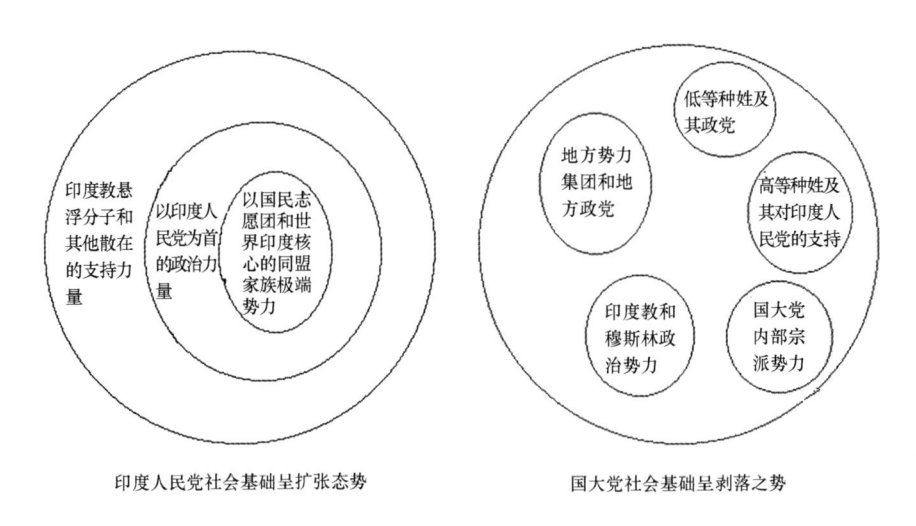

**图 2　印度人民党与国大党社会基础消长比较**

与印度人民党相比，国大党的包容性社会基础，却因为地方势力的兴起、种姓政党的崛起以及穆斯林政治的发展，呈剥落之势。（见图 2）国大党在独立运动中所形成的政治传统，其支持基础涵盖全民族各个集团，包括宗教、种姓、阶级、地方、语言等社会集团。他们与国大党之间只是单向的联系，彼此之间的横向联系则明显欠缺。所以，国大党的社会基础就像是由多个社会集团组成的大拼盘。这些集团政治意识觉醒后，纷纷建立代表自己集团利益的政党，国大党原本依靠世俗主义政治建立起来的拼板就一块块地剥落。另外，

---

① 1992 年毁寺事件后所做的调查显示，印度教徒支持毁掉清真寺的占 34%，而穆斯林只有 6%；印度教徒主张不惩罚毁寺者的占 53%，而穆斯林只有 18%。由此可见，在教派冲突中，印度教徒对教派主义力量的支持达到相当高的比例。Pradeep K. Chhibber, Subhash Misra, Hindus and the Babri Masjid: The Sectional Basis of Communal Attitudes, Asian Survey, Vol. 33, No. 7, p. 667.

国大党还有一个致命的弱点,就是对政治手段的运用要多于社会基础的建构,尤其在机会主义政治文化盛行的时候,国大党更是左右逢源,对一些集团利益保护不够,一些社会集团对国大党失去了信任而离开了国大党阵营。上述原因导致独立后国大党的社会基础呈收缩态势,也决定了20世纪80年代以来国大党的逐步衰弱和印度人民党的强势崛起。

# 第 二 章
# 人民同盟的历史发展

从历史发展的角度来看，人民同盟是印度人民党历史发展链条中重要的一环。人民同盟的意识形态取向、组织和政治上的发展为印度人民党的建立及崛起奠定了深厚的社会和思想基础。这一章主要探讨印度人民同盟的历史发展及其与印度人民党崛起的关系。

## 第一节 印度人民同盟建立的历史背景

印度人民同盟的建立是近代以来印度教民族主义发展的产物，是独立后印度政治和社会变化的结果。综合来看，近代以来教派主义的发展及议会民主制与多党制的政治架构共同促成了人民同盟的建立。

首先，印度教教派组织和教派思想的发展是人民同盟建立的组织基础和思想来源。在英国殖民统治时期，印度教改革运动走向保守和伊斯兰启蒙运动强调维护穆斯林利益共同导致了印度教教派主义思想的萌芽和发展。面对西方殖民统治和舶来文化的冲击，印度教改革运动应运而生。宗教改革运动的宗旨是使印度教适应变化的社会形势，为资产阶级民族斗争服务。最初，印度教改革运动与启蒙运动结合在一起，主张破除印度教的陈规陋习，以积极的态度对待社会和生活，具有进步意义。但后来改革运动并没有走向深入发展，而是走向保守，坚持传统印度教的中心地位。此时伊斯兰启蒙运动还未启动，因此印度教改革运动并没有过多关注印度教集团利益。19世纪80年代，伊斯兰启蒙运动开始发展。伊斯兰启蒙运动除了包含振兴印度的内容外，一开始就强调保护穆斯林集团的利益。英国殖民者从这一发展中嗅到了推行分而治之政策的裂隙，它推出分化民族主义力量的单独选区制，满足穆斯林集团不合理的政治诉求，一旦获得政治上的好处，穆斯林极端力量也会在教派主义的路上越走越远。穆斯林的教派主义情绪反过来刺激了印度教教派主义情绪的高涨，从而造成恶性循环。双方都在不断提高底线，暴力冲突在所难免。20世纪20年代以来，印度教徒和穆斯林之间爆发了一系列的教派冲突和仇杀。随着教派矛盾的激化，印度教民族主义极端力量脱离了民族解放运动的主流，另起炉灶建立教派主义组织。印度教大会和国民志愿团也就是在这样的历史背景下迅速成长起来的。

打着印度教自救口号的大旗，印度教极端分子于1915年建立了印度教大会（Hindu Mahasabha）。自建立伊始，它就具有很强的印度教教派主义取向，是独立运动时期印度教教派主义的政治代言人。印度教大会宣扬印度教教派主义意识形态，排斥穆斯林集团和基督教集团。在1933年的阿基米尔会议上，印度教大会主席帕尔马南达公开宣称："印度斯坦是印度教徒的土地，穆斯林和基督徒以及其他居住在印度的民族只是我们的客人。如果他们愿意作为客人留下来，他们可以住在这里。"[①] 1937年，萨瓦尔卡成为印度教大会的核心人物，印度教大会的教派主义思想也进入新的发展期。萨瓦尔卡生于1883年，在伦敦求学期间受到小资产阶级激进思想的影响，主张以暴力推翻英国殖民统治。1909年，他撰写了《印度独立战争》一

---

[①] Craig Baxter, The Jana Sangh: A Biography of an Indian Political Party, p. 19.

书，书中将 1857 年大起义确定为印度民众反抗英国殖民统治的首次民族解放运动。1910 年，他因参加印度屋（India House）活动被捕，随后被转移到安达曼和尼科巴群岛关押。在此期间，他撰写了对印度教民族主义，乃至印度政治思想体系产生重大影响的《印度教特性》，该书用印度教教派主义解释印度民族主义思想体系。在独立运动期间，萨瓦尔卡领导下的印度教大会是教派主义意识形态的主要鼓吹者和政治领导者。

国民志愿团是印度教教派主义社会组织，由马哈拉施特拉的婆罗门海德格瓦（Keshav Baliram Hedgewar）于 1925 年创建。海德格瓦 1889 年 4 月 1 日生于那格浦尔的一个婆罗门家庭。在学生时代充满爱国热情，积极参与国大党的反殖民主义斗争，但很快对国大党的主张和政策感到不满。1923 年，印、穆教派冲突的频繁爆发促使他离开国大党，寻找一条不同于国大党的国家建设模式。受到提拉克和萨瓦尔卡思想的启发和影响，海德格瓦认为应该以印度教的文化和宗教遗产建构印度民族。萨瓦尔卡的印度教特性概念对他思想体系建构的影响最大，他认为一个印度人不但要接受印度和印度的古代文化遗产，不仅要把印度作为自己的祖国，而且要把它作为自己的圣地。这些主张与萨瓦尔卡的观点完全相同。1925 年的十胜节，他和一些志同道合者在那格浦尔创立了国民志愿团。1927 年的罗摩诞辰节正式命名，选用橘黄色的三角旗作为旗帜。国民志愿团成立的宗旨是维护印度教民族的利益，促进印度教宗教和文化的发展，进而复兴古代印度教国家。在组织结构上，国民志愿团实行家长式的统治，强调服从和忠诚，带有准军事组织性质。1927 年 4 月，国民志愿团在阿马拉瓦提举办了首次由青少年参加的训练营，训练他们使用棍棒、匕首、标枪、长剑等武器，同时也讲授印度教历史文化。海德格瓦鼓吹"印度教徒军事化，军事活动印度化"，向其成员灌输绝对服从的精神。他被该组织称为"导师和哲人"。1937 年后，国民志愿团成为印度教极端派的主要代表。①

1940年海德格瓦去世，高瓦克接任最高领袖职位。高瓦克是马哈拉施特拉的婆罗门，在巴纳拉斯印度教大学接受教育，获得生物学硕士学位。他对印度教传统思想和文化的兴趣要远远高于对政治的兴趣。高瓦克对印度教民族主义思想的解释尽人皆知，他说："在印度的非印度教徒必须接受印度教文化和语言，必须学习尊重和敬畏印度教，必须在思想上只接受印度教民族和印度教文化的荣耀，也就是说，他们除了要放弃对这块土地及其悠久历史的偏狭和忘恩负义的态度外，还要培养爱和献身的积极态度——总之，他们必须不再把自己看成外国人，或者他们可以待在这个国家，但完全从属于印度民族，不能有任何要求，更不能享受优惠待遇——甚至是公民权。"② 高瓦克不但主张改造穆斯林，而且要改造国大党在穆斯林问题上的立场和政策。"我们印度教徒处在两线作战的状态，一面对穆斯林作战，一面对英国作战。"他攻击主张印穆团结的民族主义者是"硬要我们拥抱世敌，这会危及印度教徒的生存"。高瓦克主张以激进的手段维护印度教徒的利益，他热烈赞颂德意志法西斯，主张印度也应该学习法西斯的做法，"复兴古老的种族精神"。这种公开宣扬强制同化和种族灭绝的观点，公开鼓吹学习法西斯的做法，对毒化气氛、加剧教派矛盾负有不可推卸的责任。③

高瓦克虽然立场激进，但他对政治并没有过多的兴趣，而更多强调文化和经济建设。1949年11月，高瓦克在艾哈迈德巴德讲话中指出，"我们已经忘记政治只是广泛的生活的一部分。生活要高于政治，在内容上也要比政治丰富。生活的关键组成部分不是政治而是文化……认为政治无所不包的看法完全与印度精神相背"④。高瓦克

---

① 林承节：《印度近现代史》，北京大学出版社1995年版，第629—630页。
② Craig Baxter, The Jana Sangh: A Biography of an Indian Political Party, p. 31.
③ 林承节：《印度近现代史》，第629—630页。
④ Myron Weiner, Party Politics in India: The Development of a Multi-party System, New Jersey, Princeton University Press, 1957, p. 180.

领导下的国民志愿团不直接参与政治，只关注文化和社会建设。但独立初期的发展趋势却促使国民志愿团改变了对政治的立场。

国民志愿团立场变化的根源在于国民志愿团遭禁。1948年，国民志愿团前成员高士刺杀甘地，导致国民志愿团被取缔。组织内年轻一翼对政府的禁令感到非常不满。他们认为政府取缔国民志愿团的政治行为没有合法的依据，因为刺杀甘地的高士已经不是国民志愿团的成员，而是印度教大会的成员。在他们看来，政府禁止国民志愿团活动是国大党打击印度教力量的政治报复行为。如果国民志愿团没有政治力量在议会发声，即使组织的力量再强大，也难免会受到冲击。其中比较激进的成员甚至认为如果国民志愿团早些涉足政治，印度次大陆也不会付出分治的惨重代价。这部分人强烈主张参与政治。

其次，国大党确立的议会民主制及多党体制的政治制度可以有效地容纳各种政治力量，这是印度人民同盟能够建立的政治前提。

独立后主张各异的政治集团不再是一致对抗英国殖民统治的民族统一力量，面对英国殖民撤离形成的政治真空，各派力量都急于为本集团争取更多的利益和政治代表权。在这样的历史条件下，印度教极端力量认为不能只依靠文化和社会运动来促进印度教的内部团结。也就是说，印度教教派主义力量的建设性使命应该与政治行动互相配合。在认识到政治上的团结和行动对于维护印度教徒利益的必要性和迫切性后，他们开始同慕克吉接触。

慕克吉是印度著名的政治活动家。他生于1901年，1929年进入英属印度孟加拉邦议会，开始了政治生涯。他在教派主义问题上立场保守，由于反对穆斯林联盟的两个民族理论以及不满国大党的政策，1939年加入印度教大会并成为该党的领袖。印度独立后，由于他在独立运动中树立的威望和政治经验，慕克吉成为尼赫鲁内阁的一名成员，任工业和供应部部长。

作为印度教大会的领导人之一，慕克吉之所以选择与国民志愿团合作是因为他与印度教大会领导层在政党性质主张上的分歧。慕克吉认为，独立后的政治形势已经发生改变，印度教大会不应该固守极端教派主义的立场，而应该取消在党员资格上的身份限制，所有社会成员包括穆斯林在内都有资格加入印度教大会。如果政党无法做出改变，那就应该改变政党的属性，只从事文化和社会活动，而将政治活动保留给新生力量。甘地遇刺后，教派主义的暴力行为受到严厉谴责。为了应对困难的处境，慕克吉强烈要求建立新的政党，中止印度教大会的政治活动，但印度教大会的领导还是拒绝了慕克吉的建议。1948年12月，他辞去了副主席的职位并退出印度教大会。

从印度教大会辞职后，慕克吉继续在尼赫鲁内阁中任职，曾有人建议他加入国大党，与帕特尔等印度教传统势力结盟对抗尼赫鲁，但慕克吉有自己的想法，他比较看重国民志愿团在社会文化领域的工作，国民志愿团的政治活跃分子也在与他接触。1950年4月，慕克吉从尼赫鲁内阁辞职使他最终成为人民同盟的创始人。慕克吉的辞职是因为他对尼赫鲁处理克什米尔问题和东孟加拉问题感到不满。在克什米尔问题上，慕克吉与印度教极端分子的立场相同，主张克什米尔与其他邦地位平等，而尼赫鲁却专门通过宪法370条的特殊规定给予克什米尔一定程度的自治。慕克吉对此极为反感。东孟加拉问题是促使他最终退出内阁的直接原因。印巴分治后，慕克吉曾对东孟加拉的印度教徒做出保证：如果他们在未来的巴基斯坦政府手中遭受苦难，如果他们被剥夺了最基本的公民权，如果他们的生命和荣誉受到威胁或者攻击，自由印度绝不会是若无其事的旁观者，他们的正义事业将得到印度政府和人民的大力支持。[1] 但是1950年4月8日里亚奎-尼赫鲁协议签订，该协议规定任何国家都不能以另一国少数派的名义提出超越领土的权利主张。慕克吉认为这一协议是对东孟加拉印度教徒的背叛。在保护东孟加拉印度教徒的承诺无法兑现后，他感到留在尼赫鲁内阁已难实现其维护印度教集团利益

---

[1] Craig Baxter, The Jana Sangh: A Biography of an Indian Political Party, p. 66.

的政治主张和抱负，决定从内阁辞职。

慕克吉辞职后，开始全力以赴投入筹建维护印度教徒利益的政党的准备工作中。慕克吉想利用国民志愿团的群众基础和组织力量，同时出于政治上的考虑，慕克吉希望新党能与教派主义做切割，对所有印度人开放成员资格。国民志愿团的领导人高瓦克虽然并不热心政治，但国民志愿团内部存在相当一股势力要求支持建立印度教政治组织。在国民志愿团内部政治力量的推动下，高瓦克同意国民志愿团成员可以以个人的身份参加建党的筹备工作。所以，从根本上说，人民同盟虽然借助了国民志愿团的社会和组织力量，但与其并没有直接的组织关系，也不受国民志愿团的制约。

## 第二节　人民同盟的建立

人民同盟的建立以地方组织为起点，在地方组织的基础上组建全国性的组织。慕克吉首先在西孟加拉建立自己的政党——人民党（People's Party），后来改名为全国民主党。国民志愿团的政治活跃分子也在旁遮普、德里等地建立分支。1951年10月21日，在德里召开了有各邦组织代表以及其他人士参加的全国性会议，正式宣布人民同盟成立。在国民志愿团的发源地马哈拉施特拉，人民同盟的建立则要晚得多。这源于多方面的因素，马哈拉施特拉的印度教徒和穆斯林集团冲突并不像旁遮普和孟加拉那样严重，而且分治对马哈拉施特拉的影响相对较小，这里也没有移民问题的困扰，所以该邦的建党工作在人民同盟建立一年半后才开始启动。

在成立大会上，慕克吉当选为主席。在主席发言中，他极力淡化人民同盟的教派色彩，称不分种姓、信仰或者社团，政党对所有人开放。他抨击国大党的世俗主义政策是安抚穆斯林的自杀政策，认为印度的未来在于正确地理解和推行印度教传统文化，包括遵从吠陀之道。在经济政策上强调大工业、中型工业和小工业的均衡发展，反对许可证制度。在外交政策上，慕克吉主张脱离英联邦。他认为印度分治是历史性错误，主张重新统一印度。人民同盟反对将克什米尔问题提交联合国，也反对全民公投。[①] 大会选举乌帕德亚雅为总书记，乌帕德亚雅是国民志愿团的忠实成员，他关于整体人本主义思想的四个演讲不但影响人民同盟的思想发展，而且也是印度人民党的哲学基础，这在下文会谈到。

由以上人民同盟的建立过程可以看到，人民同盟从建立伊始就具有双重属性，它因维护印度教徒利益的需要而诞生，但适应独立后印度议会民主制发展的需要，它又否定了教派主义的身份认定，而以世俗的现代政党的形象出现在印度政治体系中。人民同盟的双重属性决定了其政治主张和政治活动的基本取向。独立后，教派主义受到国大党世俗主义意识形态的排斥，而印度教大会又顽固地坚持教派主义立场，势必会导致其在政治体系内的边缘化。为了实现体制内维护印度教徒利益的目的，必须建立新的政党，树立新的形象，提出新的主张。人民同盟作为政党组织，体现了其不同于国民志愿团等教派组织的特点，如人民同盟接受所有社会集团的成员，包括穆斯林；而国民志愿团等教派组织只招收印度教徒。又如，人民同盟的印度教民族主义思想突出印度教的主体地位，而国民志愿团的印度教民族主义思想则将印度民族等同于印度教民族。虽然人民同盟不像印度教教派主义社会组织那样极端，但它以印度教民族主义政党的合法政治身份进入政党竞争体系内，在与世俗主义思想的对抗中，维护印度教徒的利益。人民同盟的建立对印度教民族主义思想的传播起到推波助澜的作用。

---

[①] Myron Weiner, Party Politics in India, pp. 192–193.

## 第三节　人民同盟的政策主张

印度独立后，国大党几十年的发展和领导人的威望，使其他政党问鼎权力的机会甚少。因此，在成立初期，人民同盟的主张以强调印度教传统为主要内容，在经济和政治问题上的主张缺乏系统性。在印度人民同盟的党章中提到政党的目标是在"印度文化和传统的基础上使印度成为政治、社会和经济民主的国家。在民主体制下，每个人都享有同等的权利和自由。民主制度将使印度成为繁荣、强盛、有组织、进步、有活力的现代国家，成功地吸取其他国家积极进取的价值观，并在国际舞台上为建立世界和平而发挥印度的作用"[①]。在经过几十年的发展后，人民同盟对政治和经济问题的理解更为成熟，其主张和观点也更为系统。

### 一、人民同盟的原则和纲领

在思想主张和政策原则上，人民同盟的核心主张是一个国家，一种国民，一种文化和一个民族。1964年1月人民同盟的维加亚瓦达会议确定整体人本主义为其"原则和政策"的一部分。人民同盟声称它的基本原则是"一个国家，一种国民（one people），一种文化，一个民族"，这些内容都有明显的教派主义指向。1972年巴戈普尔（Bhagalpur）会议修订的人民同盟章程第三款提出，印度人民同盟的目标在于以印度文化（Bharatiya Sanskriti）和遵行吠陀之道（Maryada）为基础，使印度成为政治、社会和经济民主的国家。在这个民主国家内，每个人都享有平等的机会和自由。[②]

---

[①] 高鲲、周义歧、梁洁筠、刘学成等编著：《印度政党》，中国社会科学院、北京大学南亚研究所资料，第75页。

[②] B. J. S. Party Documents Vol. 1, 1951–1972, New Delhi, 1973, p. 203.

"一个国家"即指分治前的印度，它认为印度在地理、文化和历史上都是单一的、不可分割的整体。"因为我们神圣而坚定地爱着印度的每一寸土地，我们尊崇其为印度母亲。"英国统治的结束伴随着国家的分裂。巴基斯坦的建立不仅意味着印度领土上其他独立的政治实体的存在，而且意味着对一个民族和一种文化的否定。人民同盟政策的目标是结束印度和巴基斯坦的分裂，重新统一印度。① "分治解决不了宗教及连带问题，反而会产生很多新问题。"② 人民同盟一个国家的主张除了针对巴基斯坦外，也直接针对克什米尔的特殊地位。克什米尔因为穆斯林人口占多数而属于各邦中的特例。人民同盟认为克什米尔邦既然是印度不可分割的一部分，就不应该再享有宪法第 370 条规定的特殊权利，而应该与其他地方行政单元地位平等。

人民同盟提出"一种国民"（one people）的口号。所谓"一种国民"是指民众身份平等，都是印度的国民。国民身份的获得需要具备一定的条件，首先是居住地必须在印度，其次是与印度的情感交融，即对印度有子女对父母的感情。这样的规定主要针对印度的穆斯林集团和基督教徒，指向性非常明确。在政党文件中，人民同盟也多次提出社会平等的概念。为了实现社会平等，人民同盟也主张通过社会救济改变不平等的社会地位。鉴于几千年来社会下层在教育、文化和经济上的落后状态，人民同盟主张给予社会下层以特殊的援助，以助其赶上其他社会阶层。但同时指出救济政策的实施应该防止产生落后阶层中的既得利益集团，既得利益集团的产生容易导致种姓区隔更加严重，背离消除种姓制度的初衷。同时针对穆斯林个人法，人民同盟也提出，应该实行统一的民法典，管理婚姻、继承、收养事宜。③ 人民同盟"一种国民"的主张强调社会平等，

---

① B. J. S. Party Documents Vol. 1, 1951 – 1972, p. 15.
② Craig Baxter, The Jana Sangh: A Biography of an Indian Political Party, p. 84.
③ B. J. S. Party Documents Vol. 1, 1951 – 1972, p. 16.

本来具有进步意义，但因为它的社会平等更多针对穆斯林集团的特殊地位，并没有积极倡导改变印度教社会的不平等现象而使该主张具有有明显的教派主义色彩。

"一种文化"是指以印度为家园的印度人民所共有的同一文化渊源。人民同盟指出印度文化传统同源于吠陀文明。自吠陀时代开始，印度文化传统一直没有中断。构成印度民族共同体的所有信仰在印度文化发展的历史长河中都作出过贡献。在历史发展过程中，不同的地区和不同的社会集团会发展出不同的生活方式，但是，所有这些不同的生活方式都统一在印度文化的羽翼之下，印度文化从来不与特定的教条或信仰捆绑在一起。[①] 印度文化也不排斥外来文化，它通过同化和吸收不同民族、不同信仰和不同文化体系的优点，来不断丰富和推进印度文化体系的发展。印度文化是一体的，不可分割的。因此，任何谈及多元文化的说法不仅看法本身有问题，而且非常危险，因为这会削弱国家统一，鼓励分离主义倾向。人民同盟确定吠陀文明是印度教文化的源头，无视吠陀之前的印度河文明。就文明的延续发展而言，人民同盟过多强调印度教文明，实际上间接否定了伊斯兰教文明对印度文化发展的贡献。可见，一种文化观念不但在源头上否定了印度文明起源的多元性，而且也否定了伊斯兰文化的印度本土特征，带有强烈的教派主义色彩。

在语言政策问题上，人民同盟认可印度多语言的现状，认为方言和地方语言是展示印度内在统一的有效媒介，因为这些语言都与梵语保持最基本的关联，并且都是同一种哲学、同一个达摩和同一种科学的载体。在争取自治的斗争过程中，印度人在行政、教育、贸易、商业等领域创造新的词汇。同时，在使用民族语言表达民族感情的过程中，印度语言体系也得到有效的开发应用。这对印度语言来说是一个历史性的发展。印度独立后的行政和教育语言政策的

---

① B. J. S. Party Documents Vol. 1, 1951–1972, p. 17.

制定也应该建立在这个基础之上。① 梵语的源头地位是人民同盟强调的重点。它提出确定梵语的国语地位，并在正式的仪式场合使用梵语。至于官方语言，人民同盟认为在印度诸多语言中，印地语的使用最为广泛，应该成为印度的通用语言。印度宪法在联邦层面上承认了这一事实。用天城体书写的印地语必须成为印度联邦的官方语言。人民同盟不认可宪法列表中认定乌尔都语为民族语言，强调它只是印地语的一部分。而且它还强调乌尔都语的正确发展方向在于用天城体书写，而不是现在的波斯体。这些都体现了它的教派色彩。

"一个民族"强调印度是古老的民族。印度独立仅仅意味着历史新篇章，但并不意味着新的民族的诞生。印度民族主义的当然基础是忠于印度及其永恒而独特的文化。② 只有有意识地推广民族生活价值才能实现民族统一，遏制分裂势力。人民同盟反对宗教与政治混为一谈，或者以宗教为基础要求特殊的权利，这有悖于世俗国家的概念，也不利于国家整合。民族主义和民主的本质特征是平等而宽容地对待少数派。人民同盟保证平等对待所有的少数派，但它同时认为以宗教为基础将印度划分为多数派和少数派，并以此为基础制定政治、社会或者经济政策是错误的行为，这违背了民族主义的特性。人民同盟一直对印度的分裂心怀不满，强调巴基斯坦人民是印度民族的基本组成部分。只要巴基斯坦国存在，印度穆斯林的地位就很微妙。印度的基督教和其他宗教团体应该摆脱外国的影响和控制，他们不应该成为外国在印度的代理人。虽然人民同盟强调一个民族的概念，强调平等对待少数派，反对基于宗教基础上的特殊权利，但在实际操作层面上，它又以宗教为标准，强调伊斯兰教集团和基督教集团的特殊性，要求他们融入印度民族主流，实际上是加入印度教民族的主流。

---

① B. J. S. Party Documents Vol. 1, 1951–1972, pp. 20–22.

② B. J. S. Party Documents Vol. 1, 1951–1972, p. 17.

人民同盟"一个国家,一种国民,一种文化和一个民族"的主张虽然强调继承古代印度文化遗产,实际上却抛弃了古代印度文化的包容性,转而强调印度教的主体地位,强调穆斯林和其他社会集团或者作为印度教民族的组成部分,或者离开印度,这实际上否认了印度民族的多样性,否认了印度文化发展的多元统一特征,是一种典型的教派主义观点。这一观点为后来的印度人民党所继承。

### 二、政治主张

人民同盟政治主张的主要内容包括单一制的国家结构形式、民主、分权、道德政治和强调法治。

在国家结构形式上,人民同盟的主张体现了其印度教大民族主义的特点。人民同盟认为,只有单一制政府才能有助于形成基于一个国家、一个民族和一种文化基础上的民族国家,联邦制概念阻碍了民族国家整合。在1954年召开的印多尔大会上,人民同盟提出单一制政府比联邦政府更适合印度的发展。为了保持国家的统一和整合,要以单一制政府代替联邦政府。在1962年的选举宣言中,人民同盟甚至提出修改宪法,宣布印度为单一制国家。① 印度是一个多元社会,如何整合观念、经济发展阶段和语言差异较大的地方单元,人民同盟提出了自己的解决方案——分权制。它认为,分权可以解决单一制政府面临的难题。② 至于如何分权,它主张借鉴历史上的列国体制建立地方行政单元。也就是说,以选举的方式产生地方议会,地方议会履行地方政府的职责。中央政府不应干预地方的自治,地方自治的责任由地方政府担当,中央政府则通过权力分配和资源分配的方式辅助地方实现独立的发展。③ 人民同盟提出村社是保持政治

---

① B. J. S. Party Documents Vol. 1, 1951 – 1972, p. 126.
② B. J. S. Party Documents Vol. 1, 1951 – 1972, p. 63.
③ B. J. S. Party Documents Vol. 1, 1951 – 1972, pp. 18 – 19.

权力和经济活力的真正源泉和基础,① 主张地方分权体制应该贯彻到村一级。

人民同盟提出建立单一制国家的主张,似乎与国大党的联邦制在概念意义上存在较大差异。实际上,人民同盟所建构的理想单一制与国大党所主张的联邦制差异并不大。国大党政府确立的联邦制结构并不是照搬欧美国家的联邦制,它有统一的宪法,统一的司法体系,在中央和地方权力划分上更倾向于中央,地方同时也享有较大的自治权。这样的制度安排适应了印度社会地区和地区之间在经济、政治、社会发展阶段上存在较大差异的现状,有利于维护地区稳定与发展。人民同盟的分权体系与国大党建立的地方体制最大的差异就是克什米尔的地位,这显然是政治意图的考虑。

人民同盟强调道德政治,在全国会议和选举纲要中,它屡次强调道德政治和反腐败的重要性。例如,在1954年印多尔会议上,人民同盟提出,如果它能够执政,将会采取严厉的手段禁止谋取暴利的不正当行为、裙带主义和腐败。为了提高行政效率和诚信,人民同盟主张利用公共舆论进行政治监督,同时降低行政开支,包括降低公务人员的工资等。② 在1962年选举宣言中,人民同盟提出为了根治腐败,给反腐败部门更多的权力,给实施腐败行为的人以足够威慑的惩罚。③ 反腐败和道德政治是人民同盟和印度人民党对抗国大党的强大政治武器。

人民同盟还提出法治的概念,但它所主张的法治与现代意义上的法制存在一定的差异。人民同盟所主张的法治是指达摩统治(Dharma Rajya)。在人民同盟看来,达摩统治来自印度本土文化人生四阶段的法、利、爱、解脱。人最终的目的在于解脱,实现解脱的关键是遵守达摩,只有遵守达摩,才能实现个人、社会和国家的

---

① B. J. S. Party Documents Vol. 1, 1951–1972, p. 63.
② B. J. S. Party Documents Vol. 1, 1951–1972, p. 70.
③ B. J. S. Party Documents Vol. 1, 1951–1972, p. 128.

和谐运转。在达摩治理之下，每个个体都应受到特定义务和规则的制约。行政权力、立法权力，乃至个人权力都由达摩决定和管理，任何超出达摩范围的行为都会破坏已有的和谐，造成负面的影响。

在人民同盟的达摩概念体系中，达摩是根本，履行义务是实现权利的前提。人们只有在积极履行义务的前提下，才能更好地保护个人权利，权利是个人履行义务并体验存在感和归属感的工具，普通民众通过权利的行使完成达摩。因此，在人民同盟的法治体系中，权利和义务与达摩构成三角关系，其中达摩是根基，权利和义务是三角形的两个边。它认为三者的关系就像给士兵配备武器。配备武器相当于履行个人义务，使用武器则属于个人权利的范畴，但是否配备武器或者何时使用武器都由达摩来决定。[①] 从本质上说，人民同盟的法治概念带有强烈的复古主义色彩，不是以制度，而是以达摩为基础建构现代政治体制。这是以印度传统文化的整体性对抗西方现代制度的功能区分和社会分隔。但是，英国殖民统治300多年后，印度社会已经发生很大的变化，基层民主、种姓制度、宗教都在经历嬗变，复古主义的达摩显然无法应对多方面的问题。在印度人民党时期，虽然也提到将达摩的概念作为政党政治哲学的基本原则，但很少直接提到法治的概念。换句话说，英国及国大党政府在印度建立的现代政治体制已经成为印度文化传统的一部分，全面恢复达摩之治和法治已经不符合历史发展潮流。

人民同盟以传统印度文化和政治理念为基础，结合现代分权、民主思想提出自己在国家行政建制和统治体制方面的思想主张。这些思想主张以维护印度的统一完整为主旨，以印度传统政治文化为根基，以道德政治和达摩对抗国大党的世俗政治和民主法制，凸显印度人民同盟的本土特征。但人民同盟的很多主张只是为了表达教派主义的政治诉求，其针对的对象是伊斯兰教和基督教，而对印度社会的发展变化关注度不够，这也影响到其政治体制架构的合理性

---

① B. J. S. Party Documents Vol.1, 1951 – 1972, p. 8.

和可行性。印度人民党继承了人民同盟的某些主张，尤其是反腐败的道德政治，一直是印度人民党选举战略强调的重点。

### 三、外交主张

在外交政策上，人民同盟强调外交政策的基础是维护国家根本利益，它强调平等的国际秩序，反对帝国主义和扩张主义。但在强调平等的同时，人民同盟也大肆鼓吹单边主义和霸权主义外交。

人民同盟指出，只要世界上存在帝国主义和殖民主义，就会存在对肤色与信仰的歧视，只要国与国之间存在经济上的不平等，就会存在剥削，只要两三个大国将自己视作世界和平和战争的主宰，国际紧张局势就不会缓和，我们始终处于悬崖的边缘。因此，解放被压迫民族，尊重人权，减少国与国之间经济上的不平等，扩大合作是必须的。作为国际组织的联合国应该在更强、更具代表性和更公平的基础上发展。每个民族都有按照自己的特色走自己道路的权利，反对将同一模式强加给世界各国人民。除了官方外交外，人民同盟主张以民间外交作为补充。比如，可以建立非政府的国际论坛，由来自不同国家的非政府代表参加，共同讨论，弥合国家之间存在的分歧。[①]

在维护国家主权上，人民同盟主张强势外交，发展国防军事力量。如果没有强大的武力做支撑，渴望和平只能鼓励恶意行为，最终对和平也会造成致命的伤害。人民同盟认为外交政策的制定应该建立在现实主义的基础上，根据具体的环境灵活变通。人民同盟批评国大党的不结盟政策，认为在外交政策上顽固地坚持一种观点是不明智的。它指出将世界划分为两大阵营，或者与两大阵营结盟，或者采取不结盟政策，这样的看法已经过时，不符合时代的需要。[②]

在具体的政策主张上，人民同盟强调以武力夺回失去的"领

---

① B. J. S. Party Documents Vol. 1, 1951 – 1972, pp. 24 – 25.

② B. J. S. Party Documents Vol. 1, 1951 – 1972, p. 25.

土"。人民同盟对中国和巴基斯坦的态度非常不友好，认为中国和巴基斯坦侵犯印度边界，应该以武力遏制这两个国家。在这个问题上，人民同盟采取的是双重标准，一方面强调国家之间的关系应该建立在互惠平等的基础上，另一方面却单方面歪曲历史事实，认定中国和巴基斯坦"侵略"印度，试图以这样的鼓动来推行强势外交，发展军事国防工业。

在印巴关系上，人民同盟一贯持强硬立场，主张采取军事打击手段。独立初期，人民同盟指责巴基斯坦虐待其境内的印度教徒。后来，指责巴基斯坦支持印度境内的穆斯林开展反政府活动。在第三次印巴战争后召开的巴高普尔全国执委会会议上，瓦杰帕伊的主席讲话充满了挑衅的口吻，要求巴基斯坦撤出克什米尔。他说："印度赢得了战争的胜利，但这一胜利并不是持久和平的保证。在印度西部，巴基斯坦的战争机器并没有受到太大的打击。中国和美国继续向巴基斯坦供应大量的武器。巴基斯坦也从约旦、沙特阿拉伯、伊朗和土耳其得到武器供应，这些国家是巴基斯坦的军事联盟伙伴。巴基斯坦国内也正在招募新兵，进行战争准备工作。"[1] 他提出，孟加拉国的建立意味着巴基斯坦以宗教为基础建立民族国家的主张的破产，既然巴基斯坦的成立站不住脚，它就应该放弃对穆斯林人口占多数的克什米尔的领土主张。他说："巴基斯坦认为它是本地区穆斯林代表的梦想已经在达卡破灭了，这个梦想在以后也不可能恢复。巴基斯坦提出对克什米尔要求的基础是宗教政治，但现在宗教政治已经走到尽头了。因此，布托不要再空谈什么克什米尔的自决权，而是应该好好准备一下，撤离他侵占的克什米尔土地。印度不会允许侵略者享受侵略的成果。"[2]

人民同盟对待中国的态度是有变化的。在 1951 年中国文化代表

---

[1] A. Moin. Zaidi ed., *The Annual Register of Indian Political Parties*, New Delhi, 1973, pp. 467–468.

[2] A. Moin. Zaidi ed., *The Annual Register of Indian Political Parties*, pp. 468–469.

团访印时，同盟家族的喉舌《组织者》在 1951 年 11 月 5 日发表了欢迎文章，其中说"……从历史的黎明期起印度和中国就是朋友。……我们彼此爱慕和尊敬。今天我们又在加固那些古老友谊的基础。"① 后来，随着西藏的和平解放以及中印边界摩擦不断增加，人民同盟积极反华，带头组织反华游行、集会，要求加强军备力量对付中国。它严重夸大"中国威胁论"，提出中国不但对印度和东南亚国家构成威胁，而且对整个世界构成威胁，所有国家应该联合起来对抗中国的扩张主义和军事政策。人民同盟扩张主义和军事行动的指控完全是在诋毁中国，中国要求协商解决问题，遭到印度的拒绝。对于非法的麦克马洪线，印度政府顽固地坚持英帝国的遗产，不谈判。这样的立场彻底暴露了其霸权主义和单边主义的嘴脸，罔顾印度的霸权主义行为，而指责中国的外交政策，完全是采用双重标准，只许州官放火，不许百姓点灯。

人民同盟的称霸野心还体现在亚洲政策上，强调印度的亚洲大国地位，要求加强对东南亚事务的干预，建立与日本的联系。1971年第三次印巴战争后，人民同盟的大国沙文主义立场暴露无遗。"孟加拉国的建立和印巴战争中印度的胜利，改变了亚洲的权力平衡，我们应当看到世界强国并不能在这一地区造就新的权力平衡。作为致力于民主的亚洲大国，印度必须采取行动，保障东南亚国家感受自由主权和统一，反对世界强国直接或间接干预它们的内部事务。印度与这些国家有着悠久而广泛的文化联系，应该采取具体措施进一步加强这种联系。印度也应该努力发展和日本的特殊关系。"②

与称霸外交紧密相连，人民同盟主张发展核武器，加强国防工业，增强边界地区的防御和发展。为此提出五点主张：第一，所有的年轻人都应该服役 2 年。第二，出于军队编制和鼓舞士气的需要，所有的武装力量都应该由联邦政府统一控制。第三，充分地发展国

---

① 高鲲、周义歧、梁洁笃、刘学成等编著：《印度政党》，第 81 页。

② A. Moin. Zaidi ed., *The Annual Register of Indian Political Parties*, p. 471.

防工业。第四，制造核武器。第五，增加大型的区域部队编制。印度政府尤其应加强边界地区的武装及后备储备。人民同盟还提出发展边界地区的具体政策，包括经济发展政策、武装边界民众等政策。随着印巴战争和中印边界冲突的发生，人民同盟的主张越来越激烈。在1962年的选举纲要中，国防列在纲要的第一位[①]。在1967年和1971年的选举宣言中，国防也占据重要的位置。人民同盟的上述国防政策带有全民皆兵的武装思想，与它的强势外交和大国战略互相呼应。

人民同盟的强势外交政策为印度人民党所继承。瓦杰帕伊政府上台后，进行了五次核试验，在南亚次大陆引发核竞争的危机。莫迪政府上台后，将东向政策改变为东进行动，试图加强对东南亚的控制与影响，涉足亚太。这些都直接来源于人民同盟的主张。

**四、经济主张**

在经济政策方面，随着国大党社会主义模式和1959年自由党自由竞争政策主张的提出，人民同盟也将自己的经济主张系统化。在1962年的选举纲要中，人民同盟在经济上的态度要比前几个纲要更加明确。1965年，维贾雅瓦达全国执委会会议通过了基本的经济纲领。20世纪70年代人民同盟的全国工作委员会会议和执行会议也对经济政策进行补充修订。总体说来，人民同盟的经济主张强调自由主义经济发展道路，反对许可证制度。在经济发展目标上，强调人的整体发展，在物质需要和精神进步同步发展的基础上，实现个人的自由。[②] 具体说来，人民同盟的经济主张主要包括以下几点。

第一，人民同盟强调自由主义的经济发展道路，在工业政策上反对国大党发展国有企业和社会主义经济模式，鼓励私有企业的发展。在农业政策上，强调有偿征收的原则。

---

① B. J. S., *Party Documents Vol. 1, 1951–1972*, p. 125.
② A. Moin. Zaidi ed., *The Annual Register of Indian Political Parties*, p. 485.

在工业政策上，人民同盟并不反对建立国有企业，但认为国有企业的建立应该限制在基本国防工业部门。至于在其他工业部门建立国有企业不但不能提高生产效率，反而会造成浪费，而且无限制的国家资本主义的发展必然会导致威权主义。因此，人民同盟鼓励发展私有企业，放松对私有企业的许可证制度和行政控制。1972年3月18—19日在新德里工作委员会会议上，人民同盟提出经济自由化的四点要求，包括：取消强制征收的难民附加款项；撤销煤油、化肥、水泵和润滑剂的附加货物税；降低钢铁和铝制品的货物税；合理调整直接税体系，提高免征收入税的限额，为低收入阶层提供缓冲资金，降低个人所得税税率，防止税收规避。[①] 除大工业外，人民同盟也强调秉承印度本土文化的小型工业和家庭手工业的发展，满足就业和消费两方面的需求。[②]

在农业政策上，人民同盟并不反对国大党的土地改革政策，认为土地归实际耕种者所有有利于提高农业生产率。但它强调土改应该建立在有偿征收的基础上，在没收柴明达尔和札吉达尔土地的时候，应该给予土地所有者相应的补偿，而且也要给他们保留一定的耕地。[③]

第二，建立适合自己的司瓦德西发展模式。人民同盟的司瓦德西发展模式强调印度本土特色，以人为中心的就业导向，保护棉织业和小型工业以及小型灌溉项目的发展，在强调经济发展的同时，兼顾社会公平。

人民同盟强调以需求为导向的经济发展模式，反对西方现代化发展模式。提出恢复司瓦德西精神可以防止简单模仿、不必要或者过多依赖外资的倾向，杜绝不必要的奢侈消费。人民同盟反对外资进入日用消费品市场，认为在这些领域应该去外资。在1958年的选

---

[①] A. Moin. Zaidi ed., *The Annual Register of Indian Political Parties*, pp. 503–504.
[②] B. J. S. Party Documents Vol. 1, 1951–1972, pp. 50–53.
[③] B. J. S. Party Documents Vol. 1, 1951–1972, p. 51.

举纲要中，人民同盟称，矿业、茶叶、咖啡、橡胶种植以及相关的产业主要掌握在外国人手中，应该印度化。如果它当选，会收回外国公司对肥皂业和火柴工业的掌控，也会规定外国公司利润汇寄的上限。[1] 它也反对印度政府接受外援，认为接受外援会破坏经济上的自力更生，也会造成外部力量控制和影响印度。"政府公开宣布，印度接受没有附加条件的外援，这一说法是荒谬的。有附加条件与没有附加条件的唯一区别是，附加条件是直接列出还是暗中操作。""如果政府真正想使印度实现自力更生，就必须停止接受任何形式的外援。"[2]

第三，加强国防经济建设，重视边界地区的发展。人民同盟的这一主张与国防政策直接挂钩，加快边疆地区的经济发展，同时强化武装力量和军事储备，以应对边界冲突。

人民同盟的经济主张基本是针对国大党经济发展模式中的问题和漏洞，以批评为主，建设性的主张较少。例如，人民同盟指出国大党的计划经济政策并没有解决国家经济发展面临的种种问题。国家整体经济状况在下滑，地区不平衡和收入不平衡的现象在加剧，贫困问题依旧没有得到解决。小工业的发展也困难重重，不仅原材料严重缺乏，而且在电力基础设施和水源供应方面，也存在很大问题。但针对国大党经济政策上的失误，人民同盟也很难提出系统的解决方案，除了反对计划经济，提倡自由主义的经济发展策略外，人民同盟的经济政策并没有具体明确的目标，而且缺乏系统性，这也与人民同盟长期处于反对党的政治地位有关。印度人民党建立后，尤其是1991年经济改革后提出了系统的司瓦德西经济体系，力图以司瓦德西经济体系的印度本土特征来对抗国大党自由主义改革的西方属性，为印度经济发展提供另一条道路。

---

[1] B. J. S. Party Documents Vol. 1, 1951 – 1972, p. 109.

[2] A. Moin. Zaidi ed., *The Annual Register of Indian Political Parties*, p. 479.

## 五、社会文化主张

社会文化政策是人民同盟主张中展现其宗教民族主义意识形态最为明显的部分。人民同盟的主张从两个方面体现了其教派主义的实质。其一加强对印度教集团利益的保护，强调印度文明的印度教根基。其二对穆斯林和其他少数派的"不忠"和损害民族利益的行为进行批判，寻找学理上的依据。人民同盟的社会文化主张集中在宗教、语言两个领域。

在国语问题上，人民同盟认为梵语一直是印度官方使用的语言，是体现印度文明的载体，印度应该正式确认梵语的国语地位，确认印地语的联邦官方语言地位，反对乌尔都语作为独立的语言列入宪法第八表。按照宪法的规定，1965年印地语成为唯一的官方语言，但因为其他语言集团的反对，国大党政府实际上无限期推迟了官方语言政策的实施。因此，在1967年的选举纲要中，人民同盟对国大党推迟官方语言实施的决策提出批评。它指出，国大党政府完全无视宪法的规定，强制民众接受英语。人民同盟要采取措施将印度从英语的控制中解放出来，但如何以印地语来取代英语的地位，人民同盟并没有提出具体的措施。

在官方语言问题上，强制推行一种语言的政策显然不符合印度多语言的现实。国大党政府强制推行一元化政策导致了社会秩序的混乱和不稳定。在经历多次因语言问题而引发的骚乱后，国大党政府及时调整了一元化的语言政策，保证在没有得到非印地语邦同意的前提下，联邦政府不会强制推行印地语国语政策。在印度，语言不但与政治经济利益联系在一起，而且与地域结合紧密，形成具有印度特色的地方民族主义。人民同盟的官方语言政策作为政治动员的工具可以提升印度教徒的民族主义情绪，但作为语言政策来说，很难得到地方集团的认可。

在宗教问题上，人民同盟强调保护母牛。"母牛事关荣誉，是印度文化的永恒象征。母牛保护不只是宗教的虔诚行为，而且是必须实施的保护政策。只要存在杀戮就谈不到母牛保护,因此,人民同盟要求坚决禁止宰杀母牛。"① 为了将自己的行为与宗教区隔开来,人民同盟强调母牛保护的文化和经济意义,但实际上对人民同盟而言,母牛更多是具有象征意义的宗教符号。

人民同盟对国大党的宗教政策提出批评,尤其是改革印度教的政策。它称大家庭和稳定持久的婚姻是印度教社会的根基,破坏这一根基的法律最终将会导致印度社会的解体。因此,人民同盟主张废除印度教徒婚姻法和印度教徒继承法案。② 在反对针对印度教徒民事立法的同时,人民同盟还主张制定统一的民法典,管理婚姻、收养、继承等问题。人民同盟强调统一民法典的重点在于民法典应适用所有的印度公民,也就是说,穆斯林也应该包括在内。在这一问题上,人民同盟以其一贯的双重标准贯彻教派主义立场。它既批评国大党针对印度教徒的民事立法改革,同时又主张改革穆斯林集团的传统法,这种做法的教派意图非常明显。

人民同盟也不同于顽固坚持印度教传统的极端教派主义政党。在一定程度上,人民同盟也强调社会改革,根除印度教社会的弊端。它主张消除不可接触制和种姓主义,所有的印度教徒都可以进入神庙。它也赞同对落后阶级实施特惠政策,为了提高他们的经济地位,人民同盟主张在土地政策、商业和手工业、房屋和饮用水、教育等方面采取措施帮助社会弱势群体。人民同盟也强调对妇女权益的保护。虽然人民同盟的平等和改革措施仍有很大的改进空间,但这些主张同时体现了人民同盟不同于保守的印度教教派政党的一面。

人民同盟始终对巴基斯坦的诞生耿耿于怀,这也就决定了它对印度穆斯林集团的态度。人民同盟一方面主张保护巴基斯坦的印度教徒的利益,另一方面强调印度的穆斯林少数派必须放弃伊斯兰教身份认同,同化进入印度主流社会。它指出,依据两个民族理论建

---

① B. J. S. Party Documents Vol. 1, 1951–1972, p. 68.
② B. J. S. Party Documents Vol. 1, 1951–1972, p. 96.

立巴基斯坦国后，巴基斯坦国内的非穆斯林被降为二等公民。因为遭受巴基斯坦政府的压迫和剥削，他们被迫流亡印度。印度政府有责任保障他们的平等权力，保障他们过安全而有尊严的生活，或者安排他们有计划地移民印度，保障他们的安居和经济赔偿。[①] 针对穆斯林的宗教认同，人民同盟提出，印度的穆斯林正在偏离"印度文化和思想的主流"，印度的穆斯林只有认同印度教才能真正成为印度民族的一员。1966年12月在巴特纳举行的人民同盟全国代表会议公开要求"一切有分裂倾向的人必须印度化"，特别是那些公开或隐蔽地效忠于"两个民族理论（指穆斯林）或多个民族理论（指共产党人）"的人。

当然，人民同盟的政策主张也不是一成不变的，随着形势的发展，它也不断修正自己的主张。尤其是20世纪60年代后期，国大党在选举中表现糟糕，人民同盟看到了在邦甚至联邦执政的希望，开始修正自己主张中比较激进的部分。比如，它把过去提出的以印地语代替英语，以梵文为学校必修科目的口号，改为以印地语为联系语言，以争取印度南部广大非印地语民众的支持。再如，它还注意改善同穆斯林的关系。瓦杰帕伊在第五次大选前不久的一次记者访谈中解释说，印度化的意思是"对宗教、种姓、地区、语言或教义的狭隘效忠都要服从于对国家的忠诚"。这样的提法在于吸引穆斯林集团的温和派。在第六次大选前，人民同盟在有些邦甚至提出"印度教徒和穆斯林是兄弟"的口号。[②] 虽然有这些温和化的主张，但人民同盟作为宗教民族主义政党的基本原则仍然没有改变，除了印度教极端派，它对其他社会集团的吸引力依旧有限，这也阻碍了它成为全国性的大党。

人民同盟的基本原则主张为印度人民党所继承，像一个民族和一种文化的主张依旧是印度人民党各项政策措施的出发点。在1980

---

① B. J. S. Party Documents Vol. 1, 1951–1972, pp. 17–18.

② 高鲲、周义歧、梁洁筠、刘学成等编著：《印度政党》，第78页。

年的五项原则中提到民族主义和民族整合。1984年选举成绩不理想后，印度人民党制定以印度教特性为中心的选举策略，确定整体人本主义为印度人民党的基本哲学。印度教特性概念则是印度教民族主义力量一贯的主张。人民同盟选举纲要中"一种国民"和"一种文化"的主张直接针对穆斯林集团。它在母牛保护、乌尔都语的地位以及统一民法典等问题上对国大党政府的挑战也是直接针对穆斯林集团的行为。印度人民党最初并不强调印度教特性的概念，只主张温和的印度教传统主义，但1984年选举后印度人民党开始向极端印度教特性概念靠拢。1988年的阿格拉会议，印度人民党批评国大党的世俗主义是安抚少数派的工具，将印度文化等同于印度教文化。在1989年的帕兰普尔会议上，印度人民党正式提出了印度教特性的概念。虽然印度人民党为了选举政治的需要，尽量拉拢穆斯林选民，但在巴布里清真寺事件上，印度人民党还是充分表现了印度教教派主义立场。它利用巴布里清真寺事件否定穆斯林集团对印度历史发展的贡献，强调印度文化的印度教特性；利用巴布里清真寺强调伊斯兰教对印度教的压迫，将印度教圣地变为清真寺。1998年执政后，在教育政策上贯彻印度教民族主义思想，修改已经使用了30多年的历史教科书。这一行为是1978年人民同盟作为人民党一员在联邦执政时期要求修改教科书尝试的继续。

在经济政策上，印度人民党的主张基本是人民同盟的翻版，强调以人为本，经济自由化，发展本土小工业和棉纺织业，反对外资进入消费品市场，加大国防建设的力度。在外交政策上，印度人民党也继承了人民同盟的政策主张，建设世界一流的大国，强调现实主义外交，扩充军事力量，实行核选择。

以上这些方面都体现了印度人民党对印度人民同盟政治主张的继承。除了继承外，印度人民党又发展和调整了人民同盟的政策主张。在选举标志的选择上，人民同盟的选举标志是一盏油灯（Diya）。油灯一般在宗教场合使用，印度教、锡克教、耆那教的神庙中都放置有这种油灯，宗教含义比较明显。1980年建立的印度人民党则选择绿色和橘黄色，与人民党的选举标志近似，莲花标志代替了油灯。在印度教神话传说中，莲花象征运动的力量，维持宇宙的运行。① 毗湿奴肚脐生莲花，莲花生梵天，梵天开始创造世界。印度人民党选择莲花不仅有印度教宗教的含义，也有印度文明起源的内涵，同时，莲花也代表新生，印度人民党以莲花寓意政党的新生，强调政党不同于以前的人民同盟，也不同于人民党。

在政党建立的思想渊源上，印度人民同盟是印度教民族主义发展的直接结果。印度教特性是印度人民同盟的思想基础。它将印度教想象为同一个种族集团，共享种族和文化特征。② 国民志愿团是人民同盟的组织基础，持极端教派主义立场。印度人民党在建立之初则力图建立温和的形象，宣布将纳拉扬和乌帕德亚雅的思想作为政党的理念，甘地社会主义作为政党五原则之一，体现了它不愿将自己与同盟家族捆绑的政治意图。但是，印度人民党的大部分成员是原人民同盟的党员，即使政党意欲撇清，但意识形态上的渊源和思想主张的类似不是政治话语可以切割的。

经济政策上两党的主张相似性更多，但因为1991年国大党政府实行经济改革政策，印度人民党的经济政策也在发生变化。虽然它没有放弃对司瓦德西概念的使用，但对概念的解释却在不断发生变化。印度人民党的全球化和外资政策都在不断变化，由最初的反对外资进入，到后来的限制性进入，再到放松限制，反映了印度人民党经济政策中的实用主义成分。

文化社会政策也是如此，印度人民党最初急欲与人民同盟区隔，在教派问题上采取温和的立场。1985年选举成绩不理想后，印度人民党的立场开始激进化，利用印度教教派情绪达到选举目的。在古吉拉特发生教派冲突的时候，作为执政党的印度人民党又能够较好

---

① ［德］施勒伯格：《印度诸神的世界》，范晶晶译，中西书局2016年版，第37页。

② Sutapa Lahiry, Jana Sangh and Bharatiya Janata Party, *The Indian Journal of Politcal Science*, Vol. 66, No. 4, p. 833.

地履行执政功能，有效地阻止了教派冲突进一步扩大。近年来，印度人民党频提印度文明概念，以降低极端教派主义色彩，扩大执政基础。在国语政策上，印度人民党很少提及将印地语作为唯一的官方语言。在对社会弱势群体的保护方面，印度人民党有意拉拢穆斯林选民，在保留政策上也放弃保守主义的立场，主张以经济的标准作为区分落后与否的条件。政策和战略的调整也是印度人民党能够在选举中屡创佳绩，获得联邦执政权并表现稳定的一个重要原因。

## 第四节 人民同盟在政治和组织上的发展

人民同盟在政治和组织上的发展成为重要的政治遗产，直接促成并加速印度人民党在政治上的崛起。人民同盟建立后，在政治上的发展可圈可点，虽然没有大的建树，但也留下了很多的经验教训，后来的印度人民党也是根据人民同盟的发展来调整和确立政治战略的。

### 一、政治发展

人民同盟建立后便积极参与印度民主进程，其政治发展历程大致可分为三个阶段。第一阶段是1967年以前，尽管人民同盟所获得的选票和人民院席位稳步上升，但总体上仍处于政治边缘地带。人民同盟以教派主义政党的身份进入议会民主制的运作领域，而独立初期政治活动的主要分野就是世俗主义和教派主义。由于是按照政党对宗教的态度来确立政治等级的，因此人民同盟因其宗教色彩而成为政治上的"不可接触者"。在国大党世俗政治占主导的形势下，人民同盟的印度教民族主义意识形态注定只能边缘化。

尽管处于政治边缘，但在国民志愿团成员和人民同盟成员的共同努力下，它的选举成绩也在稳步提升。从1952—1967年的四届选举中政党得票率逐年增加。1952年大选，人民同盟获3.1%的选票，刚刚达到全国性政党的规定标准3%，并获得3个议席。1957年大选，人民同盟赢得了5.9%的选票，获得4个人民院席位。1962年大选，人民同盟赢得6.4%的选票，共获14个人民院席位。[1]

第二阶段是20世纪60年代后半期至1975年，人民同盟在政治上进入转折和过渡期，以联合伙伴的身份在地方执政。1967年大选，人民同盟的选票份额增加到9.4%，赢得35个席位[2]，政治孤立状态有所改变。就客观的政治形势而言，1967年选举后，在邦一级出现了联合政府，国大党的绝对优势地位有所减弱。"如果从阿姆利则到加尔各答旅游，可以不经过国大党执政的地区。"[3] 由此可见，国大党在邦一级政权所受到的冲击还是很大的。虽然在邦一级政权出现了非国大党的联合政府，但国大党的实力还是很雄厚，地方反对党在与国大党的对抗中，必须全力以赴，联合一切可以联合的力量。政治算术的考虑也使人民同盟摆脱了"不可接触者"的政治地位。人民同盟的领导也意识到与其他政党联合是其进入政治统治阵营的最佳手段，于是人民同盟参加了比哈尔等邦的联合政府。对政权的参与促使人民同盟在政治问题上更加趋向现实主义，对一些敏感性问题的态度也开始由强硬转向缓和。但是，反对党的联合只是出于与国大党对抗和执政的政治需要，缺乏广泛的政治共识和社会基础，政治机会主义最终断送了联合政府和人们对联合政府的信心。因此，人民同盟虽然参加了地方政权，但政治实力的增强依旧有限，而且选举策略的改变也没有得到其他政党和政治力量的充分认可。

第三阶段是1975年以后，人民同盟开始进入政治主流，并最终成为人民党的一员在联邦执政。20世纪70年代，人民同盟利用纳拉扬与传统道德价值的联系宣传自己的政治理念，产生了很好的社会

---

[1] Prakashi Chandra, Changing Dimensions of the Communal Politics in India, p. 265.

[2] Prakashi Chandra, Changing Dimensions of the Communal Politics in India, p. 265.

[3] K. R. Malkani, BJP History: It's Birth, Growth &Onward March, http://www.bjp.org/history.htm.

和政治效应。尼赫鲁去世后，印度缺乏众望所归的领导人物，再加上联合政治的发展，导致70年代的印度政治文化发生了变化，对政治权力的追求开始成为政治行为中占主导地位的信条。在这样的政治氛围下，各种政治力量之间无原则地进行政治联合。国大党经历了1969年的分裂之后，在英·甘地的领导下，威权主义政治文化日益发展，地方领导人的任命基本由国大党中央领导决定，中央选择地方领导的标准是能否贯彻自己的政治意志。这样的选择过程导致国大党内部充斥了一批道德价值堕落、行为腐败的政治投机分子，政治机会主义的流行导致政治腐败，政局不稳。国大党政治道德操守的下降使其无法恢复尼赫鲁时期如日中天的盛况。在反对党和国大党元老级人物的双重挤压下，英·甘地面临前所未有的压力，为了保住政治权力，她在1975年宣布国家进入紧急状态，一切权力收归中央。紧急状态打破了正常的民主发展进程，激起了全国范围内的反对浪潮，反国大党主义也在这样的背景下迅速发展成一场有声势的政治运动。人民同盟虽然在意识形态上属于异类，但在反国大党主义口号的号召下，它也能够顺利进入反对党的阵营，并利用其基于传统价值的政治理念与纳拉扬合作。在纳拉扬精神权威的感召下，1977年大选，包括民众党、社会党、国大党（组织派）、国大党民主派和人民同盟在内的反对党联合组成人民党，击败了英·甘地领导的国大党，其中人民同盟在议会中拥有97个席位，居首位。

1977年选举后组建的人民党内阁有3名人民同盟的成员：瓦杰帕伊任外交部部长；阿德瓦尼任信息和广播部部长；瓦尔玛任工业部部长。国大党（组织派）元老德赛任总理，德赛是保守的印度教徒，人民同盟期望他执行帕特尔①的政策。事实上，德赛也确实在这些方面有所行动。1977年的教科书矛盾、1978年的宗教自由法案和

---

① 帕特尔是印度教传统主义者，对印度教的一些保守主张持支持立场，独立初期在政治上对尼赫鲁形成牵制，但1953年即去世，之后，尼赫鲁独自掌握国大党的领导权。

1979年的保护母牛议案都体现了德赛的保守立场。在教科书问题上，1977年5月，德赛收到一份匿名备忘录，要求政府撤销当时正在使用的四本历史书，称这些书非但没有谴责中世纪的穆斯林侵略者，反而认为提拉克和高士对印、穆冲突负有责任。这四本书包括罗米拉·塔帕的《中世纪印度史》；比潘·钱德拉的《现代印度史》；比潘·钱德拉等人合著的《独立斗争》；塔帕等人合著的《教派主义和印度历史的编撰》。5月底，德赛暗示禁止这些书籍流通的愿望，但在作者和世俗力量的共同抗议下，政府取消了这一打算。在整顿世俗主义者所著历史书籍的同时，人民党政府支持同盟家族出版的《印度民族历史和文化》。[①] 宗教自由法案也体现了德赛政府的保守立场。1978年12月22日，人民同盟成员蒂阿比在人民院提交"宗教自由法案"的议案，禁止使用暴力和欺骗手段劝诱改宗。这一法案得到了德赛的支持，但在基督教徒和少数派委员会的联合抗议之下，德赛放弃了这一法案。在保护母牛问题上，维诺巴于1979年提出，如果政府不禁止宰杀母牛，他就绝食至死。于是，联邦政府在人民院提出宪法修正案草案，将有关母牛保护的立法权限归入共同立法项目（中央和邦的共同立法项目，中央享有优先权），这样便于中央制定相关的法律。在草案提出后举行的议会投票中，这一修正案竟然以多数票获得通过。但人民党中央政府还没有制定相关的法律草案就因内部矛盾失去了执政地位。这些问题表现了人民党政府在宗教问题上的保守态度，但人民党毕竟是多个政党组成的联合政党，受到不同力量的牵制，任何一派政治力量都无法肆意妄为。人民同盟作为人民党组成部分，与印度教传统势力结合，力图在宗教等问题上实现突破，但因为世俗力量的反对和政策的不合时宜而无法实现其政治意图。

人民同盟第一次进入中央政权，除了瓦杰帕伊的外交成就外，

---

[①] Christophe Jaffrelot, *The Hindu Nationalist Movement in India*, New York, 1996, pp. 286–288.

并没有实现自己在印度教教派主义日程上的突破。执政的经历也使印度教民族主义力量内部温和派的主张逐步占据上风。这也是1980年印度人民党建立初期采用五项政策原则作为政党的基本原则，而暂时搁置激进的教派主义主张的原因。

## 二、人民同盟组织的扩大和发展

经过20年的发展，人民同盟的党员人数呈几何级增长（见表1），尤其是20世纪50年代后期到60年代初期。1957年该党党员只有7万多人。1958年增长了近3倍，达到近21万。到1969年，更是达到150万，仅次于国大党，远远高于其他政党。

表1　　　　　　　　　　人民同盟党员人数情况表

| 年份 | 人数（人） |
| --- | --- |
| 1957 | 74863 |
| 1958 | 209702 |
| 1959 | 202937 |
| 1960 | 215370 |
| 1961 | 274907 |
| 1962 | 1300000　估计 |
| 1963 | 1500000　估计 |

资料来源：高鲲、周义歧、梁洁筠、刘学成等编著：《印度政党》，中国社会科学院、北京大学南亚研究所资料，1983年，第84页。

人民同盟党员人数的激增扩大了政党组织的覆盖范围，在党员人数大幅增加的基础上，人民同盟也日益完善组织建构。其组织的发展大体可划分为两个阶段。第一阶段是慕克吉去世之前，人民同盟的组织建设相对薄弱。虽然国民志愿团是一个以组织纪律性见长的社会组织，但慕克吉是一位政治家，他并不像国民志愿团那样重视组织建设，而且他个人的威望也暂时掩盖了组织建设的紧迫性。慕克吉死后，人民同盟内部缺乏权威政治人物，组织建设便成为政党壮大力量的一个主要手段。另外，慕克吉的去世客观上也净化了政党组织。一些投机分子因为慕克吉的去世，看不到在政治上出头的机会，因而选择离开，这在客观上净化了政党组织。政党组织的净化为其后的组织建设和政治发展铺就了道路。

组织建设的第二阶段是 1957—1962 年。这一时期人民同盟在组织发展方面成绩卓著，包括三个方面的内容：其一，建立了三级组织体系。在总书记和邦人民同盟领导之间又增加了地区书记这一职位，即在全国委员会和地方建制之间又增加了区的建制。人民同盟将全国划分为四个区，区是在核心邦的基础上联合起来的，对组织工作有很大的帮助。

其二，向南方扩展。1960 年在海德拉巴召开的全国执委会会议上，会议主席高士在致辞中说："会议在南方举行的原因是双重的。首先，南方应该更了解人民同盟。其次，南方有自己的地区问题，……我认为人民同盟必须具备全印视野，而要真正成为全印度的代表，就必须将其活动扩展到南方，感受南方的脉搏和心跳。"[1]但是，人民同盟对印地语的态度以及语言上的障碍是其在南方发展的桎梏。

其三，建立外围组织或联盟组织。这是印度政党普遍采用的动员不同阶层和集团民众的手段，以建立外围社会组织的方式扩展政党的社会覆盖面。人民同盟的外围组织，除了国民志愿团外，还包括工人组织——印度工人协会，学生组织——全印学生联合会等。

经过 20 多年的组织建设与发展，人民同盟取得了令人瞩目的成绩。1972 年党章的第四款列出了政党的组织结构，即基层委员会、曼达尔委员会、地区委员会、县委员会、邦常务委员会、邦工作委员会、全国常务委员会、全国工作委员会、议会党团和从属全印常委会或全印工作委员会的阵线或者由全印常委会或全印工作委员会组织的阵线。第五款列出基层组织单位的基本构成，即曼达尔委员

---

[1] Craig Baxter, The Jana Sangh: A Biography of an Indian Political Party, pp. 185 – 186.

会、区委员会和邦工作委员会。① 这表明到 20 世纪 70 年代的时候,人民同盟已经建立了良好的组织系统。人民同盟的组织力量为后来的印度人民党所继承,为印度人民党能够在短期内迅速发展壮大打下了坚实的根基。

---

① A. Moin. Zaidi ed. , The Annual Register of Indian Political Parties, pp. 443 – 444.

# 第 三 章
# 印度人民党的建立和崛起
## ——从边缘到中心

经过独立后几十年的发展,印度教民族主义在政治和社会组织建设上取得了一定的成就。但20世纪80年代之前,世俗主义在印度社会占主导地位,无论是政党的政治行为,还是社会组织的宗教行为,都要受到世俗主义原则的检验。这在独立初期尤为明显。经过20多年的发展,世俗主义不断受到其他政治理念的挑战,再加上政党体制的变化以及社会变迁形成的政治多元化局面,世俗主义和印度教民族主义的力量对比和政治平衡的态势也在不断变化。从最初的量变积累到最后的质变,国大党和印度人民党在20世纪80年代后也经历了不同的政治命运。

## 第一节 印度人民党的建立

因反国大党主义而联合在一起的几个政党,在意识形态取向、政策主张和组织建设上存在较大差异,他们的分裂只是早晚的问题。事实上,这个短命的联合政党只存在了3年的时间。

1977年5月,国大党(组织派)、印度民众党、人民同盟、社会党和国大党（少壮派）联合召开大会，宣布正式建立人民党。民主大会党随后加入。这样，人民党就成为一个六个党派的联合组织。虽然六个政党现在统一以人民党的名义出现，但实际上仍保留自己的组织机构。在第六届人民院选举中，人民党胜出。人民同盟作为人民党的组成部分之一，在建立 26 年之后，终于在联邦获得了执政权。但由于人民党是为了反对国大党而暂时联合在一起的政党大拼盘，因此从建立伊始其内部的派系斗争就一直没有停止过。在选举获胜后，人民党内部在谁应该就任总理问题上斗争激烈。德赛、查兰·辛格和拉姆三巨头各不相让。最后在纳拉扬和克里帕拉尼的调解下，德赛当上了总理，但他们之间的矛盾并没有得到解决。其中，查兰·辛格和德赛的矛盾是人民党内冲突斗争的主线。

查兰·辛格是富裕农民的政治代表。他首先与人民同盟结盟，以巩固自己的力量。在 1977 年 6 月举行的 13 个邦的立法会议和中央直辖区的立法会议选举中，两党达成默契，瓜分了 7 个邦首席部长的职位。之后，查兰·辛格为了争夺总理宝座，与德赛展开争夺，他首先压制德赛改组党中央，并抓住德赛之子贪污受贿问题，大做文章。1978 年 6 月 28 日，他又指责政府在处理英迪拉·甘地问题上手段不够强硬。针对查兰·辛格的挑衅，德赛也予以反击。1978 年 6 月，德赛以查兰·辛格未经内阁讨论就擅自发布立即逮捕英·甘地的声明破坏集体负责的原则，迫使他辞去内政部部长的职位。1978 年 11 月，英迪拉·甘地在卡纳塔克奇克马加鲁中期选举中成功当选议员，引起人民党内部的恐慌。经过幕前和幕后交易，1979 年 1 月，查兰·辛格又重返内阁，和拉姆同时加冕副总理头衔，查兰·辛格同时兼任财政部部长。

在查兰·辛格与德赛激烈交锋的时候，人民同盟则坐收渔翁之利，悄悄在北印度发展势力。北印度是中产阶级农场主力量集中的地区，因而也是查兰·辛格领导的民众党的传统势力范围。人民同盟在这一地区的发展触犯到查兰·辛格的利益，两党的矛盾在慢慢显现。1978 年，比哈尔邦民众党首席部长决定给其他落后种姓保留公职，引发上等种姓青年人的不满，他们走上街头，发动暴力示威。人民同盟暗中支持上等种姓的示威活动。这引发了民众党的不满。1979年2月，在查兰·辛格的支持下，北方邦首席部长把人民同盟的部长全部赶出政府，同时，禁止国民志愿团的分支机构利用公共场所集会。人民同盟予以反击，推翻了民众党的比哈尔邦政府。同年6月，哈里亚纳邦的原印度民众党首席部长也被赶下台。从一定程度上说，两者的矛盾不可避免，因为他们的势力范围都在北印度。查兰·辛格是土改和绿色革命后富裕起来的中低等种姓农民及农场主的代表，而印度人民同盟则主要是高种姓的城市工业资产阶级及自由职业者的代表。

查兰·辛格与人民同盟的斗争也是农村政党与城市政党之间的较量。20世纪60年代后，在土地改革和绿色革命中受益的农业资产阶级政治影响力明显增强，农民出身的联邦议员的数量在不断增加。这可以从表1的数据中窥其一斑。从1947年到1971年，人民院议员中从事与农业相关职业的人数比例一直处于上升态势，从1947年的6%，到1952年的19%，到1957年的22%，到1962年的26%，再到1971年的32%。他们在议会中代表比例的增加威胁到城市大工业家和自由职业者的利益。因为他们的政治地位提升后，在经济政策的制定上就有越来越多的发言权。他们反对城市资产阶级降低农产品价格，提出增加农业补贴，降低化肥价格，增加农村信贷比例。这不可避免地引起城市资产阶级的不满。除了农业经济与工业经济的对立外，这些农村新贵从种姓构成来说，大多是低等种姓，而城市工业资产阶级和自由职业者则以高等种姓居多，两者的斗争也体现了社会发展过程中高等种姓和低等种姓的矛盾。

表1　人民院议员职业背景（1947—1971）（占总数的比例）[1]　单位:%

| 职业 | 1947年过渡议会 | 人民院 1952年 | 人民院 1957年 | 人民院 1962年 | 人民院 1971年 |
| --- | --- | --- | --- | --- | --- |
| 农业 | 6 | 19 | 22 | 26 | 32 |
| 商人 | 8 | 10 | 10 | 11 | 9 |
| 律师 | 32 | 25 | 23 | 21 | 20 |
| 出版 | 11 | 8 | 4 | 7 | 4 |
| 教育 | 8 | 7 | 3 | 3 | 7 |
| 其他职业 | 5 | 5 | NA | 4 | 3 |
| 公务员 | 5 | 2 | NA | NA | 1 |
| 政治和社会工作 | 14 | 17 | 33 | 27 | 16 |
| 无固定职业/无法知晓 | 11 | 8 | 5 | 2 | 7 |
| 总和 | 100 | 100 | 100 | 100 | 100 |

查兰·辛格重返内阁后，加快了讨伐德赛和人民同盟的步伐。他利用当时一些地区发生教派冲突的机会，与原社会党领导人马杜·利马耶一起，打出反对教派主义的旗帜，抓住人民同盟和国民志愿团的关系大做文章，企图孤立人民同盟，并指责德赛政府怂恿和庇护教派势力。

1979年5月，在人民党议会党团选举中，印度民众党成员全部落选，德赛的国大党（组织派）和人民同盟获得了三分之二的名额，这就意味着人民党的实际控制权掌握在国大党（组织派）和人民同盟手中。与此同时，查兰·辛格的得力助手纳拉因被人民党开除，在查兰·辛格的授意下，他建立了人民党（世俗派）。在7月的雨季

---

[1] Satish K. Arora, Social Background of the Fifth Lok Sabha, *Economic and Political Weekly*, Vol. 8, No. 31/33, Special Number, 1973, p. 1437.

会期，国大党（乌尔斯派）[1] 领袖恰范对德赛政府提出不信任案。之后，查兰·辛格率领100多名人民党议员退出人民党，此举造成人民党在人民院的席位下降到227席，不足半数。1979年7月15日，德赛被迫辞职。

德赛下台后，一直致力于谋求总理职位的查兰·辛格在人民党（世俗派）和国大党（乌尔斯）的内部支持，以及国大党（英）的外部支持下，于1979年7月28日就任总理。几周后，国大党（英）就撤销了对查兰·辛格政府的支持。8月20日，查兰·辛格政府下台。第二天总统解散了人民院并宣布举行新一届大选。

1980年举行人民院选举时，人民同盟仍留在人民党内部。1980年选举结果，国大党获得525席中的353席，42.7%的选票；而人民党只获得31席，19%的选票。[2] 人民党选举的失败进一步加剧了它的分裂。在德赛辞职后，人民同盟缺乏上层领导人的支持，在人民党党内处于十分不利的境地。因为在意识形态主张和组织结构上不同于其他政党，人民同盟无疑成为选举失利替罪羊的合适人选。于是，人民党内其他政党联合起来指责人民同盟的意识形态色彩，指责人民同盟与国民志愿团的特殊关系是人民党失利的主要根源。1980年4月初，人民党中央以反对双重党籍为名，决定禁止人民党议员和官员参加国民志愿团的日常活动，人民同盟成员十分不满，多数退出人民党。这些退出人民党的原人民同盟成员联合其他一些愿意加入人民同盟的人员共同组建新党——印度人民党。

人民同盟退出人民党是历史的必然：第一，人民党机会主义的斗争模式与人民同盟重视意识形态和组织建设的建党模式格格不入。从一定意义上说，人民党并不是真正意义上的政党，只是反国大党

---

[1] 国大党（乌尔斯派）是从国大党（英迪拉派）分裂出来的政党，由 D. D. 乌尔斯（D. Devaraj Urs）建立于1979年7月。该党建立不久后即发生分裂，乌尔斯加入人民党，恰范加入国大党（英迪拉）。1981年，S. 帕瓦尔（Sharad Pawar）接任政党领导，改名为国大党（社会主义）。

[2] Prakashi Chandra, Changing Dimensions of the Communal Politics in India, p. 266.

的政党联盟。人民党没有统一的纲领主张，反国大党主义是人民党成立的唯一纽带。人民同盟加入人民党是出于选举政治的考虑，依靠纳拉扬的道德政治和国大党（组织派）内的印度教保守力量，争取更多的人支持人民同盟，扩大政党的政治和社会影响。第二，人民党内部印度教势力的减弱。在人民党内部，德赛属印度教保守力量，与人民同盟的主张更为接近。查兰·辛格代表富裕的北方农民集团的利益，拉姆则代表表列种姓的利益，他们所在的政党与人民同盟的主张没有共同性。在失去了德赛这个同盟者之后，人民同盟退出人民党只是时间早晚的问题。

1980年4月5—6日，印度人民党召开成立大会时，有4000名代表参加，会议选举瓦杰帕伊为主席。瓦杰帕伊在讲话中批评英迪拉·甘地政府的内外政策，提出新党的首要任务是动员人民迎接日益增长的王朝专政的挑战。1980年4月24日，联邦选举委员会承认印度人民党为全国性政党，选举标志是莲花。

人民同盟从人民党分离出来后，并没有沿用原来的名称，而是重新命名为"印度人民党"。在这方面，党的领导人有自己的考虑。"印度"表明了印度人民党与印度传统的联结，至于对"印度"的解释则可以依据具体形势的变化而变化。之所以选用"人民党"，一方面是因为人民党在国大党垄断国家权力长达25年之后成功地打破了国大党对中央权力的垄断，借此表明印度人民党的目标就是要成为国大党的替代力量。另一方面表明新党并不完全是人民同盟的简单重复，"party"取代了"sangh"，这样可以保持与同盟家族的距离，有利于政党后续的发展。

印度人民党成立时，提出要成为国大党的替代力量。但在1980年5月举行的9个邦立法会议选举中，印度人民党在提名候选人及所获议席上都没有大的改善。在提名候选人上，合并前的人民同盟在9个邦提名的候选人有1263名，而印度人民党提名1430人，仅比前者多167人，说明印度人民党在这些邦的政治基础并不雄厚。在所获议席上，1972—1975年，人民同盟在这些邦选举中所获议席是165席，而印度人民党仅获148席。① 由此看来，刚刚建立的印度人民党虽然继承了人民同盟的政治遗产，但在初建时期，一切都还不够稳定，组织建设也处在恢复发展期。对于印度人民党来说，要成为国大党的替代力量，必须提出更加吸引民众的思想主张。因此，对初建的印度人民党来说，意识形态建设的负担很重。1980年年底，印度人民党在孟买召开了第一届全国代表大会。在这次会议上，印度人民党除了阐明各项政策外，还提出民族主义、民族融合、民主、积极的世俗主义和基于价值的五项政策原则。这成为印度人民党意识形态建设的基础，以后屡经修正，在印度人民党崛起的过程中发挥了至关重要的作用。

## 第二节　印度人民党的意识形态主张

政党的意识形态是政党成员对所处的社会、政治环境的认知体系，是政党政纲、道德价值取向的思想理论依据，是政党发展的根本。对于政党的意识形态有两种不同的研究方法。一种方法认为政党是独立的主体，在竞争的政治空间中调整意识形态以适应可能支持它的选民的观点及价值观。另一种方法是制度主义的研究方法，认为政党虽然有调解能力，但政党成立时的信仰和价值理念一直会影响政党的发展。② 在印度人民党的历史发展过程中，政党作为政治主体在政治空间中的调整是其发展的主要方面，本书的研究也是从印度人民党作为政治行为主体，如何进行调整和应对的角度进行的。

人民同盟时期提出一个民族、一个国家的理念，这也是印度人民党的核心理念。但人民同盟还不具备成为有竞争力的全国性政党的实力，故其意识形态建设主要面对的是印度教徒。对印度人民党

---

① Yogendra K. Malik and V. B. Singh, *Hindu Nationalists in India*, p. 180.
② ［英］韦尔：《政党与政党制度》，谢峰译，北京大学出版社2011年版，第4页。

来说，要想成为国大党的替代力量，要想提高选举成绩，只依靠上等种姓的印度教徒是无法构建全民社会基础的，为了建立全民性的社会基础，政党必须根据政治环境和社会变迁不断调整其主张。从印度人民党的历史发展来看，它的意识形态主张主要包括以下三个方面。

### 一、五项政策原则

1980年12月底，印度人民党孟买会议提出五项政策原则。1980年党章正式写入五项政策原则，在党章第二款"目标和宗旨"部分明确提出："政党将致力于进一步推动民族融合、民主、积极的世俗主义、甘地社会主义和基于价值的政治"[1]。

民族融合与印度教教派主义一直坚持的印度教民族主义思想一脉相承。"一个民族、一个国家、一种文化"是民族融合的基础，即以印度教作为融合的主体，带有较强的宗教民族主义色彩。但这一概念同时又可以被理解为在印度传统文明的基础上，实现印度民族的真正融合。

民主主要是针对1975年紧急状态期间国大党对民主制度的践踏而提出的政治口号。民主本身是一种包容性的政治体制，这也是对其他政治力量合作姿态的表示，也就是说，不同的政治力量可以在民主制度下联合起来，共同保障民主制度的顺利运作。这一口号的提出表明了印度人民党希望与其他政党联合的愿望。

就积极的世俗主义而言，印度人民党提出这一政策原则暗含两个方面的意思：一是世俗含义，印度人民党提出世俗主义原则是对国民志愿团极端教派主义观点的修正，表明印度人民党并不只是印度教民族主义的政治代表，它也信奉世俗主义原则，是印度全民族的政治代表。二是教派含义，"积极的"这一词汇的提出是为了与国大党竞争与对抗的需要。在印度教民族主义者看来，国大党的世俗

---

[1] A. Moin. Zaidi ed., The Annual Register of Indian Political Parites, New Delhi, 1981, p. 604.

主义是安抚少数派的代名词。为建立选民库，国大党对少数派实行特殊的优待政策，而这一优惠措施是建立在损害印度教集团利益的基础之上的，与世俗主义原则不符，世俗主义原则所倡导的应该是所有宗教一律平等。其实，世俗主义并不意味着所有社会集团的均一化，所有宗教集团的平等化。印度人民党反对少数派特殊保障政策，主要针对对象是穆斯林，而这恰恰体现了政党以宗教为标准衡量政治行为，与世俗主义的原则背道而驰。

为了表示自己不同于国大党执行的现代化发展模式，印度人民党又提出了"甘地社会主义"的概念，以与国大党的"民主社会主义"相抗衡。甘地社会主义不同于通常所说的社会主义思想，它其实是甘地社会经济思想的具体体现。在甘地看来，近代文明是一切罪恶的源头。因此，印度的独立斗争也意味着与近代西方物质文明的斗争。他设想了美好的印度未来社会。在这个社会里，农村是根本，建设乡村是建设印度的根本，应大力恢复手工纺织和其他乡村工业，恢复农业和手工业相结合的自然经济。限制大工业的发展，现有大工业应以为社会服务作为经营理念，富人都要把钱奉献出来，以帮助恢复农村手工纺织业。大城市这种"社会的毒瘤""罪恶的渊薮"应该只为农村服务而存在。[1] 因此，甘地社会主义常常被称为"人道社会主义范畴内共同繁荣的社会主义或共产主义"。瓦杰帕伊在党的全国委员会会议上解释党的这个目标时说，"甘地社会主义"社会建立在全国各阶层、各种姓和各派别和谐与统一的基础之上，这种和谐与统一又是以公正为基础的。在建立公正社会的手段上，他主张采取和平斗争手段，反对任何形式的阶级斗争和种姓斗争。[2] 甘地主义和社会主义是两套不同的发展体系。甘地并不认同经济是社会发展的基础，他认为人们首先要实现的应该是满足精神需要。另外，两者对暴力的态度、权力的分配等主张都大相径庭，将这样

---

[1] 林承节：《印度近现代史》，第460—461页。
[2] 高鲲、周义歧、梁洁筠、刘学成等编著：《印度政党》，第84页。

两个不同的体系捏合在一起，印度人民党的目的是同国大党的社会主义发展模式竞争，以甘地的本土化特征表明印度人民党立足传统文化，立足探索印度本土特征的经济发展战略的立场。瓦杰帕伊曾经说过，如果我们设计出适合印度自然条件和需求的本土发展模式，并且重视人口和物质资源，我们就不会处于现在的窘境。事实上，西方资本主义和苏联社会主义损害了我们的经济发展。[①] 显然，印度人民党欲借甘地之名表明政党的本土根源。

印度人民党也看到国大党内政治腐败和机会主义的盛行在社会上造成的不良影响，提出了基于价值的政治口号。国大党统治时期的腐败和政治暴力、机会主义等都被看作对印度传统道德体系的背离，是造成印度问题丛生的罪魁祸首。印度人民党强调基于价值的政治应建立在传统贤治的基础上，在政治理念上强调正义和伦理，在治理手段上强调反对腐败和政治暴力，提高行政效率。

印度人民党之所以在1980年提出这样的主张，是因为当时印度政治正处于分化组合的调整过程之中。一方面，国大党在全国和各邦正在或者已经失去了自己的优势地位，并且在政治问题上走地方主义、种姓和宗教的道路，偏离了世俗主义原则，加剧了印度社会的深度分化。此外，社会经济发展的不理想以及社会暴力事件的不断增加，也加深了人们对执政的国大党的不信任。另一方面，各地方小党、种姓政党和宗教政党迅速发展，开始在印度政治舞台占据一席之地，瓜分国大党的社会支持基础。但从总体来说，这些政党的实力较弱，在联邦政治层面影响力不大，即使在地方和集团政治中，也不占有绝对优势，而且为了政治利益而倒戈的现象屡见不鲜。这样的政治乱局给印度人民党提供了与国大党一争高下的机会。印度人民党与国大党竞争，意识形态的选择无疑是一个关键性的因素。鉴于1977年人民同盟因双重成员身份而受到其他政党的质疑，印度人民党认识到必须提出新的思想理念以吸引民众。因此，印度人民

---

① Yogendra K. Malik and V. B. Singh, Hindu Nationalist in India, p. 61.

党修正了自己极端教派主义的形象，这一修正也与印度人民党的主要领导人瓦杰帕伊的温和主张和在议会 20 多年的政治经验有关。当然，五项政策原则只是修正了极端教派主义的倾向，并没有抛弃教派主义的基本立场。由于对五项政策原则中任何一项的解释都有很强的变通性，这样就为以后随着社会和政治气候的变化，印度人民党转向教派主义鼓动提供了便利条件。

**二、整体人本主义**（Integral Humanism）

1985 年 10 月，在印度人民党的甘地讷格尔（Gandhinagar）全国执委会会议上，确定整体人本主义为印度人民党的基本哲学。此后，这一哲学原则贯穿印度人民党发展的始终，在印度人民党发展壮大的过程中起着穿针引线的作用。

整体人本主义作为一个重要的思想体系，也是印度人民党的前身——人民同盟的指导思想。乌帕德亚雅任人民同盟总书记期间，在国民志愿团的杂志上发表了一系列阐述不二论神学家商羯罗、提拉克和达雅南达政治哲学的文章。在撰写这些文章的过程中，逐步完善了对整体人本主义思想体系的思考，并于 1965 年 4 月 22—25 日在孟买以四个演讲的形式，系统地阐述了他对整体人本主义的看法，实际上也是为印度教民族主义在新时期的发展释义。1964 年 1 月，人民同盟的维加亚瓦达会议确定整体人本主义为其"原则和政策"的一部分。整体人本主义也成为人民同盟和印度人民党政治哲学的核心。

乌帕德亚雅生于 1916 年，1937 年加入国民志愿团，1952 年加入人民同盟并担任总书记一职，1967 年被任命为人民同盟的主席。1968 年 2 月，在北方邦穆迦萨莱（Mughalsarai）火车站去世。在人民同盟和印度教民族主义的主要代言人慕克吉死后，乌帕德亚雅一直是人民同盟重要的组织者和领导者，去世时仍是人民同盟的主席。他在"整体人本主义"题目下发展的一套理论体系，被视为印度教民族主义在新时期的理论纲要。

乌帕德亚雅关于整体人本主义的演讲，系统表述了他对政治理论和现实政治、经济和社会问题的思考。其内容主要包括以下几个部分：

第一，他首先阐述了整体人本主义的认识论基础。乌帕德亚雅指出印度衰败的表现在于没有明确的方向和一致的原则，而出现目前问题的原因在于忽视自性。在他看来，自性就是民族特性。在外国统治下，民族自性遭到压制，但是在印度独立后，不应再压制本性。如同不遵守自然规律就会导致灾难，人不能忽视自然本性。忽视人的本性，就会导致心理疾病，人也会躁动不安，灰心丧气。民族也与个人一样，如果忽视民族自性，也会导致各种疾病。这种疾病在政治上的表现是机会主义的盛行。政党和政治家根本无视原则和思想，一味追求权力和选举政治。这样的局面必须改变，否则无法在社会中建立原则，实现统一。在乌帕德亚雅看来，忽视自性的解决方法就是抛弃两种错误的倾向，即认为西方一切都是美好的民族虚无主义和认为应该抛弃西方一切的民族狭隘主义。对于西方发展模式的学习应该有取舍，西方的科学技术可以作为模仿的对象，但西方的生活方式和价值观念则应该舍弃。在他看来，西方科学技术与印度本土价值观念和生活伦理观念的结合，才是印度发展的唯一出路。

乌帕德亚雅接着谈到解决印度问题的指导原则，即印度文化的整体性特征。他认为"印度文化的首要特征是把生活看成一个整体"，和谐与统一才是社会发展的根本。他对矛盾冲突推动事物发展的观念持否定态度，认为冲突并不是文化进步的象征，而是文化衰退的征兆。他尤其强调整体统一的思考原则，"西方的困惑来自对生活的部分思考方式"。对于多样性是否与统一性矛盾的问题，他认为多样性是内在统一性的表达，多样性中的统一和统一中的多样性是印度文化的核心，不了解这一点，就无法解释现实生活中的冲突现象。

在乌帕德亚雅看来，印度出现问题的原因在于认识论上的混乱，所以必须统一认识，抛弃民族虚无主义和民族狭隘主义观点，取西方技术之长，去西方价值之短，以印度自性文化中的整体性观点，解决印度目前面临的问题。

第二，乌帕德亚雅谈到方法论的问题。在方法论问题上，他首先指出印度政府及西方国家在方法论上存在的问题是二元论。在印度表现为两个方面：其一是古代和现代的矛盾。他强调印度几千年的传统不能丢，这是印度的根基。现代印度的发展过多模仿西方，认为西方是发展和进步的标志，而忘掉西方的经验并不是普世的，有其实施的条件和时间。"非常奇怪的是，那些想要通过抛弃旧传统改造社会的人却落入某些外国过时传统的陷阱中。"其二是印度与西方的矛盾。这对矛盾与第一对矛盾具有关联性。他指出独立17年来，统治阶级所走的道路其实是西方的道路，头痛医头，脚痛医脚，没有全方位解决问题，因而并没有找到满意的解决方法。西方本身并没有明确的解决方法，自己也在摸索的过程中，盲目跟随西方只能是盲人跟着盲人。"简言之，就永恒的原则和真理而言，我们必须吸收全人类的知识和成果。在这些知识和成果中，起源于我们国家的应该搞清楚，与时俱进；来自其他国家的知识和成果必须让他们落地生根。"也就是说，印度必须走自己的道路。

在指出二元论存在的问题后，乌帕德亚雅提出用印度文化的整体观点分析人类及社会的属性，最终解决问题。在乌帕德亚雅看来，用整体的方法看问题的基础是达摩。乌帕德亚雅解释达摩概念的时候，不断在自然和人类社会之间转换。他首先强调达摩是自然法则，不是任何人建构的，而只是发现的结果。他以牛顿发现重力作喻，指出达摩已经存在，只是没有被人发现而已。既然是自然之法，人的各种自然属性也属其中，包括爱、贪婪和愤怒。按照整体论的说法，这些自然属性应该是和谐共处的，但事实上，这些自然属性存在冲突和矛盾，乌帕德亚雅也承认社会冲突的存在。为了避免冲突，自然需要社会"达摩"进行规范。乌帕德亚雅将社会"达摩"规范也归结为自然属性的一部分，并将自然规范和社会规范统称为印度教社会的"达摩"。① 例如，怒就会导致和谐生活遭到破坏。所以，对于愤怒的情绪，人类必须进行控制。这样，控制就变成我们生活的准则，而不是愤怒。也就是说，自然属性中的冲突因素受制于社会道德规范。这样，在乌帕德亚雅的解释下实现了自然与社会的统一，用来为他的整体性原则服务。显然，伦理涉及人与人、人与自然关系的处理，具有理性和社会公共意志的属性，与自然之法实际上存在差异。乌帕德亚雅将人为构建的社会公共规范作为自然之法，以自然之法不可违的原则，奠定达摩在印度社会中不可撼动的神圣性，维护印度教在印度社会中的独尊地位。

达摩引导人们追求整体生活，追求人生的快乐。人生的快乐是指肉体、精神、智能和灵魂四个方面互相协调的和谐一致。人生的这四个方面在西方文化中是割裂的，所以他们的生活是不完整的。例如，美国人在物质和民主生活方面得到了满足，但是很多人却有精神疾病。乌帕德亚雅虽然强调四者统一的重要性，但在统一的前提下，每个方面都是不可或缺的，四者是相互依存的关系。例如，精神上的追求离不开物质上的保障。在演讲中，他提到众友仙人，在极度饥饿的情况下，不得不闯入猎户家中食狗肉。众友仙人名列七大仙人之一，依靠苦行成为婆罗门。即使这样的仙人也会因物质生活而牺牲道行，因此，四者缺一不可。与这四个方面对应的目标是达摩、利、欲和解脱。它们互相依存、互相促进，共同构成统一的整体，满足个人肉体、情感、理智和灵魂的四重需要。最终实现人生的目的——解脱，解脱意味着在精神上彻底解放个人，达到灵魂与神的结合，摆脱轮回，实现永恒的幸福。

在乌帕德亚雅看来，社会与个人一样，也是自生的实体。"社会

---

① 朱明忠在《恒河沐浴》一书中，概括了"达摩"的含义：从广义上说，它是指事物存在的法则，或事物内部的必然性和规律性；但是从伦理学的角度说，它是指人们应当遵循的行为准则和道德规范，以及应当履行的社会义务。见朱明忠《恒河沐浴——印度教概览》，四川民族出版社1994年版，第168页。

有自我实体，自己的生活，它像人一样独立存在，是一个有机体"，"有自己的肉体、情感、理智和灵魂"。

乌帕德亚雅对人生四个目标以及人生四重性的阐释，实际上就是传统印度教人生观的主要内容。婆罗门教和印度教法论将人生分为四个阶段：梵行期、家居期、林居期和遁世期。在这四个阶段，分别完成知识的学习、世俗的职责、隐居和最终的解脱。乌帕德亚雅认为这四个阶段体现了印度教传统文化的完美。乌帕德亚雅以印度教四阶段论来驳斥西方物质主义追求与精神追求的二元矛盾，以过程的完整性否定过程的发展性。四个不同的阶段存在不同的矛盾，不能以过程的完整否定发展，否定矛盾。如他本人提到的众友仙人，如果没有物质前提，精神上的需求也无法实现，这本身就是矛盾的体现。乌帕德亚雅的达摩理论解释每个人四个阶段需要履行的义务，至于义务与义务之间发生矛盾也需要达摩来调整，这时出现的达摩也是矛盾发展的产物。因此，整体性特征并不能掩盖内部的矛盾。

第三，用整体性观点分析民族、国家和民主政治等现代政治现象。对于民族的概念，他认为最重要的因素是民族心理的形成。在民族心理形成的过程中，地域发挥一定的作用，但不是决定性因素。"当一群人因共同的目标、思想、使命生活在一起，把特定的地域看作自己的祖国，这个群体就构成民族。"也就是说，思想和地域共同构成民族。在这两者中，他更看重前者，提出民族精神是民族存在的根基。如同个体的转世重生，灵魂是不变的，但是肉体在不断变化，从而导致两个个体也不同。在转化的过程中，个性等会受到影响，但灵魂不会受到历史环境的影响和制约。民族精神就是民族的灵魂，在发展转换中不会发生变化。这是典型的唯心主义思想，主张精神决定物质。

乌帕德亚雅也承认民族概念的多样性，认为存在以地域和语言等多种划分标准的民族。他用个人身份认同来形容民族的多样性，一个人可能有多重身份，妻子、母亲、姐妹等，但这些身份又是整体的，只要正确地履行义务，就可以保持协调发展。与此相应，民族之间的关系也可以协调。乌帕德亚雅虽然承认个人和社会有多重身份，但始终拒绝矛盾冲突的概念，不承认矛盾是推动事物发展的动力。他认为社会的发展动力是达摩，达摩的主要原则是永恒的、普世的，但达摩的实行要依据时间、地点和环境的不同而变化。而且达摩也不是唯一的，在遵守自己达摩的同时，也应该和他们所属的更大的达摩框架保持一致或者互相补充。乌帕德亚雅在否定矛盾冲突的同时，用不同的达摩来体现矛盾冲突。

对于国家，乌帕德亚雅依据整体性观点，反对联邦制，主张建立以潘查亚特为基础的单一制国家。在他的规划中，村潘查亚特是根基，在村潘查亚特的基础上建立区人民议会（janapada sabhas），区人民议会之上建立省级机构。省级行政机构享有统治和行政权。省级机构之上则是享有最高权力的人民院。乌帕德亚雅认为这样的行政建制既保证了整体性，又实现了分权，发挥地方的主动性，防止分离主义倾向的发展。在行政管理所依据的原则上，乌帕德亚雅反对法制和民主的理念。他反复强调达摩在国家管理中的至高地位。他反对世俗概念，认为"世俗国家"这一名词来源于西方，不是依据达摩统治或者漠视达摩的作用，不适合印度的发展。乌帕德亚雅的行政建制划分体现了人民同盟政治主张中的分权思想。现代政治体系中分权和管理依据的是法制、民主等原则，但在乌帕德亚雅的体系中，这些概念都被达摩化了。

对于民主原则，乌帕德亚雅认为其与达摩相悖。他提出，民主是通过政治动员和选举等实现政治参与的制度，是与达摩原则相悖的。在乌帕德亚雅看来，达摩是至高无上的，民主的多数原则应该让位于达摩。在他看来多数并不代表真理，真理应该由达摩来确定。他举例说，在克什米尔问题上，假使四亿五千万印度人中的四亿四千九百九十九万九千九百九十九的选择相同，但如果违反了达摩，那么，不能因为数量的原因判定他们选择的是真理。相反，另外一个人虽然只有孤身一人，但他依靠达摩的指引做出正确的选择，这也是真理。真理只能由达摩来决定。在乌帕德亚雅看来，民主的政府应该是遵循达摩进行统治的政府。按照乌帕德亚雅民主的逻辑，不需要民主选择，不需要治理，只要遵循达摩的指引，一切问题都会迎刃而解。印度已发展为现代化国家，不再是古代小国寡民的印度，对民主制度保守主义的理解显然无法适应现代社会的功能要求。

乌帕德亚雅上述对现代国家政治制度和民族原则的解释意在以印度教的宗教语言解释现代政治制度和原理。实际上是利用印度教宗教在民众中的影响力，以通俗易懂、易为民众盲目接受的方式来宣传印度教民族主义政党的政治主张。

第四，乌帕德亚雅用整体性观点阐述对经济问题的看法。他认为资本主义和社会主义制度忽视了人的整体性，以及人类社会与自然之间的和谐。他批评目前西方的经济生活中，人并没有占据中心位置，而是以经济因素为主导，人的需求被忽视，不是人类需求引导消费，而是经济因素诱导民众消费。社会主义生产方式完全忽视个人的主动性，将人看作整个计划中的一个虚弱的无生命的齿轮。所有这些体系都是非人化的体系。这样的经济体系和生产体系打乱了自然的平衡状态，造成了很多问题，威胁到整个人类经济活动和文明的生存。这种经济发展模式也造成人类与自然关系的紧张。由于人类的贪欲和无限掠取，破坏了自然生态平衡，人类最终也会自食其果。他强调在经济发展过程中，不应过多滥用自然资源，应该保证经济发展和人类的生活目标互相协调。乌帕德亚雅极度推崇印度经济发展模式中人的主体地位。"我们的目标是人、人的整体进步和快乐。"他主张严格限制现代大机器工业的发展。现代工业的发展应该以整体性观点为指导，他借用弗希维萨雷耶（Vishvesaraya）教授的7个"M"①观点表明经济活动中要注重整体发展的原则思想。用一句话来概括，经济发展应实现物质和精神平衡的理念。

乌帕德亚雅强调自给自足的经济原则，即司瓦德西。他认为印

---

① 七个"M"，即人、原料、金钱、管理、动力、市场和机器七个英文字词的第一个字母M。

度经济"过多依赖外援,包括思想、管理、资本生产方式、技术等,甚至在消费水平和消费形式上也仿效西方。这不是进步和发展的道路。我们将失去独特性,又一次成为西方实质上的依附者"。

他最后总结:在整体人本主义的基础上,人们能够使民族主义、民主、社会主义和世界和平与印度文化传统价值观念协调一致,并且以整体的方式思考这些概念。这样,就会化解这些概念之间的矛盾冲突,做到互相补充。"人类也能够重新恢复他失去的位置,实现自己的生活目标"。[①]

从乌帕德亚雅四个演讲的内容来看,乌帕德亚雅在演讲中始终强调印度教的主体地位,认为解决印度甚至世界问题的根本在于印度文化,而印度文化的根本在于其整体性特征。不论是个体的人,还是群体的社会,要追求整体性特征,就必须遵守达摩,只有遵守达摩,才能避免冲突。在乌帕德亚雅看来,只有达摩才能统一思想,才能使每个人恪守自己的道德规范,履行社会职责,只有每个人都能各尽其职、各守其责,印度社会才能实现和谐与统一。世界的发展和进步也仰赖于斯。

整体人本主义思想体系力图以印度传统文化为根基,探索适合印度国情的现代政治经济发展道路,有很强的现实意义。乌帕德亚雅力图调和传统与现代、本土与外来文化之间的关系,这些是好的方面。但在探索印度发展道路的过程中,他却将印度传统等同于印度教传统,将解决问题的方法简化为达摩。这也导致其阐述存在很多偏颇和矛盾的地方。例如,在提到民族概念时,他强调印度民族概念的源头在于吠陀文化,而且民族文化的发展一直没有中断,从而将吠陀文明之前的文明以及伊斯兰文明排除在印度民族文化范畴之外。又如,乌帕德亚雅反复谈到印度教是一个完善的思想体系,可以为全人类的解放指明方向。这在本质上背离了印度教的传统,印度教从来没有表现为普世宗教。印度教民族主义将理论探讨的重

---

[①] 以上关于整体人本主义内容的原文均来自网站:http://www.hindubooks.org/ih。

点集中于民族、国家、仇外主义等概念上,这些概念从来不是印度教和印度文明的组成部分,印度文明强调的是多元统一。因此,这些探讨无论在神学、认识论,还是哲学上都无法实现对印度教传统的现代突破。从这个意义上说,整体人本主义并不是以印度教传统文化为起点,根据新时代的变化探索印度文明的发展之路,而是满足现实政治的需要,以印度教传统文化包装教派主义意识形态和教派民族主义政党的政治主张。它也不是从印度文明多元统一的视角解决问题,而是从印度教教派主义的观点出发,将其他文化分支排除在印度传统文化之外。而且,整体人本主义片面强调印度本土文化的优越性,对世界其他文化体系批判大于吸收,这样的态度影响了它对现实政治经济问题的分析及解决。因此,从本质上说,整体人本主义思想是一个综合了宗教、传统文明、现代政治概念和策略的混杂的矛盾的体系,是印度人民党为了壮大政党的力量而对印度传统文化的政治利用。

乌帕德亚雅提出整体人本主义思想是为了满足与国大党对抗的政治需要。20世纪60年代,国大党在政治上的绝对优势地位有所下降,其他政党在国大党的衰落中看到了打破国大党世俗主义意识形态一统天下、在政治上大展宏图的良机。人民同盟也不失时机地在此时提出了整体人本主义原则,力图以传统文化对抗国大党非印度化的政治经济发展模式。独立后国大党政府试图探索一套兼采资本主义和社会主义制度之长的现代化建设模式,乌帕德亚雅等印度教教派主义者对尼赫鲁的诸多政策都感到不满。因此,在整体人本主义思想的阐释中,乌帕德亚雅不遗余力地批判资本主义制度和社会主义制度,批判西方经验,其实也是对国大党经济发展模式的批判。在批判的同时,乌帕德亚雅不断申明印度文化的优点和长处,强调印度教的达摩,强调司瓦德西,强调发展国防经济,突出人民同盟的印度本土特色。

另外,整体人本主义的提出也是为了统一印度教同盟家族意识形态的需要。自独立以来,虽然人民同盟处于政治舞台的边缘地带,但选举成绩却节节攀升。这样的政治发展趋势增强了党内议会温和派的力量。他们主张合理利用议会斗争手段，促成政党之间的联合，共同对抗国大党，而对印度教意识形态重视不够。党内顽固派则坚决反对这一主张，认为它是政治机会主义的表现。党内在思想认识上的混乱与迷惘，严重影响了政党的统一与团结。如果任由这种状况发展下去，不但可能造成人民同盟的不团结与分裂，而且可能会降低国民志愿团对人民同盟的支持。对人民同盟来说，它的社会动员的基础就是同盟家族的社会动员，失去了同盟家族成员的支持，人民同盟的社会基础也会瓦解殆尽。在这样的历史背景之下，时任人民同盟总书记的乌帕德亚雅对整体人本主义做出阐释，统一了同盟家族在这一问题上的认识。客观上说，整体人本主义思想也为议会派的斗争提供了思想武器。因为整体人本主义的一些主张，如强调政治道德，司瓦德西以及经济领域的小工业政策都有较强的本土根基，而且与圣雄甘地的主张比较接近，这就为印度教民族主义运动开发传统资源提供了有利条件。人民同盟后来与甘地式领导人纳拉扬的合作以及1977年参加德赛领导的人民党政府都得益于此。

1980年，印度人民党建立后，温和派领导人瓦杰帕伊试图扭转其前身人民同盟教派主义色彩过浓的形象，转而提出民主和世俗主义等概念同国大党竞争。但是，这一转变并没有为政党带来收益，相反，在1984年大选中，印度人民党只获得了人民院的两个席位，创造了自人民同盟建立以来的最低历史纪录，印度人民党看到利用世俗主义和民主等现代政治理念与国大党竞争是不现实的。于是，它又回到了原来的立场，重新确定整体人本主义为印度人民党的基本哲学。从社会发展的角度来看，整体人本主义以印度教基本哲学和伦理价值规范体系为基础，因而具有深厚的社会基础。在20世纪80年代中期，印度经济发展状况不尽如人意，国际上民族主义思潮回归的背景下，其立足印度传统文化的发展模式受到社会各界的关注。此后，印度教教派鼓动成为印度人民党进行政治动员的一个重要手段。随着教派鼓动政治的快速发展，整体人本主义思想也满足不了政治鼓动的需要。因为整体人本主义虽然主张印度教教派主义，但在言辞表达上相对比较温和，没有将矛头直接指向穆斯林，没有提出教派主义等敏感词汇。于是，同盟家族便推出印度教特性作为新的思想武器，整体人本主义受到冷遇。整体人本主义虽然受到冷遇，但并不意味着整体人本主义重要性的降低，因为整体人本主义强调印度传统文化的主体地位，而印度传统文化的解释则存在可左可右的变通空间，这也是整体人本主义一直被奉为印度人民党基本政治哲学的原因所在。

### 三、印度教特性（Hindutva）

印度教特性一直贯穿印度教民族主义发展的始终，但其确切含义却很难界定。我国学者邱永辉在《"印度教特性"释义》中提到印度教特性概念含义的模糊。"关于此概念，印度政治家、学者乃至普通人已经提出了五花八门的解释。"她谈到印度人的几种看法：关于"印度教特性"，印度人民党说是"文化民族主义"和"积极的世俗主义"；该党的支持者说是"宗教宽容、世俗价值和对祖国的热爱"；印度教极端势力认为是"控制和改造穆斯林"。印度穆斯林团体认为是反对宗教少数人团体的一种反动观念；印度教团体内的不可接触者仍坚持安贝德卡尔的观点，认为是"婆罗门的法西斯主义"。在印度知识界，有的学者称之为"多数人的原教旨主义"，也有学者认为是一种"温和的原教旨主义"。[①] 可以说，在印度有多少社会集团就有多少种表达。总体说来，印度国内对印度教特性概念定义可以解读为世俗主义者所坚持的教派主义和印度教民族主义者所主张的文化民族主义之间的对立。世俗主义者从宗教的角度认为印度教特性概念是教派主义意识形态的体现，印度教民族主义者则从文化和文明的角度否认印度教特性概念是教派主义意识形态，强调印度教特性概念与印度文明的历史联系。中国学者一致认为印度

---

① 邱永辉：《"印度教特性"释义》，《南亚研究》2003年第1期。

教特性是一种教派主义意识形态。邱永辉在《解读古吉拉特教派冲突》中提到:"'印度教特性'是一种印度教民族主义观念和纲领:它表面上具有民族主义性质,宣称其最终目的是将印度建设成为一个具有印度教特色的强国,让世界承认印度的'第一流大国'地位,但从本质上说却是教派主义,因为其主要内容是恢复印度教在印度政治生活中的主导地位,用它来统一全民思想,规范全民行动,并作为制定国家政策的准则。"①

为了更好地理解印度教特性概念,有必要从历史的角度考察这一概念的形成与发展。最早提出印度教特性概念的是萨瓦尔卡。萨瓦尔卡在1923年所著《印度教特性》一书是最早提出印度教特性概念并阐释其含义的专著。在书中,萨瓦尔卡提出,"印度教特性不是一个词汇,而是一个历史过程。有些人将印度教特性所代表的历史过程误解为只是印度人们精神的历史或者宗教的历史,实际上,印度教特性所代表的历史过程是完整的历史"②。至于印度教特性与印度教的关系,萨瓦尔卡认为印度教是印度教特性的衍生物,是印度教特性的一个组成部分。"当我们尝试深入了解印度教特性内涵时,我们不是首要——当然也不是主要——关注任何特定的神学或者宗教教义或者信仰。如果不是因为修辞学的问题,印度性(Hinduness)应该比印度教更接近印度教特性的含义。印度教特性包括我们印度种族自存在以来所有的思想和行为。"③ 也就是说,印度教特性是长期历史发展过程中形成的民族属性。萨瓦尔卡的概念界定虽然不承认印度教特性概念就是印度教的思想体系,但在解读印度历史发展、印度文明演变时,又将印度教的历史发展与演变等同于印度历史的发展与演变,这样印度特性与印度教特性实际上被画上了等号。

---

① 邱永辉:《解读古吉拉特教派冲突》,《南亚研究》2002年第1期。

② V. D. Savarkar, Hindutva, Hindi Sahitya Sadan, New Delhi, 2009, p. 3.

③ V. D. Savarkar, Hindutva, p. 4.

在萨瓦尔卡看来，印度教徒需要有三个方面的构成要素，即地缘、血缘和吠陀文明。"那些热爱从印度河到海洋之间这片土地的人，把这片土地作为他们的出生地，承认继承古代七河流域（Supta-sindhus）在这片土地上发展演化的种族血脉的人，不论是自然继承还是后来适应改变的结果，都可以被认定为拥有印度教特性两个最基本的前提条件。"① 萨瓦尔卡将印度教徒定义为认同印度河到海的广大领土为自己的祖国和宗教圣地的人。这样的解读具有较强的包容性，起源于印度本土的佛教徒、耆那教徒、锡克教徒和印度教各宗派都可以涵盖在印度教徒这一社会集团之中。这也反映了萨瓦尔卡力图扩大印度教社会集团的范围，因而将印度教特性与印度教区别开来，以争取更多人认同印度教民族主义观念。第二个构成要件则更多与种族联系在一起。"印度人不仅仅指印度公民，要解释背后的原因自然需要了解印度人（Hindu）的第二个本质构成要素，即印度人不仅仅是印度国家的公民，他们连接在一起的纽带不仅包括对共同祖国的爱，也包括共同的血缘而团结在一起。他们不仅是一个民族，也是一个种族——Jati。Jati 这个词来源于词根 Jan，意思是同胞，因为共同的起源而确定的种族拥有共同的血缘。所有的印度人都承认他们的血脉里流淌着伟大种族的血液，而这一血脉继承自吠陀祖先。"② 第三个构成要件即认同吠陀文明，则将基督教徒和穆斯林排除在印度教徒范畴之外。对于印度社会存在的印度教徒改信伊斯兰教和基督教，但在生活习俗上仍然遵循印度教习俗，而且没有异族血统，是否可以成为印度教特性概念的一部分，萨瓦尔卡的回答是否定的。"我们印度教徒的联合，不仅因为对祖国的爱，不仅因为流淌在血管中相同的血液维持我们心脏的跳动，而且也因为我们对我们伟大文明共同的敬意。"③ "他们践行新的宗教仪式，不再拥

---

① V. D. Savarkar, Hindutva, pp. 90 – 91.
② V. D. Savarkar, Hindutva, pp. 84 – 85.
③ V. D. Savarkar, Hindutva, pp. 91 – 92.

有完整的印度教文明。他们属于或者感觉自己属于不同于印度教的文化模式。"① 萨瓦尔卡通过地理、血缘和文明三个构成要素层层排除的方式，将起源于印度本土的佛教、耆那教、锡克教纳入印度教徒的概念范畴之内，而通过文明认同将穆斯林和基督教徒排除在印度民族范畴之外。

由此看来，萨瓦尔卡的印度教特性概念是民族—种族和文化的综合体。虽然他本人极力否定印度教特性概念与印度教的关联，但实际上还是通过民族、种族和文化三位一体的概念解读将印度教特性与印度教捆绑在一起，尤其是通过种族和文化概念将穆斯林集团和基督教徒集团排除在印度教特性概念之外，否定了印度文化的多元特征，印度教教派主义色彩浓厚。

萨瓦尔卡提出印度教特性的概念是为20世纪初教派冲突中的印度教徒集团提供理论支持。随着20世纪20年代后教派冲突的加剧，印度教教派主义集团对印度教特性概念的解读也更为激进。20世纪30年代，对印度教特性概念做出具体解释的是另一个印度教教派主义组织国民志愿团的领导人高瓦克。1939年，他发表了《我们或我们的民族性的界定》（*We or Our Nationhood Defined*）一书。高瓦克认为自近代以来的民族概念破坏了民族意识的形成过程，以民族的名义实际上是在解构民族性，这种行为已经达到顶点，印度人几乎忘记民族是什么。在书中，他频繁使用"hindu"一词来代表印度民族，反对使用"indian"，认为这是西方人强加的民族概念，混淆了印度真正的民族性，从而导致敌我界限模糊，破坏了印度民族自性。他认为民族是一个复合概念，是某些思想体系融合而成的整体，民族概念展示了其组成体系的不可分割的内在统一性。与萨瓦尔卡相比，高瓦克更加关注印度教民族的文化统一性，认为印度教不是一个政治概念，而是文化和感情的概念。② 他认为民族由五个要素构

---

① V. D. Savarkar, Hindutva, pp. 100–101.

② Thomas Blom Hansen, The Saffron Wave, p. 80.

成，即地理、种族、宗教、文化和语言要素。① "在印度教徒的国家——印度斯坦的土地上居住的应该是印度教民族——需要满足现代世界科学地界定民族概念的所有五个基本构成要素。"② 住在印度的外国人只有两条路可供选择，或者并入印度教种族，接受它的文化，或者在印度教种族的支配下生活。他也可以选择离开印度。高瓦克特别强调力量的培养，认为民族的理想状态只能在增强力量、体能和培养精神的基础上实现。"最重要的是不可战胜的身体力量，保持身体强壮是必须的，身体强健可以避免被征服、被奴役。因此，每个人都要有健壮而健康的体魄。"③ 高瓦克的印度教特性概念比萨瓦尔卡的概念更加严格而狭隘，更加强调种族要素，提出"种族是民族的主体，如果种族灭亡，民族也将随之灭亡"④。他强调印度教是印度民族自性的唯一组成部分，强调力量建设和民族精神的培养。他提出印度教民族是开化民族，通晓自然界和精神世界的各种规律，其他的人类则是未开化的、野蛮的，带有很强的种族优越论和暴力主义色彩。针对印度教内部存在的不同派别以及种姓制度，高瓦克认为这并不影响印度教徒作为统一体的存在。他以大树作比喻，认为树木虽然有不同的部分，但是都依靠同一的树液维持生命。印度教内部也存在着内在的统一性。

从总体上说，无论是萨瓦尔卡还是高瓦克的印度教特性概念，都建立在印度教教派主义观点之上，强调印度教与印度民族主义的联系，强调印度民族就是印度教民族主义，将穆斯林和基督教集团降为二等公民，他们或者接受印度教文明成为印度公民，或者离开印度。他们的上述看法显然不符合印度历史发展的实际情况。萨瓦尔卡对印度历史发展的四阶段说将雅利安人移居印度之前的印度河

---

① Christophe Jaffrelot eds., Hindu Nationalism: A Reader, Princeton, 2007, p. 100.
② Christophe Jaffrelot eds., Hindu Nationalism: A Reader, p. 117.
③ Thomas Blom Hansen, The Saffron Wave, p. 82.
④ Christophe Jaffrelot eds., Hindu Nationalism: A Reader, p. 102.

流域文明阶段，以及近代以前伊斯兰教建立的德里苏丹和莫卧尔王朝排除在印度历史发展范畴之外。萨瓦尔卡所指称的印度教徒集团包含了佛教、耆那教和锡克教，其实，三者都是在反对印度教不平等的种姓制度的基础上而建立起来的宗教派别。锡克教还吸收了伊斯兰教的平等观念。萨瓦尔卡勉强将佛教、耆那教、锡克教拉进印度教大家庭中，抹杀了这些宗教的独立特性。伊斯兰教进入印度后，印度教也吸收了伊斯兰教的某些内容。如12世纪以后，在印度教内部兴起的帕克蒂运动，就吸收了伊斯兰教的某些思想。而且，伊斯兰教进入印度后，也打上了印度社会的某些特征。这些都是不容忽视的历史事实。以宗教和种族为基础，将伊斯兰文明作为异质文明排除在印度文明史发展范畴之外，将其他少数宗教归入印度教集团，体现了印度教特性集团的大民族主义思想。从社会变迁的角度来看，印度教特性运动代表的是落后的社会思潮。在伊斯兰教教派主义的刺激下，印度教特性运动没有继承传统印度教的包容精神，反而走向狭隘。以世俗主义和伊斯兰教教派主义为斗争对象，掩盖印度教内部的弊端，因循守旧，对印度教的发展乃至近代印度社会的发展起到阻碍作用。

　　印度教特性概念的提出和发展与当时的历史背景密切相关。19世纪末，穆斯林启蒙运动中的极端派脱离印度民族主义主流，转而强调穆斯林的集团利益，提出"两个民族"说，否认国大党是民族利益的代表者，强调保护穆斯林利益只能依靠英国统治者。① 面对穆斯林启蒙运动的转向，英国殖民者的"分而治之"政策，以及日趋加剧的教派冲突，身为印度教大会②领导人的萨瓦尔卡以印度教徒代言人的身份，提出印度教特性的概念，对抗穆斯林教派主义，维护

---

　　① 参见林承节《印度近现代史》，第288—293页。
　　② 印度教大会的宗旨是：在印度建立一个全国性的印度教联盟，在政治争端中代表印度教徒的利益，促进改信伊斯兰教的印度教徒重新皈依印度教，推广印地语，力图在南亚次大陆建立一个印度教统治的国家。引自朱明忠《印度教民族主义的兴起与印度政治》，《当代亚太》1999年第8期。

印度教徒的集团利益。20世纪30年代末40年代初，高瓦克提出印度教特性概念的时候，穆斯林分离主义运动的发展已经成熟，1940年拉合尔决议提出建立独立的巴基斯坦国，意味着印度教徒和穆斯林的冲突已经白热化，双方关系缓和的可能性几乎为零。在这种情况下，高瓦克的概念直指穆斯林和基督教徒等社会集团，强调印度教内部的团结和力量的培养，以对抗穆斯林集团。这也是萨瓦尔卡和高瓦克对印度教特性概念强调重点变化的原因。萨瓦尔卡强调印度教民族的地缘、血缘和吠陀文明三个要素，力图将更多的宗教和改变宗教信仰的人拉回到印度教大家庭中。而高瓦克则走向文化和精神的培养，更加强调印度教徒的封闭性与纯粹性，强调印度教民族与伊斯兰民族之间的差异，强调种族主义因素，排斥伊斯兰教和基督教等外来异族，这些都与当时的社会和政治斗争形势密切相关。由此可见，印度教特性虽然与宗教相关，但印度教特性运动却是政治社会斗争的产物。

　　印巴分治后，印度教教派主义者将斗争的矛头主要指向了国大党的世俗主义思想。随着矛盾指向目标的变化，国民志愿团更加强调印度教特性的人本主义特征，集中反映在乌帕德亚雅的整体人本主义思想上。这一观点强调以传统印度教文化的理念对抗国大党世俗主义理念中的西方政治文化成分。但在国大党现代化发展模式占主导的历史背景下，印度教特性意识形态并没有得到最广泛的印度教民众的支持，上层精英则支持国大党的发展理念和政策框架，为国大党的政治经济发展战略献计献策，印度教特性观念的传播范围有限。

　　20世纪80年代，印度教教派主义运动的发展进入新时期。1984年，湿婆军在选举中提出建立"印度教国家"的选举口号，世俗主义力量认为这样的口号违背了印度宪法宗教不干预政治的精神，状告到最高法院。最高法院的判决认为"印度教特性"概念是一种生活方式，并不特指宗教含义，因而否决了湿婆军建立"印度教国家"的宣传是宗教行为。这样的判决结果无疑助长了印度教教派主义意识形态的发展。此时，印度人民党温和派主导的1984年大选获得历史最差战绩。选举失利导致党内极端派力量抬头，开始重提印度教特性。1989年，在帕兰普尔会议上，印度人民党明确提出"印度教特性"这一概念。这时，印度人民党提出印度教特性概念的社会政治环境在三个方面不同于独立初期。其一，20世纪80年代，世俗主义在印度社会的主导地位遭到削弱，教派主义思潮在社会领域的地位不似之前的谈虎色变，教派主义和世俗主义似乎有平分秋色之势，两者之间在政治、法律、社会等领域出现了交锋，而且最后的结果都以世俗主义的软弱、教派主义的强势进攻为结束。例如，1985年的沙·巴诺事件，最后以拉·甘地政府通过了《穆斯林妇女离婚法案》，向穆斯林极端势力妥协收场，这样的结果迎合了教派主义的主张，令世俗主义者大失所望。又如，罗摩庙问题的重启和《罗摩衍那》《摩诃婆罗多》系列剧的播放，都可以看到教派主义力量在这场角力中的胜利者姿态。其二，20世纪80年代中后期，本土主义思潮回归，伴随着本土化现象在全球范围内的发展，印度教教派主义力量依靠传统主义思想标榜自己印度文明继承者的身份。其三，经过近四十年的发展，印度政治社会发生了很大的变化。多元化已成为发展的主流，社会集团的分野也更加明显，低等种姓、穆斯林、地方实力集团等都倾向支持代表自己利益的政党，国大党在走向衰落。在变动的政治和社会背景下，印度人民党重提印度教特性概念，提出把印度教特性作为政党的基本哲学原则，其政治用意非常明显。那就是，印度人民党要建立稳固的社会支持基础，稳定上等种姓对政党的支持。同时，尽可能争取印度教徒集团的整体支持。为了贯彻上述战略，印度人民党不遗余力地宣传印度教教派主义思想，其中的极端派甚至赤裸裸地提出印度民族就是印度教民族，印度教是印度唯一的文化实体，其他文化社会团体只有在印度教的庇护下才能生存。1992年毁寺事件后，印度人民党的印度教特性概念又发生变化，更加强调概念中的文化民族主义内涵，以印度文明复兴鼓动民族主义情绪。由于印度人民党对印度教特性概念的使用具有明确的政治动机，因而与萨瓦尔卡和高瓦克的概念相比，现在的主张具有更大的包容性和灵活性，甚至连穆斯林和基督教徒都可以涵盖在内。也就是说，随着世俗主义和教派主义理念力量对比的变化，印度教特性概念的历史发展也进入新的时期，其教派含义更加虚化，而政治工具的作用更为明显。

通过以上对五项政策原则、整体人本主义和印度教特性概念的分析，可以将印度人民党的意识形态归纳为以印度教和印度教文明为主体，进而构建的以整体人本主义和印度教特性为政治纲要和价值取向依据的印度教民族主义政治思想体系。

作为政党灵魂的意识形态，在很大程度上体现了政党对自己所代表的社会群体的凝聚力，对其他社会力量的吸引力以及与其他政党之间的差异。如果意识形态只停留在观念层面上，就无法将影响渗透到社会各个层面，其传播范围就要受到限制。下一节将讨论印度教民族主义力量的印度教化运动，探讨印度教民族主义思想的传播及其在印度人民党扩大社会支持基础中的作用。

## 第三节　印度人民党和同盟家族的教派主义鼓动

政党发展离不开社会，为了建立稳固的社会基础，政党需要传播自己的政治主张，树立自己的政治形象，以吸引那些可能成为潜在基础的社会力量，将这些社会力量从悬浮不定的状态转变为政党坚实的支持基础。社会对政党的政治开发也有积极的回应，包括趋利避害，为自己谋利的自然本性。在这一过程中，政党与社会之间形成互动，政党会修正纲领中不适合社会需求的部分，社会也从中获得利益。在印度人民党崛起的过程中，对印度教集团的开发是其社会动员的主体。因此，本节主要研究印度人民党和同盟家族的教派主义鼓动。

印度人民党的社会动员所采取的方式与国大党不尽相同,两者虽然都建有外围组织,但国大党的外围组织都是政党的附属组织,而印度人民党与外围组织地位平等,都是同盟家族的一员。同盟家族的母组织是国民志愿团,国民志愿团是印度人民党外围组织的建立者和管理者。20世纪80年代后期印度人民党在政治上的崛起离不开同盟家族的印度教化努力。在这里,有必要先简要介绍一下同盟家族。

### 一、同盟家族与印度人民党

同盟家族是一个以国民志愿团为母组织,由宗教组织、政治组织、工人组织、青年组织、学生组织、妇女组织构成的庞大的印度教大家庭。在这个家庭内,每个单元都有自己独立的组织,单独活动。其中,国民志愿团、世界印度教大会以及印度人民党是家族的核心组织。在前文中已对高瓦克之前国民志愿团的情况做了简要的介绍。在第二任领导人高瓦克去世后,国民志愿团的发展可以分为两个阶段。第一个阶段是 B. M. D. 道拉斯(Balasaheb Madhukar Dattareya Deoras)和拉杰德拉·辛格任最高领袖时期。这一时期国民志愿团热衷政治,提倡社会改革。道拉斯对政治有浓厚的兴趣,在他担任最高领袖期间,国民志愿团与人民同盟配合,积极参与1974—1975年纳拉扬领导的反国大党运动。在紧急状态期间,国民志愿团被禁,道拉斯被捕入狱,但不久即恢复合法地位。道拉斯还是一位现实的社会改革家,勇于批评印度教社会不良的习俗,鼓励国民志愿团成员开展反对种姓制度和不可接触制的社会改革运动,在印度教社会内部培养和谐的精神,建立强大的印度教社会与西方和伊斯兰社会对抗。在道拉斯任期内,国民志愿团在政治、组织和社会改革方面都取得了较快的发展。1975年,国民志愿团在全国建立了11000个分支组织,1992年增加到30000个[①]。2000年,国民志愿团

---

① Yogendra K. Malik and V. B. Singh, Hindu Nationalist in India, p. 155.

的分支组织高达45000个。① 20世纪80年代末90年代初，国民志愿团和世界印度教大会、印度人民党共同行动，利用阿约迪亚寺庙问题大做文章，为印度人民党争取选民。在阿约迪亚清真寺被毁后，拉奥政府再一次禁止国民志愿团活动。1993年6月4日，国民志愿团又恢复了合法地位。1994年，拉杰德拉·辛格成为最高领袖，他延续了道拉斯的政策路线。第二阶段是2000年强硬派代表K. S. 苏达善（Kuppahali Seetaramaiyah Sudarshan）接任最高领袖职位，他是保守派的代表，主张更加强硬的极端教派主义。在就职的第二天，他发表讲话强调："非印度教徒并不是外国人，因为他们以前都是印度教徒；他们只有在信仰印度教后，才能真正成为印度人。"② 实际上是在警告印度的非印度教徒只有改宗印度教，才能成为印度公民。8月14日，在BBC的《印度热点话题》中，他说："我压根不接受少数派的概念，少数派必须接受多数派'文化'。印度宪法并没有体现人民的民族精神，我们应该制定自己的宪法。"③ 在他的领导下，国民志愿团在宗教、政治、经济问题上的立场也更加极端。

国民志愿团自称是文化组织，从事唤醒民族精神的工作。在思想主张上，国民志愿团强调印度教文化的主体地位，要求禁止宰杀母牛。它认为保护母牛不仅是经济问题，而且关乎文化的神圣性和传统的发展。因为强调印度教和传统，国民志愿团鄙视从国外寻求灵感和指导的行为，强调通过自力更生的方式解决印度面临的问题，实现民族的发展。他们重视印度传统的社会价值，认为缺乏传统价值观会引发道德真空，进而导致暴力行为的增加和无政府状态，而短视的政治家又推波助澜。因此，国民志愿团等非政府组织应该积极行动，恢复社会中的传统道德价值观。国民志愿团对穆斯林集团存在根深蒂固的偏见，认为穆斯林不会融入印度宗教和文化主流的

---

① A. G. Noorani, The RSS and The BJP: A Division of Labour, p. 13.
② A. G. Noorani, The RSS and The BJP: A Division of Labour, p. 104.
③ A. G. Noorani, The RSS and The BJP: A Division of Labour, p. 2.

异端。国民志愿团认为独立以后穆斯林并没有融入印度民族生活的主流中，他们依然保持独立前与巴基斯坦心理和感情上的联系。国民志愿团的组织建设相当严密，强调的是绝对服从和绝对忠诚，以及铁一般的纪律，同时兼具家庭温情。国民志愿团的基层组织负责人经常会对其成员进行家访，帮助他们解决生活中面临的实际困难。体能训练是国民志愿团成员每天必修的功课，他们希望通过体力训练达到增强战斗力，培养绝对服从精神的目的。

世界印度教大会（VHP）是同盟家族的宗教组织，在国民志愿团政治活动家阿普特（Apte）和印度教钦玛雅使团（Chinmaya Mission）创建人钦玛雅南达（Chinmayananda）的共同努力下建立。国民志愿团力促建立世界印度教大会出于两个方面的考虑。首先，印度教民族主义者建立世界印度教大会是为了对抗基督教和伊斯兰教的需要。20世纪60年代，东北地区分离主义运动的发展有愈演愈烈之势。国民志愿团认为东北地区的分离主义运动主要是因为基督教传教士的活动，使广大部落民脱离了印度教大家庭。他们认为基督教的传教活动已经对印度教文化及生存造成威胁，因而印度教徒应该团结起来，壮大力量，同基督教的传教活动进行对抗。用阿普特的话来概括就是：基督教的目标是将整个世界变成基督教世界，伊斯兰教也因同样的原因而建立了"Pak"（指巴基斯坦）。……在这个竞争和冲突的时代，我们应该思考如何将印度教世界从邪恶势力的控制下解救出来，并组织印度教世界为拯救自己而行动。[①] 其次，团结印度教各教派的需要。众所周知，印度教并不是一个神教，没有统一的教会组织，没有统一的圣典，长期以来保持松散的状态。国民志愿团认为这样的松散状态不利于印度教徒集团发展势力，因此有必要建立世界印度教大会以传播印度教的伦理价值观念，加强印度教社会内部的凝聚力。

在上述共识的背景下，印度教各教派宗教首领和国民志愿团政

---

[①] Christophe Jaffrelot, The Hindu Nationalist Movement in India, p.197.

治社会活动家通力合作，1964年8月29日至30日，在孟买钦玛雅南达修行地召开会议，会上决定成立代表所有印度教徒的新组织。这次会议有来自印度各地的六十多个印度教派别参加，与会代表除了印度教教派外，锡克教的最高阿卡利党（Shiromani Akali Dal）也派代表与会。在这次会议上，钦玛雅南达表达了提高印度教民族意识，对抗基督教和伊斯兰教威胁的急迫性。会议决定建立由印度教所有派别领袖组成的咨询委员会。为了表明印度教大会的非政治性，大会决定禁止任何政党官员参与咨询委员会。实际上，阿普特就是有名的社会政治活动家。因此，世界印度教大会的非政治性规定并不能排除其成立及其活动所具有的政治意图。

世界印度教大会成立后，开始着手统一印度教规范。1966年1月22日，第一届世界印度教徒峰会（sammelan）在阿拉哈巴德的普拉格亚召开。大会的目的是建立统一的印度教宗教仪式与教义以及印度教宗教机构。会议通过决议，成立学术理事会（Vidvat Parishad），负责编撰印度教徒最低行为规范和文化指南。1979年1月25日至27日召开的第二届世界印度教徒峰会上规定了印度教徒应做的六件事，其中包括在家中供奉印度教神像；规定《薄伽梵歌》是印度教的圣典；印度教徒必须到印度教神庙或其他宗教场所进行祷告等。在阿约迪亚清真寺成为焦点后，世界印度教大会又提升罗摩和《罗摩衍那》的地位，将罗摩作为神，《罗摩衍那》作为印度教的圣典，阿约迪亚则成为印度教的圣城。这些规定旨在统一印度教的宗教仪式和典籍，以起到规范印度教，树立宗教仪式感的作用，但这些做法与印度教传统并不相容，印度教传统主张多元主义，而世界印度教大会的规定显然仿效了伊斯兰教等其他一神论宗教的做法。因此，从根本上说，这些规定虽然是从宗教意义上加以制定的，但规范所发挥的作用更多体现在政治和社会意义上，是为了与伊斯兰教和基督教对抗的需要。

世界印度教大会建立以后，积极活跃在宗教领域，针对宗教敏感事件，提供精神上的指导和宗教上的支持，对加剧教派冲突负有不可推卸的责任。1983年，世界印度教大会组织了平等游行。此后，围绕阿约迪亚寺庙之争，世界印度教大会发起了一系列的宗教统一和宗教团结的仪式和活动。

伴随着宗教领域活动的增加，世界印度教大会的力量迅速壮大。1982年，世界印度教大会宣布自己有302个地方组织，2700个分支组织。印度教大会海外组织的规模也相当可观，分布于23个国家，有3000个分支组织，总人数达到118522人，包括233名全职工作人员。[1] 1994年，世界印度教大会的国内成员达到50万人。它建立了18个部门，包括寺庙管理部、教化部、祭司培训部、母牛保护部、出版宣传部、国外工作部、青年工作部、梵语教育部和中央办公室等。[2] 伴随人员的增加，20世纪七八十年代，世界印度教大会在组织建设上也取得了一定的成就。在中央一级建立管理委员会，下设常委会。中央管理机构还有董事会、管理委员会下属机构以及国内和国际分支机构等。地方则按照最基层—基层—地区基层—邦—区的层级关系进行组织。除了中央和地方组织外，世界印度教大会还设立了8个不同的部门，涉及青年、妇女和部落等社会群体。另外，在国际上，据报道，世界印度教大会在18个国家建立附属分支机构。[3] 1984年，世界印度教大会在北方邦建立了自己的青年一翼——哈努曼军，主要组成人员是城市中的失业青年，他们无所事事，崇尚暴力，在某种程度上与日益趋向暴力的印度政治文化契合。

世界印度教大会的主要目标和国民志愿团既有相同的方面，又有不同的一面。世界印度教大会强调的是全球范围内印度教徒的统一，因而从建立伊始，印度教大会就将视野放在全球范围内。为了

---

[1] Peter Van Der Veer, *Religious nationalism*, p. 132.
[2] Yogendra K. Malik and V. B. Singh, *Hindu Nationalist in India*, p. 167.
[3] Chetan Bhatt, *Hindu Nationalism: Origins, Ideolog and Modern Myths*, Oxford, 2001, p. 183.

取得全球范围内印度教徒的信任和支持，世界印度教大会既强调国民志愿团的印度教特性概念，也强调古代印度教的文明内涵。在利用宗教问题作为统一印度教徒的工具方面，世界印度教大会与国民志愿团是一致的，即恢复和发扬传统的印度教文化，建立起一个纯粹的繁荣昌盛的印度教国家。在组织上，世界印度教大会是在国民志愿团的授意下建立的，两者在组织上也有着千丝万缕的联系，世界印度教大会中的领导很多是国民志愿团的成员。按常理来说，世界印度教大会作为宗教组织，应该是宗教领袖占主导，但实际上，国民志愿团的高层领导同时兼任世界印度教大会的领导职务。根据1966年4月底通过的世界印度教大会章程而建立的执委会、董事会和管理委员会成员中，也充斥着国民志愿团成员，真正的宗教领袖并不多。在22名董事中，只有3名是宗教领袖，而管理委员会则没有任何宗教领袖。因此，国民志愿团虽然没有直接控制世界印度教大会，但其高层领导当然了解并参与世界印度教大会政策和战略的制定，两者是共生关系。

除了上述两个主要的组织之外，同盟家族比较重要的成员还有乌帕德亚雅研究院，该院是同盟家族的思想库，建于1972年，其成员主要是知识分子。这些知识分子的治学模式实际上是把甘地哲学和乌帕德亚雅的思想结合起来，从对印度文化遗产的研究中，寻找社会主义和资本主义的替代模式，实现乌帕德亚雅的梦想，将印度建设成强大、繁荣、欣欣向荣的世界强国。除了进行理论研究外，他们还在农村搞社会实践，规划农村发展计划，开发农业产业，开展教育培训等。

此外，同盟家族还建立了印度工人联盟（BMS）、全印学生联盟（ABVP）、部落人福利协会、全国农民联盟和全国女工协会等组织，构建了以国民志愿团母组织为核心，以印度教意识形态为准则，覆盖社会各阶层的印度教社会关系网。

印度人民党与同盟家族组织的关系如何呢？印度人民党与国民志愿团关系密切。国民志愿团虽然不参与政治活动，但人民同盟建立的时候，国民志愿团成员还是可以以个人的名义加入政党。于是，一批热衷于政治的成员加入人民同盟。瓦杰帕伊和阿德瓦尼就是那时加入的。加入政党的国民志愿团成员具有双重身份，既是国民志愿团的成员，又是政党的党员。1980年，人民同盟改弦易张，建立印度人民党抗议人民党反对人民同盟成员拥有双重身份，可见其与国民志愿团的关系非同一般。1991年选举，印度人民党很多候选人都来自国民志愿团。根据一项估计，政党任命的400多名候选人中超过300个有国民志愿团背景。可见，国民志愿团是印度人民党的重要组织基础和骨干培养基地。国民志愿团在社会和舆论领域的活动又为印度人民党提供了思想支持。但是，由于一些国民志愿团组织成员缺乏政治经历，对意识形态的执着使他们在具体政治操作层面缺乏变通性，这一点反而制约了印度人民党开展政治活动。1998年印度人民党联合政府执政后，双方在政策领域的矛盾反映出它们虽然在根本目标上是一致的，但在实现目标的手段和策略上还是存在一定的差异。追根究底，国民志愿团毕竟是社会和文化组织，在意识形态领域较为顽固，缺乏变通，而印度人民党的实际运作领域则是政治，需要灵活变通。印度人民党要发展壮大，单单依靠印度教教派主义是无法满足其需要的，所以在选举或者执政的时候，印度人民党会根据政治策略的需要，淡化其意识形态色彩，这就会引发同盟家族内部的分歧。通常情况下，印度人民党不可能太多偏离国民志愿团指明的道路，因为它的组织基础和社会基础都掌握在国民志愿团的手中。1984年选举，国民志愿团对国大党的支持导致印度人民党的最差选举成绩就是一个例证。

### 二、同盟家族的印度教化活动

印度教化就是以印度教宗教知识和仪式规范教众，增强印度教徒的宗教意识和认同感，加强印度教徒团结和凝聚力的过程。在印度人民党崛起的过程中，印度教化活动发挥了至关重要的作用。印度人民党能够在成立后短期内在政治上迅速发展，同盟家族印度教化运动所奠定的社会基础和思想意识基础功不可没。这是国大党和其他政党所没有的。

独立后,印度教化运动以20世纪80年代为界限,划分为前、后两个部分。在20世纪80年代前,印度教民族主义处于边缘地位,国大党世俗政治占主导,印度教化活动范围有限,主要聚集东北地区。60年代初,印度东北地区的分离主义活动此起彼伏,继那加武装起义之后,米佐拉姆也提出独立的要求。印度东北部地区属于边界地带,居民以部落民为主,信仰原始宗教,但基督教传教士在这一地区活动频繁,导致该地区基督教徒人数上升很快,引起同盟家族的关注。其中,那加兰因为是东北小邦中最早开展武装斗争的地区之一而成为印度教教派主义力量的眼中钉。该邦基督教徒占总人口的比例达到90%以上,印度教教派主义者习惯上称其为基督教邦。对于人民同盟而言,东北地区是边界区域,是国防要地。在这样的军事重地,基督教徒的数量如此之多,对国防是一个重大的威胁。在1964年12月召开的人民同盟中央工作委员会会议上,与会代表提出,在印度东部边境三条国际控制线所在区域划出一个小型的神权政治的基督教那加兰邦,而没有考虑大多数那加兰印度教徒的愿望,本身就是一个严重的错误,而且这样的举动也会鼓励阿萨姆境内其他分离主义和分裂主义势力,可能造成印度东部地区的巴尔干化。① 因此,它呼吁加强东北地区的交通和国防建设,增加驻军数量。在思想文化领域,同盟家族社会和宗教组织也加强在这一地区的活动,与基督教争夺部落民。为了有利于传播宗教,世界印度教大会简化烦琐的印度教宗教仪式,适应部落民出生、婚姻、死亡为中心的生活需要,同时在该地区开展福利活动,增强印度教在该地区的影响和控制。

20世纪60年代到80年代初,宗教没有成为可以公开利用的政治筹码,因此同盟家族在这一阶段很少开展大规模的教派主义鼓动。

---

① B. J. S. Party Documents Vol. 4, 1951-1972, New Delhi, 1973, p. 71.

1966年，世界印度教大会发起保护母牛运动。这一运动兼具宗教和政治目的。此时，英·甘地担任印度总理不久，执政经验不足，也不具有尼赫鲁的声望，同盟家族试图利用这个机会发起运动，为人民同盟在1967年2月举行的选举造势。但当时的世俗主义政治并没有因尼赫鲁的去世而趋于瓦解，联邦政府态度坚决。因此，世界印度教大会的保护母牛运动没有产生社会效应。世界印度教大会因此也认识到当时的政治和社会氛围，不适宜开展大规模的宗教鼓动。这次宗教活动之后，世界印度教大会很少采取宗教鼓动战略，而主要以建设性战略为主，以相对温和的方式开展社会福利活动和宗教推广工作。这些社会福利活动和宗教推广工作促进了印度教的统一与团结，传播了印度教的宗教理念和价值体系，为20世纪80年代末期印度人民党的迅速崛起奠定了社会和思想基础。

20世纪80年代以后，尤其是80年代中期以来，较之20世纪60年代的国内国际形势，有了显著变化。变化主要体现在以下五个方面：第一，世俗主义政治的危机使教派政治成为政治竞争的热点。此前，国大党虽然偶尔也会受到教派主义的影响，但在根本上能够坚持世俗主义价值观。20世纪80年代后，国大党的影响力在逐步减弱。它所苦心营建的表列种姓、表列部落、刹帝利和穆斯林结合的选民库已无法保障政党稳操胜券。为了选举政治的需要，国大党也开始利用种姓、宗教等分离主义要素，导致印度政治沿着地方、种姓和宗教的路线越走越远，以至于国大党最终无法控制局面。第二，大型系列剧《罗摩衍那》和《摩诃婆罗多》的播放是印度教社会化的催生剂。1987年，印度国家电视台开始播放由拉玛南德·萨格尔（Ramanand Sagar）根据两大史诗创作的大型神话系列剧《罗摩衍那》和《摩诃婆罗多》。对播放根据两大史诗改编的电视剧，不同的人看法不一样。有人将其看作大众文化的产物，有人将其视作印度文化传统的结晶，有人认为电视剧的播放会起负面效应。不论民众看法分歧有多大，一个不争的事实是这部反映了北印度对两大史诗解读的电视剧版本将印度传统宗教文化与意识形态结合了起来。

电视剧所展现的历史知识和文化内涵进入民族身份建构的争议中，现实的公民身份归属受到电视剧所引发的话语体系的影响。两大史诗改编的电视剧，尤其是《罗摩衍那》所展示的古代理想君主和统治文化，将印度各地不同的印度教宗派统一在印度教信仰之下，从而使宗教氛围更加浓重。第三，表列种姓印度教徒改宗出现新的高潮。20世纪80年代密纳克希普拉姆改宗事件引起印度教教派主义者的恐慌。这些改宗者经济条件相对较好，只是因为无法忍受种姓制度的歧视，这引起印度教教派主义者的反思，他们要展现印度教大家庭的容纳能力。第四，印度穆斯林对海湾国家的劳务输出增加，他们把在国外赚的钱寄回国内，用于修缮清真寺等宗教活动。印度教徒认为这是穆斯林存在跨国认同的"罪证"。第五，国际上宗教原教旨主义运动的发展。1979年，在什叶派领袖阿亚图拉·鲁霍拉·霍梅尼的领导下，伊朗什叶派穆斯林推翻巴列维王朝统治。在国内实行全盘伊斯兰化。在国外，霍梅尼提出输出伊斯兰革命的口号。宗教复兴运动、传统文化在现代社会的发展、西方模式与本土模式的冲突引发了第三世界统治精英的反思。

这样的历史背景使印度教教派主义理论体系的传播具有更宽广的社会思想基础，也坚定了印度教民族主义者对宗教符号的开发，增强了他们团结印度教、传播传统文化的信心。印度教是一个泛神的宗教体系，河流、山川、树木、人，甚至瑜伽冥想都可以成为印度教徒信奉的对象。这些宗教仪式和宗教象征符号的广泛存在，使同盟家族印度教化活动的开展有了更为广泛的空间。

同盟家族加强印度教化的主要活动体现在加强印度教的统一和团结，推广印度教民族主义教育，利用媒体宣传教派主义意识形态，利用阿约迪亚罗摩庙问题强调印度教的受难者身份和异教徒对印度教的压迫。

1. 加强印度教的统一和团结

同盟家族要在社会灌输印度教宗教和文化观念，首先必须加强印度教内部的统一和团结。攘外必先安内，在构建统一的印度教社会集团的基础上，同盟家族也就具备了与其他社会和政治力量对抗的条件。在改变印度教松散状态上，印度教教派主义者显然违背了印度教和印度文化的传统，受到基督教和伊斯兰教的强烈影响。曾经有人问高瓦克，如果不是出于与穆斯林对抗的目的，国民志愿团是否会开展目前这样加强印度教组织的活动。他回答道："即使穆罕默德没有出生，伊斯兰教不存在，如果我们发现印度教徒处于今天这样无组织无意识的状态，依然会开展这项工作。"[1] 他的回答显然避重就轻，在伊斯兰教进入印度之前，印度教是这样松散的存在。在英国统治印度初期，印度教也是这样松散的存在。多样性存在恰恰是印度教文化独有的特征。如果没有伊斯兰教和基督教的宗教影响，没有民族主义思潮的影响，没有印巴分治，就不会有印度教教派主义的宗教改造行为。印度教民族主义者的宗教改造行为显然带有强烈的政治意图。印度教加强统一和团结的具体内容如下：

（1）加强印度教的组织性和规范性，增强宗教认同感和归属感。首先，规范宗教教义，加强宗教组织机构建设，统一印度教。宗教圣人奇梅亚南德说"基督教和伊斯兰教都是严密的组织，而印度教徒内部则存在不同的宗派，没有代表自己民族的教义"[2]。无组织是印度教的主要特征之一，它强调每个人都有自己需要遵守的达摩，通过遵守达摩实现人与神之间的单向交流，这种交流不需要中间媒介。个人精神上的解脱不依赖社会集团纵向和横向的联系，导致印度教缺乏组织性。另外，印度教社会内部种姓的划分也阻碍了不同集团之间横向的交流。纵向和横向的切割使印度教缺乏凝聚力。为了改变多层面分割的现状，印度教组织力图仿效其他宗教，进行教义和组织建设，以保证印度教徒在组织和仪式认识上的统一。

---

[1] Compiled and Edited by H. V. Seshadri, R. S. S: A Vision in Action, http://www.hindubooks.org/Vision.

[2] Christophe Jaffrelot, The Hindu Nationalist Movement in India, p. 348.

在世界印度教大会的努力之下，同盟家族在这方面取得了一定的进展。在宗教规范方面，同盟家族制定了印度教徒日常行为规范的具体内容，包括要求印度教徒每天早晚参拜太阳，将《薄伽梵歌》定为印度教宗教圣典。在统一宗教机构方面，同盟家族建立了世界印度教大会作为同盟家族的宗教组织，让世界印度教大会牵头，规范宗教仪式和宗教组织。事实上，世界印度教大会也不负所托，在这方面做了很多工作。维西维斯·迪瑟（Vishveth Tirth）主持召开的印度教团结大会、宗教专家会议和宗教领袖会议，都在朝着这一方向努力。但是，这些会议的召开时间并不固定，不能满足日常所需，于是同盟家族着手建立常设性的宗教机构。1982年，世界印度教大会建立中央精神指导委员会（Central Margdarshak Mandal），该委员会共由39名成员组成，分别代表不同的宗派。因委员会开会时间有限，不能满足随时解决问题的需要，所以世界印度教大会又建立了印度教僧人组织履行常务委员会的功能。印度教僧人组织是印度教各宗派议事机构，负责日常宗教事务的管理。这些组织和规范的建立虽然比不上伊斯兰教和基督教，但对松散的印度教来说已经向前跨出了一大步，有利于印度教徒建立身份认同感，增强凝聚力。

（2）通过宗教仪式和宗教符号加强印度教的神圣性、认同感和统一感。宗教仪式与历史传说、宗教圣迹等紧密关联，宗教仪式可以坚定信仰，唤起对古老传统和文化的认同感，具有较强的象征意义和符号意义。同盟家族通过将宗教节日、宗教符号和颜色与意识形态联结的方式实现社会和政治动员。

宗教游行是印度教教派主义者使用最多的一种手段，全国范围内的游行可以直接达到串联各地印度教徒、加深宗教感情的目的，这样的方式也可以增强表列种姓和低等种姓的参与感和认同感，因而也是同盟家族最愿意使用的手段。泰米尔纳杜邦密纳克希普拉姆改宗事件发生后，世界印度教大会准备了两辆印度教信仰战车（Jnana rathams）。所谓的信仰战车只是两辆载有战神穆鲁甘（Murugan）神像的货车。这两辆货车行驶在泰米尔纳杜邦的大街小巷，每到一处，游行组织者都欢迎不可接触者和低等种姓的民众献祭或者清洗神像，以此增强落后种姓的宗教认同感，让他们感受印度教大家庭的温暖。1983年11月，世界印度教大会又发起统一游行（Ekatmata Yatra），游行分三条路线，每条路线都配备一辆满载恒河水的机动车，巡游持续一个月的时间。三条路线分别是加德满都到拉摩什瓦拉姆（Rameshvaram）、恒河萨迦（Ganga Sagar）到索姆纳特（Somnath）、赫德瓦（Hardwar）到科摩林角（Kanyakumari）。这三条路线几乎覆盖了印度教的所有圣地。在巡游过程中，通过宗教仪式将恒河圣水与沿途各地神庙和圣河中的水混合，意在表明印度教各个种姓和教派都是印度教大家庭中的一员。最后，三条路线汇聚到那格浦尔国民志愿团的总部。统一游行将宗教上的统一与地域上的认同结合，体现了宗教地理意义上的印度教民族主义思想。游行路线和覆盖的范围表明印度教民族主义社会动员范围的进一步扩大，已经遍及广大农村和落后地区，尤其是落后种姓和社会弱势群体是印度教民族主义力量宗教动员的重点。同盟家族社会动员的广度和深度也使得印度人民党的"战车游行"能够出色地完成政治动员的任务。

其次，通过颜色的冲击来加强视觉冲击，形成对印度教神圣性和纯洁性的信仰，坚定宗教信念。其中最重要的是橘黄色的旗帜，橘黄色是印度最庄重且具传统的颜色，象征了勇气、献身与无私，也是印度教僧侣法衣的颜色。高瓦克十分敬仰橘黄色，称"它代表着神圣的祭祀火焰的颜色，祭祀火焰的橘色传达了在永恒而圣洁的火焰中自焚的信息。这一颜色也是驱逐黑暗，普照世间的太阳光的颜色"。[1] 在同盟家族的各种宗教和社会活动中，橘黄色成为服饰、旗帜，乃至各种宣传品的主色。

再次，利用言辞调动宗教情绪，增加对印度教的认同感和归属

---

[1] Thomas Blom Hansen, The Saffron Wave, p. 109.

感。在同盟家族那里，这些言辞代表着对印度教神圣性的认可和为宗教事业奋斗的庄严感和使命感。国民志愿团的日常用语经常与达摩等词汇联系在一起，号召信徒对印度教无私奉献，以实现自我完善。国民志愿团夸张的文风，可以从一位国民志愿团地方首领的言辞中表现出来：

> 让大家为祖国效力。我的祖国，你的祖国。我的祖先，你的祖先。正像我如果被剥夺得一无所有，你也会同样一无所有。你们是我们的同胞兄弟，我们都是这片土地养育的子孙。这就是国民志愿团所要宣传的……只有印度教徒变得强壮，精力充沛，有组织，有活力，才可能实现印度教徒与穆斯林之间和印度教徒与基督教徒之间的团结，……我寻找那些与我分享同一梦想的人，他们愿意为这一目标做出牺牲，以这一工作作为自己首要的责任，并将此信念付诸实施，为这一工作和这一目标忍受苦难。[1]

国民志愿团的祈祷活动，体现了宗教仪式与言辞的统一。在祈祷时，参加祈祷的国民志愿团成员，双手放在胸前，列队而立，在统一的印度地图（印巴分治前的印度地图）、橘黄色的旗帜、西瓦吉雕像以及最高领袖海德格瓦的雕像前，集体用梵语背诵祈祷词。国民志愿团的祈祷词强调牺牲、精神福佑、英雄主义等内容。祈祷词全文如下：

> 永远的，我向你致敬，噢，亲爱的祖国！噢，我们印度教徒的祖国！你带给我们快乐。祝福我们的生活顺利，祝福你关爱的这片神圣的土地。我要永远向你致敬。
> 我们，印度教国家的孩子，敬畏地向你致敬。噢，无所不

---

[1] Thomas Blom Hansen, The Saffron Wave, p. 109.

能的神，我们准备行动，完成你的事业。为了保障它的顺利实现，赐予我们神圣的祝福吧。噢，神！赐予我们战无不胜的力量吧！这样崇高的品质能够主导整个世界，这样的知识能够使我们自愿选择的充满荆棘的道路更加畅通。

愿我们能够激发出坚定的英雄主义精神，这是达到精神极乐状态和世俗繁荣的唯一的、最后的方式。愿强烈而持久的对理想的奉献精神能够激发我们内心的热情。愿伟大的神，祝福我们成功组织起来，充分捍卫达摩的尊严，引导我们的民族走向最高荣誉的顶点。

印度母亲战无不胜！[①]

（3）增强印度教内部各社会阶层之间的平等关系，加强印度教内部弱势群体的社会福利工作，与基督教和伊斯兰教争夺对印度教弱势群体的控制，同时，将已经改宗的印度教徒重新拉回印度教大本营，防止弱势群体重新改宗。1973年，道拉斯任国民志愿团的最高领袖，倡导改革印度教。他曾在题为"社会平等和印度教徒团结"的文章中提到，先人也意识到建立在世袭基础上的等级社会的局限性，在古文献中充斥对种姓制度的谴责。"如果品德高尚，即使一名首陀罗也可以成为婆罗门。相反，如果没有正直的品格，即使婆罗门也可能变成首陀罗。"[②] 1981年泰米尔纳杜原贱民的集体改宗对印度教社会改革运动是一个巨大的刺激。这次改宗伊斯兰教的人，大多受过较好的教育，经济上比较富裕，属于社会变迁中向上流动的部分。他们自称改宗的原因是印度教社会等级制度对落后种姓的侮辱。而印度教民族主义力量则将改宗归结为石油金钱诱导的结果。不管原因何在，这一改宗为印度教民族主义者敲响了警钟，使印度

---

[①] http://www.rss.org.

[②] Balasaheb Deora, Social Equality And Hindu Consolidation, http://www.archivesofrss.org/Speeches-and-articles.aspx.

教民族主义者更加重视对表列种姓的情感关怀和社会扶助。旨在改善表列种姓成员生存状况的组织——印度服务社活跃于贫民窟，建立了大约10000个中心，实施了3500个福利计划。① 另外，同盟家族也在各地建造印度教神庙，取消对低种姓进入寺庙的宗教限制，提升低等种姓的宗教认同感。国民志愿团也非常重视对部落地区的教育培训，建立了很多学校，这些学校除了进行印度教伦理道德的教育外，还为贫民窟的居民和前不可接触者提供职业课程的教育培训。

除了社会福利措施外，同盟家族还注意在宗教感情上给予低等种姓成员以平等感。1993年，为了庆祝阿约迪亚清真寺被毁一周年，国民志愿团和世界印度教大会召开了一次特别会议。会场的两侧分别安放着罗摩和贱民领袖安贝德卡尔的图片，两张图片尺寸相同，以此表明两者地位平等。会上，同盟家族很多领导争相赞颂安贝德卡尔博士，谴责不可接触制是一种不良的社会习俗。在阿约迪亚的讲话中，世界印度教大会的领导人辛哈尔赞扬安贝德卡尔拒绝了真纳和海德拉巴尼扎姆的诱惑，而让大量的贱民改宗佛教——一种印度土生土长的宗教。

通过一系列的活动，同盟家族确实将一些改宗的印度教徒重新拉回到印度教大家庭。根据世界印度教大会的统计数据，1981—1982年重新改宗印度教的人数达到22200人，其中13000人是来自拉贾斯坦的拉其普特穆斯林。其他地区由基督教重新改宗印度教的人数达到8279人，其中安得拉邦2000人，北方邦西部1588人，比哈尔邦1557人，卡纳塔克1450人。当然这些数字有夸张之嫌，但同盟家族的社会福利活动确实取得了丰硕的成果。

（4）极力夸大印度教与伊斯兰教和基督教之间的差异，依靠制造"他者"加强印度教内部的团结。

对教派主义者而言，依靠制造"他者"增强内部的团结是非常

---

① Yogendra K. Malik and Vol. Singh, Hindu Nationalist in India, p. 157.

有效的手段。"不管是现在的外人、从前的外人，甚至观念上的外人，都是我们的敌人。……如果在眼前、以往或观念上都找不到那些该死的外国人的影子，那么就得发明他们。"①

　　印度教教派主义以伊斯兰教和基督教集团存在跨国认同，他们在印度统治期间所留下的不堪的历史记忆为基础，构建出猜疑的少数派。印度教教派主义者宣称，印度的伊斯兰教教徒和基督教教徒依旧与国际上的伊斯兰集团和基督教集团勾结，干涉印度内部事务。如，在《巴基斯坦策动东北地区骚乱的密谋曝光了》一文中，称巴基斯坦情报人员煽动东北地区的反叛和骚乱，他们在拉贾斯坦边界地区向印度境内输送武器，这些武器被运送到不同的极端分子手中，破坏了印度社会的稳定。② 又如，一篇题为《美国的威胁和巴基斯坦的训教》的文章，不满基督教世界关注古吉拉特针对基督教徒暴力袭击事件，认为基督教世界有意将这一事件夸大。文章说，教皇关注印度发生的对基督教徒的袭击事件，美国甚至因此要对印度实行经济制裁，它们还试图让联合国干预印度发生的类似宗教袭击事件。实际上，古吉拉特事件不是对基督教少数派的迫害，而是因为基督教传教士的诱导传教惹怒了未改宗的部落民。③ 文章作者认为，现在印度的基督教会仍然处在外国的控制之下，而基督教对印度社会的影响也不可小觑。他还列举了几个地区基督教人口的比例，以说明教会传教活动的影响。1951年时那加兰的基督教人口占46%，1991年增加到88%，梅哈拉亚从35%增加到67%，曼尼普尔从12%增加到34%，米佐拉姆从46%增加到88%。④ 印度教教派主义者也用同样的手段夸大穆斯林集团的宗教认同，指责穆斯林集团人口增长速度过快。印度教教派主义与穆斯林之间的激烈冲突在下文阿约迪亚

---

① [英]埃里克·霍布斯鲍姆：《民族与民族主义》，李金梅译，第207页。
② The Daily, December 13, 1998.
③ S. Gurumurthy, And threats from America and sermons from Pakistan, The Observer, http://www.hvk.org/1999/0199/0020.html, January 19, 1999.
④ http://www.hvk.org/1999/0199/0020.html, January 19, 1999.

寺庙之争中将做进一步的阐述。

## 2. 通过教育活动实现对印度教社会的控制

在国民志愿团的计划中，教育应该从儿童时代开始，塑造年轻一代对印度教宗教观念和仪式的意识。因此，海德格瓦和高瓦克都把教育作为宣传印度教特性哲学的一个重要组成部分。1946年，国民志愿团就开始尝试建立以印度传统文化和精神为核心的教育模式。1948年国民志愿团被宣布为非法后，这一活动也中断。1952年，在最高领袖高瓦克的主持下，国民志愿团在北方邦的戈拉克普尔（Gorakhpur）建立了一所小学，取名知识女神儿童学校（Saraswati Shishu Mandir）。随后国民志愿团又以同样的模式建立了其他几所学校。随着学校数量的增多，为了加强管理，国民志愿团在北方邦建立专门的协调委员会规划和管理中小学教育。20世纪70年代是国民志愿团教育事业大发展的时期，到1978年国民志愿团建立全国性管理机构印度知识协会（Vidya Bharati）时，他们建立的学校已经达到500所，学生总数达到两万人。90年代初，随着印度人民党在北方邦、中央邦、拉贾斯坦邦等获得地方政府的执政权，国民志愿团下辖学校进入第二次发展高潮。印度人民党治下的地方政府允许印度知识协会下辖的学校制定自己的课程，培训教师。到1993—1994年，印度知识协会经营的学校总数达到6000所，拥有4万名教师和120万名学生。1998年，印度人民党在中央执政后，印度知识协会经营的学校更是井喷式出现。据报道，其经营的学校达到14000所，教师达到8万人，学生180万人。[①] 知识协会在学校教育上提出"印度化、民族化和精神化"的建议，要求学校教育体现印度文化本质。从教育内容来说，印度化和印度教化很难区分。国民志愿团以印度化作为借口，灌输印度教的宗教理念和文化。

为了适应各地不同的需求，同盟家族在不同地区采取不同的办

---

[①] Aditya Mukherjee, Mridula Mukherjee and Sucheta Mahajan, RSS, School Texts and the Murder of Mahatma Gandhi, New Delhi, 2008, pp. 28 – 29.

学方式。在北方地区，因印度教文化传统浓厚，国民志愿团学校教育发展较快。在奥里萨邦，印度教教育起步虽晚，但很快就建立了自己的教育体系网络。学校要求教师每个月做一次家访，同时，以奥里亚语编写的国民志愿团周刊会按时寄给学生家长。在南部地区的国民志愿团学校中，鉴于上等种姓在这一地区力量相对薄弱，需要对地方文化做出一定的让步。如在泰米尔纳杜，除了对德拉维达本地文化做出象征性的让步外，学校内的印度教文化普及活动更多地采取图像和仪式这种视觉性强或易于接受的形式进行。

在授课内容方面，同盟家族学校以学习传统文化为借口，推行教派主义教育。1993—1994年，印度教科书评估指导委员会（A National Steering Committee on Textbook Evaluation）曾多次开会讨论印度教育研究和培训委员会对国民志愿团下辖学校和出版社出版的教科书的审查报告。委员会建议禁止在教学中使用这些教科书："目前知识女神教育机构在小学阶段使用的一些教科书对印度历史持极端暴力的教派主义观点。……教科书使用偏狭而极端粗鲁的风格和语言，完全随心所欲地编造历史事实，这样做不但不能如它所声称的那样推动爱国主义的发展，相反是极端故步自封的盲信和狂热主义……不应该允许学校使用这些教科书。"[1]

在同盟家族学校的教材中有一部分是以问答的方式编写的小册子，这些小册子由一组组的问题和答案组成，要求学生死记硬背。小册子涉及的内容具有浓厚的教派主义色彩，夸大印度教文明在世界文明中的地位。第九本小册子中谈到印度文明时是这样说的，"印度是世界上最古老的文明。当其他国家还处于蒙昧时代，当这些国家的人还赤身裸体生活在丛林中，或者以树皮和兽皮遮羞的时候，

---

[1] Aditya Mukherjee, Mridula Mukherjee and Sucheta Mahajan, RSS, School Texts and the Murder of Mahatma Gandhi, p. 21.

印度的圣人为这些国家带来了文化和文明的曙光"①。雅利安人的著作——蚁蛭的《罗摩衍那》——在世界各地流传,影响到其他文明,荷马的《伊利亚特》不是荷马原创的,而是对《罗摩衍那》的抄袭和改编。

很多小册子都有关于罗摩庙的内容,我们可以从这些问答中一窥小册子所宣传的理念。

问:谁首先在阿约迪亚罗摩出生地建立神庙?

答:罗摩的儿子库什(Kush)王。

问:首次毁掉罗摩庙的外国侵略者是谁?

答:希腊的米南德(Menander)(公元前150年)。

问:1033年,哪个穆斯林侵略者掠夺了阿约迪亚寺庙?

答:穆罕默德·加兹纳维(Ghaznavi)的外甥萨拉尔·马苏德(Salar Masud)。

问:1528年,哪个莫卧尔侵略者毁掉罗摩庙?

答:巴卑尔。

问:从1528—1914年,有多少信徒为解放罗摩庙献出生命?

答:35万人。

问:外国侵略者入侵罗摩庙的次数?

答:77次。

问:自1990年10月30日发动解放罗摩庙运动以来共进行过多少次斗争?

答:78次。②

对于其他宗教,印度知识协会的课本也极尽歪曲之能事。例如,在第十二本小册子中有很多轻视其他宗教和盲目仇恨的内容。小册

---

① Aditya Mukherjee, Mridula Mukherjee and Sucheta Mahajan, RSS, School Texts and the Murder of Mahatma Gandhi, p. 25.

② Aditya Mukherjee, Mridula Mukherjee and Sucheta Mahajan, RSS, School Texts and the Murder of Mahatma Gandhi, p. 26.

子描述基督教是反民族的宗教，威胁到印度的国家整合。"因为基督教的阴谋，印度才被分治。即使现在，基督教传教士也在那加兰、梅哈拉亚、比哈尔、喀拉拉以及其他地区从事反国家的行为。因为他们的行为，印度的整合遭受严重的威胁。"[①] 课本夸大伊斯兰教的暴力行为。北方邦使用的九年级课本中这样描述伊斯兰教的兴起："他们所到之处，手中持剑。他们的军队像旋风一样席卷各地。任何阻碍他们前进的国家都会遭遇灭顶之灾。宗教场所和学校遭到破坏，图书馆被烧毁，母亲和姐妹惨遭羞辱，他们并不知道仁慈和公正是什么。"在十年级的课本中有这样的描述："侵略者一手持剑，一手拿着古兰经。在利剑的胁迫下，无数的印度教徒被迫改信伊斯兰教。争取自由的斗争变成了宗教战争。为了宗教信仰，无数的生命倒下了。但这并没能阻止我们继续前行，赢得一个又一个的战斗。我们永远不允许外国统治者在印度安居。"[②] 同盟家族的教科书对阿育王倡导的非暴力思想也充满愤恨，认为它造成了印度社会今天的软弱。"非暴力开始……受到支持。只要是暴力行为就被认为是犯罪。每次的狩猎，仪式中的牺牲与使用武器都被看作是恶意的行为。这对军队产生了恶劣的影响。王国内逐渐弥漫着胆怯的氛围。国家承担僧侣饮食起居的费用。因此，人们都愿意出家为僧。以武力手段获得胜利开始被看作是恶劣的行为。保卫边疆的战士也士气低落……倡导非暴力削弱了印度北方的力量。"[③] 同盟家族对历史的解读完全从教派主义的观点出发，肆意利用甚至歪曲历史事实，鼓吹教派主义意识形态。

国民志愿团学校也非常重视对印度教传统伦理道德的实践。在

---

① Aditya Mukherjee, Mridula Mukherjee and Sucheta Mahajan, RSS, School Texts and the Murder of Mahatma Gandhi, p. 27.

② Aditya Mukherjee, Mridula Mukherjee and Sucheta Mahajan, RSS, School Texts and the Murder of Mahatma Gandhi, pp. 23 – 24.

③ Aditya Mukherjee, Mridula Mukherjee and Sucheta Mahajan, RSS, School Texts and the Murder of Mahatma Gandhi, p. 22.

这些学校中，每天早晨，学生要触摸长辈的脚，训练学生养成印度教的问候方式。国民志愿团下辖的学校按照传统的印度教方式开展活动。例如，不在国家规定的9月5日庆祝教师节，而改在7月25日，据说这一天是印度教圣人毗耶娑的生日。儿童节不是在尼赫鲁生日的11月14日，而是确定为克里希纳生日那天。学生庆祝生日也要遵循传统的方式，点燃圣灯，佩戴花环，老师背诵梵语圣歌，祝福学生。

同盟家族教育活动的推广成就斐然，学校的数量大幅度增加。印度知识协会管理的学校体系有14000所幼儿园、小学和中学，学生总数超过180万人，除了东北部的米佐拉姆，覆盖全印所有的邦。在14000所学校中，有5000所得到中央中等教育委员会的承认和接纳，或者得到相应邦教育委员会的承认和接纳。印度知识协会雇用了8万多名老师，控制了60所学院，这些学院提供本科和研究生教育，还有25个协会从事更高的教育。① 另外，印度知识协会还在斋普尔和阿迈德纳加尔地区经营两所教师培训大学。

教育是进行政治社会化最重要的工具，尤其是初等教育，它可以将众多的个体聚集在一起，引导他们对象征符号和共同体的认同，这些教育对个人以后的政治态度、民族认同和社会认同都会产生重要的影响。在一定程度上，教育所形成的人生观、社会观、宗教观和政治观还具有某种扩散效应，对国家的政治和社会发展所产生的影响是潜移默化的。印度教教派主义者利用教育达成了设定的目标，导致印度社会舆论的右转。

3. 利用历史宣传印度教教派主义思想

英国著名历史学家霍布斯鲍姆论及历史学家使命时，认为"就像罂粟是海洛因毒品的原料一样，对民族主义的、种族或是原教旨主义的意识形态而言，历史就是他们的原料。在这些意识形态中，

---

① http://www.ercwilcom.net/indowindow/sad/article.php?child=30&article=32，2002年6月。

过去是核心要素，很可能是最基本的要素。如果没有适用的过去，他们常常会捏造过去。的确，按事物的本质，通常不会有完全适用的过去，因为这些意识形态声称已证明为正确的现象并非古代的或一成不变的事实，只不过是对历史的虚构而已。这既适用于现代版的宗教的原教旨主义——伊斯兰国家阿亚图拉·霍梅尼的版本绝不会早于20世纪70年代早期——也适用于当代的民族主义。过去总会合法化。过去为一件并不值得炫耀的礼物提供了更加辉煌的陪衬"①。

印度教民族主义者也把对印度历史的阐释作为散布教派主义意识形态的重要工具和手段。在印度历史研究中，东方主义者印度教时期、穆斯林统治时期和英国统治时期的历史二阶段划分法对此后的历史研究产生了深刻的影响。三阶段划分法符合殖民统治者的需要，也成为后来印度教派主义者用来证明其意识形态体系建构的根据。其实印度教时期有很多非印度教的王国，比如阿育王的孔雀王朝就是一个佛教国家。德里苏丹和莫卧儿王朝统治主要集中在印度北部，南方同时并存一些印度教小国，而且莫卧儿王朝的宫廷也不是清一色的伊斯兰教教徒，也有很多的印度教徒贵族。英国历史编撰者截然对立的划分法并不符合印度历史发展的事实。印度教民族主义者为了传播教派对立的观点，不惜以三段划分法为基础，极力贬低伊斯兰教统治时期对印度历史发展的破坏作用，将个别统治者的行为标签化。

印度教民族主义者认为，印度古代是印度教和其他本土宗教占统治地位的时期，也是印度历史发展的黄金期，这一时期创造了辉煌的印度文明。中世纪的穆斯林统治时期则是异族破坏印度文明，导致印度历史发展进入停滞期的没落黑暗时段。一部中世纪史就是伊斯兰教压迫剥削印度教的历史。印度教民族主义者在以上认识的

---

① ［英］霍布斯鲍姆：《史学家——历史神话的终结者》，马俊亚等译，上海人民出版社2002年版，第5—6页。

基础上对印度历史进行重新建构。

第一，将中世纪穆斯林统治时期的历史视为异族统治。

在他们的眼中，穆斯林统治时期一片黑暗，穆斯林统治的历史就是印度教徒受苦受难的历史。印度教民族主义者的很多文章一再强调，伊斯兰教是极具扩张力的宗教，追求军事上的征服和镇压。在穆斯林统治印度的时期，穆斯林统治者的目标就是把所有的异教徒全部消灭。为此，他们在政治领域排斥非穆斯林，在经济上压制异教徒，在数量上控制非穆斯林人口的增长，最致命的是宗教上的压制。穆斯林统治者破坏印度教神像，亵渎印度教众神，拆掉印度教神庙改建清真寺，强迫印度教徒改宗伊斯兰教，向印度教徒征收人头税，试图通过强制手段在印度建立伊斯兰教国家。尤其是莫卧儿皇帝奥朗则布被看成罪恶的化身，印度教教派主义者指责他拆毁印度教神庙，"挖开清真寺，你们会发现每个清真寺下面都有一座印度教寺庙"[①]。印度教教派主义者描述上述行为并没有从客观的历史事实出发，而是采取了极端丑化的手法，只突出其丑恶的一面，对其进步的一面很少涉及。莫卧儿王朝时期执行宗教宽容政策的阿克巴大帝就经常被他们忽视。更为可怕的是，统治者的个人政治手段和风格被赋予了集团性质，不论是穆斯林统治者，还是穆斯林大众都是残暴的化身。他们将中世纪具有普遍掠夺战争性质的征服作为伊斯兰教的唯一特性。通过对穆斯林宗教性质的夸大描述，强调穆斯林集团是一个扩张性极强的宗教势力，对印度教徒而言，他们是外来的侵略势力。

为了强调穆斯林政权是异族统治，印度教民族主义者在他们的历史著作中热情歌颂反抗穆斯林统治的印度教英雄，首推西瓦吉。西瓦吉的父亲是比贾普尔的官员，有自己的封地。后来，莫卧儿王朝染指马哈拉施特拉地区，增加封建主和小农的税负，剥削农民，引起当地人的不满。在西瓦吉的领导下，马拉特人团结起来，武装

---

① Prakashi Chandra, Changing Dimensions of the Communal Politics in India, p. 67.

反抗莫卧儿王朝的统治，并于1674年建立独立的马拉特国家。在印度教教派主义者的著作中，他是以印度教徒拯救者的身份出现的，印度教教派主义者的历史著作热情讴歌他们反抗穆斯林统治者的勇气和英雄事迹。他们的反抗被看作印度教民族优秀品质的象征，是复兴印度教帝国的壮举。印度教教派主义者将西瓦吉等人视为民族英雄，实际上否认了穆斯林统治在印度的合法性，穆斯林统治与英国的殖民统治被画上了等号。

其实，穆斯林统治者并不同于英国殖民者，英国殖民者将印度作为掠夺的对象和原料供应地，而穆斯林虽然也是外来者，但他们把印度视作生存发展的地方，在印度北方统治多年之后，穆斯林王朝的历史发展实际上已经成为印度历史发展的一个有机组成部分。印度教民族主义者以单一的宗教标准，将印度社会划分为两个对立的营垒，忽略了历史发展的多面性。就拿统治阶级这一集团来说，统治阶级并不是按照宗教来划分的，穆斯林集团存在统治者和被统治者，印度教徒内部也同样存在统治者与被统治者。穆斯林统治者压迫剥削广大的下层印度教徒，而印度教统治者也会压迫剥削包括穆斯林在内的广大下层民众。印度教教派主义以单一宗教标准阐述历史发展的观点不仅对社会造成毒害，也会加剧历史编纂上的教派主义倾向。因为印度教教派主义的历史叙述会导致穆斯林集团的恐惧心理，从而在历史解释问题上也出现宗教对立的两个集团。穆斯林也以极端的形式进行自卫，他们甚至美化奥朗则布的统治，而这反过来又为印度教民族主义提供了口实和论证的基础，导致恶性循环。罗米尔·塔帕尔的一段话说明了教派主义史学的毒害性。"在受到三十年代和四十年代教派政治影响的历史学家中，有些人倾向于过分渲染他们所谓的印度教徒时期，并把它同穆斯林时期（他们认为印度在这个时期已受到外国统治）印度教文化的所谓衰落情况相对比。另外一些人则受到穆斯林教派主义的支配，把印度的历史看得好像是从伽色尼王朝的马茂德开始的，并且认为穆斯林时期是伊斯兰教对异教徒的胜利。对这一时期所做的种种解释就反映了教派政治，这是因为印度教徒与穆斯林之间的冲突永不停息的论点使这些解释歪曲了事实。持这种见解的历史学家（既有印度教徒，也有穆斯林）有一个共同的错误，那就是认为，在印度教徒与穆斯林的一切相互关系中，宗教上的分歧是极为重要的。"[1]

第二，在贬低穆斯林文化的同时，极力抬高印度教古代文明在印度文明创造和发展中独一无二的作用。

印度教民族主义者认为印度古代社会完美无瑕，没有宗教冲突，甚至种姓制度也被说成社会和谐相处的保障。印度教统治者都是圣贤的君主，正直、勇敢、善良，是社会效法的榜样。古代印度在宗教、文化、语言等方面的发展是印度文明得以存在和延续的基础。在古代众多的王朝中，印度教民族主义者尤其推崇公元4—6世纪时期的笈多帝国，认为这一时期是古代印度的"黄金时代"。因为在笈多王朝时期，印度教慢慢发展成熟，并取代佛教成为印度社会的主导宗教，而且笈多王朝重视梵语文化的发展，一些印度教经典典籍也是在这一时期编纂完成并流芳千古的。至于印度社会的冲突，则始于中世纪穆斯林统治时期，穆斯林的入侵造成印度文化发展的迟滞，但印度文明并没有因为穆斯林的破坏而毁灭，相反，在穆斯林统治者的压制下，印度文明经受了时间的考验，并在近现代时期走向复兴，印度文明是值得借鉴和学习的伟大文明。他们对印度教古代文明的称颂有其合理的成分，也有片面夸大的成分。"当民族主义同殖民主义和反帝运动相联系的时候，赞扬过去就是对今天所受屈辱的一种安慰。因此，对古代吹毛求疵的那些人，就几乎被看作在破坏民族事业。人们赞扬古代，表现为不愿意承认早期印度社会中存在冲突和紧张的关系，特别是社会与经济性质的和宗教性质的冲突。人们把《法论》（*Dharma-shas tras*）等理论性的作品看作对古

---

[1] ［印度］罗米拉·塔帕尔：《历史与偏见（第一讲）》，《南亚研究》1981年第2期，第74页。

代印度社会现实的写照,因而把古代印度的生活看得美妙宜人。"①

从以上印度教教派主义者对印度历史的重构可以看到,他们对印度历史的阐释带有明显的宗教偏见,历史被当作社会和宗教斗争的素材。印度古代文明是各民族、各文化集团共同努力创造的,穆斯林统治时期也不例外。这一时期是印度中世纪历史发展中的一个重要阶段,"由于回教王朝(指穆斯林统治时期建立的王朝)提倡文化、学术;加之完全是新文化介入印度,互相激荡,使得此时期之印度思想文化有了自佛教以后最大一次之变化,也是一次大繁荣"②。这对于丰富印度古代文化的内涵,推动印度文明走向进步具有重要的作用。印度教民族主义者歪曲印度历史,单方面诋毁穆斯林统治的做法,是有悖历史事实的。吠陀文明也并非印度文明的开端,对于吠陀文明之前的印度河流域文明,印度教民族主义史学只字不提,或者将吠陀文明前推至印度河文明之前。这种有悖客观历史发展进程的史学观点和史学编撰反映了教派主义者在历史问题上的主观主义和偏激的观点。

4. 通过大众媒体宣传印度教意识形态和主张

大众传播媒介是重要的舆论工具,由大众传播所形成的社会氛围,会影响整个社会的心理建构。在传统社会中,学校、家庭和社会团体是社会习俗和政治学习的主要中介,大众传播媒介在社会意识形态大众化方面所发挥的作用有限。现代社会,由于传媒技术的进步,大众媒体已不再是单纯的统治阶级的政治控制工具,而是表达社会各利益群体观点的重要渠道,并且影响社会公众的价值取向和社会认知行为。

印度人民党的媒体战略建立在大众传媒日益发展的基础上。在过去的几十年间,大众传媒两个最主要的载体电视和报纸在印度都

---

① [印度]罗米拉·塔帕尔:《教派主义与印度古代史的撰写》,《南亚研究》1981年第2期,第77—78页。

② 李志夫:《印度思想文化史——从传统到现代》,东大图书公司1995年版,第210页。

获得快速发展。1959 年，电视作为联合国教科文组织的一项教育计划被引入印度。1980 年，收看电视的家庭只占印度家庭总数的 1%。1990 年，这一数字上升到 15%。20 世纪末，电视覆盖印度总人口的半数以上。①

在民众电视拥有量激增的基础上，电视节目也日趋丰富和多样化。在 1976 年至 1985 年的近十年间，印度的电视节目主要是印地语电影。直至 20 世纪 80 年代中期，国产的印地语电视连续剧才在电视上播出。② 其中对印度教民族主义影响最大的是根据两大史诗《罗摩衍那》和《摩诃婆罗多》改编的系列剧。两大史诗是印度宝贵的文化遗产，也是世界文化宝库的瑰宝，不但为印度人民所传诵，也为世界人民所喜爱。1987—1990 年，国家电视台每星期天早上九点开始播放半小时一集的根据两大史诗改编的电视剧。在电视剧播放期间，万人空巷，一切活动都为之而静止，佣人爬上窗户观看主人的电视。据报道，人们穿着最好的衣服，在电视开始之前做祈祷。这个节目共播出 93 周，当它在 1990 年 7 月停播时，一项报纸抽样调查显示几乎 92% 的电视观众观看了该剧。这是印度电视节目所达到的最高收视率。③《罗摩衍那》和《摩诃婆罗多》在创造高收视率的同时，也将早期印度电影的神话和魔力带入电视，确立了它们作为宗教肥皂剧的地位。④ 对传统神话故事的改编在全印度制造了关于罗摩故事的统一版本，万人空巷的高收视率使高等种姓的罗摩版本在印度教徒中间营造了统一的集团认同。观众从罗摩、悉多、克利希纳的故事中学习道德、宗教和人生价值等。罗摩的英雄完美、悉多的忠贞、克里希纳的睿智、阿周那的勇敢以及黑公主的献身精神，成了亿万民众效仿的榜样。在罗摩故事广泛传播的同时，印地语也

---

① [美] 柯克·约翰逊：《电视与乡村社会变迁：对印度两村庄的民族志调查》，展明辉等译，中国人民大学出版社 2005 年版，第 5 页。
② 同上书，第 135 页。
③ 同上书，第 136 页。
④ 同上。

得到了很好的传播。

在电视飞速发展的同时，传统的传媒工具报纸的发行量并没有随着电视的增加而降低，反而获得突飞猛进的发展，尤其是印地语报纸。从20世纪80年代中期开始，印地语报纸的发行量突飞猛进，销售量也大幅增长。在英语报纸所占份额的数量由1960年的20.52%降为1987年的17.55%，乌尔都语报纸由8.47%降为6.80%的同时，印地语报纸的所占份额却从19.09%增加到31.60%（见表2）。这些印地语日报的所有者大多为高种姓家族，他们往往是印度人民党的支持者或者潜在的支持力量。

表2　　　　　　　按语言分类的报纸数量（×1000）　　　　单位：份

| 年度<br>语言 | 1987 数量 | % | 1980 数量 | % | 1970 数量 | % | 1960 数量 | % |
| --- | --- | --- | --- | --- | --- | --- | --- | --- |
| 英语 | 4322 | 17.55 | 3440 | 18.96 | 2247 | 20.36 | 1647 | 20.52 |
| 印地语 | 7783 | 31.60 | 4946 | 27.27 | 2694 | 24.41 | 1532 | 19.09 |
| 乌尔都语 | 1676 | 6.80 | 1234 | 6.80 | 898 | 8.14 | 680 | 8.47 |
| 地方语言 | 8335 | 33.84 | 6493 | 35.79 | 3974 | 36.01 | 2718 | 33.86 |
| 其他（#） | 2513 | 10.20 | 2027 | 11.17 | 1223 | 11.08 | 1449 | 18.05 |
| 总计 | 24629 | 99.99 | 18140 | 99.99 | 11036 | 100.00 | 8026 | 99.99 |

注：# 这些报纸多为双语和多语出版物。

资料来源：Paul R. Brass, The Politics of India Since Independence, Cambridge, 1994, p.167。

除了依靠亲近同盟家族的印地语报纸外，同盟家族也建立了自己的媒体网络。国民志愿团发行了六种日报，并用不同的印度语言发行多种期刊。另外，它还在印度各地建立出版社。在网络媒体日趋流行的今天，同盟家族加强了对网络工具的利用。在因特网上，印度教势力专门建立了印度教网站，网站免费提供印度教资源，是利用现代手段传播印度教的一个重要途径。为了增加报道频次，加速印度教信息的传递，印度人民党很注意保持同记者的关系，在举行各式各样的新闻发布会的时候，为记者提供优惠政策，如提供机票；同时，培养同情印度教意识形态的记者，给予他们报道内部秘密消息的机会。这样可以将自己的内部信息公共化，增加社会宣传度。

表3　　1960—2000年印地语日报的发行统计　　单位：份

| 年份 | 日报发行量 |
| --- | --- |
| 1961 | 70万 |
| 1970 | 130万 |
| 1975 | 190万 |
| 1980 | 360万 |
| 1985 | 630万 |
| 1990 | 780万 |
| 1995 | 1430万 |
| 1996 | 1610万 |
| 1997 | 1980万 |
| 1998 | 2430万 |
| 1999 | 2440万 |
| 2000 | 2560万 |

资料来源：Press in India, New Delhi：Registrar of Newspapers for India（relevant years），转引自Grand Canyon, Shaky Bridge, Edited by John Mcguire, Ian Copland, Hindu Nationalism and Governacnce, Oxford University Press, New Delhi, 2007, p.347。

印度人民党利用媒体宣传印度教教派主义意识形态，采用的手段主要包括：其一，对真实事件做歪曲报道。例如1998年的200只猴子死亡事件。1998年4月12日的《觉悟日报》封面上刊登了一则消息，在巴雷利地区的一个村庄里，200多只猴子中毒死亡。实际上，只有46只猴子被毒死，原因也很简单，因为这些猴子偷吃了一位低等种姓民众的香蕉。但是，这一日常普通事件却被媒体夸大歪曲宣传，从而使其转变为政治和宗教事件。因为神猴哈奴曼在印度教徒中信徒颇多，所以报道故意将死亡事件与哈努曼军、印度教徒觉醒阵线、湿婆军抗议等联系在一起，暗示印度教敌对势力以毒死猴子为手段，与印度教徒对抗。

其二，利用虚假的事实制造报道，诱导社会舆论。如《自由印度》在10月30日报道，当警察试图逮捕世界印度教大会的领导人N. G. 达斯时，他突然消失了。11月30日报道，当警察局长要求属下开枪时，发现自己一只眼睛的瞳孔融化了。①

其三，利用照片等视觉冲击因素来加强宣传效果。例如，穿着橘黄色衣服的托钵僧、神话电影中的头饰、大量的万寿菊（孔雀草）、三叉戟、匕首、标枪和弓箭等物品。

其四，加强对有声资料的利用。有声资料具有生动真实、感染力强、受众范围广、渗透力强等特点，是开发大众文化市场、重塑大众公共文化内容的重要手段，是同盟家族大量利用的传播手段。对有声资料利用的一个重要方面就是对音乐的利用。同盟家族利用的音乐内容是多种多样的，包括古典的、具有宗教献身精神的典雅音乐，还有来自商业电影反映现代生活主题的音乐。音乐形式也丰富多彩，既包括影视音乐、摇滚乐，也包括印度教圣歌。歌词颇具印度教特色，其中的一首歌曲这样写道：

> 信徒们，来吧，来吧，快奔向罗摩的神庙，世界臣服于他，他慈爱地注视着每个人，信徒朋友们，我们要祈求他的祝福，我们要去阿约迪亚……信徒们！来自哈里瓦（Haridwar），马图拉（Mathura），瓦拉纳西（Kashi）圣地的信徒们，有的人称它是Kanha，有的人称它是Bhola②，不论你叫他罗摩或者Rahim，都是指同一个人。……我们以罗摩的名义起誓，我们将在阿约迪亚清真寺原址建立罗摩庙，我们将指引解决罗摩出

---

① Arvind Rajagopal, Politics After Television, p. 199.
② Kanha 和 Bhola 是克里希纳和湿婆的俗语化称呼。

生地问题的道路。世界在上帝的脚下转动，罗摩，你的创造力是无限的，你的神庙将跨越萨拉育河（Saryu），罗摩的创造力是无限的。①

另外一首歌词写道：

噢，看看罗摩先生苦行的奇迹，噢，印度人民党的梦想变成了现实，卡兰·辛格组建了政府，他心中所涌动的热情已经展现出来。……阿德瓦尼、阿塔尔、乔希和辛哈尔已经来到这里，他们匍匐在罗摩的脚前，饱含热泪，立誓为罗摩服务，尽其所有为罗摩服务，即使失去了一切，我们也要为你建庙。②

此外，印度人民党还将政治演讲灌注成磁带广泛流传，其中最著名的是丽塔姆拉。她是旁遮普农村的一个女孩，16岁时弃学归家，在各地演讲。其演讲善于抓住民众心理，说出很多印度教徒感觉到却无法表达的情绪，在印度教民众中引起强烈的情感共鸣。例如，她的一段演讲词说："就罗摩庙的建立而言，有人说印度教徒不应为一处砖石建筑物大动干戈，他们不应该为了一小块土地而争吵不休。我想问一下这些人，如果有人焚烧国旗，你是否会说，噢，没事，这只是两米布，而不是重要的国旗。这里牵涉的不是两米布的问题，而是对民族尊严的侵犯。罗摩出生地不是关于一小块土地的争执，这是关于国家尊严的问题。印度教徒不是为砖石建筑物在斗争，而是为保护印度文明而斗争，为民族意识而斗争，为其神圣的特性而斗争。我们要在那里建造神庙。"③

5. 利用阿约迪亚的罗摩庙问题进行教派鼓动

---

① Arvind Rajagopal, Politics After Television, p. 227.
② Arvind Rajagopal, Politics After Television, p. 228.
③ Sudhir Kakar, The Colors of Violence: Cultural Identities, Religion and Conflict, p. 157.

对宗教圣地的争夺是宗教空间争夺的主要组成部分，圣地往往是宗教身份认同的焦点，对圣地和宗教仪式的控制在确认宗教身份认同和构建宗教团体中发挥重要的作用。对宗教上层来说，圣地也是确认他们的领导地位、开展宗教活动的场所。同时，也是与其他集团进行政治、经济、社会权益之争的焦点。在印度，对圣地的争夺斗争最为激烈的是阿约迪亚清真寺。

阿约迪亚清真寺位于北方邦的法扎巴德县，印度教徒认为此地是印度教罗摩神的出生地，并建有罗摩庙。1528年，莫卧儿帝国的穆斯林统治者拆毁了罗摩庙，并在原址上兴建了巴布里清真寺。穆斯林认为这个说法没有依据，罗摩是古代神话传说中的人物，而清真寺已经存在了400多年，早已成为印度文化的一部分。但对印度教徒而言，罗摩这个争议性的人物却具有特殊重要的意义，他被认为是三大神之一毗湿奴的化身，兼具道德和政治才能的理想人物，为印度教徒所认可，也为印度教教派主义者所倚重。

在英国殖民统治时期，印度教徒曾要求拆寺建庙。1883年，英印当局拒绝了毁寺建庙的请求，此后围绕建庙问题屡次发生冲突。一直以来，巴布里清真寺地区并不是只供伊斯兰教徒礼拜，该地划分为伊斯兰教礼拜区和印度教礼拜区。在划定的区域内，清真寺位于西部，伊斯兰教教徒在清真寺内从事宗教礼拜活动。区域东部靠南地区有一个17×21英尺见方的平台，印度教徒在平台上举行宗教活动，该平台距离清真寺大概100步远。两个宗教礼拜场所之间有栅栏隔开。但是，1949年12月23日，罗摩和悉塔的塑像突然神秘地出现在清真寺，大批的印度教信徒对此奇迹感到欣喜若狂，纷纷涌入。出于安全考虑，政府宣布此地为争议地区，关闭了该区域的大门。印度教教徒和穆斯林之间在这一问题上的冲突矛盾暂时被搁置。

1984年4月，世界印度教大会号召"解放罗摩出生地"，5月建立哈努曼军，利用罗摩衍那故事中哈努曼对罗摩的忠诚展示同盟家族在解放罗摩出生地问题上的决心与勇气。但世界印度教大会的这一系列活动并没有得到民众的广泛响应。后来因为英·甘地被刺，围绕这一问题没有爆发激烈的冲突。但随后北方邦政府的旅游开发项目和两大史诗改编的电视剧的播放导致了这一引发宗教感情的问题迅速升温。

首先，北方邦政府开发旅游资源的计划，加剧了对宗教标志物的争夺。1985年，北方邦政府为了开发旅游资源，整顿阿约迪亚萨拉育河滨水区域的自然环境，在河流中间修建了一个平台，并将从河岸到平台这段路取名"罗摩的脚步"。这样的行为容易唤起印度教教徒的宗教感情。其次，国家电视台所播放的电视系列剧《罗摩衍那》和《摩诃婆罗多》增加了公众对印度教神话人物的认同以及对印度教知识和圣地的兴趣，从而使北方邦成为重要的朝圣之地。再次，印度教和伊斯兰教极端派的激进言论和行为刺激了围绕阿约迪亚清真寺矛盾的升级。1986年2月1日，在世界印度教徒大会的一再要求下，法扎巴德地区法院宣布开放巴布里清真寺，让公众在此地从事宗教礼拜活动，从此打开了潘多拉之匣。1987年3月30日，在德里发生了独立以来规模最大的穆斯林抗议示威活动。对穆斯林来说，这一标志物也具有它的象征意义。因为清真寺是圣地，是不容侵犯的，更谈不上毁掉或者移动。对于清真寺应该为印度教寺庙让出土地的说法更是穆斯林无法接受的。一个真实存在的清真寺与宗教虚构出来的罗摩相对，这对他们是侮辱。而且，清真寺也是穆斯林强势地位的一个象征。因为清真寺的建立是与莫卧儿王朝连接在一起的，莫卧儿王朝是穆斯林统治的中兴时期，穆斯林的骄傲和自信在很大程度上建立在莫卧儿王朝的基础之上。穆斯林的抗议示威行为激发了印度教极端分子对穆斯林集团的不信任与教派主义情绪。

阿约迪亚问题关注度的提高，使印度人民党和同盟家族将主要精力放在了恢复阿约迪亚罗摩庙的问题上。为了将印度教特性运动推向全国，扩大印度教特性运动的影响和覆盖范围，同盟家族旗下的世界印度教大会开始在全国范围内推广"圣"砖传递活动。根据马哈拉施特拉邦奥兰加巴德（Aurangabad）派坦镇世界印度教大会成员的陈述，奥兰加巴德的世界印度教大会成员先将造好的砖头运送到城镇。城镇的工作人员再用吉普车将砖头分送到下属的村庄，每个村子大概可以分到10—15块砖头。砖头分配完成后，由村里的头人、警察总长或者德高望重的长者主持礼拜仪式。礼拜仪式先用姜黄粉涂抹砖头，然后用鲜花装饰，同时烧香以增强"圣"砖传递活动的神圣性。经过神圣仪式处理过的砖头在村中巡游，其间会举行一次或者两次演讲，经过巡礼之后的"圣"砖又会被运回到奥兰加巴德，最后经由铁路运送到阿约迪亚。① 通过圣砖传递活动，增加建庙活动的神圣感和庄严感。同时，也培养建庙运动在每个印度教徒心中的使命感，增强印度教徒的认同感。

1989年11月，世界印度教徒大会准备在有争议的地点为罗摩庙奠基，拉·甘地政府予以制止，由此导致1989年国大党政府在选举中失利。维·普·辛格上台组阁，印度人民党从外部支持新政府。1989年大选使印度人民党看到了国大党势力的衰退和政党政治的变化，如果采取有效的政治动员战略，就可以大幅度提高选举成绩。带着这样的认识，印度人民党决定积极加入印度教教派主义的鼓动活动中，进一步利用寺庙问题开发选民库。1990年，阿德瓦尼的"战车游行"就是在这样的背景下开启的。"战车游行"从古吉拉特邦出发，穿越印度的西部和北部。在游行中，阿德瓦尼乘坐丰田汽车，汽车的装饰模仿《罗摩衍那》电视剧中罗摩战车的形象，阿德瓦尼手持战斧，仿佛罗摩再世。现场热烈的气氛仿佛回到了古代仁爱、美好、英雄主义的黄金时代。车内的扬声器则不断播放来自两大史诗的音乐以及激进的印度教口号，号召在阿约迪亚建立罗摩庙。游行队伍高呼"推翻清真寺，建立罗摩庙"。他们每到一处，群众的反应十分热烈，妇女带着椰子，熏香的棍子，以传统的方式，敬拜动力战车。年轻人则用弓、箭、剑和三叉戟，将自己武装起来，迎

---

① Thomas Blom Hansen, *The Saffron Wave*, p.162.

接战车。印度教宗教圣人在阿德瓦尼和其他斗士的头上点上红点。同盟家族的地方组织则在各地筹备欢迎印度人民党的集会。战车游行途经之地往往容易引发教派狂热,流血冲突不断。战车游行的成功证明了宗教仪式在克服种姓差异、营造统一认同中的强大功能。在战车游行的过程中,印度人民党将仪式、宗教和符号等要素连接在一起,从而使印度教教徒在这次运动中拧成了一股绳。

1991年选举时,印度人民党的活动家又将丰田汽车装扮成罗摩战车的模样,并驾驶这些战车在印度各地巡游,播放政治录像,为选举造势。为了增加鼓动的效果,印度人民党专门征召剧中的主角为竞选活动服务,将电视中的阿约迪亚同现实的阿约迪亚联系在一起,将罗摩和现实中印度人民党的廉洁形象联系在一起。印度人民党的这些政治和社会行动起到了煽动教派主义情绪、团结印度教徒的目的。在同盟家族和印度人民党的共同运作下,印度教徒的宗教狂热情绪完全失控。1992年12月6日,几十万印度教徒手持锄头、铁棍,强行闯入巴布尔清真寺,捣毁了这座有400多年历史的建筑。随后,印度各地发生惨烈的教派冲突,2000多人丧生。1994年1月7日,高等法院判定阿约迪亚这块67英亩的地基及其周围土地暂归政府接管,谁也不能动用。

1994年,印度人民党发表了《印度人民党关于阿约迪亚和罗摩庙运动白皮书》。在白皮书中,印度人民党提出巴布里清真寺本身并不具有任何宗教含义,纯粹只是印度处于从属地位的象征。"米尔·巴奇奉巴布尔的命令在阿约迪亚建立的建筑从宗教的角度来说没有任何意义。它纯粹而且仅仅是一个象征,不是宗教虔诚或者宗教象征,而是征服者的象征。因此,阿约迪亚清真寺远远不是为阻止印度教徒在他们的偶像罗摩出生地进行崇拜的障碍物,而是国家从属地位的象征。"[①] 对印度教教派主义者来说,阿约迪亚清真寺是印度教历史苦难的象征,重建罗摩庙则是印度教摆脱历史阴影,

---

① BJP, BJP's White Paper on Ayodhya & the Rama Temple Movement, New Delhi, 1993, p. 1.

重新站起来的重要标志。独立后的国大党政府，为了争取选民的需要，将"世俗主义变成一个奇怪的口号——变成争取选票、压制印度民族主义者的口号"①。印度人民党要纠正独立后印度政治中出现的对传统和谐精神的偏离，重现罗摩盛世的文化与精神。"罗摩、罗摩衍那和罗摩王国是印度国家整合的重要标志，是与印度悠久的民族文化和民族精神一致的语言上的表述"。为此，必须开展阿约迪亚运动，"以重新找回失去的身份认同，重建民族自豪，这是国家独立自主和经济独立的基础。"②印度人民党将建庙运动与印度文明复兴、民族认同、国家主权独立和经济独立等联系在一起，体现了其政治战略的两面性。一方面利用罗摩庙问题挑动印度教徒的宗教情绪，唤起民众对古代社会和谐完美的向往。另一方面又利用印度文明和理想政治的标准影射国大党沉迷西方发展模式，压制本土文明和本土民族主义者的声音，偏离了印度文明的发展轨迹。

1992—2002 年，围绕罗摩庙问题没有发生大的宗教冲突。其主要的原因在于 1992 年的毁寺事件及其后发生的大规模教派冲突，使印度人民党的教派鼓动策略受到一些人的排斥，一些高种姓、城市居民和知识分子撤销了对印度人民党的支持。出于政治战略的考虑，印度人民党的教派鼓动行为收敛了很多，但同盟家族其他成员却不受政治发展的影响，他们继续建庙鼓动。2002 年发生的古吉拉特教派冲突就是阿约迪亚建庙问题的历史后续。

在阿约迪亚清真寺问题上，印度人民党出于政治策略的考虑，和国民志愿服务团、世界印度教大会一起进行建庙鼓动，宣扬教派主义，是教派冲突爆发的主要原因。而政府在平抑两教纷争中采取折中妥协的态度无异于纵容了教派冲突的蔓延。阿约迪亚寺庙争端的挑起者是世界印度教大会、国民志愿团、印度人民党等，而穆斯林则处于被动的应战境地。穆斯林组织巴布里清真寺行动委员会的

---

① BJP, BJP's White Paper on Ayodhya & the Rama Temple Movement, p. 7.
② BJP, BJP's White Paper on Ayodhya & the Rama Temple Movement, p. 15.

建立是为了应对世界印度教大会组建哈努曼军，而全印穆斯林个人法委员会介入"寺庙之争"事件也是在1992年巴布里清真寺被毁后。应该说，在这一问题上，印度教极端势力是挑起者，穆斯林教派主义者更多处于被迫应战的艰难处境。

综上所述，印度政治社会形势的变化，为印度人民党大张旗鼓地宣传印度教意识形态提供了政治空间和社会空间。20世纪80年代中后期，印度人民党的宣传活动不再遮遮掩掩，而是倾其全力，公开宣布印度教特性是印度人民党政治经济主张的哲学基础，印度人民党就是印度教意识形态的唯一代表。印度人民党的媒体宣传在一定程度上改变了公共政治文化和社会动员的内容，使其偏向宗教认同，为印度人民党的政治活动奠定了舆论基础，有效地扩充了印度人民党的社会基础。这也得益于同盟家族社会组织长期锲而不舍的社会文化建设工程。自1925年建立以来，国民志愿团为首的同盟家族多年来倾注心血静悄悄地、缓慢地开展一场文化工作。国民志愿团在各地的分支组织将年轻人的体力训练与教育课程结合起来，通过学校教育、传统仪式符号的开发、公共媒体的报纸和影视作品、社会接触和福利工程的方式实现印度教意识形态的宣传。这是一个长期的，葛兰西式的分子渗透建构文化霸权的过程。[1] 这样，印度教特性意识形态不仅代表政治人物或者宗教人物的领导权和利益，而且渗透进了广大民众的意识之中，被作为常识和现实而被广泛接受。在这个过程中，印度人民党也利用社会舆论和心理的变化捞取了政治资本。

---

[1] Summit Sarkar, The Fascism of the Sangh Parivar, EPW, Vol. 28, Issue No. 5, 30 Jan, 1993, p. 164.

## 第四节　印度人民党的实用主义选举战略

第二次世界大战后，社会多元化趋势明显。在社群界限模糊的情境下，政党思想主张的包容性越来越强。德国政治学家奥托·基希海默（Otto Kirchheimer）使用"兼容性"这一术语描述新时代出现的新情况。[①] 在印度，国大党属于典型的兼容性政党，代表不同的阶层和阶级利益，内部宗派斗争激烈，意识形态主张多元化。印度人民党则属于"世界观"型政党，以印度教民族主义意识形态为根基，主张依靠印度教民族主义改造印度社会，实现印度复兴。因为印度人民党是世界观型政党，意识形态主张不像国大党那样分散，若要争取更多选民的支持，则必须依赖选举战略。对印度人民党来说，印度教民族主义是政党选战的主要筹码，但仅靠这部分内容无法吸引全印选民。为了争取更多选民的支持，政党必须根据时代的变化和社会发展的不同阶段调整其选举战略，提出行之有效的选举纲领以吸引尽可能多的选民，这是政党的现实主义战略部分。通过动态地分析政党的选举战略，才能更好地把握印度人民党适应环境变化，及时调整战略的实用主义的一面。本章的主要目的是通过对印度人民党自身选举战略变化的历史考察，揭示印度人民党作为鼓动印度教教派主义的现代政党，如何根据选举结果的变化和政党社会生态环境的变化，在教派主义和实用主义战略之间上下波动，迎合选民的需要，提高选举成绩。

1980年至今，印度人民党的选举战略大致经历了三个发展阶段：20世纪80年代初建时期，印度人民党主打温和的联合战略牌。

---

[①] 参见［美］罗斯金等：《政治科学导论》，林震等译，中国人民大学出版社2009年第九版，第222—232页。

1984年选举后,印度人民党改变了温和主义模式,以鼓吹教派主义为主,以印度教教派主义吸引选民。1992年巴布里清真寺事件后,印度人民党的选举战略从教派主义鼓动逐步转向对现实政治经济问题的关注。当然,这三个发展阶段也不是单一问题的开发,而是教派主义和实用主义的互相配合,展现了印度人民党超强的政治动员能力。

## 一、温和的联合战略时期(1980—1985)

联合战略是温和派领导人瓦杰帕伊力主实施的。在实施期间,饱受争议。1983年德里选举之后,温和战略已经开始发生转变,1984年选举失利加速了印度人民党的战略转变。1986年阿德瓦尼担任主席后,正式完成了从联合战略到教派主义鼓动的转变。

1980年印度人民党建立后,试图拉开与同盟家族的距离,提出了五项政策原则。五项政策原则的提出是由当时的政治和社会环境决定的。事实上,20世纪80年代初进行的一系列选举中,联合战略确实发挥了作用。在1982年举行的4个邦立法会议选举中,印度人民党与数个反对党进行席位调整,取得了较好的选举成绩。在哈里亚纳邦,印度人民党与新人民党达成竞选协议,几乎击败了国大党(英)的候选人。在马哈拉施特拉,印度人民党和国大党(社会主义派)结成联盟,结果双方受益。印度人民党保住了萨恩的人民院席位,国大党(社会主义)保住了欧默加席位。虽然取得了一定的成绩,但温和战略还是没有得到极端派的认可。1983年1月,德里举行市政会议和市政自治机构选举,印度人民党本来在德里拥有深厚的社会基础,但选举结果却令印度人民党大跌眼镜,它只赢得56个议会席位中的19个和100个自治会席位中的38个,国大党则分别获得34个席位和57个席位。[①] 这次选举对印度人民党的意义并不在于选票的多少,而是在选举中,英·甘地大打印度教这张牌,从

---

① Yogendra K. Malik and V. B. Singh, Hindu Nationalist in India, p. 64.

而得到了国民志愿团的帮助，而印度人民党的联合战略却让自己正在失去国民志愿团的支持。对于印度人民党来说，国民志愿团为其生存和发展输送血液和营养，失去了它的支持，印度人民党也成为无源之水。

德里选举后，针对国民志愿团的态度和政党的选举战略，党内展开了激烈的讨论。极端派要求当权的温和派改变选举战略。他们强烈反对实行联合战略，认为反对党不值得信任。极端派提出反对党领导大多是机会主义政治家，自顾不暇，又怎么会为印度人民党拓展选举基础呢？他们对国民志愿团选择支持国大党的行为感到忧虑，强烈要求印度人民党改变选举战略，重新保持同盟家族的一致行动。

瓦杰帕伊领导的实用主义派则认为，国大党统治下的印度经济增长缓慢，政治腐败严重。印度人民党可以依靠新的政策原则和联合战略与国大党一决高下。所以，瓦杰帕伊一派坚持了温和的战略选择，谴责国大党政府对印度教教派主义的政治利用。1984年6月14日，"蓝星行动"后不久，瓦杰帕伊在接受《纽约时报》记者的采访时说："甘地夫人在玩一个危险的游戏。为了政党的短期利益，而损害了国家的长远利益。"[①] 在谴责国大党的同时，印度人民党也积极与其他反对党协调，希望建立反对党的联合阵线。1983年8月，瓦杰帕伊与查兰·辛格领导的民众党组成联合民主阵线，他希望此举能够吸引其他反对党加入，组成反对党联合的大本营。但是，这一愿望很快化为泡影。1984年10月，辛格宣布建立新党——达利特工农党（the Dalit Mazdoor Kisan Party），它的成立宣告了联合民主阵线的瓦解。印度人民党和其他反对党进行选举协作与联合战略失败后，便开始着手独自准备1984年的人民院选举。

1984年大选，印度人民党依靠五项政策原则，减少了对印度教教派主义的利用。在选举中，印度人民党承诺坚持价值政治、民主、

---

① *New York Times*, June 14, 1984, 转引自 *Frontline*, Vol. 18, Issue 13, 2001。

积极的世俗主义和甘地主义经济发展模式,关注国家统一和政治腐败。它称"现在需要的是新的管理制度、新政府和新领导,建立全国性的共识是目前最紧要的任务"①。在腐败问题上,印度人民党强调印度需要一届新政府,这届政府要廉洁、实效、坚定。"我们的国家不应再成为腐败和罪恶的俘虏"。印度人民党还提出了根治腐败的措施,包括建立专门机构调查腐败案件,部长必须提供年度收入申报等。②

尽管印度人民党努力树立新的形象,采取了温和的选举战略,但1984年的选举结果对印度人民党却是灾难性的,在其参选的224个人民院席位中只赢得了2席。印度人民党在总结失败原因时说,英·甘地被暗杀深深震动了印度人民,在很大程度上为拉·甘地领导的国大党赢得了同情票,以至于国大党取得了压倒性的胜利。其实,印度人民党的失败有其必然性,同情票只是选举中偶然出现的因素,并不能左右选举,导致印度人民党失利的根本原因在于印度人民党未能对当时的客观形势做出充分的估计,及时调整选举战略,以致失去了同盟家族的支持。当时,印度国内地方主义运动发展到顶点,旁遮普问题、阿萨姆问题引发了民众对国家统一的担忧,民族主义情绪高涨。面对高涨的民族主义情绪,国大党选择了迎合。它支持世界印度教大会组织的宗教仪式和游行,当然也换来了同盟家族在选举中支持国大党。而印度人民党则坚持温和的联合战略,遭到同盟家族的抛弃。

## 二、教派鼓动战略为主的时期(1985—1992)

1984年选举促成了印度人民党从温和的联合战略向极端教派主义战略的转变,依靠印度教特性战略,印度人民党的选举成绩节节攀升。

---

① Shiv Laled., Select Volumes on Indian Polity, New Delhi, 1992-1993, p.525.

② Shiv Laled., Select Volumes on Indian Polity, p.525.

1. 印度人民党选举战略和政策原则的重新定位

1984年印度人民党的空前失败震惊了政党的主要领导。次年3月，印度人民党组建了由克里希纳拉尔·夏尔玛领导的工作组，并就选举进行总结并提出建议。7月20日，工作组提交了报告，报告对1984年政党的选举成绩给予了相当积极的评价，认为"如果不是出现了特殊的形势和英·甘地被刺而出现的同情票，依据在随后的补缺选举中的选票情况分析，1984年印度人民党得到的选票可以达到10%—15%。"[1] 同时，报告也对政党的思想观念和组织建设提出了修正建议。报告认为应该加强政党的意识形态建设，"以鼓舞党员的热情，鼓励他们追求理想，这是建立政党独特个性所必需的。"[2] "如果没有价值和原则的约束，政治会变成追逐个人利益的游戏。"[3] 为了加强意识形态建设，报告提出将乌帕德亚雅的整体人本主义作为印度人民党意识形态建设的核心。就组织建设而言，报告并不认为与不同的政党进行联合的选举战略能够扩充社会基础，相反，报告认为在政党组织建设方面，应该重视对社会下层和弱势群体的开发。夏尔玛工作组的报告表面上没有谴责1984年选举战略的不当，但报告的内容却处处针对政党选举战略的失误。例如，报告指出政党没能坚持整体人本主义的意识形态核心，联合选举战略也并不适合政党扩充社会基础。夏尔玛报告开启了印度人民党向印度教特性动员转变的过程。

以夏尔玛报告为基础，印度人民党在选举战略上做出两方面的调整。第一，从五项政策原则向整体人本主义转变。1985年10月，在印度人民党的甘地讷格尔全国执委会会议上，整体人道主义正式被确定为政党最基本的哲学原则。五项原则中的民族融合改为"民族主义和民族融合"，甘地社会主义改为"用甘地社会经济发展模式

---

[1] Yogendra K. Malik and V. B. Singh, Hindu Nationalist in India, p. 74.
[2] Yogendra K. Malik and V. B. Singh, Hindu Nationalist in India, p. 74.
[3] Yogendra K. Malik and V. B. Singh, Hindu Nationalist in India, p. 74.

建立无剥削的平等社会"。也就是说，印度人民党决定放弃五项原则和以整体人本主义为基本的哲学原则，构建以印度教文明为基础的新的理念体系。

第二，领导人的更换。1986 年，强硬派政治领导人阿德瓦尼代替温和派的瓦杰帕伊就任党主席。印度人民党在选举战略上向教派鼓动转变的倾向在阿德瓦尼的主席致辞中表露无遗。在致辞中，他谴责宰杀母牛的行为和克什米尔邦发生的破坏印度教神庙的行为，宣称"对很多政治家和政党来说，世俗主义变成了安抚倾向于整体投票的少数集团的一种委婉说法。这些政治家毫无廉耻地断言，没有少数派教派主义"[1]。阿德瓦尼是印度人民党内的激进派代表，领导人的变化表明印度人民党开始增加对教派主义的利用。

印度人民党在 20 世纪 80 年代初建立世俗主义形象的努力没有得到其他政党的认可，联合战略很难能够得到贯彻。同时，对穆斯林和少数派而言，印度人民党的立场改变也无法消除他们长期以来形成的教派政党的刻板印象，在选举中自然也不支持印度人民党。所以，印度人民党改变选举政策的结果，不但没有扩大社会支持基础，反而失去部分印度教教徒选民的支持。在经过党内反思和激烈的争论后，印度人民党又回到了教派主义的立场，强调与人民同盟的历史继承关系。阿德瓦尼任党主席后有意强调印度人民党对人民同盟历史遗产的承接。比如，在 1986 年 10 月召开的查谟会议和 12 月召开的维伽亚瓦达会议上都将印度人民党与人民同盟的相关会议关联，借此表明印度人民党对人民同盟遗产的继承。

阿德瓦尼也积极改善与同盟家族极端派的关系。担任党主席之后，他增加与国民志愿团高层领导的接触，拉近印度人民党和同盟家族极端派的距离。国民志愿团在 1984 年选举中，给了温和派一个小小的教训。在印度人民党主动示好的条件下，家族内部的矛盾自然很容易解决。国民志愿团的领导拉杰德拉·辛格公开宣布："我个

---

[1] Yogendra K. Malik and V. B. Singh, Hindu Nationalist in India, p. 76.

人支持印度人民党,这并不需要说明原因。"① 他指示国民志愿团成员为印度人民党工作。

印度人民党明确表明自己的教派化选举战略是在1988年。1988年,在阿格拉召开的全体会议上,阿德瓦尼宣布:"从总体上说,如果过多强调印度文化的多元特征,便会抹杀印度教特性作为印度文化精髓的事实。"② 在科因巴托里的国民志愿团集会上,阿德瓦尼又说,印度文化本质上是印度教文化,这一点应该在制定政策和计划时体现出来。阿德瓦尼将多元的印度文化等同于印度教文化,实际上否定了其他宗教集团在印度文化发展中的地位,这完全是极端派的口吻。同时,印度人民党加大了对国大党和其他政党世俗主义政策的抨击。1990年9月29日,阿德瓦尼在艾哈迈达巴德发表讲话,称印度独立40年多年来,几乎所有的执政党在改善印度教教徒集团利益方面都无所作为,相反他们却为了政治利益而安抚少数派。印度人民党指出世俗主义政策是对多数派的打压,对少数派的偏袒。"当穆斯林、锡克教和其他宗教少数派从事宗教活动的时候,我们称它们是世俗的活动。如果印度人民党和湿婆军从事宗教活动则被冠以教派主义的标签。"③

在印度人民党加强对印度教教派主义利用的同时,国大党政府也在开发印度教选民库。1986年,巴布里清真寺重新开放,《穆斯林妇女法》也在议会上获得通过。这些都是导致日后教派冲突恶化的源头。国大党企图争取印度教徒和穆斯林的同时支持,但这一设想只是作茧自缚。对于国大党而言,无论在意识形态方面,还是在组织和社会基础方面,它对印度教徒的吸引都是有限的。国大党以全民族代表自居,因此,对印度教徒情绪的吸引只是其庞杂意识形态主张的一部分。这种模糊性不可能满足日益高涨的印度教教徒的

---

① Yogendra K. Malik and V. B. Singh, Hindu Nationalist in India, p. 77.
② A. G. Noorani, The RSS and The BJP: A Division of Labour, p. 63.
③ A. G. Noorani, The RSS and The BJP: A Division of Labour, p. 63.

感情需要，印度人民党恰恰利用了国大党试图吸引印度教选民的政治企图，将教派主义意识形态转变为政治话题，然后凭借意识形态基础和激进的政治动员手段，排挤国大党，捞取政治资本。国大党则偷鸡不成蚀把米，为之后的选举失败埋下了伏笔。

与此同时，国大党内部丑闻不断，国防丑闻和博福斯丑闻案令拉·甘地的"清廉先生"形象大打折扣，其个人作风也受到质疑，很多人指责他强权自大。据统计，在他执政的五年时间里，曾经27次改组内阁。从1985—1989年，20次更换邦国大党首席部长。[①] 另外，拉·甘地重视科技、发展经济的思想并没有能够挽救经济上的颓势。同时，旁遮普问题、阿萨姆问题和克什米尔等地方运动的发展，又火上浇油。拉·甘地政府的协议解决方案效果并没有预期的好，这导致民众对国大党维护国家统一的能力产生怀疑。印度人民党则因其强硬的立场和复兴传统的许诺而坐收渔翁之利。

### 2. 1989年选举对印度教教派主义的利用

在1989年选举前召开的帕兰普尔会议上，印度人民党正式提出了印度教特性的概念。阿德瓦尼在开幕致辞中一方面批评拉吉夫政府在解决就业、维护国家统一和治理腐败上的无能，另一方面强调印度人民党在1989年选举中的战略，即单独参加选举。[②] 阿德瓦尼本人并不赞成与其他政党联合，他认为联合政治是一种不稳定的政治形态，"所有联合的努力，几乎毫无例外最终都走向分裂"[③]。这对扩大政党社会基础并没有多大的帮助。在印度教教派问题上，阿德瓦尼表达了激进的立场，尤其是在罗摩出生地问题上。他采取先入为主的方式，认定法院的判决对问题的解决毫无帮助。即使法庭判决巴布尔没有破坏罗摩庙，但这并不能代表历史事实。他呼吁拉

---

① Yogendra K. Malik and V. B. Singh, Hindu Nationalist in India, p. 78.

② Edited by A. Moin Zaidi, The Annual Register of Indian Political Parties, 1989: Part I, New Delhi, 1990, pp. 133 – 134.

③ Yogendra K. Malik and V. B. Singh, Hindu Nationalist in India, p. 81.

吉夫政府在阿约迪亚问题上必须尊重印度人民的感情，罗摩出生地应移交给印度教徒。他批评国大党的伪世俗主义政策，强调所有宗教集团地位平等，强调所有社会集团都要尊重印度历史和文化遗产。①

在1989年选举中，印度人民党提出了长达40页的选举纲要。在选举纲要中，印度人民党主要关注国家整合和阿约迪亚清真寺问题。在国家整合问题上，印度人民党提出"要致力于印度的统一和整合"。"今天，国家就像一只没有舵手的船，在充满鲨鱼和暗礁的大海上漂流。印度的统一、整合、安全和荣誉处于独立以来最危险的时刻。"② 印度人民党意欲利用一直紧张的中央与地方关系，强调国大党政治治理上的无能。

在教派问题上，阿约迪亚巴布里清真寺则是印度人民党选举动员的重点。在罗摩出生地问题上，印度人民党质疑国大党政府的法律解决方式的苍白，并顺带谴责国大党的世俗主义政策完全是政治遮羞布。它表示支持世界印度教大会对巴布里清真寺的宗教要求。在印度人民党全力以赴进行教派鼓动的时候，国大党政府也试图在印度教选民库中分得一杯羹。1989年11月9日，拉·甘地政府允许同盟家族在清真寺前举行罗摩庙奠基石置放典礼。印度人民党则趁机攻击国大党的世俗主义是伪世俗主义，印度人民党主张的宗教平等才是真正的世俗主义。也就是说，国大党在选举中受到印度人民党的政治议题和选举节奏的影响，失去了自己作为第一大党应该坚持的政治原则。在教派政治场域与印度人民党争夺印度教选民，国大党的行为间接助推了教派主义政治的发展。

印度人民党在1989年大选中获得了85个席位，是继国大党和人民党后的议会第三大党，拉·甘地领导的国大党和V. P. 辛格领导

---

① Edited by A. Moin Zaidi, The Annual Register of Indian Political Parties, 1989: Part I, pp. 141 – 144.

② Yogendra K. Malik and V. B. Singh, Hindu Nationalist in India, p. 79.

的人民党分别获得 197 席和 143 席。① 与 1984 年选举结果相比，印度人民党取得了历史性的突破。这一结果表明，印度教徒作为一个选民库已成为重要的政治资源，开发印度教选民库成为左右选举的一个重要因素。为了争取印度教选民的支持，印度人民党和国大党之间展开了激烈的竞争。这一竞争的后果是：一方面，社会上印度教民族主义势力气焰嚣张，他们不断进行反对少数派宗教的宣传，恣意举行各种宗教仪式和游行，推进印度社会进一步印度教化。另一方面，政治上对印度教民族主义情绪的利用也成为公开不争的事实。国大党与印度人民党比拼的结果是，政治上对印度教极端教派主义的限制不断降低，选举动员成为教派主义竞争的一部分。

1989 年大选后，组成了以 V. P. 辛格领导的全国阵线少数派政府（只占 529 个席位中的 145 个），印度人民党从外部支持全国阵线政府，但两者的合作并没有持续多久。由于 V. P. 辛格政府宣布实行曼达尔报告打乱了印度人民党建立统一印度教选民库的计划，印度人民党陷入了两难的境地。如果它明确表示支持曼达尔报告，就会失去一部分高等种姓印度教徒的支持。如果它不支持实施曼达尔报告，又会失去低等种姓的支持。无论支持与否，人民党政府以种姓为基础的政治动员都是对印度人民党企图建立印度教选民库规划的破坏。为了抵消因保留制度而引发的政治风波对同盟家族教派政治动员的影响，防止种姓问题打乱印度人民党的政治日程规划，它决定以宗教游行的方式转移公众的视线。阿德瓦尼著名的"战车游行"就成为印度人民党的动员利器。当游行队伍到达比哈尔邦的时候，比哈尔邦人民党政府首席部长穆拉亚姆·辛格·雅达夫逮捕了阿德瓦尼。印度人民党随即撤销了对全国阵线政府的支持。1990 年 11 月，V. P. 辛格政府正式下台。

20 世纪 80 年代中后期，印度社会分化严重，世俗主义政治危机不断加剧，宗教、种姓、地方等要素在选举政治中的重要性加强。

---

① Prakashi Chandra, Changing Dimensions of the Communal Politics in India, p. 266.

在这样的背景下，印度人民党作为教派主义政治的代表，将政治动员的重点放在了对教派主义情绪的控制与利用上，选举结果也表明开发教派主义情绪确实让印度人民党受益匪浅。在利用教派主义情绪的同时，印度人民党也没有关闭联合政治的大门，它依然愿意在互惠的原则基础上与其他政党合作。V. P. 辛格少数派政府能够执政也是因为印度人民党的外部支持。

3. 1991 选举对教派主义的开发与经济民族主义的发展

1991 年选举前，印度人民党的政治地位不同以往历届选举。它虽然没有在联邦执政，但却获得了包括北方邦和拉贾斯坦邦在内的地方执政权，可以以地方执政党的身份贯彻印度教民族主义政治议题，这对印度人民党来说是一个突破。在 1991 年的主席致辞中，阿德瓦尼谈到任职五年来最大的成就在于改变了印度人民党的边缘地位。他自负地宣布，过去 5 年间，没有任何一个政党能够独揽大权，包括国大党在内。在全国和地方政党实力相对均衡的状态下，印度人民党在政治结构中处于中心位置。[①] 其实，印度人民党在政党政治结构中并不比其他政党地位特殊，从历史积淀和实力上说，它仍然无法与国大党平起平坐，虽然因为印度教日程的提出和当时社会政治环境的右转，印度人民党有一些暂时的优势，但这样的优势不足以与政治经验丰富的国大党相比。印度人民党过于乐观的自负导致其在教派主义道路上越走越远。

1991 年，乔希接任阿德瓦尼担任印度人民党主席。乔希也是印度人民党内极端派的代表，由乔希任主席表明印度人民党在教派主义问题上的立场没有改变。在 1991 年 3 月新德里全国执委会会议上，乔希在开幕词中谈到政治整合和经济发展两个方面的问题。在政治上，他提出，强调一个国家、一种国民、一个民族和一种文化是非常必要的。"伪世俗主义和西化学者宣传危险的思想，提出印度

---

[①] Edited by A. Moin Zaidi, The Annual Register of Indian Political Parties, 1991, New Delhi, 1992, pp. 155 – 156.

是多民族国家,印度人民是由种姓、次种姓、教派和次教派组成的综合体。这是对印度作为全体印度人的祖国概念的挑战,印度人民基本的文化统一因为狭隘的政治利益而遭到诋毁。"① 在经济上,乔希认为目前的经济危机是国家发展模式选择上的问题,不能依靠危机管理,而应该以新的经济发展模式取代旧模式。② 在当时国际收支严重失衡的情况下,在动员教派主义情绪的同时,印度人民党也开始在经济发展问题上倾注更多的心血。它对国大党的经济发展模式提出质疑,认为其无法解决印度面临的问题,必须以新的模式解决发展问题。

1991年大选消息公布后,印度人民党发表了题为"1991年5月人民院中期选举:我们致力于实现罗摩统治"的选举纲领,提出罗摩、卢蒂和公正(Insaaf)的口号。乔希解释,我们对罗摩和卢蒂的义务是确保所有种姓、阶级和社会集团物质、精神和道德上的提升。1991年选举的时候,在巴布里清真寺原址建立罗摩庙问题所引发的宗教情绪的高涨还处于上升阶段,印度人民党继续了在这个问题上的一贯论调,坚定地认为建造罗摩庙是印度文化遗产和民族自尊的强有力的象征。对印度人民党而言,这一问题纯粹是民族问题,而不是其他势力所渲染的狭隘的教派主义立场。因此,政党会努力实现在罗摩出生地建造神庙。1991年,经济形势更加严峻,印度人民党选举战略的重心也开始更多地向经济问题转移。在竞选纲领中,印度人民党提出"以社会公正为目标的经济发展",真正贯彻以人为核心的经济发展道路。它强调印度人民党政府不会干预企业的经济行为,它会将精力放在法律秩序、公正、福利和基础设施建设等基本政府职能的履行上,为民族经济发展提供条件。印度人民党尤其关注本土工业的发展,提出将通过提升本土创造力的方式,真正使印度经济走上司瓦德西发展方向,建立民有、民治、民享的经济。

---

① Edited by A. Moin Zaidi, The Annual Register of Indian Political Parties, 1991, p. 158.

② Edited by A. Moin Zaidi, The Annual Register of Indian Political Parties, 1991, pp. 159 – 160.

印度人民党开发印度教选民库和关注经济的双重战略在1991年选举中取得了很好的效果，在人民院获得了119席，仅次于受到拉·甘地遇刺影响的国大党的227席，成为第一大反对党。在北印度地区，政党也获得了很大的成功，控制了北印度四个重要的邦——北方邦、中央邦、拉贾斯坦邦和喜马偕尔邦。这次选举结果进一步坚定了印度人民党开发印度教徒选民库的决心。

1991年选举后，在中央组成了国大党少数派政府，拉奥宣誓就任印度第九任总理。印度人民党虽然不是执政党，但在拉·甘地遇刺引发的不稳定的政治环境中，以及外汇短缺引发的严重经济危机的形势下，印度人民党只有选择支持政府。而且，1991年拉奥政府的经济改革政策与印度人民党一贯主张的国内经济自由化政策是一致的。另外，印度人民党四个邦政府的顺利执政也需要中央政府的支持。国大党拉奥政府领导的是少数派政府，它的顺利执政同样离不开最大的反对党印度人民党的支持。彼此的需求促使印度人民党与国大党政府进行短暂的合作，但双方的关系很快恶化。1992年4月，在迪鲁巴蒂召开的全印国大党委员会全体会议上，国大党强烈谴责印度人民党的教派主义倾向，号召"将国家从教派主义的触角下解放出来"[①]。国大党的矛头显然指向了印度人民党。国大党选择这一时机发难，一方面，是拉奥少数派政府的实力有所增强。在1992年2月旁遮普选举中，由于阿卡利党的抵制，国大党赢得了所有的人民院席位，一些小党和无党派人士的支持也增强了拉奥政府的自主决策能力。另一方面，拉奥政府也是利用此举刺激同盟家族内部强硬派，给印度人民党邦政府制造麻烦，国大党可以渔翁得利，趁机稳定民心，消解印度人民党在北方印地语地区发展对国大党造成的威胁。

针对国大党的指责，印度人民党予以反击，谴责拉奥政府政治经济政策不当。在与国大党拉奥政府争斗的同时，印度人民党也

---

[①] Yogendra K. Malik and V. B. Singh, Hindu Nationalist in India, p. 92.

加强了对印度教特性动员手段的使用，这一战略发展的顶点就是阿约迪亚清真寺被毁。清真寺被捣毁引发了全国性的印穆教派冲突，导致1700人死亡，财产损失达100万卢比。[①] 这是印度人民党始料未及的。印度人民党动员印度教选民只是选举的需要，至于发生大规模的社会暴力事件，并不是印度人民党希望看到的结果。巴布里清真寺被毁给国大党政府提供了机会，可以趁机对印度人民党执政的邦下手，掌握政治上的主动权。清真寺被毁后，中央政府立即逮捕了包括乔希和阿德瓦尼在内的印度人民党领导人，取缔国民志愿团和世界印度教大会等教派组织。北方邦的印度人民党政府被迫辞职，中央邦、拉贾斯坦邦和喜马偕尔邦的邦政府则被拉奥政府解散。这次事件充分说明教派主义是一把双刃剑，印度人民党为了政治目的利用教派主义，也必须承担不当行为而引发的后果。

### 三、现实政治经济与教派主义平衡调整期（1993—2014）

1991年经济改革改变了社会环境，对经济问题的关注开始升温，相比之下，民众对教派主义鼓动所带来的流血冲突越来越反感。以此为契机，印度人民党开始调整选举战略，战略调整体现在两个方面：首先，印度人民党改变偏重印度教教派主义动员的选举战略，更多转向经济问题和政治腐败议题。1992年甘地讷格尔会议提出的经济发展战略是新时期印度人民党改变选举议题的开始。与教派主义动员相比，经济和腐败议题更能反映印度社会现实，也更能发挥新时期动员工具的作用。其次，对印度教特性概念的解读从宗教民族主义转向强调印度古代文明。

1. 1996年选举对经济问题的强调和印度教特性重点的转移

巴布里清真寺被毁后，印度人民党对教派问题的利用达到了极点，教派情绪所带来的破坏令民众感到厌恶。1992年毁寺事件后的

---

① Yogendra K. Malik and V. B. Singh, Hindu Nationalist in India, p. 94.

民意调查显示，全印反对捣毁清真寺的比例高达38%，其中印度教徒不认同这一行为的占32%，低等种姓占37%，而高等种姓则占49%，市民占50%，大学和大学以上学历的人占59%。[1] 这种不满情绪也影响到印度人民党1993年在德里、喜马偕尔邦、中央邦、拉贾斯坦邦、北方邦立法会议选举中的成绩。在德里，印度人民党参加所有70个席位的争夺，结果只获得49个席位，43.5%的选票，比1991年下降了3.3%。在喜马偕尔邦，印度人民党也参加所有68个席位的角逐，但只赢得8个席位，36.2%的选票，比1991年下降了6.6%。在中央邦，赢得了320席中的116席，比1991年少了115席。在拉贾斯坦邦，印度人民党参加了197个席位的角逐，结果赢得了95席，选票39.5%，比1991年下降了5.4%。在北方邦，印度人民党只赢得425席中的177席，33.4%的选票，与1991年相比没有变化。[2] 选举成绩的下滑使印度人民党意识到教派主义是一把双刃剑，如果对教派主义的利用超过了社会和政治所能承受的极限，就会引起社会混乱和政治动荡，得不到社会各阶层的支持，甚至上等种姓也因暴力行为而放弃印度人民党。况且寺庙之争引发的宗教感情浪潮并不稳定，要想将这部分力量转变为政党持久的支持基础，单纯依靠教派主义是无法达成目标的。在这样的情境下，印度人民党调整了自己过多利用教派主义的一面，将现实的政治经济问题放在了首位。

1992年，印度人民党发表了题为"经济发展的人本主义道路：选择司瓦德西"的经济政策声明，明确提出了司瓦德西的经济民族主义思想。这也是印度人民党开始战略调整的重要标志。1992年之前，印度人民党的选举重点依然放在印度教特性、罗摩庙问题上，经济政策和社会政策只是辅助性地根据社会环境的变化做出调整和改变。1992年之后，印度人民党的选举战略则以经济和政治问题作

---

[1] Prakashi Chandra, Changing Dimensions of the Communal Politics in India, p. 277.

[2] Yogendra K. Malik and V. B. Singh, Hindu Nationalist in India, pp. 208-210.

为主导，印度教特性作为政党意识形态的基础虽然依旧是政党各项政策主张的出发点，但对印度教特性表述的重点则在发生变化。政党新战略主要包括以下内容：首先，印度人民党强调印度政治需要新生力量。在国大党缺乏有威望的领导人、印度经济发展不尽如人意的情况下，印度人民党不失时机地强调革新，强调选择新的发展模式。"民众的希望破灭，抱负无法实现，经受考验的印度现在需要真正的改变，这是真正摆脱国大党50年混乱治理做出改变的机会，这个选择属于印度人民党。"[①] 印度民众应该给印度人民党证明自己的机会。其次，印度人民党也提印度教特性的概念，但强调的重点却在发生变化。之前，印度人民党的印度教特性概念强调宗教含义，尤其是在罗摩庙问题上提出异教对印度教的压迫和羞辱，而现在则更多转向强调文化和文明内涵。"印度人民党信奉一个国家、一种国民、一种文化的概念——我们的民族主义观念不仅受制于印度的地理或者政治身份，而且受到古代文化遗产的限制。正是基于这样的认识，我们坚定地认为文化民族主义是印度教特性的核心。"再次，印度人民党对经济问题的关注度在升温。除了强调经济主权、反黑钱腐败、经济自由化、分权化等概念外，印度人民党尤其关注人力资本，在就业、教育和人力资源的利用上提出了一系列针对性的政策，意欲巩固中产阶级的选民基础。最后，印度人民党也加强了对贱民和其他落后阶级的争取。针对其他落后阶级政党和贱民政党在政治上的崛起，印度人民党提出反对保留制度中的奶油阶层，让保留制度真正落到实处，将矛盾指向通过保留制度而地位上升的落后阶级的政治代表人物，这些人大多是落后阶级和贱民在政治上的代言人，在落后社会集团中有一定的影响力。通过抹黑他们政治代言人的方式，印度人民党在慢慢地向这部分社会力量渗透。实际上，印度人民党对社会下层的吸引力有限，这些社会集团并不是印度人

---

① BJP：Election Manifesto - 1996，http：//lib.bjplibrary.org/jspui/，以下选举宣言部分的内容都来自该网站。

民党动员的重点，但这些集团的人数优势又无法忽视，印度人民党对此采取了半遮半掩的态度。在1996年的选举纲要中，它提出除了表列种姓、表列部落和其他落后阶级外，还应该以经济为标准，为经济上落后的社会集团保留10%的名额。这样的提法显然是在吸引上等种姓中比较贫穷的部分，但它又不想失去其他落后种姓的支持，其模棱两可的态度表露无遗。

印度人民党改变选举战略是根据社会环境的变化而做出的应对。1996年选举时国大党推行的经济改革政策已经深入人心，在一定程度上转移了人们对印度教特性意识形态的关注。同时，经济发展带来的价值观念的变化也影响到宗教在选举政治中的动员效果。教派鼓动在政治动员上的作用已经今非昔比，甚至负面效应要大于积极作用。与此同时，因为印度教特性政治的推行，学术界对印度教特性概念的探讨以及对印度教特性政治和社会运动的争论，使民众对印度教特性有了更加深入的了解，对印度人民党推行印度教特性的意图开始产生怀疑。认识的深入也打破了民众对宗教的狂热，开始理智地思考这一问题。因此，在1996年选举中，印度人民党的关注焦点转向了具有全国意义的经济、反腐和国家安全。在印度人民党的选举纲要中，经济问题是重点。此时，印度各界对经济改革还充满争论，没有达成全国性的共识。印度人民党在这个阶段提出了司瓦德西的口号，以此吸引那些对改革持反对立场的人。反腐败是印度人民党强调的另一个重点。20世纪80年代末90年代初，政治腐败和犯罪政治是最能激起民愤的话题。国大党高层的腐败，令民众感到非常失望。曾担任三届政府内阁秘书的B. G. 德希穆克在其所著的《一个内阁秘书环顾左右》一书中称，"英迪拉曾决定要通过与外国交易获取回扣支援党；前总统文卡塔拉曼和前部长B. K. 尼赫鲁在各自的传记中也都说过拿回扣筹款事"[①]。博福斯丑闻、食糖丑闻事件、有价证券丑

---

① 梁洁筠：《印度百年老党国大党沉浮记》，第8页。

闻、"哈瓦拉"丑闻使国大党成为腐败的代名词。这些都使选民失去了对国大党政府的信心。印度人民党提出反腐败口号与其一贯的清廉形象是其能够在选举中胜出的重要筹码。1996年10月在北方邦进行的一次民意调查显示,有40%的人相信印度人民党可以清除腐败。[①] 无论是经济问题还是腐败都是民众最为关注的问题,印度人民党在这些议题中都能够表现出自己的独特性,表明自己不同于国大党的立场和形象,迎合民众的需要。当然,印度人民党能够胜出也得益于国大党政治资本的逐步消耗殆尽。国大党的经济改革导致社会下层因改革而利益受损,经济改革政策和效果显现之间的时间差客观上为其他政党的政治动员留下了空间。印度人民党利用政府的腐败和经济改革造成的社会阶层收益失衡的状态,适时提出经济民族主义和社会平等的主张,为自己增加政治资本。

1996年选举后,印度人民党成为议会第一大党,瓦杰帕伊受命组阁,但瓦杰帕伊内阁只存在了13天(未能通过议会信任投票)。这次组阁经历使印度人民党认识到自己在政治上的先天不足,此后它开始积极发展联合战略。通过与其他政党联手,巩固执政地位。

2. 1998年和1999年选举对政治稳定的强调和对其他落后阶级的动员

在1998年的选举纲要中,印度人民党的印度教特性概念进一步向印度文明方向转换。在谈到印度悠久的古代文明和对世界的贡献时,它强调印度文明的包容性与开放性特征。"以色列社会公开承认,在犹太人寻求避难的一百多个国家中,只有印度接待了犹太人并给予他们相应的礼遇。"它强调,印度对所有被迫害的教众敞开胸怀,不论是犹太人、袄教徒、穆斯林或者基督徒,都会受到同样的待遇。印度人民党强调印度文明的宽容和博大,强调印度对其他宗

---

[①] 孙士海主编:《印度的发展及其对外战略》,中国社会科学出版社2000年版,第85—86页。

教的包容与礼遇，实际上是对教派主义立场的否定，表明政党在教派政治上的激进立场进一步缓和。

在选举纲领中，印度人民党提出公共生活的廉洁、国家安全、经济民族主义、社会和谐和印度教特性五重概念是印度人民党主张的核心和意识形态的支柱。在这些问题中，印度人民党尤其强调社会稳定和统治能力。稳定、发展、革新是印度人民党强调的重点，它提出 12 届人民院选举不仅要结束联合阵线政府的不稳定，而且要反对前任国大党政府的僵化、反人民、反对发展的政策。印度人民党承诺会在瓦杰帕伊的领导下建立有活力、民众利益至上、强调发展、力求革新的政治稳定的政府。

印度人民党虽然在选举纲要中提到印度教特性概念，但其教派色彩却进一步淡化。除了强调印度教特性概念的古代文明起源和融合开放的特点外，印度人民党也试图撇清印度教特性概念与教派主义的联系，提出印度教特性意味着所有人的平等。在罗摩庙问题上，印度人民党也闭口不谈宗教，强调这是一场伟大的群众运动，壮大了文化民族主义的力量。在建立罗摩庙问题上，印度人民党也不谈教派主义的解决手段，声称将探求所有可以达成和解的解决方法，通过法律和宪政的方式推动在阿约迪亚建立罗摩庙。从选举纲要的内容来看，印度人民党对印度教特性概念的强调已经从印度教教派主义转向文化民族主义，强调印度古代文明遗产。在阿约迪亚问题上，它不再强调必须建庙，而是谈到用法律和宪政的手段解决问题。这些倾向表明，印度人民党选举的重点已经发生转移，实用主义成为政党首选的战略。

在国家安全、经济民族主义等政策上，印度人民党的主张与 1996 年相比并没有大的变化，但在社会政策部分可以看到，印度人民党加强了对其他落后种姓的拉拢。在 1998 年的选举纲要中，印度人民党提出为从事传统职业的其他落后阶级的技术升级提供培训、金融支持和管理上的便利。同时，纠正宏观经济政策中导致其他落后阶级失业的决策。随着经济改革政策的实行，其他落后阶级的经济和社会地位都有所提升,有些人成功跻身中产阶级的行列,他们的政治影响力也在提升,印度人民党看到了这一发展趋势,并且逐步采取政治社会手段以赢得他们的支持。这一动员的效果在21世纪的几次大选中初步显现。

1998年选举结果印度人民党获得182席,25.6%的选票,国大党则获得141席,25.8%的选票。印度人民党继续保持了议会第一大党的地位,并和其他小党联合组成了联邦政府。印度人民党之所以取得胜利首先是因为它推出深孚众望的领导人瓦杰帕伊。瓦杰帕伊是资深的政治家,在教派问题上立场温和。在国大党缺乏有声望的政治领导人的情况下,印度人民党适时以资深领导人作为动员的重点,强调在瓦杰帕伊的领导下,可以建立稳定的政府,克服政治的不稳定、政策上的不连续状态。其次是对联合战略的运用。印度人民党认识到自己不可能取得议会超半数的选票,于是审时度势,决定与地方政党结成选举联盟,共同参加大选。事实证明,这一战略行之有效。

1999年选举,印度人民党继续了自己的联合战略,与24个地方小党结成全国民主联盟,提出选举纲领。在长达20页的选举纲领中,一再强调1998年纲领中所提到的稳定政府和国防安全的概念。针对1998年印度人民党执政期间针对基督教徒的暴力事件增多的事实,选举纲领承诺会保护少数派。1999年的选举结果,印度人民党获得182席,其联盟者获得115席,共297席。国大党只获得113席,其联盟者安娜德拉维达进步联盟和RJD获得17席,共130席。[①]印度人民党得以继续在中央执政。

3. 2004年大选提出的"感觉良好"和"印度大放光芒"

以印度人民党为首的全国民主联盟在5年任期内取得了良好的政绩。总理瓦杰帕伊是最受欢迎的政治家。经济上,除了1998年

---

① Paul. R. Dettman, *India Changes Course: Golden Jubilee to Millennium*, Wesport, 2001, pp. 144 - 148.

核试验带来的经济停滞和滑坡外，一直保持了健康而稳定的发展趋势。2002—2003年因为旱灾，经济增长率下降为7%，2003—2004年因为农业喜获丰收，增长率回升至9.6%。[①]印度和巴基斯坦的关系也在不断改善，印度的国际地位得到进一步提升。这是印度人民党再选连任的最大资本。在2003年12月举行的邦议会选举中，印度人民党大获全胜。国大党除了保留德里邦的执政权外，全面溃败。印度人民党欲借胜利之东风，趁热打铁，争取连任。同时也趁国大党选举失败，士气低落，领导管理混乱的良机，乘胜追击。

在2004年大选中，印度人民党更加淡化印度教特性意识形态，甚至在罗摩庙问题上，印度人民党也展现出执政党的姿态，要求印度教集团和伊斯兰教集团直接对话，和平解决寺庙之争问题。在2004年大选中，印度人民党继续以瓦杰帕伊为选举的领军人物，提出"瓦杰帕伊与？对抗"，也就是说瓦杰帕伊无人能敌。在大选中，印度人民党提出"感觉良好"和"印度大放光芒"的竞选口号，以彰显全国民主联盟在执政期间的良好表现，减少近年来影响甚至左右选举的"反执政"因素给印度人民党造成的负面影响。媒体也普遍预测印度人民党的胜算把握更大。但大选的结果却出人意料，选举前踌躇满志的印度人民党丧失了议会第一大党的地位，只获得了138席，比国大党的145席少了7席；得票率国大党是26.69%，印度人民党是22.16%。国大党及其盟友获得了532个席位中的217个席位，虽然没有达到半数以上，但拥有优先组阁权。印度人民党及其盟友只赢得189席。

1999年执政以来，印度人民党无论在内政、经济和外交方面都取得了较好的成绩，为什么会败下阵来？根据选举后的调查显示，

---

① Minstry of Finance, Economic Survey, 2004-2005, p.1.

印度人民党选票损失最大的部分是传统的社会支持基础。首先，上等种姓和中产阶级投票率偏低。在2004年选举之前，印度人民党主要依靠上述社会集团的支持顺利当选。[①] 但在2004年选举中，上等种姓的城市中产阶级投票率偏低。社会集团还是同样的社会集团，但是投票的人数却减少了。在德里、古吉拉特和北方邦，中产阶级的投票率都不到一半。

其次，同盟家族对印度人民党的支持有一定的保留。印度人民党重视经济改革而暂时搁置印度教特性意识形态的行为遭到了同盟家族成员的反对，向来担当基层选举动员的同盟家族成员的积极性降低。从表面上看，印度人民党似乎过于自信，对同盟家族其他成员重视不够，从而导致了选举动员环节的消极行为。其实，深层的原因在于同盟家族内部的矛盾。2004年大选后，国民志愿团及世界印度教大会将印度人民党领导的全国民主联盟失败的原因归咎于淡化了印度教特性意识形态。国民志愿团的发言人拉姆·马达夫在选举后对媒体说，"在国民志愿团中存在共识，在过去的4—5年时间里，确实存在淡化印度教意识形态的现象"，这是选举失败的因素之一，"传统的基层选民和国民志愿团成员对印度人民党的选举都不够热情。这当中自然有组织不同的因素。我们的工作人员在选举中确实为印度人民党服务了，但我们反对印度人民党在印度教特性和经济问题上的立场"[②]。

阿德瓦尼也承认这一点。在2004年10月27日新德里全国委员会会议的主席致辞中，他提出：在印度人民党的航船由边缘驶向中心的过程中，我们提出很多规划，一些带有感情色彩。其中某些承诺无法兑现，建立罗摩庙就是其中之一。对印度人民党来说，兄弟组织表达过多的不满情绪，从而使自己在政治上陷入窘境。这样就

---

① 1999年选举，印度人民党领导的全国民主联盟保持了60%的高等种姓印度教徒和52%的富裕农民种姓的支持，如贾特、马拉塔、雷迪等。

② O. P. Gupta, Rise and Fall of Vajpayee Government, New Delhi, 2004, p. 301.

造成了意识形态不统一的印象,从而使我们的传统支持者感到非常困惑。最后,我们不能够充分而统一地动员我们的志愿人员。在过去的几个月里,我不断听到来自基层的志愿者对印度人民党执政时期某些党员的行为和行事方式提出抱怨,称他们自大、孤芳自赏、过分依赖金钱,甚至腐败。[1]

印度人民党的传统选民库由于投票率低、参与选举不积极而影响了大选的最终结果,印度人民党引以为自豪的"感觉良好"和"印度教大放光芒"的口号也没有给它带来正面效应。正如阿德瓦尼在总结大选经验时提出,良好的政绩并不意味着选举的胜利。在印度人民党所领导的全国民主联盟统治印度的六年时间里,印度经济发展确实取得了令人瞩目的成绩。然而,发展并不意味着感觉良好。经济发展总体趋势的良好不能掩盖所存在的问题,其中,经济发展不平衡是印度人民党经济发展政策的一个软肋。高科技产业与农业等传统部门之间发展的不平衡、地区发展不平衡都带来了严重的后果。[2] 第一,普通百姓没有从政府的经济改革中得到实惠。贾瓦哈拉尔·尼赫鲁大学的社会学家迪帕卡·古普塔说:"印度并没有闪耀;印度人民党在闪耀,这是两件风马牛不相及的事情。""那些有工作的人挣了很多钱,但是失业的人无钱可赚。如果你去公立医院看看,那里一团糟,铁路也是一团糟,饮用水喝起来危险。我们还需作更多的努力。"[3] 第二,失业率居高不下。第三,基础设施、教育、就业、社会福利等关系国计民生的基本问题没有解决好。社会弱势群体没有为印度大放光芒所感动。

竞选战略也是影响2004年大选结果的一个关键因素。印度人民党对选举形势的估计过于乐观,并没有充分注意反现政权因素的影

---

[1] L. K. Advani, Presidential Speeches, National Council, 27 October, 2004, http://library.bjp.org/jspui/handle/123456789/247.

[2] L. K. Advani, Presidential Speeches, National Council, 27 October, 2004, http://library.bjp.org/jspui/handle/123456789/247.

[3] Subir Gokam, Economic origins of India's middle-class, Rediff, November 20, 2006.

响。在全国民主联盟执政的地区，很多候选人就是现任议员，民众反感这些议员，他们在重新获得提名后为民众所抛弃，反映了民众对现政权的失望。选民反现政权因素造成半数印度人民党议员落选。

印度人民党的竞选联合伙伴也大多表现不佳。安得拉邦的泰卢固之乡党只得到 3 个席位，而 1999 年则得到 29 席。西孟加拉的草根国大党只赢得了 2 席，1999 年则是 8 席。除了表现欠佳者外，印度人民党在 2004 年还失去了一些联盟者。例如，泰米尔纳杜邦的德拉维达进步联盟开始和国大党联合，赢得了 16 席。而国大党却能在相对弱势的情况下，重举尼赫鲁家族的大旗，而且其结盟政策也发挥了效果。国大党因为联合战略增加了 47 席，而印度人民党则减少了 27 席。

另外一个影响印度人民党选举的因素是腐败。腐败一直为印度民众所深恶痛绝，印度人民党的崛起在一定程度上得益于其清廉的形象。2001 年 3 月，"录像带丑闻"是印度人民党一连串丑闻案的开端。[1] 随后又爆出"石油丑闻""棺材丑闻""印度信托和 Cyberspace Infosys 公司 2500 亿卢比丑闻""Judeo 丑闻""HUDCO 丑闻""土地分配丑闻"以及"医药采办丑闻"等，这些丑闻损害了印度人民党长久以来经营的清廉形象。印度人民党因为廉洁的形象得到民众的认可。因而，它的任何腐败行为都会引发民众强烈的反感情绪。国大党政府的腐败为民众所深深厌恶，他们给印度人民党一个机会，而印度人民党并没有抓住这个机会，反倒继续了以往政府的腐败作风，民众对其失望的心理可想而知。

### 4. 2009 年大选强调良治、安全和发展

2004 年大选失败后，外界普遍担心印度人民党的意识形态选

---

[1] 2001 年 3 月 13 日，印度泰赫尔卡公司新闻网站公布了政府高级官员受贿的录像带，该网站用 8 个月时间花费 4 万美元派记者伪装成军火交易商，用大量的现金向政要行贿并偷录下全过程在网上和电视上公开。录像带公布后，立刻引发全国性震动。曝光两周内，包括印度国防部部长、铁道部部长、印度人民党主席等在内的多名政府、军队官员辞职。但是 2001 年 10 月，费尔南德斯重新出任国防部部长。

择问题。在意识形态问题上，国民志愿团对印度人民党施加压力，要求印度人民党放弃世俗主义的竞选纲领，减少对政治经济问题的关注，重新强调印度教特性意识形态。但从2009年大选来看，印度人民党的选举立场并没有大的改变。印度人民党对印度教特性意识形态也有自己的判断。虽然2004年大选中同盟家族成员对印度人民党的支持半心半意，但在选举结果上，印度人民党并没有遭遇惨败，这说明印度教特性意识形态在选举政治中的重要性已经不似从前。

印度人民党2009年的竞选纲领首先提到统一进步联盟政府的四宗罪：其一，该届政府由史上最弱的总理领导。其二，统一进步联盟背离了全国民主联盟政府的政策，导致社会不安定因素增加。国家不断受到恐怖主义袭击、毛主义者的反抗运动和分离主义的暴力行动的威胁。其三，政府经济管理的不善导致通货膨胀、失业严重，工厂倒闭。其四，高层滥用国家机构，尤其是CBI，犯下腐败罪行。

针对国大党政府的"四宗罪"，印度人民党的竞选纲要开出了解决的良方。在竞选纲要中，印度人民党提到一旦它执政，将会关注安全和经济问题。它会采取措施增加就业岗位，恢复瓦杰帕伊领导的全国民主联盟繁荣经济的政策，在基础设施建设上投入大量资金，恢复农业的健康发展，保证工业的融资，同时确保民众的安全，远离恐怖主义所造成的伤害。

印度人民党尤其强调领导人需具备果敢而坚毅的品格，这主要是因为国大党的领导人辛格在国大党内和政府内的地位，外界普遍认为辛格只是尼赫鲁家族的傀儡。对印度人民党而言，国家需要果断而坚定的领导，有能力、决心和信心掌控局势。印度人民党认为阿德瓦尼是不二的人选。

在竞选纲要中，印度人民党强调三个目标，分别是良治、发展和安全。年轻人是印度人民党在这次选举中着意拉拢的对象，它强调要通过高质量的教育培养优秀的青年才俊，帮助他们实现梦想，保证他们生活的安定和富足。在复兴经济方面，印度人民党主张重新调整农业、农村发展、无组织和非正式部门的发展，为年轻人创造足够的就业机会，平抑物价，加强基础设施建设。

印度人民党用大量的篇幅强调安全和经济发展，而文化民族主义的内容只占了很小一部分。在选举纲要的末尾谈到了阿约迪亚罗摩庙问题、寺庙和恒河保护、母牛保护、伊斯兰教宗教财产、语言等内容。

印度人民党在2009年选举中是以反对党的身份参加大选，但它并没有因为反对党的身份而增加对教派主义动员的利用，而是直接针对国大党统治中存在的问题，围绕经济发展、政治治理和国家安全三个方面，阐述自己的主张和解决方案。这表明印度人民党经过多次选举和政治上的起伏，其立场更加理性和现实。

2009年的选举结果，统一进步联盟（UPA）获得262席（上一届选举218席，提高了近20%），其中国大党获得206席（上届选举145席），外部支持来自多数人党、社会党、人民党（世俗派）、全国人民党（Rashtriya Janata Dal）和其他的小党。全国民主联盟获得159席（上届选举181席，减少了近14%），其中印度人民党获得116席（上届选举138席）。

2009年印度人民党选举失利主要源于以下几个方面的原因：首先，印度人民党推出82岁的阿德瓦尼作为政党候选人，不论在印度教特性意识形态领域，还是现实政治领域，都无法为印度人民党选举加分。阿德瓦尼不再是1990年战车游行时的少壮派。在印度人民党内，瓦杰帕伊是温和派，阿德瓦尼一直是极端派的代表。但是，为了吸引穆斯林选民，阿德瓦尼在2005年拜谒真纳的陵墓。在6月5日卡拉奇的演讲中，他正式接受了巴基斯坦存在的事实。他提出历史不可能倒退，因此，印度统一的目标是不可能实现的。这样的看法否定了国民志愿团一贯坚持的立场。他还间接暗示巴基斯坦当局对少数派的责任。除此之外，他还提及真纳是一个世俗的领导人，并且引用真纳在 1947 年 8 月 11 日演讲的内容。[①] 他的这些行为令国民志愿团非常难堪和不解，而且一个极端派代表突然转变立场，也令民众感到迷惑。另外，作为一个长期坚持意识形态的政治家而言，他在 1977 年的人民党政府及印度人民党政府中并没有表现出决断力。这些都限制了他的选举号召力。在印度选民中，超过 60% 的选民年龄在 30 岁以下，相比于印度人民党推出 82 岁的候选人，纠结于 2004 年前执政时期的政绩，国大党推出拉胡尔·甘地作为形象代言人。作为甘地—尼赫鲁家族的继承人，拉胡尔·甘地在民众中还是有一定影响力的。相比于阿德瓦尼，拉胡尔是新生力量，一直是体制外的因素，阿德瓦尼则一直在政治体制内活动。民众宁愿选择拉胡尔为陈旧的体系带来新的因素。

其次，印度人民党试图利用反当权者的情绪来营造选举氛围的举措也并不成功。印度人民党 2009 年选举纲要中大量谈到国家安全，但印度人民党的反恐行动也并不比辛格政府强多少。在解决 1999 年劫机事件过程中，印度人民党被迫向极端分子让步。在经济政策上，统一进步联盟统治的五年在经济上稳步发展，并没有出现大的波动。总理辛格是 1991 年经济改革政策的策划者和设计师，他本人在印度民众中的威望也很高。印度人民党以辛格为攻击目标反而起到相反的效果。

5. 2014 年选举中发展和治理的双重效应

2014 年选举中，印度人民党围绕莫迪的古吉拉特发展模式，将发展和良好的治理结合起来，强调社会发展和清廉政治，加大了对年轻人和中下层选民的动员力度。在 2014 年选举中，印度人民党多重战略并用，在稳固传统上层阶级支持基础外，尽力争取其他社会集团的支持，构建全印选民基础。

莫迪的古吉拉特发展模式是印度人民党选战的核心，包括七个

---

[①] Suhas Palshikar, Advani's Karachi speech decoded, https://www.thehindu.com/2005/06/09/stories/2005060904701100.htm.

方面的内容①，焦点集中于经济发展和政治稳定。② 从印度人民党选举纲要将经济发展归结为关系国家安全的头等大事可以看出，印度人民党对经济问题的重视。"对印度人民党而言，安全最重要的事情是强劲的经济发展、高 GDP 增长。经济发展对印度安全是至关重要的。"在谈到经济发展目标时，印度人民党依旧老调重弹，强调发展并不只是经济数字的提高，发展是一个综合的概念。"印度人民党认为进步概念的本质在于经济发展能够充分满足个人日常生活以及社会福利的整体提高。"为了实现上述日程，印度人民党的目标是改善社会最底层民众的生活，给他们以平等的权利。这样的言辞表达传达了明显的信号，印度人民党要拓展社会基础，通过经济发展和社会福利吸引社会下层民众的支持。

在发展模式上，印度人民党提出减少政府干预，强调经济主权的总原则。印度人民党强调践行"最小规模的政府，最大限度的治理"的原则，降低财政赤字，减少官方许可证的颁发，加快发展，反对腐败。自1992年以来，印度人民党一直主打经济民族主义牌，在2014年选举中，印度人民党提出"我们的经济政策要实现生产、国防、农业加工和关联服务业重新回到自给自足的轨道。印度是一个年轻的国家，人们愿意付出辛勤的劳动以掌控自己的命运。我们的发展模式是让民众自己书写自己的命运，只要通过不懈的努力，下定决心，即使最穷困的人，也能在发展的过程中得到平等而公正的机会"。印度人民党的经济发展理念是不让一个人掉队，实现共同发展。每个公民都是经济变化和生产力发展的行为主体。12.5亿经济行为体结合成一台运转良好的机器。

在良治方面，印度人民党承诺增加行政管理的透明度和效率，根除腐败和丑闻，不任人唯亲。它承诺，如果印度人民党执政，将

---

① 这七个方面分别是：莫迪准则、统治记录、莫迪的愿景、发展、安全、良好治理和国家第一。

② http://www.bjp.org/core-issues，以下关于 BJP 的官方内容均来自该网站。

会完全公开政务。每个文件和官方记录，除了可能危害国家安全的文件外，公众都有权查看。"印度人民党登顶可以矫正过去六十年来的权贵资本主义、封建主义、徇私舞弊和陈旧的统治体系。对于我们来说，如果没有印度民众积极主动的参与，治理的过程就不是一个完整的过程。我们会尽力建立清廉而高效的政府，行政领域的每个举措，都邀请民众的积极参与和互动。"

发展、良治、女性保护成为印度人民党选举的核心问题，印度教特性内容所占比重则进一步缩小。在印度人民党的官方网站上，政党的哲学原则由原来的印度教特性和整体人本主义变更为整体人本主义。当然，这并不能代表政党放弃了教派主义这张牌，宗教民族主义依然是政党意识形态的核心。但在宗教民族主义的利用上，印度人民党展现了理性的现实主义的态度。首先，政党着力凸显整体人本主义哲学。上文已经提到，与印度教特性相比，整体人本主义包含了印度教特性的主要特征，但是不像印度教特性那样极端和赤裸裸，而且整体人本主义概念的解读具有多面向性，尤其是在与传统文化的衔接上，整体人本主义的优势更为明显。其次，推选有争议的莫迪为总理候选人。莫迪是同盟家族内部的极端派代表，是一位充满争议的人物。在2002年古吉拉特教派冲突中，首席部长莫迪因为应对措施不当，受到国内外人权组织和社会组织的谴责，西方国家甚至拒绝给莫迪发放签证。但他又是古吉拉特发展模式的创立者与执行者，而且莫迪属于低等种姓。这样，对于丢掉两次人民院选举的印度人民党来说，莫迪是总理候选人的不二人选。一方面，他的保守立场可以赢得上等种姓选民的支持。另一方面，他的低种姓社会地位和经济发展的成就又可以增加其在低种姓民众中的吸引力。

因此，在2014年选举中，印度人民党的选举战略更为平衡，推出莫迪为总理候选人并不意味着政党对教派主义的激进利用，相反2014年选举纲要中的内容大多有关经济和良治。莫迪的古吉拉特发展模式也成为印度人民党宣传的亮点。在社会经济变化的背景下，教派主义意识形态已不再是社会论争的焦点，尤其是在全球经济不景气的背景下，经济因素在选举中的重要性进一步提高。

对于2014年人民选举中印度人民党能够获胜，似乎在很多人的预料之中，但能够获得议会超半数席位又在大多数人意料之外。印度人民党在2014年大选中之所以能够取得较好的成绩，主要有以下几点原因。

第一，莫迪在选举中的作用。

2009年选举中不受欢迎的莫迪在2014年选举中却发挥了奇兵的效果，其关键在于莫迪的古吉拉特发展模式。印度国内和国际学术界都关注印度人民党的总理候选人莫迪及其治下的古吉拉特模式。托马索·波比奥（Tommaso Bobbio）在《永不止步的莫迪》一文中指出，莫迪是所谓古吉拉特文化与宗教偏执、不宽容和标志性的限制西方消费主义的典型代表。[1] 在印度政治人物中，他属于观点分歧最大、最具争议性的公共人物。有人认为他是法西斯的教科书式样板[2]。有人则根据古吉拉特的经济发展指标，认为他是古吉拉特的精神代表，很好地发扬了古吉拉特的企业家精神。在2001年担任古吉拉特邦首席部长后，莫迪展示了自己宗教、民族主义和现代性结合的印度政治家形象，连续赢得三届邦议会选举，巩固了自己在古吉拉特邦的政治权力，成为政治管理和经济发展的成功典范。莫迪在古吉拉特的胜利要追溯到同盟家族的印度教动员。20世纪80年代末，随着传统手工纺织业的衰落，大批工人失业，同盟家族在这部分人中进行社会动员，为印度人民党奠定了很好的社会基础。莫迪上任后，将印度教宗教认同与古吉拉特地方认同结合起来。2002年

---

[1] Tommaso Bobbio, Never-ending Modi Hindutva and Gujarati Neoliberalism as Prelude to All-India Premiership?, *Journal of Global and Historical Anthropology*, Vol. 67, No. 3, 2013, p. 124.

[2] 阿希斯·南迪（Ashis Nandy）在20世纪90年代末采访莫迪后所言。他称这样的法西斯式人物不适合民主体制的运作，并质疑他作为首席部长的合法性，更不用说担任印度总理候选人。Tommaso Bobbio, Never-ending Modi Hindutva and Gujarati Neoliberalism as Prelude to All-India Premiership?, p. 126.

教派冲突发生的时候，虽然人权主义者和学者强烈要求追究莫迪的责任，但是古吉拉特邦的公共舆论却没有如此强烈的反应，莫迪也能够顺利赢得冲突后的议会选举。在国际舞台上，经过2002年的形象低谷后，莫迪也在逐步改善自己的国际形象。作为古吉拉特经济发展的首席执行官，他倡议召开的活力古吉拉特邦全球峰会已经成为具有全球影响力的经济峰会。2017年峰会吸引了全球100多个国家的2万多名代表参加，因2002年教派冲突而僵化的莫迪与西方国家的关系也开始缓和。

当然，对于古吉拉特模式，不同的人也提出不同的看法。詹夫利洛特曾对莫迪的"古吉拉特"模式提出质疑，认为莫迪的发展模式只关注中产阶级和新中产阶级的利益，而牺牲了广大低等阶级的利益。[1] 公平和效率始终是经济发展中最具争议的一对概念，但古吉拉特经济发展的速度和效率确实为印度人所认可，尤其是在全球化时代，急需经济发展提振士气，帮助印度重返世界大国行列。根据2013年的一项选民调查结果，计划投票给国大党和印度人民党的选民人数相当，都是27%。但在莫迪被任命为总理候选人后，不到一年的时间，计划投票给印度人民党的选民就增加到31%。2014年选举后，有36%的受访者表示愿意选择莫迪做总理。这组数据说明莫迪确实在2014年印度人民党赢得选举中起到关键的作用。[2]

当然也不能过于夸大莫迪个人的作用。首先，印度人民党是意识形态为主的政党，不是依赖领袖个人魅力而存在的政党。其次，印度人民党只是同盟家族的一员，而同盟家族是一个组织严密、分工明确的组织系统，在这个系统内部，各类组织分工合作，互相补

---

[1] Christophe Jafferlot, What "Gujarat Model"? —Growth Without Development—and With Socio-Political Polarisation, *Journal of South Asian Studies*, Vol. 38, No. 4, 2015, pp. 820 – 838.

[2] Pradeep K. Chhibber and Susan L. Ostermann, *Studies in Indian Politics*, Vol. 2, No. 2, 2014, p. 137.

充，个人并不是同盟家族强调的重点。最后，自尼赫鲁去世后，家族政治和个人因素在选举中的作用在逐步下降，拉·甘地身亡后，尼赫鲁家族推不出具有全国威望的领袖，国大党力量的衰落使家族政治更加雪上加霜。自90年代印度联邦政治进入联合时代以来，无论是哪个政党都无法获得社会大多数民众的认可，领袖个人因素和家族传统在印度政治中的影响力越来越弱。

第二，新中产阶级对印度人民党的支持是2014年印度人民党能够赢得大选的关键。

在2014年选举中，阶级因素在选举中的作用受到学者们的关注，阶级因素与种姓因素的交叉与区隔也是学界讨论的重点。所谓的新中产阶级，并没有统一的定义。在2014年选举纲要中有一段话谈到这个阶级，"那些来自贫困阶层，还没有成为稳定的中产阶级的人属于新中产阶级"。学界对新中产阶级的概念也与印度人民党的看法基本一致，认为新中产阶级是从其他落后阶级集团中分裂出来的社会集团，体现了经济因素对传统种姓社会的冲击。[①] 这部分社会力量位于表列种姓与上等种姓之间，规模大，内部结构复杂。曼达尔报告实施十多年后，落后阶级集团内的经济和政治分化更为复杂，其中一部分人社会地位上升至低等中产阶级。在2014年选举中，这部分人对印度人民党的支持率明显呈上升趋势。表4的数据显示，低等阶级对印度人民党的支持率由2009年的19%提升至2014年的31%。在北方邦，低等阶级对印度人民党的支持率上升28%。在比哈尔和中央邦，低等阶级对印度人民党的支持率与上等阶级不相上下。[②] 在曼达尔报告已经将落后阶级的保留份额提升至饱和状态后，他们意识到不可能再依赖政治上的特殊政策提升社会地位，只能依

---

[①] Christophe Jafferlot, The Class Element in the 2014 Indian Election and the BJP's Success with Special Reference to the Hindi Belt, *Studies in Indian Politics*, Vol. 3, No. 1, 2015, pp. 19 – 38.

[②] Christophe Jafferlot, The Class Element in the 2014 Indian Election and the BJP's Success with Special Reference to the Hindi Belt, p. 21.

靠经济政策实现自我提升。所以这部分人更看重候选人的经济背景。莫迪属落后种姓,他本人就是突破种姓限制,依靠个人努力获得成功的范例。莫迪的古吉拉特模式对新中产阶级的关注也使他们看到了希望。他们期待联邦政府推行古吉拉特邦政府在工作、教育、基础设施建设等方面的政策,实现他们的梦想。

表4　2009年和2014年人民院选举主要政党的阶级支持比例(%)

| 阶级 | 国大党 || 印度人民党 || 左派政党 || 社会大多数党 || 社会党 ||
| --- | --- | --- | --- | --- | --- | --- | --- | --- | --- | --- |
| | 2014 | 2009 | 2014 | 2009 | 2014 | 2009 | 2014 | 2009 | 2014 | 2009 |
| 穷人 | 20 | 27 | 24 | 16 | 7 | 10 | 5 | 8 | 3 | 6 |
| 低等阶级 | 19 | 29 | 31 | 19 | 5 | 7 | 5 | 6 | 4 | 5 |
| 中产阶级 | 20 | 29 | 32.3 | 22 | 3 | 5 | 3 | 4 | 3 | 4 |
| 上等阶级 | 17 | 29 | 38 | 25 | 4 | 3 | 4 | 4 | 5 | 6 |
| 全部 | 19 | 28 | 31 | 19 | 3 | 8 | 4 | 6 | 3 | 5 |

资料来源:Lokniti-CSDS, National Election Survey (NES, 2009 and 2014),转引自 Christophe Jafferlot, The Class Element in the 2014 Indian Election and the BJP's Success with Special Reference to the Hindi Belt, *Studies in Indian Politics*, Vol3, No.1, 2015, pp. 20-21。

对于中产阶级来说,效率是核心要素,如果为了经济利益,他们甚至可以抛弃政治上的民主。2007年,社会发展研究委员会(CSDS)所做的一项调查显示,34%的受访者认为莫迪的行事风格专断。即便如此,其中48%的人仍然准备投票给印度人民党。[①]值得说明的是,这项调查并不直接针对中产阶级,中产阶级的比例甚至更高。该组数字表明民主理念在印度的影响力。虽然印度号称是世界上人数最多的民主国家,但印度社会对威权政治并不反感。

2014年选举中种姓政治的分量在降低,阶级因素的影响在提

---

① Christophe Jaffrelot, What 'Gujarat Model'? -Grwoth Without Development- and With Socio-Political Polarisation, p. 833.

高，这符合印度人民党选战的需要。对印度人民党来说，种姓政治造成了印度教内部的分裂，不利于营造统一的印度教选民库。以阶级为分野，印度人民党可以利用清廉、效率等口号争取中产阶级选民的支持，而中产阶级往往是决定选举结果的关键。在2014年选举纲要中，印度人民党提出的很多经济举措，诸如提高就业比例，加强基础设施建设，鼓励私营经济发展都有很强的针对性。针对新中产阶级希望提高生活品质的需求，印度人民党在教育、医疗卫生、住房和公共交通系统等方面都提出了自己的规划和解决方案。

第三，社交媒体战略和多重社会动员手段的使用。

其一，社交媒体战略是印度人民党首要选用的动员手段。群众动员在印度近现代史的发展中占有重要的地位，从甘地的非暴力不合作运动，到纳拉扬的总体革命，再到2011年安纳·哈扎里的反腐败斗争都直接借助民众的力量，尤其是安纳以非暴力的方式成功实现社会动员，使印度人民党也从中看到了群众动员的潜力。在2014年选举中，莫迪领导下的印度人民党大量利用社交媒体Twitter和Facebook来吸引选民。社交媒体的奏效依赖印度选民年轻化程度高，根据2011年的人口统计数据，在7.62亿合格选民中，18—35岁的选民占3.786亿，几乎占选民总数的一半。这些年轻人对信息技术比较敏感，主要依赖电子设备掌握跟踪选举信息。

其二，针对不同的社会集团采取不同的动员策略。近年来针对女性的犯罪比率在逐年升高。根据国家犯罪统计局（National Crime Records Bureau）的数据，北方邦登记在案的针对妇女的犯罪2014年达到337922[①]起，2013年这一数字是309546[②]起，2012年是

---

[①] Incidence & Rate of Crime Committed Against Women During 2014，http://www.ncrb.gov.in/StatPublications/CII/CII2014/Table%205.1.pdf.

[②] Incidence & Rate Of Crime Committed Against Women In States，UTs and Cities During 2013，http://ncrb.gov.in/StatPublications/CII/CII2013/CII13-TABLES/Table%205.1.pdf.

244270起，2011年是228650①起。针对女性的犯罪逐年上升，尤其是2012—2013年增长比率高达26.7%。印度人民党以自己的宗教属性和道德感使女性对其产生信任。

2014年印度人民党的选战就像莫迪本人的两面性，教派主义和发展战略并用。在传统与现代二元矛盾中寻找平衡点是其选举战略的主要特点。在选战中，印度人民党既大量借助电子媒体的迅捷与广泛传播，又利用集会、仪式等传统手段增强政党选战的真诚性与互动性。印度人民党既强调传统文化和传统社会关系的重要性，又强调建设一流印度的迫切性；既迎合上层种姓的需求，又兼顾下等阶级的利益。在教派问题上，印度人民党巧妙地将宗教民族主义和印度文明联系在一起，将宗教民族主义的理念渗透到传统文化体系内，力图使教派问题中性化，掩盖政党在教派问题上极端立场的历史。同时又以发展，尤其是古吉拉特模式向印度乃至世界树立印度的新形象。此外，莫迪作为出身低等种姓的政党候选人，以其平民形象树立印度民主制度深入发展的模板，形成对独立以来国大党家族政治的影射，为印度政治注入新鲜的血液，以此吸引人口占多数的其他落后阶级对印度人民党的支持。印度人民党的选举战略很成功。在2014年大选中获得了282个席位，而国大党却只获得44个席位。②

从印度人民党兴起到取得在中央的执政权，其选举战略主要有如下特点：

其一，上述三种选举战略各自适应了政党发展阶段的需要。首先，是政党建立初期。印度人民党成立的时间虽然是1980年，但是其前身人民同盟自1952年成立以来已经经历了近30年的发展，而

---

① All India Crimes against Women during 2001 – 2012, http://ncrb.gov.in/StatPublications/CII/CII2012/Additional_ Tables_ CII_ 2012/CIIAdditionalTables – 2012. htm.

② Jaffrelot, Explaining the 2014 Lok Sabha Elections – Introduction, Studies in Indian Politics, Volume 3, Issue 1, 2015, p. 5.

且长期奉行印度教教派主义，为了反对国大党的暂时利益，并以印度教政党的身份，于1977年与其他政党联合组成人民党这个政党大拼盘。由于1980年人民党选举失利，人民同盟因教派主义的身份成为替罪羊，其主要成员遂退出人民党，建立了印度人民党。因此，当时人民同盟的政治经验是决定印度人民党建立初期选举战略的关键因素。印度人民党不再是人民同盟的化身，而是要改变其明显的印度教教派主义形象。这一战略具体体现在瓦杰帕伊所提出的五项政策原则上。其次，印度人民党的壮大时期。这一时期的教派鼓动选举战略为扩大政党社会基础以及深化印度教民族主义观念起了重要作用。1984年，奉行温和战略的印度人民党在选举中大败，尤其是失去同盟家族支持的教训，促使印度人民党又转而将意识形态作为建立政党个性的首要任务。阿德瓦尼担任党主席之后，教派鼓动进一步加强，尤其是"战车游行"将各地印度教徒团结起来，并在1989年选举中一举成为议会第三大党，1991年选举成为议会第二大党。依靠教派主义战略，印度人民党也获得了在北方多邦的执政权。再次，印度人民党的调整成熟期。这一时期，政党试图在教派主义和现实的政治经济战略之间寻找平衡。印度人民党认识到，片面强调教派主义的做法无法使自己成长为全国性政党，必须树立政党的新形象。鉴于国大党腐败和政治不作为，印度人民党以发展经济和良治为中心，调整印度教特性政治，调整体现在两个方面。一，对印度教特性概念的调整。印度人民党也提印度教特性概念，但更偏重概念中的传统文化内涵，淡化教派主义色彩。二，加强对经济问题的关注。印度人民党已充分认识到经济问题在政党选举战略中的重要性，继司瓦德西发展模式后，又强调古吉拉特模式，充分说明经济问题在政党选举和国家发展中的重要性。

其二，三个时期的选举战略适应了印度社会的发展变化，尤其利用了国大党的衰落。在建党初期的80年代，印度社会正经历独立以来政治格局分化组合最激烈变动的时刻，国大党也正在全国失去自己的传统优势地位。印度人民党虽然名义上是新成立的政党，但是借助前身人民同盟数十年的政治经历，在教派民族主义政治实践上已经积累了比较丰富的经验。而此时的印度社会是地方主义问题加剧，种姓分化日益严重，种姓政党在逐步兴起。在这种局面下，印度人民党必须采取既不同于前身人民同盟的过于激进的教派主义政治策略，又必须加强与国大党的竞争，基于这两者的需要，该党采取了温和的协调战略。而这一战略有利于刚刚建立的印度人民党的生存。进入20世纪80年代中期，印度社会的教派主义情绪日益高涨，伊斯兰极端势力、锡克教运动和东北部地方运动也愈演愈烈。在这种高度分化的社会运动中，尤其是国大党世俗主义政策日益遭受怀疑的情境下，政党的进一步壮大必须要体现自己的鲜明特色并提出具有号召力的政治理想。此时的印度人民党亦步亦趋，加强了教派主义鼓动，并提出了"印度教特性"。事实证明，它的这一行动赢得了众多印度教民众的欢迎。印度教教派主义鼓动是社会政治动员的有效工具，但教派主义引发的社会动荡又会破坏民众对政党政治动员理念的热情支持。因此，在利用教派主义鼓动达到一定程度时，必然要兼顾现实的政治经济策略。进入20世纪90年代以后，印度经济改革逐渐展开，经济发展所带来的经济利益和价值观念的变化，逐渐将人们的注意力从宗教等问题转到了经济问题上。政党的选举纲领必须要适应社会的变化，因此，在1992年的毁寺事件后，印度人民党重新确立联合政治路线，接着提出了司瓦德西经济民族主义政策。在随后的几届选举中，印度人民党逐步形成以良治和发展经济为核心的竞选纲领。政党的政治哲学中也删掉了印度教特性，政党文件中提到印度教特性时也尽量避免使用容易引发矛盾的字眼，尽量向印度古代文化遗产和传统靠拢，使其含义中性化、温和化。进入21世纪后，印度文明复兴的呼声一直很高。印度人民党也不失时机地在2014年选举中提出"一个印度，一流印度"的口号，强调在全球化深入发展的国际形势下，印度要重拾传统，以传统文化为根基，发展经济，建设一流的世界强国。

其三，三个时期的选举战略都做到了政治策略和教派主义两手并举，只是根据社会条件和政治形势的变化，或者突出政治策略，或者突出教派主义。这种两手并举的选举策略，既逐步稳定了政党的选民基础，同时又逐步深化了政党的政治观念和经济社会思想；不仅保持了印度人民党自身的政治特征，又基于现实政治联合了其他政治党派，从而在与国大党的政治竞争中步步为营，最后取得了与之相抗衡的地位。

  印度人民党通过选举实现了执政的目标，但在执政后如何塑造政府的形象，建立合法性基础？印度人民党执政后，与执政前相比，对宗教民族主义的态度发生了怎样的变化？这就是下面一章试图解决的问题。

# 第四章
# 印度人民党的执政

迄今为止，印度人民党通过选举成功地组建了四届政府。执政不同于选举动员，它意味着政治角色的转换，政治责任和义务都不同于执政前的选举动员。印度人民党执政后的政策发生了怎样的变化？它如何处理教派主义意识形态与现实政治经济发展战略之间的矛盾，这是本章要解决的问题。本章主要从经济、政治、社会文化和外交几个方面着手，考察印度人民党执政后的政策延续与调整。

## 第一节 印度人民党的经济思想及政策

在经济政策上，印度人民党一直主张经济自由化，反对国家干预。在1991年国大党经济改革政策实施后，印度人民党又强调经济民族主义，以经济民族主义与国大党的经济自由化政策区隔。1998年执政后，印度人民党在经济政策上部分延续了国大党的经济自由化政策，部分贯彻并改造了经济民族主义思想，构建了印度人民党的经济政策体系。

### 一、印度人民党经济思想的发展变化

印度人民党的经济思想一方面继承了人民同盟的政策主张，另

一方面又是现实政治和经济发展的产物。在历史发展的不同阶段，印度人民党的经济思想也在发展变化。大致说来，经历了甘地社会主义模式、司瓦德西模式、第二代经济改革思想和古吉拉特新印度发展模式几个阶段。

1. 甘地社会主义发展模式

甘地社会主义思想是在1980年党章的第二款"目标和宗旨"中提出的。在印度人民党的声明中，具体解释了甘地社会主义的主要原则："面包、自由和就业是甘地社会主义的首要原则。印度人民党视这些原则为发展战略的核心，并力图围绕这些原则达成全民族的共识。甘地主义有时被误解为完全依赖'小的就是美的'，或者被误解为限制科学和技术的发展。实际上，在甘地主义的框架中，大工业、中型工业和小工业都有自己的发展空间。只要技术的发展不损害人类的利益，不会成为剥削或者新殖民主义的工具，甘地主义的发展战略就不限制技术的发展。印度文明应该在道德和科学结合的基础上不断向前发展。科学和宗教是可以和谐存在的。甘地社会主义主张在经济活动中全面推行合作体系和委托关系，以取代资本主义和社会主义生产方式。"[1]

这里所说的合作体系和委托关系是甘地在社会实践中形成的一套带有改良主义性质的社会革命理论。这套理论的中心内容是托管说和变心说。在他看来，要解决社会中各阶级的对抗关系，不能求诸于社会政治的斗争，而应设法改变"较之个人习惯更高级的意志"。他认为现代社会制度存在的问题不在制度本身，而在于制度之外的人的意志。因此，对现行制度的变革可以通过感化等措施，使资本家变成劳动者的托管者，使统治阶级自觉地把他们既得的利益让渡给被压迫阶级。[2]

在甘地的经济发展思想中，人是最根本的要素。甘地并不反对

---

[1] A. Moin. Zaidi ed., The Annual Register of Indian Political Parites, pp. 676–677.
[2] 黄心川：《甘地哲学和社会思想述评》，《南亚研究》1985年第1期，第9页。

大工业和现代企业，但强调大工业的发展不能损害人的发展。甘地倡导的印度经济发展道路是依托传统文化，以农业和乡村工业为基础，保障充分就业，实现和谐中的发展。甘地是印度本土文化的代表，印度人民党提出甘地社会主义也是强调自己的印度特色，暗含民族主义的意旨。印度人民党强调甘地社会主义发展模式还有吸引社会底层的意图，人民同盟亲大资产阶级的形象使它很难在下层民众中获得认同感。印度人民党力图以甘地在下层民众中的亲和力和吸引力，获取小资产阶级及下层民众的支持。

20世纪80年代前半期，围绕甘地社会主义，印度人民党在粮食价格、水利灌溉、农村和城市工人的最低消费指数、工人参与企业管理以及调整进口替代政策方面提出了自己的主张。它要求国大党政府重新定位国家发展战略，并迅速采取措施消除经济发展不平衡，以缓和全国各地普遍存在的政治和社会紧张关系。但是在1984年的全国大选中，它却没有因此而获得更多选民的支持，反而招致惨败。20世纪80年代中后期，印度人民党的工作重点转移到鼓动印度教教派主义情绪方面，利用罗摩庙问题大做文章，而对经济问题的关注度降低。对拉·甘地执政时所推行的经济自由化政策，印度人民党只是轻描淡写地反对政府向外资开放市场，反对大规模的举债政策。

2. 印度人民党经济思想的核心——司瓦德西发展模式

进入20世纪90年代，印度经济发展形势发生了很大的变化。因外汇储备危机，1991年，拉奥政府实行以自由化、市场化、全球化和私有化为核心的经济改革政策。这时，国家对外国投资的控制慢慢放松，可口可乐和IBM这些以前被迫离开印度的跨国公司重新又回到了印度。百事、通用电器和其他的跨国企业也积极与印度政府签订协议或者进行接洽，开展投资调查。外资的涌入冲击了本土企业的发展，实力较为薄弱的本土企业以及小企业难挡外国资本的强烈冲击，无法继续经营。经济提速的同时，贫富差距也在拉大。城市工人和贫民工作不稳定，生活更加贫困化；农村大量的小农和自耕农在全球化的冲击下破产，无法经营；同时，经济改革也打乱了社会变迁的正常进程，造成社会矛盾冲突增多，社会道德价值观念扭曲。

国大党的经济改革政策受到中左势力的激烈批评。印度人民党作为右派保守政党，在追求经济自由化上与国大党的经济改革政策目标一致。为了表示与国大党的区别，同时吸引因国大党经济改革政策而利益受损的阶层，印度人民党决定提出司瓦德西经济发展模式，与宗教上的民族主义思潮呼应。

司瓦德西是印度独立运动期间与司瓦拉吉同时提出的概念，意为自产，使用国货。独立后，印度教民族主义力量使用这一概念来体现自己的民族主义经济主张。印度人民党的前身人民同盟就强调建立适合印度的司瓦德西模式的重要性。在20世纪70年代召开的人民同盟工作委员会会议上，人民同盟提出以人为中心的经济发展主张，强调建立自力更生的经济体系，反对接受外援。但是，当时执政的国大党政府也打自力更生的牌，而国大党在政治上的绝对优势地位使印度教民族主义力量的司瓦德西概念没有选民市场。国大党经济改革政策实施后，印度人民党的司瓦德西概念与国大党的经济改革形成对照，成为可以开发利用的政治动员手段，于是它开始大张旗鼓地宣传司瓦德西思想。

印度人民党对司瓦德西思想的阐释主要集中在1992年提出的题为"经济发展的人本主义道路：选择司瓦德西"的经济政策声明中，声明分为15章，涉及思想框架、农业、工业、金融、就业、科技、国际经济合作、人力资源开发等方面的内容。在政策声明中，印度人民党是这样概括总结"司瓦德西"思想的：

> 对印度人民党而言，司瓦拉吉和司瓦德西是紧密相联、不可分割的整体，没有实现司瓦拉吉，就不可能存在司瓦德西，但是，坚持司瓦德西的民族并不只是致力于内在发展，而无法面对日益复杂和富于竞争的外部世界。自信而勤劳的现代民族

所信奉的司瓦德西，能够保证它以平等的姿态和世界交往。印度发展的主要动力来源于本国资本，本国强干的企业家和勤劳的农民、工人。外国资本是有限的，虽然在特定阶段，为了特定的国家目标，它可能是关键性的因素。这就是为什么除了还没有得到充分发展的高科技领域外，印度人民党反对外国资本和跨国公司无限制进入的原因。

印度人民党经济政策的主要组成部分是：利用具有国际先进水平的飞速发展的技术，通过充分就业，实现快速发展；最大限度的自给，但不是完全的自给自足；最大限度地利用本国资源、原料、人力，但在高科技工业领域允许外资适当进入；创造良好的投资环境，使公有企业和私有企业都能够繁荣发展，创造良好的效益和产量；特别关注农业，棉织业和小型工业等落后部门以及妇女、表列种姓、表列部落、落后阶级和地区等社会弱势群体，辅助他们，以便使他们充分参与到国家发展进程中。在印度人民党的经济发展模式中，扶植社会贫弱阶层（**Antyodaya**）一直是我们追求的方向和始终不渝的坚持目标。经济发展不仅是以人为导向的，而且要保持生活环境的舒畅以及生态平衡。……

印度经济发展必须走自由化、工业化和现代化的道路，但必须采取印度自己的方式。我们必须竭尽全力，支持国际知名的科学家和技术专家开展研发工作。印度应该以自己的方式光耀自己。我们需要开发自己的模式——根据国内外经验调整而形成的整体的人道的模式，以满足当今和未来的需要。

印度人民党的经济发展纲要遵循上述模式，也就是人本主义和司瓦德西。[1]

---

[1] O. P. Ralhan ed., Encyclopaedia of Political Parties, Vol. 80, New Delhi, 2000, pp. 220–223.

从上面的概述可以看出，印度人民党的司瓦德西思想是一个包含了民族经济、人本主义、自由化和社会福利内容的综合的经济发展体系。首先，司瓦德西思想强调发展民族经济，除了高新技术领域外，反对外国资本无限制进入国内市场，反对建立和发展全球市场。其次，反对为发展而发展的思想，认为财富并不是衡量社会进步与否的唯一指标。司瓦德西思想认为市场只是经济发展的一个组成部分，是提高生活质量的工具，并不能取代生活。因此，它提倡发展以需求为基础的经济发展模式，反对无限制消费。再次，提倡经济自由化，反对国家过多干预经济，以便最大限度实现最优资源配置。最后，强调社会机构在经济发展中的作用，认为社会机构应该成为社会经济发展和分配体系的主导力量，这些社会机构包括家庭和社会共同体，它们赖以存在的伦理价值体系包括宗教和达摩。宗教和达摩能够约束个人主义、建立良好的社会生活和个人总体生活。也就是说，国家、个人、市场和达摩共同作用，实现社会的经济发展，反对以国家和市场取代这些传统社会机构的作用。

印度人民党的司瓦德西经济思想体系体现了印度人民党的基本哲学主张，也就是整体人本主义所主张的整体、和谐的哲学内涵。归根结底，司瓦德西经济体系强调个人在经济发展中的中心地位：保证每个人的充分就业，保证人的整体进步和快乐才应该是经济发展的主导因素。同时强调经济发展的整体性，也就是说，司瓦德西并不是单纯经济意义上的概念，而是包含经济、社会和文化内容在内的经济思想体系。正如印度人民党经济智囊团的代表人物杰伊·杜巴希（Jay Dubashi）所言："swa 代表司瓦德西或者自给自足，de 代表发展，sh 代表社会和谐。三者是高度统一的整体结构，缺少了其中任何一个支柱，整个体系都将处于只有两个支柱的高度不稳定状态，经济结构也会处于社会不稳定或者停滞中，或者在完全依赖外国资本和飞速发展的通货膨胀中走向崩溃。印度一定不能陷入墨西哥、巴西或者苏联那样的发展困境中。如果陷入这样的困境，除了经历经济和社会混乱外，这些国家不会得到任何的好处。"①

一些经济学家对印度人民党的司瓦德西模式提出质疑，焦点集中在印度人民党的外资政策。全国应用经济研究会会长 S. L. 拉奥在迪恩达雅尔研究所（Deendayal Research Institute）讲演时质疑什么是印度的？什么是外国的？印度有 200 万名零售商销售力士香皂，并以此赚钱养家。它是由印度工人、印度经理、印度主管生产的，包装材料也由印度人生产。全国公共财政和政策研究院主席和计划委员会资源集团的领导 R. J. 切利亚（Raja J. Chelliah）指出印度人民党司瓦德西概念的荒谬。司瓦德西概念反对专业化和国际贸易，根据这一逻辑关系推断，国内众多的邦也可以采取自给自足的方法生产所需商品，而将贸易的大门向其他邦关闭。如果这样，印度的经济发展将会回到中世纪。

在提出 1992 年的政策声明后，印度人民党以经济民族主义为出发点，在国内和国际经济层面对国大党政府的经济政策提出批评。在国内经济发展上，印度人民党对国大党政府忽视国内企业、忽视农业和社会下层的改革政策提出批评。它强调要重视发展中小企业和农业经济，把拉奥政府的自由经济政策称为"通货膨胀和失业模式"，使穷人更穷，富人更富。它指责拉奥政府在农业上的投资不足，忽视了重要的经济部门，声称它上台后要把政府对农业的投资增加到 60%，重点扶持小企业，削减政府开支，控制通货膨胀，使"卢比像喜马拉雅山峰一样坚挺"。② 阿德瓦尼承诺，如果能够在选举中获胜，我们将确保使本地工业成为实力雄厚的经济实体，外资进入消费品工业的数量将受到严格的限制。

在国际层面，它展开了反对全球化运动。印度人民党在 1992 年的经济政策声明中明确提出反对关贸总协定的敦克尔建议。敦克尔

---

① Partha S. Ghosh, BJP and the Evolution of Hindu Nationalism: From Periphery to Centre, p. 286.

② 江亦丽：《印度人民党的崛起》，《当代亚太》1996 年第 4 期。

建议将关贸总协定改名为世界贸易组织，世贸组织将取消发达国家、发展中国家和最不发达国家三类划分中的第二类，这样的规定将置印度这样的发展中国家于不公平竞争的境地。另外，敦克尔建议中所涉及与贸易有关的投资政策、与贸易有关的知识产权和服务业等，都不利于发展中国家的经济发展。印度人民党指出，与贸易有关的投资政策要求我们给予外国公司与我们国内企业同等的权利，这将会导致不公平竞争，不利于国内企业的发展。声明还谈到了敦克尔建议对印度农业和服务业的不利影响。针对上述情况，印度人民党提出了重新谈判的9项建议。在1993年12月18日的全国执委会会议上，印度人民党重申："因为敦克尔建议草案并没有留下部分接受该草案的空间，因此我们对敦克尔建议草案极端不满，并坚决拒绝接受该草案。印度人民党呼吁爱国民众通过游行和示威等方式，支持他们的主张。这样，世界就会知道，虽然印度政府正式同意该草案，但这一决定是违背印度人民意愿的，没有得到全民族的认可。印度人民党将与全国的爱国民主力量互相配合，反对敦克尔建议，为受到来自外部强权威胁的经济和民族主权展开不懈的斗争。"[1] 1994年4月15日，当乌拉圭回合协议在马拉喀什（marrakesh）签订时，印度人民党将这一天描绘为"印度历史上最黑暗的一天"。在1994年6月召开的会议上，印度人民党通过的经济决议强调，无论是尼赫鲁模式，还是拉奥—曼莫罕模式都是从外国输入的，因此不会对印度经济发展产生积极的影响。印度要想实现经济发展，必须采纳以乌帕德亚雅的整体人本主义为基础的司瓦德西经济发展模式。

在1998年的选举中，印度人民党重提司瓦德西口号，指出目前世界经济体系操控在西方建立的世界贸易组织手中，印度人民党要改变这一不合理的状况。对印度人民党而言，司瓦德西意味着"印度第一"……民族发展在很大程度上将依赖民族努力与民族资本和

---

[1] Partha S. Ghosh, BJP and the Evolution of Hindu Nationalism: From Periphery to Center, p. 289.

储蓄……每个国家在世界舞台上，都宣布支持自由贸易，但在实际操作上，他们都强制性推行配额制、关税和其他反倾销政策，以保护其国家利益。不论是美国……还是日本……虽然表面上宣布实行自由贸易政策，但暗地里执行的却是经济民族主义。印度也必须有自己的国家政策。印度人民党在竞选纲领中称，经济发展必须是快速的国内自由化，但在全球化政策上必须加以限制，这样可以给予印度企业7—10年的时间，真正融入全球经济体系中。对外国直接投资，要限制它们在非优先部门的发展，鼓励它们将资金投入出口产业，印度国内市场应该对外资关闭。对于世界贸易组织，印度人民党反对它在农业、小工业、服务业以及专利体系方面的不公平竞争规定。可以说，在执政前，印度人民党的斯瓦德西思想着重强调民族主义的内容。

3. 印度人民党执政期间经济指导思想的变化

印度人民党执政后经济指导思想的变化分为两个阶段。瓦杰帕伊政府阶段的经济指导思想强调竞争和发展，莫迪执政阶段则提出"新印度"的理念。

（1）竞争与发展的经济民族主义

印度人民党经济指导思想的变化在1996年13天内阁时期已初露端倪，表现在财政部部长的选择上。印度人民党政府选择的是非国民志愿团背景的贾斯旺特·辛格，他属印度人民党内部的温和派。辛格获得提名后，极力消除民众对新政权的怀疑。他称，政府是一个连续的实体，作为政党，我们可能存在差异，但是我们会兑现前任政府做出的承诺。

1998年执政后，印度人民党指导思想的变化更加明确，主要表现在司瓦德西释义上的变化。1998年执政前，印度人民党强调司瓦德西思想中经济民族主义的内容以及社会公正与和谐；而在联合政府执政后则强调经济竞争和发展。

1998年执政后，印度人民党尽量避免提及司瓦德西这一具有争议的概念。如2000年金奈会议所通过的决议，既没有提到印度教特性的概念，也没有提到司瓦德西的概念。印度人民党主席克里希纳穆尔蒂（K. Jana. Krishnamurthi）说，强硬的印度教特性阶段已经结束，共识是我们的口号。对于全球化，印度人民党的态度不再像执政前那么强硬，提出全球化是所有人的共识，只有全球化政策，才能有效地解决贫困、发展、环境保护等人类共同面临的问题。

另外，即使提到司瓦德西，对其含义诠释的重点也已经转到经济实力和竞争方面。在1999年的选举纲要中，印度人民党提到要坚持司瓦德西思想，但司瓦德西思想的含义已经发生改变，不是执政前的闭关自守，而是促进国内工业获得足以在本国乃至世界市场与跨国公司竞争的能力。"我们希望国内企业能够繁荣发展，获得国际认可。与此同时，我们也不能完全忽视外国直接投资，因为外资带来的不仅有资本，而且有技术、新的市场经验和更为重要的就业。"财政部部长辛哈说："印度必须成为具有足够竞争力的社会。"随着经济改革政策的推行，部分关税将与亚洲平均水平持平，对印度企业来说，竞争是不可避免的。我们越早学会竞争，就越有利。"司瓦德西实际上意味着竞争，走出去到世界竞争并且取得成功。"[①]

辛哈接受采访时的谈话更系统地表明印度人民党司瓦德西概念含义的变化。他说：

> 这完全依赖于你如何理解司瓦德西。核试验是司瓦德西，因为这些试验使印度强大。现在印度必须成为经济强国以与其军事力量相匹配，成为经济强国唯一的途径就是通过与其他国家的对比检验自己的力量。这就意味着印度要到外部世界竞争或者让外部世界进入印度竞争。我们不能避开世界，而是要走出去，迎接我们有能力竞争的世界的挑战。我理解司瓦德西作为一个基本概念，意味着使印度强大。印度只有在成为经济超级大国的时候才能真正强大，……我们通过竞争而强大。我认

---

① India Today, August 23, 1999.

为竞争是本质。我是竞争的真诚拥护者。我们愿意广泛面对竞争。在核试验后，认为我们会走东印度公司老路，或者认为跨国公司会蜂拥而至，掌管一切，或者认为跨国公司会造成不正当的影响，因此应该限制外资——所有这些想法都是不正确的。司瓦德西、全球化和自由化并不是互相矛盾的概念。我个人认为全球化是实现司瓦德西的最佳途径。[①]

由此可见，印度人民党执政后不再坚持教条的司瓦德西概念，而是适应世界经济发展形势的变化，发展了司瓦德西思想。在经济改革已经取得一定成果的情况下，闭关自守、过多强调人本主义的内容已不适应形势的需要。印度人民党转而开始强调竞争的发展理念、关注外资在国民经济发展过程中的作用。司瓦德西概念中自给自足、发展和社会和谐平衡的态势发生改变，现在为了适应执政的需要，司瓦德西概念所强调的重点是经济发展，通过经济发展实现国家的真正强大。这样的政策倾斜体现了印度经济发展的需要，同时也是印度人民党争当世界强国外交思想的反映。

（2）莫迪的古吉拉特发展模式和建设新印度的理念

莫迪的古吉拉特发展模式在上文已经提及，这里重点讨论莫迪的新印度理念。莫迪在2017年北方邦选举获胜之后的庆祝演讲中首次提出新印度计划。他承诺到2022年将印度建成"新印度"，新印度是为穷人提供机会的国家。"在新印度，穷人不依靠慈善，而是依靠自己的力量实现个人发展……政府可以为他们创造机会，但他们需要自己规划人生，实现自我。"[②]在2017年8月15日红堡独立日演讲中，莫迪明确了"新印度"的概念，将2017—2022年作为新印

---

[①] Baldev Raj Nayar, Globalization and Nationalism, New Delhi, 2001, p.252.

[②] Modi's vision 2022: A "new, inclusive India" for poor, middle class and women, Hindustantimes, Mar 13, 2017, https://www.hindustantimes.com/assembly-elections/election-results-the-foundation-of-a-new-inclusive-india-pm-modi/story-retKz0dyLeZlC5hYgaPkEI.html.

度计划实施的规划期。"在 75 周年独立日庆典之前，我们还有五年的时间。我们要统一信念、凝聚力量、坚定信心、努力工作，对前辈的缅怀有助于我们到 2022 年实现先辈爱国者的理想。因此，我们必须在建造新印度的承诺下努力向前。如果我们每个人，不管身处何地，都能以新的信念、新的能量和新的力量努力奋斗，我们就能够拧成一股绳，在 2022 年 75 周年独立周年纪念日时改变印度的面貌。这将是一个安全、繁荣和强大的新印度。在新印度，所有人的机会平等；在全球竞技场发挥现代科技的力量，带来民族的荣耀。亲爱的国民，我强烈呼吁你们坚守新印度的承诺，勇敢向前。"[1]

莫迪在 2017 年明确提出新印度概念之前，这一概念的雏形已经包括在印度人民党的选举纲要中。莫迪的新印度概念首先强调包容性，统一的印度是国家力量的源泉，不管种姓、集团和宗教，所有的印度公民都属于同一个印度。"新印度最强的力量是民主。但是，我们不应把民主仅仅看作投票箱。民主不能仅仅局限在投票箱。我们的信念是新印度民主制度中的民众不是为体制所驱动，而是民主体制为民众所驱动。这样的民主才应该成为新印度的身份标识，我们要向这个方向努力。"其次莫迪强调公民的行动能力和积极主动参与国家管理的意识。治理好印度的责任不仅在于政府，也在于全体印度公民。"良好的治理应该是我们共同的责任。印度公民应该履行自己的义务，政府也应该履行政府的职能。"[2] 他以放弃汽油补贴和开展清洁运动作为例证，证明在实现良治的过程中，民众的参与是必不可少的。莫迪尤其鼓励年轻人积极向上的行动力。2018 年，新千年出生的一代将步入成年。他用克里希纳激励阿周那战斗的话来激励青年放弃无所谓（Chalta Hai）的态度，用改变世界（Badal

---

[1] Narendra Modi's Independence Day speech from Red Fort: Full text, August 15, 2017, https://indianexpress.com/article/india/pm-narendra-modis-independence-day-speech-full-text-4797253/.

[2] Narendra Modi's Independence Day speech from Red Fort: Full text, August 15, 2017, https://indianexpress.com/article/india/pm-narendra-modis-independence-day-speech-full-text-4797253/.

Sakta Hai)的态度进行思考。

新印度体现在治理层面则是合作联邦制理念的推行。莫迪曾经长期在古吉拉特邦担任首席部长，在中央地方关系上有从地方视角看待联邦制运行的体验。他用兄弟关系来比喻中央和地方的关系。他说："我长时间担任地方首席部长，了解邦在国家发展中的重要性。我知道首席部长和邦政府的重要。因此，我们强调合作联邦主义。现在，中央和地方的关系正朝向竞争性的合作联邦主义的方向发展。你一定看到了所有的决定都是我们共同做出的。"2017年3月，经过中央和邦长期的博弈与协商，议会下院通过了《商品服务税法》，原本独立的中央及各邦税务体制第一次实现了全国统一。该税改方案将原本纷繁复杂的税收体系优化，具有里程碑式的意义。[1]另外，莫迪政府取消了存在长达数十年的计划委员会，在中央地方关系上迈出了重要的一步。

可见，莫迪的新印度概念照搬了古吉拉特发展模式的内容，强调人的积极行动，强调科技的力量，强调管理，建立科技、人、管理和地域一体化的经济发展市场，使印度在全球经济发展中占有一席之地。在莫迪新印度概念中，经济发展是重中之重，通过发挥人的积极主动性来实现经济的快速增长是莫迪新印度概念的核心。

综上所述，印度人民党根据不同阶段政治发展的需要，不断调整经济思想。在执政前，强调本土发展模式和经济民族主义。执政后，印度人民党的经济思想体系则从强调民族主义转向更加强调竞争和经济增长。印度人民党的民族主义经济理念虽然强调民族经济的发展，但不同于同盟家族其他成员的极端民族主义。印度人民党并不反对现代大工业，但认为大机器工业的发展应该以人的进步和发展作为前提，以实现人的快乐生活为中心，做到社会、文化和经

---

[1] Narendra Modi's Independence Day speech from Red Fort: Full text, August 15, 2017, https://indianexpress.com/article/india/pm-narendra-modis-independence-day-speech-full-text-4797253/.

济发展的充分协调。对全球化问题，印度人民党并不反对全球化，但认为国际经济交往应该建立在平等基础之上，主张在保护国内工业的基础上，引进外国资金和先进技术。印度人民党的这种主张与它的重要社会支持基础——印度教极端组织形成对照。印度教极端组织在全球化问题上，持极端民族主义立场，完全反对全球化。它们对全球化的反对基于三个方面的考虑：第一，从经济发展的角度来说，全球化会带来帝国主义的经济掠夺，而这是不利于本国经济发展的。第二，从文化发展的角度来说，全球化会造成对传统文化价值和伦理道德观念的冲击。"美元必然会带来饮料、毒品和迪斯科，货币制度和市场机制必然会带来麦当娜和杰克逊的文化。"[1] 第三，从宗教的角度来说，他们特别担心全球化的发展对印度教可能造成的冲击。他们认为伴随经济活动而来的基督教传教活动，无疑会对印度教民族实体认同造成危害。在两者的对比中可以看到，印度人民党的经济发展思想更多是从印度人民党实用主义的角度，服务于政党的政治发展需要，履行反对党和执政党的政治职责。执政后的经济政策更能反映印度人民党作为执政党，着眼于经济发展和社会进步，根据政治、经济和文化发展的需要适时调整经济政策的实用主义策略。

## 二、印度人民党执政后的经济政策

在强调经济发展和竞争的基础上，印度人民党提出第二代经济改革的经济发展政策。第二代经济改革，虽然早在 1998 年 4 月就由商业部长罗摩克里希纳·海格德（Ramakrishna Hegde）提出，但直到编制 2000—2001 年预算时，印度人民党才明确提出自己正在进行的是第二代经济改革。在 2000 年之前，存在一个相对保守的过渡阶段。

---

[1] Partha S. Ghosh, BJP and the Evolution of Hindu Nationalism: From Periphery to Centre, p. 291.

1. 过渡阶段

在印度人民党首次执掌中央政权之时，鉴于它的经济民族主义思想，印度人民党的财政预算引发普遍关注。在全国民主联盟政府宣誓就职后的第三天，瓦杰帕伊总理以电视讲话的形式发表了新政府的施政纲领。在经济方面，政府的政策是加速国内经济的自由化，放松政府对经济的管制。同时，给予邦在财政上更多的权力。瓦杰帕伊还提出了五项优先政策：十年内使粮食生产翻番；加快社会基础设施的建设；加快包括电力、石油、公路、港口、通信等在内的物资基础设施的发展；实行统一的国家水政策；使印度成为世界通信技术强国。[1]

在财政部部长辛哈提出 1998—1999 年的财政预算后，各界普遍将其称为"司瓦德西式的财政预算"。这种认定主要依据以下三个方面的内容：首先，辛哈在预算中并没有特别欢迎外资的内容。他认为目前对外资的鼓励已经足够，经济发展的关键问题在于解决经济发展过程中的财政赤字。其次，辛哈在预算中强调对本国工业资本和印侨资本的依赖，因为本国工业家和印侨比外国人更忠于印度，更关心印度的发展。其采取的措施包括放宽印侨的投资限制，印侨可以购买国内公司股份的5%，而印侨投资的最高限额从5%增加到10%。同时，政府制定发行印度复兴债券计划以筹集资金，这一计划非常成功，募集了43亿美元的资金，增加了印度对抗国外经济制裁的能力。最后，1998年6月实行附加关税政策。财政部部长辛哈在财政预算中宣布对所有进口商品征收8%的附加关税。世俗主义报纸的分析家和专栏作者一致谴责附加关税是"司瓦德西税"。一个星期之内财政部部长只得将税率压至4%。

辛哈的预算表面上看经济民族主义色彩比较浓厚，但事实上，其措施在很大程度上是以往经济改革政策的延续。例如关税，在前两届联合政府，昌达姆巴拉姆任财政部部长时增加关税的进程就已

---

[1] 文富德：《印度瓦杰帕伊政府加速经济改革》，《国际经济评论》2001年第6期，第53页。

经开始。昌达姆巴拉姆1996—1997年预算已经规定征收2%的特别关税，逆转曼莫罕·辛格的改革。六个月之内，又通过行政命令将它增加为5%。这一逆转其实不仅与改革的政策取向有关，而且与印度联邦制下，中央和地方的税收收入密切相关。在印度联邦制下，中央有自己的联邦税收入，地方也有自己的税收管辖范围。长期以来，由于中央政府和地方政府的财政赤字只升不降，税收成为减少财政赤字的有效手段。在税收中，关税和货物税是其中较大的收入来源。对于中央而言，关税属于联邦税范畴，不在中央地方分享之列。而货物税的征收，一方面受到国内企业的抵制，另一方面也需要在中央和地方之间进行分配。因而，中央政府大多采取暗度陈仓的方法，一方面大张旗鼓地增加货物税，另一方面则偷偷摸摸增加关税。又如，发行印度复兴债券也不是印度人民党的专利，国大党政府在1991年的时候也发行过复兴债券。

在经济政策上，印度人民党实际上也在继续走改革之路。1998年4月13日，印度人民党政府宣布进一步开放经济，政府规定部分消费品可以自由进口，并且对出口导向项目进一步实行自由化政策，以补偿出口下滑。具体的政策包括：取消340种商品的进口限制；进一步简化软件、服装、电子和农业资本产品的进口程序；建立灵活可行的附加价值标准；加快颁发许可证的时间；建立反倾销指导小组；简化许可证审批程序，下放权力并增加透明度；制定稳定的农业出口政策；向私人开放保险业；分配给农业的计划资金达到50%；将政府在非战略性国有企业的股份份额降为26%；解除对煤炭、褐煤和石油的许可证制度。这些内容，除了农业方面，基本上沿袭和延续了国大党的经济改革政策，所以并没有受到媒体和各界的关注。

总体说来，被称为"司瓦德西预算"的1998—1999年预算并没有改变经济改革的大方向。在外贸政策上，它没有排斥外资，在国内政策上继续了国大党的经济自由化历程，同时兼顾社会发展。因此，与其说印度人民党的经济政策转向了经济民族主义的司瓦德西，不如说印度人民党赋予了司瓦德西以新的内涵。这一变化，一方面是由于在新的经济发展形势下，印度人民党领导人确实感到有必要超越以前比较狭隘的经济民族主义思想，于是对司瓦德西做了新的内涵诠释和发展；另一方面印度人民党也没有正面否认这个预算不是自己司瓦德西经济思想的体现，这种融会贯通式的新解释，既可以起到兑现选举承诺的作用，也可以起到为以后经济政策转变铺垫的效果。

就实际的经济政策效果而言，这一时期的经济发展并没有达到预期的目标。尽管政府在国有企业撤资方面取得了一些成就，实现了1000亿卢比的撤资目标。① 但也出现大量的问题，包括金融市场混乱，通货膨胀率高。按照工业工人的消费指数来计算，通货膨胀率达到2倍多，从1998年4月的8.2%增加到1998年11月的18.3%。根据农业工人的消费指数衡量，通货膨胀率更达到4倍多，从4.6%增加到18.3%。② 日用品价格的上涨直接影响到民众的日常生活，这一期间，液化石油天然气的价格上涨33%，煤油价格上涨15%—20%。③ 洋葱通常价格为每公斤6—12卢比，在10—11月，洋葱的价格上涨到45卢比，有时甚至达到60卢比。④

瓦杰帕伊政府初期经济政策并不成功的原因，可以归结为五个方面：

第一，核试验的影响。1998年的核试验导致西方的经济制裁，国外援助和投资大幅减少，造成国内经济发展和消费的低迷。另外，核试验后，为了缓和同西方国家的关系而进行的一系列外交努力，耗费了政府大量的精力，分散了在经济问题上的注意力，未能及时解决经济问题。

---

① http://www.rediff.com/business/1999/oct/25economy.htm.
② Baldev Raj Nayar, Globalization and Nationalism, p. 246.
③ http://www.rediff.com/business/1999/oct/25economy.htm.
④ Baldev Raj Nayar, Globalization and Nationalism, p. 246.

第二，同盟家族内部极端派在经济上的保守态度牵制了政府，减少了国内和国际的投资规模。印度人民党联邦政府在全球化问题上的态度转变遭到同盟家族以及印度人民党组织一翼和议会一翼部分人的反对。他们不满于政府关于保险法案的改革，认为这一法案对外资开放太多，同时也反对印度人民党政府接受世界贸易组织关于专利法的章程。司瓦德西群众阵线的领导批评印度人民党的经济政策偏离了司瓦德西思想，认为政府在美国的压力之下提出的保险法案，是对国家经济自主权的侵犯，不符合国家利益至高无上的原则，要求政府立即停止从事反民族的事业。极端派提出只有采取以人为中心的司瓦德西发展模式，才能摆脱现在从一个危机转向另一个危机的被动局面，发掘印度的潜力，真正成为超级大国。在批评政府政策的同时，他们还展开了积极的行动。1998年11月底，同盟家族的工人组织——印度工人联盟组织了25000名工人在议会前罢工，反对政府的经济政策。国民志愿团、司瓦德西群众阵线和印度工人联盟发动所谓的"经济自主战争"。印度工人联盟的主席R. G. 沙描述了社会下层悲惨的生活状况：工业奄奄一息，创造利润的国有企业被低价出卖。成千上万的工人失业，农民存在恐慌情绪。森林中的原始居民和渔民赖以为生的生活资料遭到掠夺。值得注意的是，印度人民党内也有一部分人强烈反对政府的经济政策。印度人民党全国执行委员会委员、著名的经济民族主义思想家杜巴希在写给印度人民党主席的公开信中称：政府突然来了个急转弯，执行自己的日程表，这一日程表不仅与党的日程表差异很大，而且在很多方面直接对立……政府现在的立场与党在这些问题上的一贯立场背道而驰。[①]他强烈谴责瓦杰帕伊政府的经济政策没有遵守经济达摩。极端派的保守态度牵制了政府经济政策的执行，也对国内外的投资商造成心理压力。

第三，中央各部门缺乏经验。印度人民党第一次真正掌权，作

---

[①] Baldev Raj Nayar, Globalization and Nationalism, p. 254.

为执政党对经济问题的实际处理已不同于在野时的选举动员，喊喊口号。洋葱价格的上涨就与政府有很大的关系。当洋葱价格上涨时，政府并没有实行限制洋葱出口的措施，而等到形势恶化、洋葱供应严重不足的时候，政府又不得不以更高的价格进口洋葱。

第四，联合政治的不稳定。联邦联合政府意识形态各异，主张不一，内部斗争激烈。虽然印度人民党在其中占据主导地位，但没有其他小党的支持，依旧无法掌权。脆弱的联邦政权影响政策的执行和政局的稳定，投资商的热情也因此而减弱。

第五，东亚和东南亚金融危机的影响。另外，1997年的农业减产也对经济发展造成连带影响。

2. 第二代经济改革的主要措施

1999年，印度人民党重新掌权后，就决定进一步深化改革。在2000—2001年的财政预算中，明确提出第二代经济改革的概念。各界对第二代经济改革的概念还存在分歧，有人认为第二代经济改革意味着加速经济改革的进程，有人认为第二代经济改革意味着在改革框架范围内增加更多的部门，诸如农业、保险和信息技术产业，制定更多的经济改革政策，因此应该称其为改革的第二阶段更为合适。虽然各界在概念表述上存在差异，但具体内容都指向继续推进改革，同时纠正第一代改革中存在的问题。

第二代经济改革，在具体政策方面，沿袭了拉奥改革以来的自由化、私有化、市场化和全球化政策。辛哈在2000—2001年的预算中表明政府要进一步完成印度经济的自由化、私有化和市场化。① 财政预算确定年均增长率的目标为7%—8%。在这一总方向之下，又制定了具体的目标：第一，壮大农村经济基础，尤其是农业和相关产业。第二，发挥信息技术、生物技术和药物学等新知识产业的潜力。第三，关注纺织业、皮革业、农业加工和小工业等传统部门的发展和现代化。第四，加快电力、交通、电信等基础设施瓶颈产业

---

① Ruddar Datt, Second Generation Economic Reforms in India, p.70.

发展。第五，增加社会部门、教育、卫生保健等服务性产业的投入和建设。第六，增加出口，提升印度在世界经济体系中的地位。第七，完善财政管理制度，为经济战略的实施提供保障。①

具体说来，第二代经济改革的主要内容包括：

（1）减少财政赤字，增加税收收入

拉奥经济改革时期，虽然试图缩减财政赤字，但赤字不减反增。1991年的政府支出为130.2亿卢比，到1999—2000年增加到293.7亿卢比，增加了126%。② 2001年前八个月，政府的市场借贷达到71.9亿卢比，是全年财政预算77.3亿卢比的93%。③ 邦政府的财政赤字更是突出问题，从1990—1991年到1999—2000年，财政赤字增长了8倍，从1990—1991年的530亿卢比增加到1999—2000年预算的4072亿卢比，占GDP的比例从0.99%增加到2.04%。④ 在邦政府的支出中，非投资性消费陡增，从占邦支出的28%增加到37%。⑤

巨额的财政赤字影响到政府在社会部门和基础设施部门的投资，限制了政府在宏观经济管理上的自由度。因此，瓦杰帕伊政府的首要目标是减少财政赤字。政府的具体政策包括：第一，增加税收收入。通过增加税种、扩大征税范围、调整税收结构增加政府的税收收入。第二，压缩政府开支。通过减少政府雇员和削减利率的方式减少财政支出。联邦政府计划以每年2%的比率削减政府公务员和雇员。按照这个比例推算，中央政府的雇员人数将从2000年3月的377万减少到2002年3月的344万，这样可以有效减少政府的薪金支出，减少财政赤字。2001年3月1日，印度储备银行宣布将银行利率降低0.5个百分点，即降至7.5%。印度国内累计的内债数额是

---

① Ruddar Datt, Second Generation Economic Reforms in India, pp. 3 – 4.
② Ruddar Datt, Second Generation Economic Reforms in India, p. 272.
③ http：//www.adb.org/documents/books/ado/2002/ind.asp.
④ Ruddar Datt, Second Generation Economic Reforms in India, p. 190.
⑤ Ruddar Datt, Second Generation Economic Reforms in India, p. 190.

10万亿卢比，降低0.5个百分比可以为政府节省500亿卢比的支出。①

（2）增加农业投资，发展农业科技，增强农村经济活力

首先，自经济改革以来，政府在农业方面的投资一直较少。1992—1997年，农业部门的计划公共投资额为总投资的64.9%，但实际投资额只有38.3%。其次，农业技术水平较低，产量增长缓慢。印度自20世纪90年代初实行经济改革以来，尽管连续8年风调雨顺，但农业部门的表现还是比较差的。因为政府改革的重点并不在农业部门。由于改革起步晚，许多制约农业增长的结构性和政策性问题还没有解决。改革后农业增长率远低于改革前的水平。从1980—1981年至1989—1990年，即改革前的10年间，粮食作物和非粮食作物产出年均增长率分别为3.54%和4.84%；而从1990—1991年至1997—1998年，即改革后的8年间，粮食作物和非粮食作物产出年均增长率为分别为1.66%和2.36%。②

可以说，农业问题在国大党时期还没有成为经济改革的重点，有限的农业政策也没有得到很好的贯彻执行。而在印度人民党看来，农业是国家实现自给自足与繁荣的基础，因此，印度人民党上台伊始，便积极推动农业改革。在1998—1999年财政预算报告中，农业改革被放在以增长为目标的预算战略的首位。报告表示，要加快农业改革，更好地管理粮食经济。为此，决定把包括粮食在内的生活必需品公共分配体系交由各邦经营，每年粮食收购和供应也由各邦政府完成，印度粮食公司只需保存一定数量的储备粮。这样的措施有利于发挥地方政府的积极性，也使粮食生产和分配流通体系更具灵活性。

为了增加粮食产量，推进农业生产的现代化建设，联邦政府制定了包括资金、研发和结构改造在内的农业改革举措。首先，通过

---

① 孙培钧：《印度当前经济形势与第二代经济改革》，《南亚研究》2001年第1期，第7页。
② Ruddar Datt, Second Generation Economic Reforms in India, p. 391.

合作社、国有银行等机构,增加对农业的资金投入(见表1)。其次,改造农业结构以及农业经济制度中的不合理现象,以改变农村社会的僵化状态,增强农村经济的活力和竞争力。例如,引入价格竞争机制,减少农业补助金等。再次,加强农业科技的研究和推广工作。印度农业研究系统中有3万名科学家,是世界上最大的农业研究体系之一。为了推广农业科技成果的转化,政府还建立了推广管理教育学院和邦一级的农民培训中心及农校,他们负责新技术的推广和对农民的培训。此外,为了保障农业生产,提高农民生产和投资的积极性,政府还制订实施了新的作物保险计划。作物保险计划旨在为因自然灾害和病虫害所造成的农业歉收提供补偿,所有农民都可以加入作物保险计划。纳入作物保险计划的除了常见农作物之外,还包括附加的几种农作物。

表1　　　　　　　　　印度政府农业支出　　　　　单位:千万卢比

| 农业发展支出＼年份 | 1995—1996 | 1996—1997 | 1997—1998 | 1998—1999 | 1999—2000 | 2000—2001 | 2001—2002 | 2002—2003 | 2003—2004 |
|---|---|---|---|---|---|---|---|---|---|
|  | 4849 | 4668 | 3979 | 3870 | 4221 | 3927 | 4969 | 4359 | 5249 |

资料来源:Economic Survey, 2004-2005, p.184, http:/indiabudget.nic.in。

尽管政府制订了一揽子的计划,但农业政策的执行效果却并不尽如人意。农业增速明显减缓。2001年4月,迫于西方国家的压力,政府取消了所有商品的进口配额制度,这样就使农民直接面对国际农产品市场。1995—2001年,部分生产资料因改革开放而价格上扬,与此同时,国际市场上的谷类、糖、黄麻、食用油等价格均有大幅下降,政府的农村补贴又不到位。这样导致农民日益贫困。同时,由于农村信贷网络的瘫痪,政府银行又拒绝向农民放贷,许多农户不得不向私人放贷者举债,以致债台高筑,生活受到严重影响。忽视了占印度人口绝大多数的农民的利益是瓦杰帕伊政府经济改革政策的败笔。2004年大选中，执政联盟在占议会近300个席位的几个农业大邦仅赢得71席，足见瓦杰帕依政府农业政策的成败。

（3）加强基础设施建设

基础设施建设也是印度人民党政府进一步深化经济改革的重要方面。在国大党经济改革时期，基础设施建设发展缓慢。虽然拉奥政府已经意识到加强基础设施建设的重要性，但当时的基础建设费用却在逐年下降，从1990—1991年的5.5%下跌到1991—1992年的4.7%，此后逐年递减，到1995—1996年基础设施建设的投入只占国内生产总值的3.2%。

针对国大党基础设施建设严重滞后的局面，印度人民党政府在电信、能源和交通等部门加大发展力度。政府将在基础设施建设上的政策分为两部分：其一，增大基础部门建设的资金投入，拓宽基础设施建设的融资渠道。对外资开放基础部门；实现基础部门的私有化；加大国家金融机构在基础设施项目上的投资力度；增加中央计划拨款，尤其是对能源部门的拨款。其二，加强管理，包括收费、能源资源管理和能源利用效率管理等。

基础部门改革的重点是电信、电力和国家公路改造计划。在电信业改革方面，1999年新推出的电信政策规定，重组电信局，实行政企职责分开，强化印度电信管制局的管制职能，并将国家网络的运营、维护和发展交由电信业务局负责。至此，印度电信局变为电信业务局，专门负责市场方面的运营，政企职责彻底分开。在管理方面，改变许可证收费机制，由以往的一次性收取变为从每年的运营收益中收取；延长许可证的运营期限，如蜂窝运营者的许可期限从原来的10年延长到20年；许可证的办理交给电信管制局；减少用户终端设备的税率，从80%下降到不足5%；国内长途电话也向私人开放；提高外资进入国内电话市场的股份上限。如对于基本业务，外资比例从原定的49%增加到74%。

在电力改革上，推出2001年电力法案。1998年，中央政府通过的电力法案目的是在电力生产领域引入私人企业，发展竞争机制，增加电量，使费用合理化。1998年电力法案的实施确实促进了电力产量的大幅度增加。但由于电力分配和价格方面存在着不合理因素，打击了私人投资的积极性。于是，中央政府在2001年8月又通过新的电力法案。新法案放松了对电力生产和配送方面的限制，规定如果发电机符合规定的技术标准，不需要申请和获得许可证；电力的输送、分配和商业活动需要得到相关邦委员会的许可，特殊免去许可的除外。但是，农村地区电力的生产和配送，不需要许可证。法案鼓励私人资本的投资，规定电力生产公司可以向任何获得许可的机构供应电力，不一定是获得配送许可的机构。法案规定，成立国家供电调度中心，负责制定邦和地区的电力调度；法案将监督和控制职能从国有的商业公司Grid中分离出来。这些措施有利于私人企业的竞争。在政府的电力措施之下，1999年的电力产量（1999年4—12月）比1998年同期相比增加了7.4%，电力的供应量有了改善。

在交通设施方面成绩最显著的就是大规模的国家公路改造计划：集中的焦点是13250公里国道的治理，包括黄金四角、四条地铁的连接和北南、东西两条走廊。黄金四角部分预计2003年可以完工，整个国家公路发展计划预计2009年可以完成。到2000年8月31日，已有164.1亿卢比的资金投入国家公路发展计划中。现在黄金四角588公里、北南和东西走廊的628公里都已完工，另外还有铁路的建设，等等。联邦政府进一步放开基础设施建设市场，鼓励私人企业投资和投入生产，增加基础设施的供应，起到了很好的效果。

（4）信息产业

信息产业是印度人民党政府优先发展的部门之一。拉吉夫·甘地时期，印度进入与推进新技术有关的现代化新时期，拉吉夫提倡信息技术的政策被称作"信息革命""计算机革命"和"信息化"。信息技术是全球信息体系的一部分，它的重要特征是全球视野。提倡信息技术必然带来全球与民族国家之间的互动，促进各国文化的交流，在这个过程中，西方文化传入所在国是不可避免的。这样的一个发展历程与印度人民党提倡的司瓦德西经济理念正好相左。但印度人民党并没有因为经济理念上的限制而忽视了信息技术产业。在 1998 年选举纲要中，印度人民党提到，虽然印度因为历史因素，在工业革命早期阶段落后了，但现在它正成为全球主要的 IT 大国。印度的计算机科学工作者和教授们——包括在印度国内和国外工作的——以他们的成就展示了印度有潜力成为信息革命时代的领航者。1998 年 3 月上台的瓦杰帕伊政府，明确提出要大力发展信息技术和软件业，并把"努力使印度成为一个世界级的信息技术强国"作为"五项优先政策"之一。1998 年 11 月，瓦杰帕伊总理宣布要通过在学校普及计算机教育实现信息技术革命。政府还采取各种措施计划在 10 年内使印度成为最大的软件生产国和出口国。其中一个重要举措是成立印度软件技术园区。为协调信息技术的发展，政府还建立了信息技术部。在财政投入方面，印度人民党联合政府建立了 2500 万美元的储备资金为融资不足的软件企业提供资助。1999 年 12 月 18 日，瓦杰帕伊在印度工商业联合商会的年会上提出一项要使印度成为"知识超级大国"（Knowledge Superpower）的《五点战略》。这一战略将充分发挥印度目前在信息技术、生物技术和金融服务等方面享有优势的杠杆作用，建立起全球网络，其目的是通过加速发展知识经济来提高增长率。瓦杰帕伊还指出，以知识为基础的工业在新千年里将会为消除贫困和建立公正的社会秩序发挥关键作用。在政府的推动下，10 多年来印度软件业有了快速的发展。1988—1989 年印度软件业总收入不到 5000 万美元，到 1998—1999 年和 1999—2000 年已分别增加到 39 亿美元和 57 亿美元。[①]

瓦杰帕伊政府把经济改革的重点放在技术密集型的软件业等高新技术领域，中产阶级的一部分人因此受益，但经济改革的成果并没有快速惠及广大民众，反而导致他们的就业受到影响，生活水平下降。印度人民党在选举中提出的以人为中心，倡导社会秩序和综

---

① 孙培钧：《快速发展的印度软件业》，《当代亚太》2000 年第 9 期，第 32 页。

合发展的理念，并没有在政策中得到体现。由于没能很好地处理新技术与传统产业的关系、经济增长与人的发展的关系，印度人民党在2004年选举中遭遇失败。

(5) 社会部门改造和劳工立法改革

社会部门的改造涉及整体人本思想中人的全面发展与幸福快乐。印度人民党经济智囊团的代表人物杰伊·杜巴希尤其强调经济发展与社会和谐的重要性。就经济发展本身而言，"竞争市场可能是最好的效率保证者，但并不必然带来平等。自由化和私有化是迈向竞争市场的重要一步，但并不是市场发展的有力保障。市场在人类发展中既不是第一个词，也不是最后一个词。"[1] 也就是说，不能依靠市场经济实现社会平等，政府必须有所作为。为了加快社会部门的改造，政府在2000—2001年的预算中宣布，通过教育、卫生保健和社会服务政策，加快人力资源的发展，尤其关注社会最贫困和最弱势群体的发展。[2] 也就是说，在关注经济效率的同时，也必须兼顾社会平等，尤其是广大底层民众的贫困、失业、失学问题。

在消除贫困方面，印度人民党一方面采取历届政府推行的以经济发展带动脱贫工作，也就是自由主义经济学家所说的"滴漏效应"，这是具有普遍意义的长远措施。另一方面政府也制定了直接针对消除贫困的计划，主要涉及三个方面的内容：其一，制定就业计划，解决农村过剩人口的就业问题。如贾瓦哈拉尔就业计划、EGS、EAS、公共工程计划等。其二，政府提供自我创业的机会。如农村综合发展计划等。其三，通过食物补助和其他救济措施，改善极端贫困人口的生活状况。如公共分配计划、农村住房计划和意外保险计划等。从印度人民党政府的各项措施来看，政府并没有增加在社会部门的投资，而是延续了历届政府的政策措施。

印度人民党虽然强调社会就业，承诺创造就业岗位，但执政后

---

[1] Ruddar Datt, Second Generation Economic Reforms in India, p. 41.

[2] Ruddar Datt, Second Generation Economic Reforms in India, p. 187.

不久，印度人民党的劳工部部长穆尼·拉尔就提出修改《工业纠纷法》。他说，"为适应劳工市场新增劳动力以及经济发展带来的新的挑战，修订劳工法是必需的"①。从新修改的《工业纠纷法》来看，印度人民党对工人权利的保护甚至要低于历届国大党政府。在混合经济体制下，政府使用《工业纠纷法》限制企业业主解雇职工，保护工人的权利。法案规定，雇工100人以上的企业，雇主不能随意解雇员工。印度人民党修订后的《工业纠纷法》，大幅度提高企业的人数，规定1000人以上的企业不能随意解雇企业员工。印度人民党指出，这样的决定是根据经济发展的需要，给予企业聘用上的自由权，有利于企业提高竞争力。这与印度人民党倡导的以人为本的经济发展模式相悖。《工业纠纷法》的修正实际上保护了资方的利益，加剧了劳动者的竞争，增加了失业的风险。也就是说，印度人民党在效率与公正的矛盾中，选择了效率优先的原则，这虽然符合政党一贯主张的经济自由主义，但却与人本主义思想矛盾。

与拉奥经济改革相比，印度人民党政府的社会部门改造措施基本上是国大党政策的延续与发展。在扶贫措施方面，国大党就采取了就业保证计划、贾瓦哈拉尔就业计划、全国社会扶助计划和英迪拉住房计划等。印度人民党政府延续了这些政策，也取得了某些成效。从数字上看，印度人民党执政时期，社会发展方面的支出不但没有增加，反而有所减少。1996—1997年社会部门的支出是170.7亿卢比，1997—1998年是194.8亿卢比，1998—1999年是160.1亿卢比，1999—2000年是178.2亿卢比。② 社会发展支出在GDP中的比重也在逐年下降。从占GDP的6.6%（1985—1990年年均）到5.8%（1990—1995年年均）再到1999—2000年的5.5%。③ 这反映

---

① Deepal Jayasekera, Indian Government to Accelertate Pro-investor "Reform" with Congress Backing, http：//www.wsws.org/articles/1999/dec1999/ind-d07.shtml.

② Ruddar Datt, Second Generation Economic Reforms in India, p. 187.

③ Ruddar Datt, Second Generation Economic Reforms in India, pp. 188—189.

了政府在庞大的财政赤字、基础产业落后、国有企业改造进展缓慢的情况下，社会部门发展支出的捉襟见肘。

（6）外资政策

政府虽然强调保护国内企业，限制外资，但执政后的外资外贸政策却表现出自由化、全球化的趋势。首先，政府放松了对进出口的控制，尽管在1998年年初瓦杰帕伊政府曾拒绝对世界贸易组织关于开放农产品市场的要求做出任何承诺，然而世界贸易组织关于开放所有农产品和消费品市场的新规定，还是迫使印度政府不断放松对进口的限制。1998年，印度政府把340种商品从限制进口名单转移到开放进口许可证名单上，同时还简化了进出口手续。从2001年4月1日起，印度又取消了所有商品的进口配额限制，对进口实行关税化管理。这些商品涉及消费品、农业和资本产品。其实，早在1997年，印度提出逐步放松对进口商品的配额限制，但发达国家不同意。经过协商，世界贸易组织将最后期限延长到2001年3月。印度人民党政府履行了与世贸组织的协议。取消进口配额后，原来规定的只能由小企业生产的800多种商品现在已经失去意义了，小型工业直接面临外国企业的竞争，压力陡增。印度纺织制造协会主席哀叹，进口将导致印度本国纺织工业的灭亡。印度人民党保护国内企业和小企业的承诺也只是一纸空文。

其次，政府大幅度降低关税。从1990—1991年到1998—1999年进口关税从平均87%减为34%左右，从2001年3月起还取消了10%的关税附加税，降低水泥等与基础设施有关的产品进口税，并表示在3年内把最高基本关税降为20%，以鼓励出口。降低关税在一定程度上促进了出口的快速增长。截至1999年，外贸从占国民生产总值的16%上升到21%。以美元计算，1999—2000年，出口增长速度是11.6%，超过了预定的11.3%的目标。2000年4—7月，出口增长率是25.43%，远远超过了预定的2000—2001年18%的目标。

再次，印度人民党政府放松了对外国直接投资的限制。在执政前，印度人民党对外资流入印度持谨慎态度，虽然它并不完全排斥外国投资，但拒绝给予外国投资者优于国内公司的待遇。印度人民党的经济政策支持外国投资用于资本产品部门和高科技产业，但却反对投资于技术含量低的产业，如消费品。执政后，印度人民党为首的全国民主联盟政府在向外国投资者开放更多领域的同时，还在2000—2001年把外国机构投资者对印度公司证券投资占该公司实收资本的最高比例从过去的40%提高到49%。外国对印度非金融公司的直接投资如超过5000万美元，则允许设立外商独资公司，并废除建立独资公司须在印度出售25%股份的规定。印度政府还通过放松对国际收支资本账户的管制，鼓励印度公司对外投资，规定每家印度公司每年可向海外投资5000万美元。2000年年初，政府通过自动调节增加了八个部门的外国直接投资的封顶数额，包括药和医药品（修正的最高限额是74%），控制污染机械（100%），发电厂使用的煤炭和褐煤（50%），矿业和煤炭加工，旅游（51%），采矿（74%），黄金和金刚石的探矿（100%），广告（74%）和电影业（从0到100%）。[1]1999年通过的保险管理和发展法案，允许印度私人保险公司和外国公司进入保险行业。虽然政府将外国资本的限额规定在26%的股份，但允许外国公司进入本身就是对外资管理的放松。

最后，在对WTO的态度上，政府的态度也有所变化。执政前，印度人民党反对国际贸易组织，认为它维护不公平的国际经济秩序，是发达国家控制发展中国家的工具。执政后，印度人民党对国际贸易组织性质的看法发生变化。它认为WTO是管理主权国家之间贸易规则的国际组织，这些规则是通过谈判建立的，WTO的成员国身份要求参加国承担一定的义务，但同时它也为各参加国反不公平行为提供了保护。政府承认，如果没有这些国际规则，发展中国家将会更多地受到富裕国家的支配。

---

[1] Economic Research Foundation，http：//www.macroscan.com/cur/feb00/cur120200SecondGeneration_1.htm.

印度人民党的自由化外贸政策给印度国内企业带来了前所未有的压力，不但国内的中小企业，而且大型企业也感受到由此所带来的巨大压力，甚至在印度创办工厂的外国企业也开始抱怨自由进口二手车所带来的威胁。跨国公司利用先进的技术和优厚的资本，抢占国内市场。[1]

表2　　　　　　　　　　　印度外贸　　　　　　　　单位：百万美元

| 项目<br>年份 | 进口 | 增长率（%） | 出口 | 增长率（%） | 外贸赤字 |
| --- | --- | --- | --- | --- | --- |
| 1991—1992 | 17865 | -1.5 | 19411 | -19.4 | -1546 |
| 1992—1993 | 18537 | 3.8 | 21882 | 12.7 | -3345 |
| 1993—1994 | 22237 | 20.0 | 23306 | 6.5 | -1069 |
| 1994—1995 | 26330 | 18.4 | 28654 | 22.9 | -2324 |
| 1995—1996 | 31797 | 20.8 | 36678 | 28.0 | -4881 |
| 1996—1997 | 33470 | 5.3 | 39132 | 6.7 | -5662 |
| 1997—1998 | 35006 | 4.6 | 41484 | 6.0 | -6478 |
| 1998—1999 | 33219 | -5.1 | 42389 | 2.2 | -9170 |
| 1999—2000 | 36822 | 10.8 | 49671 | 17.2 | -12849 |
| 2000—2001 | 44560 | 21.0 | 50537 | 1.7 | -5976 |

资料来源：Ministry of Commerce, Medium Term Export Strategy。

从印度人民党第二代经济改革的具体措施可以看出，印度人民党的经济政策基本上延续并深化了国大党时期的经济改革方向，体现了该党政策策略的实用性。印度人民党在上台之前，虽然出于选举政治的需要，指责国大党的经济措施不力，但执政后却延续了国大党的政策。例如，国大党统治时期也提出修改专利法草案，但遭到印度人民党的反对。现在，印度人民党则继续了国大党的政策。正如全印国大党委员会副主席J·普拉萨德在接受《印度斯坦时报》

---

[1] Economic research foundation, http://www.macroscan.com/cur/feb00/cur120200Second Generation_1.htm.

采访时所说，印度人民党在选举集会演讲的时候是宗教狂热分子，而在执政的时候，却在执行国大党的政策。① 在社会政策方面，扩展了国大党政策实施的范围，并在一些政策上加强了执行的力度。一些消除贫困的措施也是国大党政策的延续，印度人民党所做的只是数量上的增减，加强了对国大党忽视部分的关注。当然，在某些领域，如保险业、农业、工业和基础设施等方面，印度人民党继续深化了国大党的经济改革政策。因此，印度人民党的经济政策是延续和深化，继续坚持了以自由化、全球化、市场化和私有化为方向的经济改革方向。这也是印度经济发展的方向，有利于增强印度经济的总体实力，加快融入全球经济的步伐。

正因为经济政策有上述变化，印度人民党在同盟家族内受到了强烈谴责。国民志愿团、世界印度教大会和司瓦德西群众阵线等同盟家族的极端派不但反对外国资本的输入，也反对外国技术的输入，反对外国的一切。他们认为安龙和麦当劳这样的"外国掠夺者"，以牺牲印度的利益而谋取利润，不会为印度人们带来好处。② 除了关注经济开放带来的经济方面的负面影响外，同盟家族更关心经济改革所带来的生活方式、价值观念和经济理念的变化。"西方帝国主义不仅对我国工业和农业造成损害，而且使我们疏远了自己的文化遗产。"③ 围绕着印度人民党联合政府的经济政策，同盟家族极端派与印度人民党的矛盾不断激化。同盟家族中主张司瓦德西的核心组织——司瓦德西群众阵线，在阿格拉会议上，宣布要发起反对政府将电子商务和炼油厂完全向外资开放的决定，并称这次行动是第二次独立战争。

印度人民党联合政府顶住了来自同盟家族其他成员的压力，坚

---

① O. P. Ralhan, Rise and Fall of BJP Government, p. 129.

② http://www.organiser.org/march21/swadeshi.html.

③ Partha S. Ghosh, BJP and the Evolution of Hindu Nationalism: From Periphery to Centre, p. 291.

持第二代经济改革政策，并在经济发展上取得了良好的成绩。1998—1999 年印度经济增长率恢复到 6.6%，1999—2000 年和 2000—2001 年分别保持在 6.4% 和 6.0%。2002—2003 年更是达到超纪录的 8%。

### 三、莫迪的改造印度战略

2014 年选举印度人民党以莫迪对印度未来的规划为中心开展选举动员。大选后组建的莫迪政府在经济政策上借用古吉拉特模式的某些经验，继续深化经济改革。莫迪政府采取经济发展和经济管理两手抓的政策，大力推进基础设施建设，实现全国的互联互通，打破地方经济发展的障碍，为各项经济政策的实施创造条件。在经济管理上倡导高效廉洁的作风，利用反腐败、打击黑钱等行动，为中下阶层创造就业机会，改变印度社会发展的严重不均衡状态。他本人也从古吉拉特 CEO 转变为全印 CEO。因为莫迪政府的执政期限较短，经济发展又有延后效应，现在还无法对其执政的经济政策做全面的评估，但从莫迪政府的一系列政策决策中可以对其经济发展理念做一粗略的评判。

针对历届政府在经济管理上存在的诸多弊端，莫迪政府狠抓管理，力图消除联邦对经济管理过死的弊端，打击腐败对经济发展的负面影响。具体措施主要包括以下三个方面：

第一，改变联邦对经济管理过死的局面，解决中央与地方在经济发展问题上的矛盾冲突，改变行政过多干预经济的现状，为自由化经济发展扫清道路。

首先，莫迪政府取消了在印度存在了 64 年的计划委员会，取代计划委员会的是新建立的改造印度国家研究院［National Institution for Transforming India（NITI）Aayog］。印度的计划委员会一直备受诟病，它是根据联邦政府的命令建立的，通常包括三名兼职的内阁成员，全职成员包括不同领域的经济学专家，通常由 3—7 人组成。计划委员会在中央和邦都设有管理机构，负责监督和管理计划委员会规划项目的落实。从性质上说，它既不是宪政机构，也不是法定机构，其成立和运行完全依靠联邦政府的意志。有人指责计划委员会在某种程度上创立了一个平行的内阁，有时甚至超越内阁的权威。莫迪2014年上任后就决定撤销计划委员会，建立改造印度国家研究院。研究院属政府智囊团组织，是为加快经济发展而提供政策咨询和建议的智库。这样就打破了联邦政府依靠计划委员会干预地方经济发展的格局，有利于地方政府灵活地根据地方实际情况制定政策，缓和中央和地方的矛盾。

其次，加强基础设施建设。长期以来，基础设施是印度经济发展的瓶颈，历届政府在基础设施建设上难以取得突破性进展，莫迪以极大的决心推出多个计划来施展其宏伟的蓝图。莫迪上台执政后首先推出"季风计划"，季风计划由文化部牵头，以新德里考古协会作为联系点，英迪拉·甘地国家艺术中心作为研究中心，是一个包括政治、经济、外交、军事、文化等多方面内涵的宏大的战略构想。季风计划原是印度文化部于2014年推出的对外文化合作项目，意图加强印度与东南亚国家的文化和宗教交流。2015年3月莫迪出访塞舌尔、毛里求斯和斯里兰卡时将该计划升级，加入了与古印度洋航线国家政治、经济和军事合作的内容。从战略布局上，"季风计划"为印度未来对外发展谋划了新方向、打开了新空间。[1]

莫迪政府野心勃勃的"季风计划"意欲形成以印度为主导，向东向西延伸的战略空间。"印度将联同非洲、阿拉伯和亚洲沿岸伙伴国共同启动季风计划，迈出世界历史发展具有决定意义的一步。"[2]季风计划以印度为中心，向西穿过伊朗，经阿拉伯半岛至东非，可以实现与非洲大陆的联结。向东则通过马六甲海峡延伸到整个东南亚地区。印度政府称，季风自然现象及围绕季风利用所形成的文化现象和文化交流网络共同构成了季风计划不同的板块内容。季风计

---

[1] 梅冠群：《莫迪主要经济发展战略研究》，《中国经贸导刊》2016年第35期，第41页。
[2] http://ignca.gov.in/project-mausam-3/.

划的目的是在宏观上建构印度洋国家的延伸性的联系，向东直达亚洲东部，向西抵达东非海岸，实现亚非大陆的联结。在微观层面上则聚焦于印度洋地区内国家彼此的合作与文化交流。虽然印度政府极力强调季风计划的文化要素和历史要素，但实际在印度政府的发展战略上，季风计划具有更多的经济因素和外交上的考虑。

围绕季风计划，印度政府规划了宏伟的基础设施建设蓝图。在水路建设上，推出环海水路（Sagarmala）计划。该计划最初是由瓦杰帕伊政府于 2003 年为平衡黄金四角工程而提出的海运上的平衡措施。环海水路项目的推出是为了开发印度漫长的海岸线和工业水道以加快工业发展，节约时间，推动进出口贸易，将印度的海岸线转变为经济繁荣的门户，3 月 25 日内阁批准了该计划。这一项目计划将印度 7500 公里的海岸线和 14500 公里有潜在利用价值的河流航道[①]，通过一些位于国际海运贸易航道战略关键点的港口联结起来，形成贯穿印度内陆河流的海洋环线。海运与陆上交通相比，具有投资少和便捷的特点，且可以发挥联结现有陆上交通系统，实现海陆贯通的衔接功能。为了实现海陆跟陆路交通的连接，印度政府计划投资 8.5 兆卢比建设新的超大型港口，并将现有的港口现代化，通过公路、铁路、多样的园区、管道和水路增加港口的联通能力，提高沿海社区的发展，推动商品出口，创造就业机会，使港口成为沿海地区经济活动的驱动中心，并推高经济的整体发展水平。

与环海水路建设同时进行的是高速公路等陆上交通建设。为此，中央启动了环印高速公路（Bharatmala Pariyojana）、印度走廊和印度货运通道等几个项目，力图建立覆盖全国的高速公路网，缓解现有公路的压力，解决拥堵和货运运输能力不足的问题。环印高速公路是中央启动并且提供资金的高速公路项目，通过新建、改建、联通等方式建立全国联通的公路网络。该项目一期预计 2021—2022 年完成，计划修建公路里程为 24800 公里，再加上全国高速公路项目的

---

① About SagarMala，http：//www.sagarmala.gov.in/about-sagarmala/background.

10000 公里，总长达到 34800 公里，预估投资 53500 亿卢比。[①] 一期项目中投资力度最大的是覆盖印度北部、东北部直至缅甸边界的高速公路项目。该项目的起点位于古吉拉特邦，向北经拉贾斯坦、哈里亚纳、旁遮普、克什米尔邦，然后沿喜马拉雅山一路向西，沿途经过喜马偕尔、北阿肯德邦、北方邦和比哈尔邦的交界地区，再经西孟加拉邦、阿萨姆邦，直到印缅边界的曼尼普尔邦和米佐拉姆邦。高速公路途经的 550 个区中心全部以四车道高速公路联结。该高速所经地区大多数是北方和东北比较落后的偏远地区，这些地区经济落后，也是印度地方力量中离心力较强的部分。政府此举一方面是为了安抚东北地区的分离主义力量；另一方面通过基础设施建设，加强对该地区的投入，将其纳入全国经济发展体系之中，使经济发展的成果惠及这些地区，也可以加强这一地区的国防。

除了以上项目外，印度政府还推出印度走廊项目、国家走廊效益项目、经济走廊等多个基础设施建设项目。为了更好地开展项目建设，2014 年印度政府建立了全国高速公路和基础设施发展公司，该公司属公路运输和高速公路部管辖，负责全国高速公路的施工工作，尤其是东北地区。莫迪政府在基础设施的规划和建设上投入了大量的财力和物力。他希望以基础设施建设带动其他相关经济项目的发展，诸如印度制造、工业走廊、"起飞吧！印度"和"站立吧！印度"等项目。

第二，鼓励年轻人和其他落后社会阶层通过经济发展实现自我提升。

印度创业计划是莫迪总理在 2015 年 8 月 15 日庆祝第 69 个独立日的红堡讲话中谈到的内容，他指出印度必须成为第一位的创业大国。创业计划的三个支柱分别是简化与扶持、资金支持与激励机制、产学合作与培养计划。莫迪政府推出创业计划旨在创造有利的经济生态引导创业，驱动经济可持续发展。为实施创业计划，政府在许

---

[①] https://www.india.gov.in/spotlight/bharatmala-pariyojana-stepping-stone-towards-new-india.

可证和土地许可等方面都适当给予优惠。自 2016 年 1 月 16 日启动以来，政府已推出了几个项目，其中的 19 点印度创业行动计划要在印度建立几个产学中心，方便专利技术申请，并在税收、建立企业的条件和退出机制上提供更优惠的条件。①

"站立吧！印度"是莫迪于 2016 年 4 月发起的支持妇女及表列种姓和表列部落集团企业家的计划。该计划为上述三个社会集团的企业家建立农业外的企业提供一百万卢比到一千万卢比的银行贷款，②以金融支持、技术培训和指导等举措，提升社会弱势群体的自我创业和发展能力。

第三，反腐败和打击黑钱的废币政策。2016 年 11 月 8 日晚 8 点，印度总理莫迪通过电视向全国发布重要公告：为打击黑钱、假钞、反腐和打击恐怖主义，500 卢比和 1000 卢比面值的纸币将从午夜 12 时后停止流通。这意味着现在市场上流通的货币 86% 要被回收。各界对于政府的废币政策存在不同的看法，《废币与黑钱》一书的作者 C. 雷迪认为，政府的废币行动更多是政治上的赌博，而不是经济上的决定。原因是废币政策出台后经济效果极其有限，但废币行动却让莫迪成功地传达了自己的政治意图，民众视他为反腐败、打击黑钱的英雄③。莫迪政府的经济部长贾特利却认为政府在经济上发起的废币行动是成功的。在上院回答反对党的质疑时，他称个人所得税部门展开了超过 1100 项的研究和调查，发现瞒报的收入达到 540 亿卢比。他称发现 180 万人的缴税情况与银行存款数额不符。④世界银行等国际组织也对印度废币行动的经济效果持乐观看法，认

---

① https：//www.startupindia.gov.in/content/sih/en/startupgov/about-us.html.

② https：//www.standupmitra.in/Home/AboutUs.

③ Demonetisation more of a political gamble', https：//www.thehindu.com/news/national/demonetisation-more-of-a-political-gamble/article17998493.ece.

④ Undisclosed income of Rs 5,400 crore detected post-demonetisation：Jaitley, https：//www.deccanchronicle.com/nation/current-affairs/120417/undisclosed-income-of-5400-crore-detected-post-demonetisation-arun-jaitley.html.

为废币行动会在短期内对经济发展产生负面影响，但从长远来看，废币行动会加速金融普及工作，增加透明度。[1] 虽然印度经济增长率因废币行动而有所下降，民众在废币行动中经历了种种的不便与经济上的损失，但在时报集团所做的民意调查中，仍有21.9%的被调查者认为废币行动是莫迪政府做得最成功的一件事。[2]

莫迪的经济发展战略与选举和外交上的大国战略联系密切。从印度人口结构来看，年轻人在印度总人口的比例偏高，莫迪的印度制造、创业计划、技术培训等项目直接针对这部分有潜力成为印度人民党选票基数的人群。社会弱势群体占总人口的37%[3]，莫迪的一些经济政策的制定专门针对这部分人群。对于民众深恶痛绝的腐败和官僚主义作风，莫迪也针对性地提出了一系列的改进措施。例如废币政策，减少审批程序，推行电子化经济行为等，这样的政策措施深得中产阶级选民的青睐。在基础设施建设上，莫迪政府经济发展与国防建设兼顾，尤其是加强东北地区的基础设施建设，巩固国防的意图非常明显，这与莫迪政府争当世界大国的外交战略有不可分割的关系。

综上所述，印度人民党的经济思想和政策与政治发展，尤其是选举政治紧密相连。在初建时期，印度人民党力图摆脱教派主义政党的标签，在经济政策上主张甘地社会主义，企图以此赢得中产阶级下层的支持，但是1984年选举的失败使印度人民党在经济问题上所下的功夫日渐减少，转而以挑动印度教教派主义情绪来增加政治

---

[1] PTI, Demonetisation will have positive impact in long term: World Bank, https://www.deccanchronicle.com/business/economy/180417/demonetisation-will-have-positive-impact-in-long-term-world-bank.html.

[2] Mega Times Group Poll Lok Sabha Election Opinion Poll 2019 by Times Group, https://www.opinionpoll2019.in/mega-times-group-opinion-poll/. Mega Times Group Poll | Lok Sabha Election Opinion Poll 2019 by Times Group, https://www.opinionpoll2019.in/mega-times-group-opinion-poll/.

[3] Mahesh Rangarajan, Polity in Transition: India after the 2014 General Elections, EPW, Vol. 40, No. 32, 2005, p. 3599.

资本。1991年，拉奥政府实行经济改革后，经济问题的关注度增加。针对拉奥经济改革政策出现的问题，印度人民党不失时机地提出了经济发展的司瓦德西模式，以吸引中产阶级、小资产阶级和下层选民。但1998年执政后，印度人民党对司瓦德西思想的解释却发生了变化，由强调民族主义转向强调经济效益，强调竞争理念。在早期它所反对的专利法改革、保险法改革等问题上也继承了国大党的政策，继续深化改革。2014年执政后，印度人民党更是以经济问题为中心，通过深化改革与经济管理结合的方式，加强基础设施建设、反对腐败、打击黑钱，以使经济改革成果惠及普通民众。同时，在制造业、高新产业等领域增加投入，采取激励措施鼓励创业，提高就业率，使印度成为制造大国。印度人民党在经济发展思想上的变化和经济举措表明它并不是顽固坚持传统的基要主义政党，而是实用主义的现代政党。

印度人民党调整经济发展思想和政策，继续深化国大党政府和联合阵线政府时期的经济改革和全球化政策，主要是由以下因素决定：第一，印度议会民主制的政治制度以及联合政府的组成。议会民主制政党之间的竞争和监督决定印度人民党不可能一意孤行，况且印度人民党领导的仍然是一个联合政府，政府内部各政党之间在意识形态以及具体政策方面仍存在不同的看法。国大党作为一个百年老党依旧有很强的竞争实力，仍在一旁虎视眈眈地行使自己作为第一大反对党的监督责任，为以后获得掌权机会而努力。

第二，经济改革政策是大势所趋，也是印度人民党贯彻大国思想、挑动民族主义情绪所必需的。国大党的经济改革已经实行了20多年的时间，国民的价值观念和经济思想也随着经济改革的发展而发生变化，发展经济已成为各界共识。虽然在改革的措施、时间，改革的次序、步伐，以及改革的影响等方面还存在争论，但从独立后经济发展的历史过程来看，改革是不可逆转的发展趋势。独立初期，在自力更生思想的指导下，印度采取发展大工业，保护民族产业，实行高关税和减少进口的经济发展政策。英·甘地时期的经济发展政策则更多受到政治权势的影响。为了政治权力斗争的需要，她宣布实施著名的二十点计划，实行紧急状态，对经济问题的解决缺乏系统的发展思想，导致印度教徒式的经济增长速度。直到20世纪80年代，印度经济的发展一直缺乏活力。随着世界形势的变化，自拉·甘地时期，印度开始了经济调整，经济发展逐步进入快轨道。1991年，外汇危机使改革势在必行。在拉奥政府推行自由化、市场化、全球化、私有化的改革后，印度经济发展速度明显提升，民众也受惠于经济改革，但在改革初期还存在诸多问题。印度人民党执政时，改革的趋势不可逆转。因而，印度人民党也发展了自己的经济民族主义思想，强调竞争和发展。对印度人民党来说，实现大国战略，复兴古代印度文明一直是其印度教民族主义意识形态的一部分。经济是一个国家综合国力的重要指标。在全球化、自由化的国际环境中，印度人民党要实现上述抱负，必须增强经济实力，这也体现了印度人民党政治战略中的实用主义特色。

  第三，印度人民党领导人在经济改革问题上的坚决态度。在推行经济改革问题上，印度总理瓦杰帕伊态度坚决。1998年瓦杰帕伊组阁的时候，国民志愿团和瓦杰帕伊之间在任命何人为财政部部长这一问题上，发生分歧。瓦杰帕伊力主贾斯旺特·辛格担任财政部部长，辛格主张继续深化自由化改革，进一步融入全球经济。而国民志愿团则对辛格任该职表示不满。1998年3月20日，瓦杰帕伊出席国民志愿团班加罗尔全国执委会会议。在会上，瓦杰帕伊与国民志愿团最高领导人苏达善进行了广泛而深入的探讨。之后，国民志愿团德里分部的领导坎特（Kanth）说："虽然我不知道他们讨论的是什么，交换了哪些观点，但最后的决定权是瓦杰帕伊。"[①] 后来，印度人民党和同盟家族在这一问题上达成妥协，任命双方都可以接受的辛哈为财政部部长。另外，瓦杰帕伊在1999年组建的经济咨询委员会的成员很多来自在国大党政府内任职的经济学家，他们在经

---

[①] Eebashish Mukerji, Patriarchal Prod, *The Week*, April 12, 1998.

济发展问题上持比较开放的自由主义主张，如 I. G. 帕特尔（曾任前伦敦经济学院院长）和 M. 纳拉辛姆哈（曾在世界银行和国际货币基金组织委员会中任职，是亚洲发展银行的副主席）。而印度人民党经济智囊团的代表人物、支持经济民族主义的杰伊·杜巴希却被排除在外。莫迪在就任联邦总理前，曾在古吉拉特邦担任三届首席部长，被外界称为古吉拉特邦的 CEO，在经济改革上有丰富的经验。

　　第四，这也是印度人民党两手战略的特点所决定的。印度人民党作为现代政治组织，一方面要制定政策纲领动员群众，另一方面必须适应社会环境变化调整政策。印度人民党虽然是利用教派鼓动和经济民族主义观念进行政治动员，但执政以后必须在现实的经济改革方面有所作为。而且，随着形势的变化，必须赋予以往经济民族主义思想以新的内涵，既不能僵化思想，也不能违背国内外新的经济发展趋势。正如阿德瓦尼所言："没有任何经济哲学应该成为教条。印度人民党信奉司瓦德西，司瓦德西实质上意味着印度依靠自己发展经济，但它并不一定意味着仇外或者认为外国所有东西都是坏的。"[①]

## 第二节　印度人民党的政治文化政策

　　印度人民党以文化民族主义起家，依靠教派鼓动在政治上迅速崛起，它在社会文化领域持保守观点，主张恢复传统印度教文明的价值理念和一统地位。在宗教政策上强调所有的宗教平等，反对给予宗教少数派特殊的优待政策。瓦杰帕伊政府执政后，以维护国家稳定为中心，在联邦和邦的关系、寺庙之争问题上采取实用主义的策略，有效地处理和缓和了在宗教热点问题上的矛盾。莫迪政府上台前，虽然在印地语国语地位、克什米尔宪法 370 条特殊规定等一

---

[①] Baldev Raj Nayar, Globalization and Nationalism, p. 251.

系列问题上表达过激进的观点，但执政后并没有制定极端的政策，反而以比较稳健的态度解决在印度教特性问题上面临的诸多难题。虽然两届政府都较好地解决了在争议较大的教派问题上的矛盾，但文化教育是服务于政治意识形态的工具，所以两届政府都企图在文化教育领域瞒天过海，暗地宣传和灌输印度教民族主义意识形态，这充分展现了执政党的文化教化功能。下文就印度人民党在修改历史教科书上的教派主义取向和对古吉拉特教派冲突的个案研究，考察作为执政党的印度人民党在印度教化政策上的继承与变化。

### 一、教育和文化领域的教派主义导向

印度人民党问鼎中央政权后，在文化教育问题上可谓倾注了大量心血。因为文化教育历来是当权者教育公民、灌输统治者意识形态、增强国家凝聚力和维持政治系统运作的有效手段。印度人民党的意识形态核心是印度教民族主义，但它领导的是联合政府。为了能够维持联盟内部的政治合作关系，在印度教教派主义问题上，它不得不采取分别对待的方式。对于在巴布里清真寺原址建罗摩庙等敏感问题，它不得不小心翼翼，按兵不动。而对于政治敏感度相对较低的文化教育领域，印度人民党则试图暗度陈仓，以教育作为贯彻印度教意识形态的试点，达到进一步推广的目的。

1. 教育机构和教育政策的印度教教派主义化

印度人民党属意识形态政党，印度教民族主义在其崛起的过程中发挥了重要的作用。执政后，印度人民党也需要印度教民族主义思想来增加其执政的合法性，以便为稳定执政和各项政策的推行创造条件。为此，印度人民党在教育领域采取了一系列的措施，为贯彻印度教教派主义日程创造条件。

首先，在教育文化机构领导人的任命上非常看重其是否认同印度教民族主义意识形态。1999年组建政府后，印度人民党决定将人类资源部的两个高级职位留给印度教强硬分子——莫利·曼诺哈·乔希和乌玛·巴尔蒂，这两个人均参加了1992年毁寺事件。在大学

和研究机构也采取同样的标准任命学术机构的行政管理人员和研究人员。泰加（Taneja）在文章中描述了印度人民党执政后大学和研究机构人员任命和行政管理上的乱象。在印度人民党邦执政时期，德里大学的独立治校原则遭到践踏，诸如学术委员会这类法定机构的运作和作用也被人为扭曲。行政管理机构充斥着同情教派主义意识形态的人，其他大学也有类似的情况。这些人或者没有学术成就，或者任人唯亲。教师岗位的认定也采取同样的标准，严重妨碍到大学正常的教学秩序和教学质量。[①] 喜马偕尔邦的三所大学都由国民志愿团的工作人员管理，任命教员的依据不是学术资格证书，而是依据其是否认同印度教民族主义意识形态。一些持世俗主义立场的人被排除在重要的教育机构之外，如联邦教育部所属国家教育研究和培训委员会（NCERT）改组的过程中，三位著名的历史学家罗米尔·塔帕尔、比潘·钱德拉和萨蒂什·钱德拉皆因世俗主义立场而被排除在委员会名单之外；一些同情印度教特性的工作人员则被安插到教育和科研机构中。

为了达到修改历史为印度教教派主义意识形态服务的目的，印度人民党不但修改印度历史研究学会（ICHR）的目标，而且改组学会的人员组成。印度历史研究学会成立于1972年3月27日，是一个由27人组成的独立团体，其宗旨是为历史学家提供一个交流的平台，为客观、理性地展现和解释历史提供全国性的指导，是历史学科的权威领导机构。在印度人民党掌权和乔希被任命为人力资源发展部部长后，则提出了"客观、民族地展现和解释历史"的新目标。"民族"代替了"理性"，而印度人民党的民族实际上等同于印度教民族，带有很强的教派主义色彩。这一修改意味着对作为学校教育指导思想的世俗主义观念的否定。

---

① N. Taneja, BJP Assault on Education and Educational Institutions, 转引自 Edited by Katharine Adeney and Lawrence Saez, *Coalition Politics and Hindu Nationalism*, London and New York, 2005, p. 165。

印度历史研究学会人员组成的变化更是体现了印度人民党的教派意识形态色彩。几十年来，印度历史学会都是由马克思主义学者控制的。在1998年印度人民党上台后，这些学者或者因为连任期满，或者因为退休而被排除在学会名单之外。一批认同印度教民族主义意识形态的学者进入学会：其中有三位曾经在世界印度教大会中任职，有一位是国民志愿团地方分支的领导。这意味着印度教教派主义者的研究模式将成为历史研究的主导范式，印度人民党作为执政者进行政治教化的意图非常明显。

2014年莫迪政府上台伊始就任命拉奥（Y. S. Rao）担任印度历史学会的主席，拉奥本人的研究能力并不突出，但因为主张印度教教派主义历史观而得到印度人民党的赏识。在一次访谈中，他谈到自己对两大史诗历史地位的认识。"有观点认为《摩诃婆罗多》或《罗摩衍那》是神话故事。我不认为它们是神话故事，因为它们是在特定历史时间撰写的。……历史属于人民，人民创造历史。《罗摩衍那》对印度人民来说是真实的，是印度数代人的集体记忆。我们不能说《罗摩衍那》或《摩诃婆罗多》是神话。神话是西方人的观点。"[1] 任命认同印度教意识形态的拉奥为历史学会的主席，印度人民党以政治发展的需要控制学术研究的意图表露无遗。

其次，在机构和大学推行印度教化的教育理念。在1998年10月22—24日召开的邦教育部长会议上，印度人民党小心地伸出了自己的教派主义触角，感受当时政治的风吹草动。乔希是会议的主角，他提出教育应该"印度化、民族化和精神化"。这实际上是在暗示独立以来的世俗主义教育是对本土文化的否定，而现在印度人民党要纠正这一错误的倾向。具体措施是加强道德、精神教育和古代文化传统梵语的学习，以保证本民族文化的继承和延续。但是，这些建议并没有得到其他政党的认同。会议一开始，因反对歌唱敬拜印度

---

[1] Greg Bailey, Indology after Hindutva, *Journal of South Asian Studies*, Vol. 37, No. 4, 2014, p. 705.

教知识女神的赞歌，比哈尔邦、西孟加拉邦、特里普拉邦、泰米尔纳杜邦、本地治理、旁遮普邦、奥里萨邦、喀拉拉邦和卡纳塔克邦的教育部长离开会场以示抗议。而且，他们反对将印度教经典列入学校必修课程。

2000年11月，国家教育研究和培训委员会确定的课程体系也引起争议。委员会认为国家的教育体系必须建立在本土哲学和文化传统基础之上，因此强制推行课程的本土化，充分认识和了解印度丰富的知识和文化遗产以及它对世界文明的贡献。课程体系中还专门谈到宗教，认为宗教不是价值的唯一来源，但却是产生价值的一个主要来源。因而，委员会提倡宗教教育，以了解宗教的教义及其所蕴含的价值观念。反对党一致认为这是贯彻国民志愿团狭隘民族主义教育思想和意识形态的课程体系，认为这样的教育课程体系反映了乔希所提出的"印度化、民族化和精神化"。

2001年年初，印度大学拨款委员会的12名成员一致决定，在一些大学设立"吠陀占星术"专业，以便为研究印度教数学、气象学、农业科学和空间科学等提供新的视角。年底，委员会批准在大学设立占星术专业，并允许授予学士或硕士学位。委员会还决定，向被批准设立这一专业的大学提供两千万卢比的研究资金。但许多知识界人士对此持反对态度，他们认为占星术是迷信。核物理学家纳拉西姆哈亚指出，占星师的预言有时会应验纯属瞎蒙，因为一只不走的钟一天里也有两次显示正确的时间。反对党也纷纷对政府的这一决定表示不满，他们举行集会，抗议印度人民党在国家教育政策上的教派主义化倾向。

2014年，企鹅出版社印度公司迫于压力决定停止销售温迪·多尼格（Wendy Doniger）所著的《印度教徒：另类历史》一书，因为有人认为该书充满了对印度教的歪曲，是对印度教宗教信仰的亵渎。有人对政府的禁售提出质疑，禁售后依旧可以买到复印本，而且网上也流传有电子版，这样的禁售没有意义。对于印度人民党而言，它建构的意识形态不容置疑，而反对者则认为下等阶级和边缘集团的声音应该有表达的渠道，倡导一种不同于婆罗门—殖民者的另类研究范式。在印度人民党看来，学术研究与政治发展是不能截然分开的，将学术研究政治化正是印度人民党控制意识形态的手段。

印度人民党在教育和文化领域的印度教教派主义色彩，在北方各邦反对的声音较小，而在东部、南部等与印度教文化存在较大差异的地区则引起地方力量的强烈反对。从根本上说，印度自古以来就是多元统一的国家，印度文明的特点即在于其兼容并蓄，融会贯通的多元主义文化体系。印度人民党作为印度教民族主义政党，在文化教育领域推行单一的印度教文化，忽略其他社会团体的感情和丰富的文化遗产，既有悖于印度传统的包容精神，又体现了其偏狭的政治动机。

2. 修改历史教科书

印度人民党教育政策教派主义化引发争议最大的是修改历史教科书。作为教育领域修正行为的一部分，人力资源部一直将历史作为修订行为的重点，因为历史直接关系到印度人民党印度教民族主义意识形态建构的基础，决定了印度人民党诸多理论是否站得住脚。而印度大多数有声望的历史学家在历史问题上的观点与同盟家族对历史的解释不一致。

历史教科书作为印度人民党贯彻印度教教派主义意识形态的重要工具，历来受到它的重视。20世纪50年代，在人民同盟的选举纲领中屡次提到历史问题。1977—1979年人民党执政时期，政府以一些教科书伤害了印度教徒的宗教感情为由，考虑撤销这些教科书，但在面临全国范围的抗议活动后，政府取消了这一决定。

印度人民党自1980年建立以来，依然把修改历史教科书作为其既定政策的一部分。1991年选举，印度人民党在北方四个重要的邦取得执政地位，便立即着手将历史教科书的修改付诸行动。印度的教育体制采取中央和邦共同管理的形式，但以邦管为主。中央政府的主要责任是为普及初等教育和发展中等教育提供财政支持。邦政府则承担提供财政支持，维持教育发展规模，支持地方政府管理辖区内的教育的责任。这样的管理体制使印度人民党能够在少数邦取得执政地位时贯彻自己的教派主义意识形态。他们在历史教科书中加入倾向于印度教的史实，为现实的政治和宗教斗争服务。例如，对印度教和伊斯兰教存在争议的巴布里清真寺，北方邦政府教科书公司印刷和发行的历史教科书是这样描述的："巴布尔的将军，米尔·巴奇在被毁神庙原址建立了一座清真寺。"又如，为了加强印度教意识形态教育，将倡导整体人道主义的乌帕德亚雅的著作以及认同印度教教派主义意识形态的拉吉德拉·辛格和 K. 苏达沙的稿件都列入教科书中。

1998 年印度人民党在联邦执政后，开始着手实施修改全国历史教科书的计划。2001 年，国家教育研究和培训委员会（NCERT）任命迪纳那斯·巴特拉审查目前学校正在使用的历史教科书。巴特拉是同盟家族知识协会的领导人，是印度教政治和文化意识的积极倡导者。

巴特拉在 2001 年 8 月 15 日出版的题为"印度化的敌人"的报告中，列出了 41 本教科书中的"失真"内容。例如，他在审查报告中写道："六年级的教科书、萨蒂什·昌德拉的《印度中世纪史》贬低了早期拉其普特人和其他印度教团体的贡献"，"书中有 222 页完全充斥着对穆斯林历史的描述"。巴特拉还对目前使用的历史教科书中某些"令人反感"的陈述进行反驳。例如，萨蒂什·昌德拉的书中提到："阿克巴时期建立的高效行政体系有助于莫卧儿人在以后 150 年的时间里保持稳定。"巴特拉反驳道："这是对莫卧儿帝国夸张的溢美之词。奥朗则布统治时期，莫卧儿帝国十分混乱，莫卧儿帝国的稳定至多持续了 100 年。"又如，上书中提到："在宗教事务方面，海德·阿里和提普·苏丹不但政策开明而且胸襟宽大，因此他们赢得了民众的支持和忠心。"巴特拉反驳道："书中没有提到他们犯下的残暴罪行，这是一个非常矛盾的命题。而且，要赢得所有臣民的忠心和支持是不可能的，甚至罗摩治理下的国家都有反抗者。"①

以巴特拉的报告为基础，根据乔希在 2001 年 10 月 6 日发布的命令，NCERT 以及中等教育中央委员会联手从目前使用的历史教科书中删除了十处"令人反感"的部分。乔希宣布，以后所有的教科书都应该事先通过宗教领袖的审查，以确保书中不会出现反宗教的内容。10 月 23 日，由中等教育委员会会长 G. 巴拉苏布拉曼衍签名的公告分发各校。公告要求各校确保不在课堂讲授历史教科书中被删除的内容，也不能在测验或考试中向学生提出相关的问题，甚至不准在课堂上讨论这些问题。这次的修改体现了印度人民党的偏狭立场。1977 年联邦政府在修改历史教科书时还咨询了历史学家，而这次修改历史教科书公众并不知晓。

这次修改的对象主要是四本教科书，即罗米尔·塔帕尔的《印度古代史》；R. S. 夏尔玛的《印度古代史》；萨蒂什·昌德拉的《印度中世纪史》和阿琼·德维的《印度现代史》，删掉了这些书中与印度教教义或者印度教教派主义观点不符的部分。概括起来被删掉的主要有以下这些内容：

第一，关于食牛肉。学者们阐述，"牛肉事实上是荣誉的象征，用来招待尊贵的客人（虽然后来的岁月中，禁止婆罗门吃牛肉。）"。"人们饲养绵羊、山羊、猪和水牛，并且猎鹿；……人们肯定吃牛肉。但是他们在一些盛大的场合并不吃猪肉"。②"牛群的数量在慢慢减少，因为母牛和小公牛被用于众多的吠陀祭祀。"③"……实际上，用牛肉招待尊贵的客人是荣誉的象征（虽然后来婆罗门禁止吃牛肉）。一个人的生命与 100 头牛的价值相当。如果一个人杀死了另

---

① The Telegraph, November 24, 2001.
② Ram Sharan Sharma, Ancient India, p. 45.
③ Ram Sharan Sharma, Ancient India, p. 40.

外一个人，作为惩罚，他要给死者家属赔偿 100 头牛。"① 牛是印度教的圣物，具有重要的象征意义，而这些叙述在印度人民党看来是对其禁止宰杀母牛主张的恶意攻击，也是对政党政治和社会利益的侵犯，因此坚决主张删除。

第二，关于种姓制度。这是印度社会的重要特征。它以职业的干净与污浊作为划分依据，将社会分为四大种姓。印度教徒，尤其是上等种姓认为，种姓只是职业的划分，种姓的差别也只是职业的不同，与政治经济利益无关，并不存在社会等级观念和等级之间的剥削压迫。而历史教科书的描述无疑与此不同："所有这些规定都是为了确保吠舍能够从事生产和纳税，首陀罗作为劳动者进行服务，而婆罗门则成为僧侣，萨帝利成为统治者。""低等阶级辛勤劳动，他们坚信可以在另一个世界或来世享受更好的生活。这种信念降低了生产者和非生产者之间爆发紧张而剧烈冲突的可能。"② 在学者看来，种姓制度是用来掩盖剥削与被剥削关系的工具，上等种姓统治阶级以种姓制度神圣的观点，以劝告低等种姓安于现状、来世解脱的方式维持社会的稳定。

第三，关于阿约迪亚。历史教科书对阿约迪亚所持看法是："考古发现应该比普拉纳斯的家谱更为可信。通过家谱推算，阿约迪亚的罗摩大概生活于公元前 2000 年左右，但是阿约迪亚的考古挖掘和多方面的勘查表明，那个时期的阿约迪亚并没有居民。"③ 教科书对阿约迪亚罗摩庙的存在持怀疑态度，这是对印度人民党及其同盟家族建庙动员的否定，间接对印度人民党社会动员的合理性和合法性提出质疑。

第四，关于印度教（包括锡克教和耆那教）残暴行为的描述。印度教向来以宽容、非暴力自居，教科书中对锡克教和印度教暴力

---

① Romila Thapar, Ancient India, pp. 40–41.
② Ram Sharan Sharma, Ancient India, pp. 240–241.
③ Ram Sharan Sharma, Ancient India, p. 20.

行为的如实描述也冒犯了印度人民党。"一个和平的主张宗教平等的运动，在一定的情况下可能转变为政治和军事运动，并且难以捉摸地走向地区独立"。① "这一时期，在德里、安格拉和马特拉附近崛起的另一股势力就是贾特。他们在巴拉特普尔建立了自己的国家。并以此为据点，对周围地区进行掠夺性袭击，并参与德里宫廷阴谋"。② 对此，印度人民党把同样列为"令人反感"的描述加以删除。

除了删改原有的教科书外，NCERT 还出版了四本教科书用以替代原来的教科书。这四本教科书是：六年级的《印度和世界》、九年级的《当代印度》、十一年级的《中世纪印度》和《古代印度》。在这些书的前言中，NCERT 的领导指出，目前正在使用的教科书大多是在 30 年前完成的。30 年来，无论在资料方面，还是在史学概念方面，历史学都经历了较大的变化。由于新技术、新工艺的发展，新的出土文物以及考古发掘的新进展，对历史某些阶段的解释有了新的看法。NCERT 出版的新历史教科书在严格遵守客观真实原则的基础上，也反映了近些年来新的研究成果和历史解释观点。

然而，仔细阅读这四本书会发现，新的教科书实际上并没有包括最新的研究成果。这些历史书的编纂是在教派主义思想的指导下进行的，将印度民族界定为印度教民族，将印度历史修改为印度教历史。对印度古代历史的修改就是明显的例子。史学和考古学的研究证明，雅利安人是从外部迁入印度，并不是印度的原始居民。但新出版的历史教科书却不认同这一观点，认为印度最早的文明是印度教的"吠陀文明"，宣称吠陀文明是土生土长的，并且把神话中的萨拉斯瓦底（Saraswati）河与印度河并列为印度文明的发源地。③ 印度教教派主义者还夸大古代吠陀文献中的数学和科学成就。NCERT

---

① Satish Chandra, Medieval India, p. 237.

② Arjun Dev and Indira Arjun Dev, Modern India, p. 21.

③ 黄绮淑：《印度原教旨主义怪圈》，《天涯》2003 年第 5 期，第 187 页。

在改编教科书的过程中,既没有尊重历史学的学科要求,也没有按照历史学方法进行历史研究,是教育领域政治化的表现。

印度人民党发布删改令和推行新教科书的行为,在全国引起很大的反响。因为教科书毕竟不同于一般概念上的研究著作,它不但是学术研究的成果,而且也担负着建构意识形态的重任,是政治家加强民族一体化、进行政治教化和国家整合的工具。

印度人民党的教派主义行为首先遭到反对党的强烈谴责。印度人民党的修改行为在议会中遭到反对党的强烈谴责。2001年11月26日的议会辩论中,各反对党对政府党派利益至上,教育教派化政策提出质疑,认为这种做法无疑会威胁到独立时奠定的世俗主义立国原则,甚至印度人民党的联盟伙伴也不支持它的修改行为。国大党发言人阿南德·夏尔玛说:"印度人民党政府和人力资源发展部将教育教派化,毒害孩子,我们对这一策略表示忧虑。"[①]印度人民党人力资源部部长乔希则称,来自历史学界学者们的批评是左派发动的知识分子的恐怖主义,其危险程度比越界恐怖主义更为危险。

非印度人民党执政的邦政府也加入抗议的行列。它们拒绝使用印度人民党修改的历史教科书,提出这些修改是在教派主义日程的指导下进行的,违背了宪法的相关规定。而且,教育在宪法中属于各邦的职权范围,联邦政府不能单方面强制推行修改的历史教科书。

除了政治领域全国性的抗议行为外,社会各界也都对修改教科书提出自己的看法。各方的众说纷纭充分显示了印度社会的多样性特征。

左派学者从学理的角度认为将学术研究与政治结合,无疑会损害历史学科本身所具有的科学性。马克思主义学者从20世纪60年代开始就引导印度历史机构的发展方向。因此,他们对NCERT修改历史教科书以及出版新的教科书的行为反对最为激烈。H. 穆克说:"像这样篡改任何学科都是可耻的,历史是关于史实的学科,不能被

---

[①] Pioneer, November 27, 2001.

写成小说。"① 印度一些持世俗观点的新闻媒体杂志，如《前线》《印度快报》《今日印度》等都认同上述观点。

各宗教团体和社会团体则立足于本集团的利益，对修改教科书事件或贬或褒。穆斯林的批评主要是从伊斯兰教的立场出发，以印穆教派冲突作为切入点和批评的着眼点。如阿克巴、莫卧儿帝国和提普·苏丹等都是穆斯林集团关注的焦点。他们认为，印度人民党为了增强印度教认同和印度教教徒之间的凝聚力，有意丑化穆斯林的统治，而忽视穆斯林对印度发展所做的贡献。

锡克教徒只关注教科书中关于古鲁的部分。他们对历史教科书中对第九代古鲁令人反感的描述表示了宗教感情上的愤怒，对删除这部分内容表示赞同。尽管乔希已命令 NCERT 删掉这部分的内容，但是锡克金庙管理委员会还是把 2001 年 10 月 7 日称为"黑色的一天"，以此抗议十一年级历史教科书中令人反感的言辞。一位金庙管理委员会的成员说："称其为'黑色的一天'代表我们的愤怒，我们抗议书中对第九代古鲁巴哈杜尔令人不快的描述。"②

耆那教徒则支持书中关于耆那教的修改。查克拉什·詹恩说，他支持十一年级历史教科书中关于耆那教部分的修订。不仅如此，他还认为修改不够彻底。"书中 99 页还有一个错误——那就是将马哈维尔作为耆那教的建立者"，耆那教是由第一代祖师雷沙得维建立的，而马哈维尔则属于后辈。③

贱民集团也从本集团的认同和利益出发，反对删除历史教科书中对种姓制度的描述。贱民的网站用硕大的字体写着："莫利·乔希：阴谋伪造历史的婆罗门带头人"，"婆罗门思想控制一切"，"印度历史书中所有批评婆罗门老爷们的言辞都被删掉了"。他们认为印度人民党是高等种姓的代表者，反对历史教科书的立场。

---

① Asia times, December 8, 2001.
② The Hindu, October 8, 2001.
③ The Hindu, December 4, 2001.

以上各社会集团之间观点的差异充分说明印度多元社会的特征，同时也说明作为印度民族认同的缺乏，各个集团以各自集团利益为出发点，维护本集团认同和政治、经济利益。正是由于印度社会的多元性特征，作为执政党的印度人民党尽管试图以单一化的宗教文化作为整合或凝聚印度国力的基础，但阻力相当大。

印度人民党在历史问题上不遗余力地使出撒手锏，力图通过删改已使用数十年的历史教科书的方式灌输教派主义历史观，推行印度教民族主义教育，为教派政治开疆拓土。但历史是客观科学的学科，以教派主义歪曲历史的行为注定只能以失败告终。在印度人民党选举失败后，它在历史教科书问题上所犯错误已为重新执政的国大党所修正。

3. 大众文化领域的教俗之争

在印度人民党执政前的教派主义鼓动活动中，有声资料由于具有感染力强、受众范围广等特点而为印度教极端势力所倚重。其中，影视作品在同盟家族的文化战略中具有特殊的地位。印度因为文盲比例相对较高，因此国产影视作品对民众和舆论的影响力要高于报纸等纸质媒体。印度宝莱坞在世界电影领域的知名度丝毫不亚于好莱坞，它每年生产的电影因廉价而受到印度国内观众的喜爱，在主导社会舆论和引导社会伦理价值观念上独当一面，受到印度教教派主义者的高度重视。

自20世纪90年代经济改革之后，西方物质文化的传播带来思想领域的变化，印度传统文化价值观念受到西方价值观的挑战，如何在全球化背景下重建印度文化体系，不同的社会集团提出了不同的解读和出路。同盟家族在文化价值观念上反对西方文化和全球化，强调坚持印度教传统宗教价值和伦理观念的独特性。世俗力量则强调变革，尤其是印裔海外人士对印度传统文化的反思及跨文化理解将文化论战的焦点集中于社会问题和女性问题，挑战印度传统男性主导的陈旧文化伦理体系的弊端，尤其是反映女性意识觉醒和妇女解放主题的影片屡次引发争议。2016年导演阿兰克里塔·什里瓦斯塔瓦拍摄的影片《我罩袍下的口红》遭到印度教极端派的反对。该片因为反映女性觉醒，倡导女性解放而遭到印度电影分级中央委员会（CBFC）拒绝给予分级的待遇。在拒绝分级通知上，委员会指出该片存在色情、过于女性导向的缺点。被拒绝分级意味着电影无法公开放映，后经导演和相关人士提出仲裁上诉，影片才于 2017 年 7 月 21 日得以公映。印度裔加拿大导演蒂帕·梅塔更是因为拍摄反映妇女问题的三部曲①而受到印度教教派主义者的特殊"照顾"。

1996 年，梅塔在拍摄三部曲中的第一部《火》的时候，引起了印度教极端分子的强烈抗议，因为该影片表达了同性恋主题。影片描述一对妯娌拉达和悉多出于不同的原因对婚姻失望，逐渐从对方身上获取慰藉，导致同性感情的发生。这样一部敢于公开描写同性关系的影片，与印度教民族主义者倡导的传统文化有很大的出入，遭到印度教极端分子的抗议和抵制。他们愤怒地撕毁海报、大闹放映场地，甚至扬言要烧掉影院。由于这些骚乱，新德里和孟买曾一度中断播放影片。国家电影审查委员会也重新评审这部电影。梅塔的人身安全也受到严重威胁。影片关注的同性恋问题也在印度引发激烈的争论。印度教民族主义者认为这部电影公开宣扬同性恋，诋毁印度传统文化，威胁到印度教大家庭制度的根基与理念。同时，他们也认为悉多和拉达是印度教女性传统美德的代表，拍摄者选取这两个名字别有用心。梅塔坚决捍卫自己倡导个性自由的立场，并且公开挑战禁演决定。她指出，如果只关心同性恋问题，那就忽视了电影所反映的主题。"问题不是选择同性恋或者异性恋。影片所关注的问题是每个人要过有尊严的生活，过充实的生活。"②

梅塔拍摄这部电影意在描述传统对人性的压抑以及个人渴望突破束缚，获得自由的追求。在印度教民族主义者看来，同性之间的

---

① 这三部电影分别为：《火》《土》和《水》。
② Bridget Kulla, Why Gas "Water" Evaporated? The Controversy Over Indian Filmmaker Deepa Mehta, *Off Our Backs*, Vol. 32, No. 3/4, p. 51.

感情是西方的堕落文化，这样的文化伦理观念在印度传播的结果必然会冲击以男性为主导的传统文化理念，也会令民众对印度教民族主义歌颂的传统文化美德产生怀疑，不利于维持社会稳定。

2000年开拍的《水》更是引发了印度教民族主义者的强烈抗议。鉴于之前的《火》和《土》，印度教民族主义者特别关注梅塔及其影视作品。在1月30日拍摄当天，约有2000名反对者进入拍摄现场，毁坏电影布景，北方邦政府也收回此前对电影拍摄的许可。后来，梅塔不得不放弃在瓦拉纳西拍摄电影的选择，转移到斯里兰卡完成了影片的拍摄。当电影上映时，宗教极端分子还是大肆污蔑。《水》反映的是印度数千万寡妇的生存现状，包括童婚等传统陋习。在印度，寡妇是不吉利的象征，她们有属于寡妇的服饰，地位与不可接触者类似，备受歧视。影片着重刻画了八岁的女孩楚娅、卡利亚妮和读书识字的莎昆塔拉三位寡妇的不同命运，强烈谴责印度的童婚制，唤起对寡妇生存现状的关注，影片也揭露了父权社会的丑陋。梅塔借此电影对落后的传统宗教文化提出挑战。按照她自己的说法，她非常希望可以打破印度的陈规，打破在男权统治、王公贵族和神秘主义之下所产生的那个异国情调的印度。

这样一部探讨印度边缘化社会群体生活现状的电影，揭开了印度教极端分子极力推崇的传统父权社会的伤疤，遭到印度教极端分子的讨伐。印度教极端分子反对这部电影的两个原因：第一，电影的拍摄地点选择在瓦拉纳西。瓦拉纳西对印度教政治家来说具有双重意义。一方面，瓦拉纳西是印度人民党在北方邦的选举基地。现任印度总理就是在瓦拉纳西当选议员。另一方面，瓦拉纳西在印度教特性民族建构中具有非常重要的作用。它位于北方邦境内，虽然是一座中等城市，但却是印度教重要的圣地之一。第二，印度教极端分子认为这部电影是以西方的视角、用西方的金钱诋毁印度的形象。"他们用外国资助的金钱拍电影，这些电影所展示的都是印度的阴暗面，因为只有这些东西在西方才畅销。西方拒绝承认印度在各方面所取得的进步，他们只对舞蛇者和童婚感兴趣。蒂帕·梅塔这样的人正好迎合了西方人的口味。"① 印度教极端分子指出，西方文化伴随全球化入侵印度，操纵词语权，毁坏瓦拉纳西和印度教寡妇的形象，其实是直接针对印度教，玷污印度教，破坏印度教民族和国家的文化统一。以西方的资金拍摄反映印度落后的电影是印度教极端分子指责蒂帕·梅塔动机的主要依据。他们指责梅塔不是一个爱国人士，依靠贩卖自己国家的弱点，依靠将社会不良现象市场化为自己赚取经济利益和知名度。世界印度教大会的副主席 A.G. 吉舍尔（Acharaya Giriraj Kishore）表达了对电影拍摄的谴责："我们反对电影的主题，也反对电影在瓦拉纳西拍摄，因为这样的选择和行为是以相当不友善的方式描述宗教，玷污了国家的形象……这些人得到外国资金的资助，一直都在策划以歪曲、畸形的方式描述印度教。"②

传统文化在印度人民党及同盟家族的政治战略中占有特殊、重要的地位。利用传统文化，特别是宗教在印度民众中的影响力，实施社会动员和政治教化，是印度人民党制胜的法宝。梅塔电影中包含的性、父权文化、妇女和寡妇权利、个人自由等都是印度教民族主义者不愿提及的敏感话题。虽然印度教民族主义者也会提到寡妇解放、妇女解放等话题，但对这些问题的表述都控制在印度教民族主义者所架构的社会思想体系内，一旦脱离了印度教民族主义者设定的范围，就会遭到他们的抗议与诋毁。

### 二、印度人民党的宗教政策

在印度这样一个宗教氛围浓厚的国家，宗教问题是每一届政府必须面对的政治社会问题，对印度人民党来说更是如此。它依靠教派主义起家，执政后，印度人民党的角色发生变化，由教派冲突的

---

① Edited by John Mcguire, Ian Copland, *Hindu Nationalism and Governacnce*, Oxford University Press, New Delhi, 2007, p. 310.

② Edited by John Mcguire, Ian Copland, *Hindu Nationalism and Governacnce*, p. 310.

鼓动者转变为社会秩序的维护者。它对宗教的政策是否有变化？本节以古吉拉特教派冲突的危机处理作为研究的案例，考察印度人民党的宗教政策。

1. 印度人民党执政后在宗教问题上的政策

从总体趋势看，1998年执政后，印度人民党已经不再像执政前那样，以挑动宗教冲突作为增加自己政治资本的手段。执政后，印度人民党面临的主要问题是维护社会秩序和安全，建立统治的合法性基础。因而它不再刻意强调自己在教派主义问题上的立场，同时力图改变自己与国民志愿团等极端教派主义组织过于亲近的形象。印度人民党也努力改善与穆斯林集团的关系，在2000年召开的那格浦尔会议上，贱民出身、来自南方的党主席B.拉克希曼（Bangaru Laxman）说，穆斯林与我们血肉相连。[①] 瓦杰帕伊也在回应反对党的指责时说："请相信我们是世俗的，而且我们也将证明这一点。印度是一个世俗的国家，所有对我们的误解都将会被消除。"[②] 2006年，印度人民党极端派代表阿德瓦尼在访问巴基斯坦的时候，承认巴基斯坦建国的既成事实，认为印度统一的理想已成历史陈迹。对印度分治的认可就是对同盟家族统一印度概念的否认，表明执政后印度人民党在宗教问题上的实用主义立场。

在罗摩庙问题上，印度人民党的立场也在逐步发生变化，由最初的要求暴力解决，到使用法律手段，再到最后的协商解决，体现了它在执政后宗教政策上立场的变化。罗摩庙问题是一个高度政治化的敏感话题，依靠教派鼓动无法解决问题，真正的解决方向在于对历史的尊重，对彼此的尊重，协商谈判解决问题。印度人民党执政后认识到真正解决问题的出路所在，故缓和态度，主张协商解决问题。但印度人民党在建庙问题上立场的改变并不代表同盟家族的观点，它们在这一问题上依然坚持顽固的立场。世界印度教大会先

---

[①] Mahesh Rangarajan, One party, Many voices, *Seminar*, Issue 1, 2001.

[②] O. P. Ralhan, Rise and Fall of BJP Government, p. 102.

前声称建庙必须在 2001 年前开工。2001 年 1 月 19 日，世界印度教大会发出最后通牒，要求在 2002 年 3 月 12 日之前，将 42 英亩无争议土地返还罗摩出生地基金会。2 月 24 日，世界印度教大会代表团要求瓦杰帕伊政府立即返还争议地点附近由政府接管的 67 英亩土地，用来建造罗摩庙的四个门，在 2002 年 3 月 12 日前，解决妨碍建立罗摩庙的一切法律问题，保障建庙行动的顺利进行。[①]伴随最后期限的来临，世界印度教大会加速建庙的准备工作。2002 年 1 月 27 日，瓦杰帕伊和内政部长阿德瓦尼拒绝将政府获得的土地交给罗摩出生地基金会的要求。世界印度教大会无视法院的判决，号召罗摩信徒发起新的建庙运动。古吉拉特教派冲突也是在这样的背景下发生的。

印度人民党执政后，部落地区针对基督教的暴力事件明显呈上升趋势。1998 年年底，针对基督教的暴力事件达到 86 起。在古吉拉特的 40 多处地方，基督教教堂和工作人员受到攻击，北方邦和马哈拉施特拉邦也发生类似的攻击事件。1998 年圣诞节在古吉拉特又发生袭击基督教教堂的严重事件，邦政府对此采取纵容的态度。瓦杰帕伊虽然谴责了暴力行为，但其讲话也暗示暴力事件是源于基督教传教士的宗教改宗活动。联邦政府的模糊态度助长了印度教极端主义者的暴力行为。1999 年 1 月 23 日，在达拉·辛格的率领下，约 50—100 个部落人高呼"哈奴曼万岁"的口号，放火焚烧了奥里萨邦澳大利亚传教士斯坦恩的住处，斯坦恩和他的两个儿子被活活烧死。印度人民党立即谴责这一暴力事件，并派出费尔南德斯领导的三人小组奔赴奥里萨邦处理相关事宜。三人小组及后来任命的专门调查此次事件的 D. P. 韦德瓦委员会都否定了暴力事件与宗教组织的行为有关，认定该次事故是个人间的恩怨导致的惨剧。联邦政府在斯坦恩事件的处理上有明显的偏袒立场，它虽然不支持针对基督教的暴力行为，但对同盟家族的此类行为采取纵容的态度，至少是行

---

[①] The Hindu, February 25, 2001.

政上的不作为，从而酿成了悲剧。

　　针对基督徒暴力事件增多的原因，有人解释为同盟家族的误导，有人则认为是部落民的主动行为。根据报道，部落民参与暴力行为以抢劫财物为主，因此经济上的抢掠是其发动暴力袭击的主因。在全球化和市场化的经济发展模式下，部落民的生计问题不但没有得到改善，相反，因为大型公司对部落地区资源的掠夺，他们的生活更加贫困。因此，部落民的暴力行为与经济条件的恶化有不可分割的关系，当然，同盟家族的鼓励或者暗中鼓动也是暴力行为发生的原因之一。对于这些暴力行为，联邦政府也予以谴责。因此，不能由暴力事件的增多而推断印度人民党在宗教问题上的极端立场。即使存在印度人民党暗中袒护印度教极端组织的行为，但它的袒护也不同于执政前与同盟家族紧密配合，进行印度教教派鼓动。现在印度人民党成为控制教派冲突的重要力量，其宗教政策的制定和执行以维护国家整合和社会稳定为出发点，教派动员和暴力事件会威胁到它的执政地位和合法性。对印度人民党来说，执政以来在宗教问题上面临的最大挑战是 2002 年 2 月 27 日发生的戈特拉火车站惨案及其后的古吉拉特教派冲突。

　　2. 古吉拉特教派冲突

　　古吉拉特邦被称为"印度教特性"实验室。这里虽然是甘地的故乡，但因为与巴基斯坦接壤，教派冲突有较长的历史。分治时，这里曾多次发生宗教冲突。独立后，尤其是 20 世纪 80 年代后，同盟家族加大了在这一地区的活动力度。国大党在古吉拉特依靠KHAM[①]的联合执掌邦政权。但 20 世纪 80 年代后，KHAM 联合战略趋于瓦解。首先，KHAM 中的萨帝利高等种姓成员因反对国大党的保留政策而离开了国大党阵营。20 世纪 80 年代，古吉拉特传统优势产业——纺织业和手工业工厂大量倒闭，上等种姓和中产阶级失业率增加，而经济上的不景气加剧了因失业而产生的社会问题，此时

---

[①] K 指萨帝利，H 指哈里真，A 指部落民，M 指穆斯林。

国大党为了拉拢贱民和其他落后阶级却增加保留份额，引发高等种姓的强烈不满，导致1985年反保留制的骚乱。其次，低等阶级也没有成为国大党的坚定支持力量，而是为种姓和宗教矛盾所分隔。圣雄甘地在古吉拉特建立的Majdoor Mahajan Sangh是该邦四大工会组织之一，在经济发展形势较好的时候，工会组织起到将工人团结在一起、打破种姓、宗教分隔的作用。但在经济形势恶化后，工会组织已经没有了以前的影响力。再次，邦政府的公信力和影响力也在降低。经济收入的锐减导致政府可支配收入减少，公共投入也开始下降，种姓、宗教因素迅速填补了工会组织留下的真空。同盟家族则抓住机会，乘虚而入，加大在这一地区的发展力度，建立基层组织，开展宗教宣传，推广社会福利活动。据统计，截至1998年，国民志愿团在古吉拉特大约四分之一的村庄都有工作人员。在艾哈迈德巴德建立的分支组织从1998年的150个增加到1999年的305个。2000年举办的训练营竟然有2.6万名志愿者参加。2003年，古吉拉特国民志愿团宣称有10万名工作人员，并计划到2006年将人数扩展至18万，争取在每个村庄都建立分支组织。[1] 世界印度教大会在该邦有5000个基层委员会，大约是印度人民党基层组织数量的两倍。[2] 这些基层组织在村落开展社会宗教活动，为落后种姓和部落民提供社会福利。为了动员他们加入印度教大家庭，同盟家族在这些地区加强宗教宣传，不断散布反对穆斯林和基督教徒的言论，丑化穆斯林和基督徒的形象。印度教教派主义者的活动也刺激了穆斯林极端力量的教派情绪。

发生惨案的戈特拉只是一个平静的小城，有15万人口，印度教徒和穆斯林各占一半。其中，印度教徒居民多是印巴分治后迁移过来的。国民志愿团在这部分印度移民中开展教化活动，灌输穆斯林

---

[1] Howard Spodek, In the Hindutva Laboratory: Pogroms and Politics in Gujarat, 2002, *Modern Asian Studies*, Vol. 44, No. 2, 2010, p. 374.

[2] India Express, April 15, 2002.

是他们不利处境的罪魁祸首的观念。在印度教教派主义情绪逐步高涨的同时，伊斯兰右派极端组织传教团（Tablighi Jamaat）也在古吉拉特有了相当规模的发展。传教团是伊斯兰右翼极端组织，与塔利班和巴基斯坦的极端组织都有联系，据说戈特拉市政委员会的一些成员也与它有直接的联系。① 印度教和伊斯兰教极端主义在戈特拉制造了人为的分隔，不仅阻碍了社会集团之间的交流沟通，而且助长了相互之间日益膨胀的敌视情绪。

宗教氛围的浓厚使印度人民党能够在政治上牢牢掌控古吉拉特邦。1998年选举印度人民党赢得了该邦立法会议182席位中的117个席位②，再次获得执政权。在印度20多个邦中，古吉拉特是其中唯一一个印度人民党单独执政的邦。印度人民党执政后，在教育、警察机构中安插认同印度教民族主义意识形态的人，这些人默认、保护甚至鼓励同盟家族传播反对穆斯林和基督徒的言论和行动，从而导致该邦的教派冲突事件频发。在政治力量的操纵下，古吉拉特的印度教教派主义力量非常活跃。在艾哈迈达巴德，同盟家族成员的印度教教派活动都是公开的，印度是"印度教国家"的布告版在邦内随处可见；艾哈迈达巴德中心一块漆成橘黄色的公告牌写着："印度教民族的卡那瓦蒂城欢迎你"。卡那瓦蒂是世界印度教大会挑选用来称呼艾哈迈达巴德的。在离艾哈迈达巴德南部200公里的乔特乌德普镇，高速公路旁边的公告牌更为直接和简洁："欢迎到印度教民族的乔特乌德普镇。"墙壁上也写满了口号，在瓦多达拉（Vadodara）戈提（Kothi）地区的卡萨法列，当地人用马拉提语在墙上写着口号："我们是西瓦吉的子孙，我们的国家是印度斯坦，你们不要再挺身而出，否则我们会送你进坟墓。"③ 造成这种局面既是

---

① Praveen Swami, Godhra questions, Volume 19, Issue 06, 2002.

② Gujarat Assembly Election Results in 1998, http：//www.elections.in/gujarat/assembly-constituencies/1998-election-results.html. 这次选举国大党获得53票，远远低于印度人民党的117票。

③ Sanjay Pandey&Anoop Kayarat, Hindu Rashtra?: It's all over Gujarat, Akhbar, 2002, No. 4, http：//timesofindia.indiatimes.com/articleshow.asp? art_ID=19402003.

印度人民党邦政府统治的结果,又是议会民主制的产物。2000年,国大党赢得艾哈迈达巴德市政议会选举,尽管邦国大党主席S·维格拉下令清除这些有强烈教派色彩的招牌,但因为社会宗教氛围和选举政治的考虑,国大党党员迟迟没有执行这项决定。社会宗教力量的肆意妄为和政治权力机构的不作为共同导致了公共意识不断极化,各教派之间的不和谐和敌意越来越严重,尤其是印度教教徒和穆斯林之间。这是古吉拉特教派冲突蔓延的社会历史根源。

古吉拉特教派冲突肇始于2002年2月27日戈特拉火车站惨案。该日清晨,载有300多名声援在阿约迪亚重建罗摩庙的印度教极端分子的萨巴尔马蒂快车途经古吉拉特邦戈特拉车站时,4节车厢着火,尽管消防部门立即开展灭火和抢救行动,但由于车窗被锁,火势凶猛,不少乘客被困车厢,无法逃生。58名乘客当场被烧死,43人受伤。

关于车厢着火的原因现在还存在不同的看法,印度教极端分子认为是穆斯林提前预谋的纵火案,而有人称是因为列车内用火不慎而引发的火灾。[①] 不管起因如何,戈特拉火车站惨案成为蔓延古吉拉特的教派仇杀的导火索。惨案发生后,立即引发印度教教徒的报复潮。2月28日,世界印度教大会号召在古吉拉特举行罢工,抗议戈特拉暴力事件。邦政府在预见到罢工游行可能引发教派冲突的前提下,没有采取相应措施。罢工导致了随后的教派骚乱。骚乱从艾哈迈达巴德开始蔓延,波及拉杰果德(Rajkot)、瓦多达拉(Vadodara)等大城市以及众多小城市。骚乱所及之地,穆斯林居住区、商店和商业设施、伊斯兰教研究中心、清真寺等成为抢劫和焚烧的目标。在该邦最大的城市艾哈迈达巴德,复仇的印度教教徒将至少27名穆斯林活活烧死在家中。3月1日,有近300名穆斯林被杀。2日,政府向古吉拉特邦增派军队。总理瓦杰帕伊在电台发表讲话,称这次事件为"国耻"。3日,死亡人数超过400人。在政府的严厉镇压之

---

① Howard Spodek, In the Hindutva Laboratory: Pogroms and Politics in Gujarat, 2002, p.351.

下,大规模的暴力冲突暂时平息,但小规模的宗教冲突事件仍时断时续。据统计,这次骚乱导致1000多人死亡,约14万人无家可归①。冲突所造成的经济损失更大,根据古吉拉特工商业协会的统计,贸易损失728亿卢比,制造业损失225.8亿卢比。在骚乱的高峰期,邦每天损失销售税高达2亿卢比。15000处商业设施,包括1100个穆斯林经营的饭店或旅馆,3000辆手推车,5000辆汽车、卡车、出租车和小黄包车,或者遭到严重破坏,或者完全被毁掉。印度教民族主义者散发传单号召抵制穆斯林集团的经济活动,让穆斯林集团在经济上彻底崩溃。② 以印度人民党为首的全国民主联盟政府面临执政以来最大的考验,印度的教派主义问题也再次成为各界关注的焦点。那么,联邦政府是如何应对这场危机的呢?

(1) 联邦政府的平乱政策

瓦杰帕伊政府在解决古吉拉特教派冲突时,采取协商解决与警察行动并举的政策,首先将骚乱控制在一定的范围之内。在控制骚乱进一步扩大的同时,瓦杰帕伊先后以协商、执行法院判决等方法力图解决引发骚乱的根源——阿约迪亚寺庙之争。在骚乱基本平息后,为了防止冲突死灰复燃,针对骚乱严重的区域,联邦政府派驻联邦武装力量干预监督地方政府,彻底解决问题。在平乱过程中,联邦政府基本能够秉持中立的立场,并不是一味袒护同盟家族其他成员,而是力图促成问题的协商和平解决。

阿约迪亚无疑是点燃双方宗教情绪的引信,因而瓦杰帕伊政府首先解决阿约迪亚这一死结,防止矛盾波及其他地区。在解决这一问题时,瓦杰帕伊坚持了不袒护的原则,同时又适当进行变通。冲突发生后,瓦杰帕伊当晚就邀请世界印度教大会领导辛哈尔会谈,给世界印度教大会施压,让它做出让步,暂缓建庙计划,并向他表明政府会严格执行高等法院判决的决心。辛哈尔拒绝了瓦杰帕伊政

---

① Howard Spodek, In the Hindutva Laboratory: Pogroms and Politics in Gujarat, p. 350.

② Howard Spodek, In the Hindutva Laboratory: Pogroms and Politics in Gujarat, p. 352.

府的建议。瓦杰帕伊先后请求国民志愿团和圣人萨拉斯瓦迪居间调解，都没有成功。在协商解决失败后，瓦杰帕伊政府的选择是将问题交由最高法院裁决。3月13日，印度最高法院做出裁决，不允许在政府已经接管的67英亩土地上举行任何宗教仪式，这一法令彻底打乱了世界印度教大会想在靠近有争议土地上举行仪式的计划。瓦杰帕伊在判决前后都向议会保证，政府将遵守最高法院的裁决："在字面意义和实质上"支持这一判决。①

为了保证法院判决的顺利执行，瓦杰帕伊政府对印度教势力施加压力，迫使他们改变主意。经过一番讨价还价，15日上午，世界印度教大会同意北方邦政府提出的变通建议，即在距离政府接管土地1公里的地方举行一个象征性的"圣柱"移交仪式，但政府必须派人接受圣柱。15日下午，印度教上师拉姆钱德拉将建庙所用"圣柱"交给了印度政府方面的代表。瓦杰帕伊事后强调，只有最高法院裁定印度教教徒可以在阿约迪亚建造神庙，圣柱方可使用，法院的判决是最后的依据。②

在阿约迪亚问题的处理上，瓦杰帕伊政府软硬兼施，世界印度教大会的奠基仪式顺利举行，同时也执行了最高法院的判决。政府缓解了最棘手的阿约迪亚危机，为后续问题的解决提供了前提条件。穆斯林领导人对这一结果表示满意，认为这是法律的胜利。世界印度教大会认为这也是他们的胜利：政府代表接受了奠基石表明政府原则上同意建庙。应该说，瓦杰帕伊政府的顺利执政离不开国民志愿团和世界印度教大会等组织的支持；而国民志愿团和世界印度教大会也希望保住印度人民党的执政地位以继续壮大印度教势力，因此双方的妥协具有一定的必然性。但反对党表示反对，认为政府违反了政教分离的原则，称接受圣柱是对"宪法的亵渎"。③ 执政联盟

---

① The Hindu, March 15, 2002.
② 赵章云：《综述：印度教派冲突暂告段落》，《人民日报》2002年3月17日。
③ The Hindu, March 16, 2002.

也极力反对印度人民党政府参与宗教仪式的行为，批评印度人民党在处理该问题时没有与他们进行磋商，他们认为这样重大的问题应该考虑所有的意见。正因如此，阿约迪亚的建庙危机暂时获得了解决。

即使危机暂时缓解，但阿约迪亚的形势还是非常紧张。联邦政府用加强对事发地带和敏感地区的警备和控制的手段，防止局势失控。中央派驻大量军队加强清真寺遗址附近的安全保卫工作，加强巡逻，不足3万人的小镇，部署的军警人员达1.5万人。在大量部署兵力之后，政府大量拘捕暴乱分子，从2月27日到4月1日，警方预防性地拘留了14650人，逮捕犯罪嫌疑人10361人。① 通过这些高压措施，到5月11日，再没有发生大的暴乱，形势也快速恢复正常。在大量部署警力的同时，政府采取严格的管制措施，控制进入阿约迪亚的志愿者数量，对于阿约迪亚城内的人则采取疏散措施。3月2日晚上，北方邦行政部门将1600名志愿者送出该城。② 与此同时，北方邦政府还对新闻媒体实施部分管制。据英国广播公司报道，印度北方邦政府已经下令一家有线电视公司停止播放部分印度新闻频道。北方邦当局表示这个新闻频道所播出的有关古吉拉特邦持续的教派暴力冲突具有煽动性，不适合播出。③ 在这样的部署之下，3月15日的圣柱移交仪式和6月2日的奠基百日纪念仪式顺利举行，没有引发大规模的宗教冲突。

联邦政府在解决了阿约迪亚问题后，开始将重点转移到教派骚乱地区。5月3日，联邦政府任命原旁遮普邦的警察总长吉尔担任莫迪的安全顾问。5月6日，中央政府在联邦院承诺将尽力履行宪法355条的规定，保护古吉拉特居民的生命和财产。5月9日，应中央

---

① Frontline, Vol. 19, Issue 11, May 25 – June 07, 2002.
② The Hindu, March 3, 2002.
③ 《联合早报》2002年3月3日。

准军事部队的要求，又增加了4个连的中央预备警察部队。①

古吉拉特骚乱的后续处理也体现了联邦政府不偏袒印度教极端势力的立场。瓦杰帕伊称："安置所有失去家庭、财产和谋生手段的人，立即恢复受冲突影响地区正常的经济活动是政府首要的任务。"②他在4月4日访问古吉拉特邦时，提出15万难民的安置计划。在讲话中，瓦杰帕伊明确申明官员要"履行职责"，政治领导"要承担责任"，"公平地"保护每个人的生命和财产安全是政府的职责，不能不顾人性，做出"疯狂的举动"。③4月8日，中央为古吉拉特受害者提供700吨大米和3100吨小麦。④

5月1日，总理瓦杰帕伊宣布给古吉拉特宗教屠杀的受害者提供15亿卢比的一揽子重建基金，包括重建或者修补遭到破坏的房子和商店，帮助自我创业者重新开展商业和工业活动，恢复受冲突影响地区的教育、医疗和其他机构的正常活动等。瓦杰帕伊同时呼吁公众界的支持，希望银行和金融机构提供优惠的贷款和援助。他号召社会各界发扬在地震救援中所展现的无私奉献精神和兄弟友爱之情，帮助在冲突中受到伤害的民众。⑤

从以上的措施可以看到，印度人民党作为一个在中央掌权的具有教派倾向的政党，在古吉拉特危机处理中，态度明确、坚决、果断，并不是一味袒护印度教教徒，而是以社会稳定和国家建设为主，履行了自己作为执政党维护法律和秩序的职能，成功地阻止了教派冲突向北方各邦的蔓延。在冲突的处理上，瓦杰帕伊政府采取协商和军事管制结合的手段，同时依靠社会上爱好和平的力量，启动和平进程，基本成功地解决了古吉拉特教派冲突及冲突后的重建工作。但由于意识形态的局限和政党动员的需要，印度人民党政府又存在

---

① The Hindu, May 10, 2002.
② The Hindu, April 5, 2002.
③ The Hindu, April 5, 2002.
④ The Hindu, April 9, 2002.
⑤ The Hindu, May 2, 2002.

着自身的软弱性。

(2) 邦政府在古吉拉特教派冲突中的偏袒立场

邦政府在处理危机的过程中，偏袒印度教教徒的立场遭到国内人权组织和国际社会的强烈谴责。首席部长莫迪认为戈特拉火车站惨案是以印度教教徒为袭击目标的恐怖主义行动，是一场有预谋、有组织的袭击事件，得到巴基斯坦政府暗中的支持。因此，在袭击事件发生后，莫迪政府考虑的不是履行邦政府的职责，维护社会稳定，尊重公民权利，而是将教派冲突的责任归咎于穆斯林集团。这样的逻辑思维造成其后邦政府在应对教派冲突中的不作为，鼓励甚至暗中参与骚乱。当穆斯林向地方政府、警察、消防队求救时，他们或者坐视不管，即使到场，也是消极怠工。一位梵特瓦（Vatva）地区的居民表达了对警察的失望：警察对穆斯林说，你们要尽最大努力与暴徒斗争。[①] 前国大党议员亚山·贾弗里（Ashan Jaffrey）的遇害更能说明古吉拉特邦警察和行政机构不作为的偏袒立场。贾弗里的居所离警察局很近，在惨案发生时有250多人在此处避难。据前首席部长乔德哈里（Choudhury）所言，他首先在上午告知警察总监贾弗里有生命危险，警察总监向他保证将迅速派驻警察。当乔德哈里再一次收到贾弗里的紧急呼救后，他再一次提醒警察总监先生。下午，他同首席部长、首席秘书和内务秘书的接触也毫无结果。最终惨案发生了，贾弗里及家人和其他避难者共66人遇害。一位叫亚瓦希尔的穆斯林说："我们根本就没有保护自己的办法。我不断给警察局和消防队打电话，但警察来了只是说：'待在家里别动。'"但是待在家里同样不安全。有一家8口穆斯林被暴徒锁在了自家汽车里活活烧死，还有人在睡梦中被锁在房子里被活活烧死。在不理会穆斯林呼救的同时，他们又纵容印度教教徒。据全国人权委员会驻古吉拉特教派代表南布提里（Nampoothiri）的观察，几乎有90%的

---

① Frontline, Vol.19, Issue 12, June 8–21, 2002.

被捕者在被捕的同时，马上设法获得保释。① 在骚乱后的重建工作中，邦政府对中央的命令阳奉阴违，大量的赔偿金没有发放，65000名难民居住在破旧不堪、肮脏的营地，只有总理视察的地区才能得到优待，这对穆斯林的心理和生活都产生负面的影响。邦政府的懈怠有部分原因是警力不足、应对危机的经验不足，但从前国大党议员贾弗里的遇害过程可以看到，邦政府的处置不力更多是因为立场上的偏袒和行为上的纵容。

印度人民党古吉拉特邦政府的偏袒立场成为反对党和社会各界抨击的焦点。尤其是在邦执政的莫迪政府，更是受到媒体和广大社会团体的强烈指责。联邦政府也受到连累。2002年5月1日，反对党以政府处理古吉拉特邦宗教冲突不力为理由，提出对印度人民党联合政府的不信任案。人民院在经过16个小时的激辩后，瓦杰帕伊政府以276票对182票的多数，顺利通过了反对党的不信任表决。即使如此，这一问题还是加剧了联合政府的分裂，一些联合伙伴公开抨击瓦杰帕伊政府在处理骚乱问题上的失职行为。②

在古吉拉特教派冲突的处理上，联邦政府力图秉持公正，但它毕竟不同于国大党，两者存在差异的根本原因在于国民志愿团等同盟家族成员在宗教问题上的顽固态度及其对印度人民党行为的牵制。国民志愿团不同于印度人民党，其成员大多缺乏变通。在他们看来，宗教和信仰有关的问题是有关情感和尊严的问题，不应该用法律的手段加以解决。对印度人民党的政治家来说，遵守法律的判决和双方谈判协商解决是民主政治的一部分，但在国民志愿团眼中却成为纯粹的宗教问题，这样的立场妨碍了问题的解决。尽管瓦杰帕伊政府屡次申明遵守法律判决的坚定立场，但印度人民党内的极端分子、国民志愿团、世界印度教大会从宗教信仰出发的思维方式却阻碍了问题的解决。即使瓦杰帕伊这样的温和派也大多有国民志愿团的背

---

① Frontline, Vol. 19, Issue 12, June 8-21, 2002.

② 《大公报》2002年5月3日。

景，在这个问题上完全摆脱印度教教派主义思想的影响是不可能的。这也是瓦杰帕伊本人在演讲中前后矛盾的原因所在。

对于邦政府来说，印度人民党在古吉拉特独自掌权，缺少其他联盟伙伴的牵制，它执行的印度教化政策客观上加剧了社会矛盾和政治冲突，导致社会的极化，集团之间的对立情绪严重。在教派情绪有着很深的社会基础的情况下，很难用政治手段来控制情绪，同时加上印度教徒极端组织的挑拨。所以，教派冲突持续的时间长、范围广、手段残忍。联邦政府在教派冲突之初的介入不够，放任邦政府解决问题，从而也导致了一些不必要的冲突和死亡事件的发生。

如果将2002年古吉拉特的教派冲突与1992年的教派冲突相比，可以看到印度人民党治下对教派政治的控制还是有所进步的。首先，这次宗教冲突和1992年的宗教冲突一样，都是围绕着阿约迪亚清真寺展开，但这次并没有像1992年那样发展成全国性的宗教冲突，这本身说明世俗主义并没有在印度人民党的手中退步。其次，这次冲突与以往不同的是倾向于教派主义的印度人民党在中央掌权。印度人民党在中央掌权后，对宗教问题的极端态度有所收敛。在阿约迪亚问题上，由最初的鼓动教派冲突到遵守法院判决，再到协商解决问题，政党的立场在一步一步走向缓和。执政党的角色转换促使其更多从民主政治的角度，从社会稳定、公民权利的角度思考和决策。1992年的宗教冲突，印度人民党作为同盟家族的一员也参与其中并发挥重要的作用。而这次古吉拉特宗教冲突，尽管同盟家族的世界印度教大会和哈努曼军是骚乱的主力军，但印度人民党并没有公开表态参与其中，即使莫迪在应对教派冲突中用力的原理来解释教派冲突，也没有公开加入其中。而且在联邦执政的瓦杰帕伊政府压制和逼迫同盟家族的极端组织做出妥协和让步。1992年作为挑动宗教冲突的印度人民党如今成为控制教派冲突的主要力量。再次，以国大党为首的反对党以及人权组织等社会志愿组织联合在一起，对印度人民党邦政府的教派政策进行批评指责，起了有效的舆论牵制作用。1992年的教派冲突中，国大党拉奥政府在罗摩庙问题危机管控上犹豫不绝。其实，他可以在局势完全失控前宣布总统治理，派驻军队维持秩序，但因为罗摩庙问题是高度敏感的政治问题，这样的决策是一种高风险的政治赌博，虽然可以控制局势，但也会受到印度教教徒的质疑。因此，拉奥政府在局势失控后才采取政治和军事行动。在古吉拉特冲突中，作为反对党的国大党第一时间站出来反对印度人民党邦政府。许多社会组织都参与到呼吁恢复和平的行动中，像古吉拉特工商业联合会就组织了祈求和平的游行。印度舆论也给予强烈的谴责，充分反映了人民反对恐怖、暴力，希望安定团结的美好愿望。

印度人民党联邦政府对古吉拉特教派冲突的处理说明印度人民党适应了角色的变化，在应对教派冲突的过程中，能够基本秉持中立立场，以维护社会稳定为己任，派驻警力和武装力量协助处理冲突，并制定了一揽子重建计划帮助实现社会重建。但是，古吉拉特邦政府在教派问题上表现出强烈的教派主义色彩，暗中纵容甚至参与教派骚乱，引发了极其严重的后果。在文化教育领域，印度人民党联邦政府表现出教派主义立场的一面。它以弘扬印度传统文化的名义，推行印度教民族主义文化理念，排斥不同的声音，强迫社会接受印度教文化思想体系，试图将印度教宗教和文化体系统一认识的做法是一种文化霸权主义的表现。这样的立场体现了印度教民族主义是印度人民党立党的根本，在事关印度教民族主义思想体系建构这个根本问题上，它还是坚持印度教民族主义的理念。古吉拉特教派冲突则与理念上的建构不同，教派冲突直接关系到社会稳定和经济发展，这是执政党必须履行的基本职能，体现了政党现实主义的一面。这样的两手战略也是印度人民党在选举和执政中惯用的手法。

## 第三节　外交上的大国战略与现实主义

大国战略在印度历史渊源久远，国大党时期也曾提出过大国战略，但印度人民党的大国战略与此并没有直接的继承关系。国大党时期的大国战略除了具有大国主义的思想外，还具有反帝独立的民族自豪感和新独立国家当家作主的扬眉吐气的情绪。在外交活动中，尼赫鲁高举不结盟运动的大旗，与其他第三世界的领导人共同倡导反帝、反殖民、独立自主的国际交往准则。印度人民党的大国战略更多体现的是单边主义和霸权主义。从人民同盟开始，印度教民族主义者就将大国战略作为外交战略的首要目标。在瓦杰帕伊执政后，印度人民党充分贯彻了大国战略的思想，进行了五次核试验，积极发展与美国的关系，遏制中国。莫迪政府上台后，更加强调复兴印度文明，振兴印度传统大国的地位。他制定了野心勃勃的外交战略构想，以图实现印度的崛起。但印度经济实力偏弱是其实现大国战略的主要障碍，南亚地区安全环境不稳定、国际上民族保护主义思潮的回归，都是印度实现大国梦想的主要障碍。

### 一、大国战略思想

早在人民同盟时期，追求大国地位并成为世界强国的主张就是印度教民族主义者追求的目标。"印度是一个有潜力的超级大国，在亚洲居关键性的位置。"[①] 为了建立大国地位，人民同盟主张加大对印度洋地区的控制力度，"对于英美从苏伊士东撤退后，印度洋留下的权力真空，印度必须主动与东南亚国家，尤其是印度洋沿岸国家达成共识"[②]。对于东南亚国家，印度国内一直存在这样的论调，认

---

[①] Bharatiya Jana Sangh, Party Documents, Vol. 4, p. 147.

[②] Bharatiya Jana Sangh, Party Documents, Vol. 4, p. 148.

为东南亚国家是大印度的一部分。"印度应该特别关注东南亚地区，我们与这些国家有悠久的文化联系。印度应该向东南亚国家派遣文化代表以恢复古老的文化交流。……同时也建议印度与柬埔寨和老挝的关系朝这个方向发展。"①

在人民同盟的大国战略体系中，国防建设是其中一个重要的组成部分。人民同盟的历次会议和选举纲要中都强调国防建设的重要性。例如，在1971年的选举纲要中，人民同盟提到"适当的国防战略是不可替代的，和平时代也必须为战争做好准备"②。为达到这一目标既要加强军事力量，配备新式武器，也要发展核武器，以增加威慑力。瓦杰帕伊在1977年任人民党外交部部长期间强调国防建设的重要性。"我们认为安全并不能依靠与某个军事集团结盟，以对抗真实的或想象中的敌人，安全应该来自内部力量，即经济、政治和社会力量的增强。"③ 人民同盟的大国战略思想和军事国防建设的政策取向被印度人民党全盘接受。

印度人民党成立以后，在外交政策上强调实力外交。它反对国大党的不结盟政策，认为不结盟政策无法增强国家的实力，如果不能增强国家的实力，印度的安全也得不到保障。所以印度人民党强调以和平、平等和合作等价值观念为核心，积极行动，构建适合印度的大国外交政策。在1991年的竞选宣言中，印度人民党提出印度应当建造一支足能控制从新加坡到亚丁湾整个印度洋的舰队，军队应当武装上"核牙齿"，不管经济上有多大的困难，印度都要继续建立强大的、现代化的军事力量④。发展核武器在印度人民党的国家安全建设战略中居首位。印度前外长贾斯旺特·辛格认为"印度目前面临着与美国及其他核国家早期所遇到的相同的困境：核武器不可

---

① Bharatiya Jana Sangh, Party Documents, Vol. 4, p. 35.
② Shiv Laled. , International Encycolpedia of Politics & Laws, Vol. 2, New Delhi, 1984, p. 305.
③ Atal Bihari Vajpayee, New Dimensions of India's Foreign Policy, New Delhi, 1979, p. 27.
④ Sandy Gordon, *India's Rise to Power in the Twentieth Century and Beyond*, New York, 1995, p. 388.

能用于军事行动,然而它却是一个国家国力的象征。虽然核武器不能解决印度面临的种种国内外安全问题,但是作为一个对世界文明做出过杰出贡献的国度,印度必须发展核武器"①。

1998年瓦杰帕伊政府执政后,印度人民党首先从增强自身实力的角度出发,增加国防投入,购买先进武器。在执政后不到两个月的时间里,就敢冒天下之大不韪,置美、英等西方国家于不顾,进行了五次核试验,以提高国家的军事防御能力和军事打击力量。同时,以核战略为基础,积极推进周边外交和与世界大国的务实外交。

莫迪政府在2014年上台后,以和平(shanti)和力量(shakti)为中心,开始大国战略的布局。在莫迪政府的周边外交构想中,以近交远攻的方式建立不同层次的外交关系。对周边的南亚国家采取亲善政策,力图稳定印度的后院;东南亚国家则属于仅次周边国家的邻国,也是莫迪极力拉拢的对象;对大周边国家则采取遏制与结盟相结合的政策。对中国这样与印度有边界矛盾和利益冲突的国家,印度采取遏制的政策。为了遏制中国,印度与日本结盟,借助日本在经济和技术上的优势填补印度国内基础设施建设资金和技术上的缺口。在拉拢日本的同时,牵上大洋洲的澳大利亚和新西兰,形成对中国的包围圈,巩固印度在印度洋地区的优势地位,打压中国。莫迪政府与各大国的外交依然以平衡战略为主,但更为微妙。因为美国提出亚太再平衡战略,与印度在战略目标上高度一致,因而莫迪在军事、经济和技术上全面加强与美国的合作,同时印度也与俄罗斯保持传统亲密关系,依靠俄罗斯先进的军事科技和优势,保障印度的国防安全建设。

印度人民党的大国战略和强硬的国防外交政策是印度教民族主义思想在外交领域发展演变的结果。印度教民族主义者认为印度之所以沦落为殖民地,是因为印度文化所倡导的软弱和妥协的精神。

---

① [美]斯蒂芬·科亨:《大象和孔雀:解读印度大战略》,刘满贵译,新华出版社2002年版,第41页。

他们认为，软弱和妥协造成印度被伊斯兰教统治者征服，遭到英国的殖民压迫。为了振兴印度，必须改变软弱的印度文化特征，强调体能训练，以便在遭遇安全危机时，有能力保护国家的安全。在同盟家族的观念中，国防建设在外交事务中占非常重要的位置。N. S. 拉贾拉姆在题为"印度国防必须防务之分析"的文章中说：对于任何政府来说，最高的责任就是增强国防力量。然而，过去的五十年，在甘地—尼赫鲁王朝的统治之下，国防建设被忽视，在政治军事建设方面缺乏强有力的政策支持，没有明确的国防建设计划，缺乏战略远见。[①] 印度人民党执政后，就是要改变国大党的不结盟外交，构建以同盟家族外交战略思想为核心的大国战略体系。

与国大党执政时期相比，印度人民党大国战略的历史背景已经发生变化。首先，从国际层面来说，1991年苏联解体，打破了长久以来冷战格局中的两极对立，多元化国际格局的发展使各个国家在国际舞台上的地位也在发生变化，这就为印度人民党调整对外政策、重提大国战略提供了机遇。国际舞台战略格局的变化为印度在全球事务中扮演新的角色提供了机遇和挑战。其次，从国内层面来说，1991年拉奥政府开启的经济改革使印度脱离了"印度教徒"式的增长速度，经济发展进入快车道。从1991—1996年，国民生产总值年均增长率达到6.5%。经济实力的增强，也为印度人民党在国际舞台上谋求大国地位提供了前提条件。再次，从世界文明发展的层面来说，印度人民党的大国战略选择，也是在世界诸文明的对抗中为印度教文明寻找一席之地的必然结果，是其宗教民族主义思想的必然产物。印度教民族主义者认为，自近代以来，发端于西欧的发展模式成为世界经济发展和政治发展的主导模式。在东西方的对抗中，西方的发展模式被作为样板加以推广。但是，西方发展模式的根本缺陷是对物质文明的关注，而忽视了人的主体地位。针对这样的缺陷，印度教民族主义者提出以印度文明之优势补西方文明之劣势，

---

[①] Organiser, September 12, 1999.

即发扬印度教思想中对精神层面的关注以及对人与自然关系的重视，矫正现代经济发展理念片面追求物质文明的倾向。印度教民族主义者力图在世界多元化格局中确立印度文明的独特地位，重振印度大国雄风。但外交是内政的延续，在印度经济发展缓慢、政治不稳定、社会高度分化的前提下，外交上的独立操作空间依然有限。南亚后院依然是印度永远的痛，尤其是印巴关系。东南亚国家与印度的关系也是不温不火。印度与各大国的关系也取决于国际格局大国之间的外交博弈。

### 二、印度人民党的核政策和国防军事建设

核武器是国家实力的重要体现，也是在多极世界中确立大国地位不可缺少的敲门砖。瓦杰帕伊政府执政后，借助国际国内形势的变化，以及同盟家族动员起来的高涨的民族主义情绪，在上台不到两个月的时间里，就进行了五次核试验，企图以快捷方式建立世界大国地位。印度人民党的核试验是其长期追求的大国强军观念的现实体现。它一直认为，增强国家实力，只有民族自信心是不够的，必须以强大的军事力量作为外交的基础。"核试验就是司瓦德西，因为核试验能使印度强大。"[1] 因而上台伊始，印度人民党就摆出进行核试验的姿态。瓦杰帕伊3月17日在接受美国《新闻周刊》记者的采访时说，核武器规划将成为现阶段政府工作的重点。"如同先前申明的，我们建议重新审视印度的核政策，保持核选择的自由。这里，我想说明的是，印度主张建立无核世界，但是有核国家不同意建立无核世界的主张；他们更愿意奉行核隔离，而我们则坚决反对核武器上的歧视。"[2] 显然，瓦杰帕伊政府企图将印度进行核试验的错误行为归因于有核国家的核歧视，这样的借口是站不住脚的。

为了顺利进行核试验，瓦杰帕伊采取了严守秘密和模糊战术相

---

[1] Baldev Raj Nayar, Globalization and Nationalism, p. 252.

[2] M. L. Sondhi and Prakash Nanda, Vajpayee's Foreign Policy, p. 28.

结合的双重战略。他严守印度要进行核试验的秘密，除了最亲密的6个同事外，瓦杰帕伊没有向其他人透露信息。同时，以模糊政策混淆视听，转移其他国家对印度核政策的注意力。在上台将近两个月的时间里，瓦杰帕伊及其幕僚不断地给媒体、外交使节和议会传递信息，并没有确定进行核试验的具体时间。实际上暗指核试验只是选举时用来鼓动民族主义情绪的工具。瓦杰帕伊的战略确实达到了混淆视听的目的。1998年4月14—15日，美国驻联合国大使理查森在访问印度后，自信地认为印度不会进行核试验。一位政府官员说，瓦杰帕伊在核试验上的想法与前几届政府的立场是一致的，印度外交政策中没有什么新内容。[①] 与此同时，印度人民党政府积极改善同巴基斯坦的关系。瓦杰帕伊和谢里夫就发展双方友好关系和恢复双边会谈交换了信件。瓦杰帕伊在22日的电视讲话中说，印度会利用一切可能的机会与巴基斯坦改善关系。[②] 在严格保密的情况下，瓦杰帕伊决定尽早进行核试验，这样可以避免外国情报网络开发和利用情报资源。战略保密和舆论的成功运用使印度的核试验得以顺利进行，而没有遇到来自他方的压力。

核试验后，为了替自己的核试验辩护，印度人民党阐述自己在核问题上的原则。第一，支持非武装化；第二，反对目前的核不扩散条约和禁止核试验条约，认为这是在有核国家和无核国家之间搞歧视，并不是真正消灭核武器；第三，坚持最低核威慑，不首先使用核武器；不对无核国家使用核武器；严格出口控制，不成为传播核武器和技术的来源。这一立场与以前相比，没有大的变化，它表达了不首先使用、不传播核武器、不制造核武器的立场，力图缓和舆论的压力，降低因核试验带来的负面影响。为了转移国际社会的

---

① Howard Dimond, After BJP Election Win, Leaders Soften Line on Nuclear Weapons, http://www.armscontrol.org/act/1998-03/indiamr.asp.

② Howard Dimond, After BJP Election Win, Leaders Soften Line on Nuclear Weapons, http://www.armscontrol.org/act/1998-03/indiamr.asp.

敌对情绪，印度将核试验归咎于安全环境，归咎于来自中国和巴基斯坦的威胁。为此不惜制造"中国威胁论"，1998年5月13日，在瓦杰帕伊递交克林顿的信中大谈中国和巴基斯坦对印度的威胁。[1] 印度人民党政府罔顾历史事实，污蔑中国，将印度核试验的原因归咎于地区安全环境的恶化，既有悖历史史实，又违背国际道德。

核试验后，印度国内舆论表现出高度的一致。大多数国民支持核试验，第一轮核试验后，在孟买、德里、加尔各答、金奈、班加罗尔和海德拉巴所做的民意调查显示，91%的被调查者赞成政府的行动，82%的人认为印度应该在核发展的道路上继续前进，制造核武器。67%的调查者认为政府足够强大，能够满足国家安全的需要，甚至"非暴力"的倡导者——甘地的孙子也说"它为印度境内进行的试验和印度人的行为感到骄傲"[2]。甘地论坛主席尼贾林伽帕也在1998年5月19日强烈捍卫印度政府的核试验行为，谴责美国政府对印度的态度。他对记者说，美国认为它能够控制全世界，我对这一看法深表遗憾。如果美国能够拥有炸弹，为什么印度拥有炸弹就是错误的？[3] 印度报纸也一致认可政府的行动。反对党中，除了共产党外都争相吹捧核试验的重要历史意义。索尼娅·甘地在国大党工作委员会会议上的讲话除了赞扬科学家和技术人员的辉煌成绩外，还强调历届国大党政府紧跟世界领先核技术的成就。她说："核问题是全民族的事务，而不是一个政党的事务。在这一问题上，印度保持高度的统一。"在表达民族自豪感的同时，国大党、共产党、前总理谢卡尔和一部分知识分子也谴责瓦杰帕伊决定核试验是由政治动机驱使的，是为了确保脆弱的瓦杰帕伊联合政府生存的需要。他们认为核试验打破了国内在保持核选择上达成的一致，造成印度在世界上的孤立。核试验将朋友当作敌人，恶化了地区的安全环境，使南

---

[1] O. P. Ralhan, Rise and Fall of BJP Government, p. 204.

[2] Paul. R. Dettman, India Changes Course: Golden Jubilee to Millennium, p. 41.

[3] O. P. Ralhan, Rise and Fall of BJP Government, p. 229.

亚地区爆发战争的可能性增加。核试验带来的经济制裁也不利于经济发展。[①]

　　瓦杰帕伊政府的决策确实带来民族主义情绪的高涨，也提高了政府的威望和支持率。但核试验后各国对印度的经济制裁却对印度经济带来过多的负面影响。在核试验后，美国、日本、德国、丹麦等都对印度实施经济制裁。这不仅使印度失去了大量的援助资金，造成资金短缺和物资匮乏，而且物价飞涨，其中主要是洋葱和芥末油这些基本的生活用品。日用品价格上涨，虽有减产、商人囤积居奇方面的因素，但是政府也难辞其咎。在外交方面，政府也处于两难的境地，如果在禁止核试验条约上签字，将被看成背叛；如果不签约，又面临着世界主要大国的经济制裁。在这方面的外交斡旋耗费了瓦杰帕伊政府大量的精力，从而忽视了国内一些主要问题的及时解决。1999年政府的倒台也与此有很大的关系。据统计，到1998年第三季度，一部分中产阶级下层的生活水平明显降低，甚至位于贫困线以下，而中产阶级是印度人民党最坚实的支持力量。但是也应当看到，由于印度开放程度不高，对外资依赖有限，所以国际社会的制裁并没有造成金融和财政上的恐慌。瓦杰帕伊政府依靠自己的外交斡旋和国际形势的变化得以成功地渡过危机。

　　核试验说明瓦杰帕伊政府外交政策的着眼点在于突破南亚地域的限制，走向世界，充当世界权力中心的一员。普克兰进行的核试验就是重新界定印度在世界权力中心位置的外交表态。但就目前经济和政治力量的对比而言，经济实力是根本，是衡量一国综合国力的重要指标。政治和军事实力只起到辅助的补充作用，在提高国家实力上具有短期效应。对瓦杰帕伊政府而言，经济发展上面临的诸多掣肘是其执政面临的最大挑战。依靠挑动民族主义情绪提高国家实力的战略注定是跛脚鸭的短期行为，综合国力的提高还需要坚实的经济实力做后盾。

---

[①] M. L. Sondhi and Prakash Nanda, Vajpayee's Foreign Policy, p. 27.

### 三、东向战略与亚洲政策

亚洲在印度外交战略中一直占据重要的位置。尼赫鲁认为亚洲是国际关系体系中非常重要的区域，近代以来，亚洲国家之间的关系越来越亲密。"因为几千年来历史上的长期交往，因为共同的经历，尤其是过去几百年来，或者说殖民统治时期的共同经历，我们在精神上，也可以说在心理上和道德上，更为接近。"① 亚洲有悠久的历史，在新的国际秩序的建立过程中必将发挥主导作用。尼赫鲁在亚洲国际关系会议上曾经说过，"我们现在处于旧时代结束，新时代来临的时刻。在这个新旧分裂的时刻，我们回溯久远的过去，展望未来。亚洲，在经受长期的压迫之后，突然在世界事务中又变得很重要。"② 而在亚洲国家中，印度又是天然的领导者。"印度在新时代的亚洲发挥它的作用是应该的。除了印度成为自由而独立国家这一事实外，它也是亚洲诸多势力中天然的中心和关键的地方。地理是一个令人瞩目的因素，从地理上说，印度位于西亚、亚洲北部、东亚和东南亚的交汇点。"③ 印度是亚洲的中心，也是亚洲的领导者。尼赫鲁争当亚洲大国，乃至世界大国的野心为后来的历届政府所继承。

在印度亚洲政策框架内，东南亚因为地理上的临近和古代印度教文化的影响而成为印度外交关注的重点。前文已经提过，人民同盟一直强调印度对东南亚古代文化的影响，要求加强两个地区之间的交流。但是，印度在处理与东南亚关系时带有大国霸权主义的色彩，而且冷战时期的印度与东南亚国家关系受到冷战格局的影响，一直处于不冷不热的状态，直至 20 世纪 90 年代印度经济改革后东

---

① S. Gopal, Selected Works Of Jawaharlal Nehru, Second Series, Volume Twenty-four, New Delhi, 1999, p. 559.

② S. Gopal, Selected Works Of Jawahar Lal Nehru, Second Series, Volume 2, New Delhi, 1984, p. 503.

③ S. Gopal, Selected Works of Jawahar Lal Nehru, Second Series, Volume 2, p. 506.

向战略的提出，印度与东南亚各国的外交关系才迅速升温。

1998年印度人民党联合政府上台后，继承和发展了国大党政府东向战略的具体内容。在战略层面上，印度外交部部长贾斯旺特·辛格在《外交事务》上发文称，印度在维持亚洲权力稳定上做出了积极的贡献。……强大的印度有助于维持地区平衡，联结海湾盛产石油的国家和东亚新兴工业国。[1]他将印度影响范围从西亚一直延伸到东南亚，这样的提法既继承了尼赫鲁印度是亚洲中心的大国思想，又与现今印度政府的印太战略在区域范围上不谋而合，反映了印度争当亚洲大国的野心。2002年，瓦杰帕伊在新加坡做题为"印度对东盟和亚太地区的认识"[2]的演讲，在演讲中瓦杰帕伊强调"这一地区是印度外交政策、战略考量和经济利益的重点区域之一。"他谈到东南亚地区论坛正在发展成为类似欧洲安全与合作组织、美洲国家组织、非洲统一组织这样的亚洲安全合作平台。瓦杰帕伊将东南亚地区论坛与欧洲、美洲和非洲洲级组织相提并论，有意抬高东南亚论坛的级别与地位，表达了印度试图建立以南亚东南亚为中心，延伸至东亚和西亚的战略区域范围。在政策层面上，首先，印度加强了与东盟的战略和防务合作。1998年，第一届东盟—印度高级官员会议通过决议，进一步加强双方防务合作。其次，印度通过加强与东南亚国家的双边关系实现向东延展。它先后与越南、缅甸等国开展军事和经济合作。[3]再次，向西拓展。印度改变以往"亲阿反以"的政策，在阿拉伯与以色列之间奉行"平衡外交"。印以关系迅速升温，双方在政治、经贸和军事战略上的交往与合作进一步加强。印度意欲通过改善与阿拉伯世界和以色列的关系，实现东西贯通。最后，建立海洋国是印度加强自身实力，实施东向战略的军事

---

[1] Jaswant Singh, Against Nuclear Apartheid, *Foreign Affairs*, Vol. 77, No. 5, pp. 41–52.

[2] Atal Bihari Vajpayee, India's Perspective on ASEAN and the Asia Pacific Region, 9 April 2002 https：//asean.org/? static_ post = india-s-perspective-on-asean-and-the-asia-pacific-region-addressed-by-he-shri-atal-bihari-vajpayee-prime-minister-of-india-annual-singapore-lecture-9-april-2002.

[3] 《环球时报》2001年9月7日。

保障。1999年4月14日，费尔南德斯在为印度最新战舰"布拉马普特拉"号主持下水典礼时宣称，印度将调整与它"有利害关系"的海上活动领域，而这些"有利害关系"的地区将从阿拉伯海北部扩大到南中国海海域，从阿拉伯海到南中国海都有它的战略利益。① 印度计划于2001年9月底在安达曼尼科巴群岛的布莱尔港设立第四海军司令部。2001年3月6日，印度内政部长阿德瓦尼在印度洋安达曼群岛首府布莱尔港视察时称："20世纪属于西方，中国在21世纪想成为世界的领导，但本世纪未来的岁月属于我们印度。"② 这是印度力图介入东南亚和南中国海的一个重要信号。

莫迪执政后，印度东向政策（Looking East policy）变为东进政策（Act East policy）。2014年11月12日，莫迪在东盟印度峰会上说：印度已经开启经济发展、工业化和贸易的新时代。在对外政策上，印度的"东向政策"已经变成"东进政策"。③ 由"看"到"行动"显示的是印度的行动力。在就任总理后三年半的时间里，莫迪访问了东盟十国中的八个国家，在香格里拉对话会议上发表主旨演讲。在12届东盟印度峰会上，莫迪提出加强东盟印度经济关系的具体建议，包括建立专门融资通道、信息高速公路，邀请东盟国家参与转型时期的印度经济建设等。莫迪政府将东向政策提升到东进政策阶段，就政策本身而言并没有新的内容，但执行力度上的改变表明莫迪东向政策的突破性。从拉奥政府的东向战略到印度人民党政府提升南亚东南亚的战略地位，再到莫迪政府的东进政策，这一连串的发展见证了印度的野心，以南亚东南亚为中心，向东、北和西三个方向延伸。

为了实现进入亚太地区的战略目标，印度也试图与东亚的韩国

---

① 曹永胜等：《南亚大象》，解放军出版社2002年版，第224—225页。
② 《联合早报》2001年5月8日。
③ Prashanth Parameswaran, Modi Unveils India's 'Act East Policy' to ASEAN in Myanmar, Diplomat, November 17, 2014, https://thediplomat.com/2014/11/modi-unveils-indias-act-east-policy-to-asean-in-myanmar/.

和日本加强外交和国防上的合作，尤其是日本。印度希望借助日本的技术发展本国的国防工业，它有意购买与合作制造日本苍龙（Soryu）潜艇和 US-2 水陆两栖飞机。另外，日本还成为马拉巴尔演习的永久参与国。"马拉巴尔"演习本来是印美之间的军事演习项目，后来经过慎重的考虑，印度总理莫迪决定邀请日本加入并认可其为永久的演习参与国。2016 年印度和日本明确提出亚非发展走廊的概念，使印度和日本在非洲的合作进入实质阶段。

在全面铺开东向战略的基础上，莫迪的西向战略也取得一定的进展。莫迪执政后访问了多个阿拉伯国家，并签订经贸合作协议。2017 年 7 月，莫迪成为首位踏上以色列土地的印度总理。两国扩大在反恐、军事合作以及经贸领域的合作。

由此看来，印度人民党的亚洲主义政策继承了尼赫鲁和国大党政府的遗产，将印度复兴与外交上的单边主义和霸权主义结合，体现了印度争当世界大国的野心与抱负。从纵向时间维度来看，亚洲主义政策的发展与印度殖民统治时期、独立前夕和独立后的发展阶段契合，是英帝国遗产与印度复兴思想的结合。从横向空间维度来看，尼赫鲁的亚洲主义思想以印度是南亚天然的霸主为核心，首先掌控周边的南亚国家。然后以南亚为中心，向东延伸至东南亚，东北方向延伸至中国，向西延伸至中东，向北延伸到中亚，并利用印度洋向东向西延伸的便利，扩充印度的势力范围，实现印度争当世界一流大国的梦想。印度人民党的亚洲政策也建立在印度人民党对印度文明的独特理解基础之上。它认为印度传统文明是救治现代滥觞的物质文明的良方。这一思想反映在外交领域，则是印度必须享有与自己文明匹配的国际地位。印度人民党的亚洲政策也决定于国际政治格局的变化。进入 21 世纪以来，世界格局发生新的变化。欧美国家的优势地位进一步下降，亚非新兴经济体保持强劲增长势头。同时，全球化的环境问题和发展危机导致西方发展模式影响力弱化，人本主义、可持续发展等理念受到普遍关注。经济和社会层面的变化导致全球政治板块的变动。亚洲地区在全球发展中的重要性日益凸显，尤其是亚太地区受到全球的瞩目。美国的亚洲再平衡战略，日本脱欧入亚都显示这一地区战略重要性的增加。在这样的历史背景下，印度政府开展以南亚为中心，向东和向西的双向延展，将亚洲看作展示印度大国地位、印度文明的重要平台。

### 四、不温不火的印巴关系

印度人民党执政后，在核试验、卡吉尔战争问题上都以强硬的姿态表达了自己在对巴政策上的民族主义情绪。但在印度外交框架体系内，南亚是其后院，它并不愿后院起火，所以在对巴政策上，印度需要绑架民族主义情绪为政治服务，但在印巴关系恶化到一定程度后，又会做出让步，压制国内极端民族主义力量。这是印巴关系发展的常态，在印度人民党执政时期，并没有因为它的极端教派主义的政治取向而导致局势严重失控，两国关系的发展依旧在一波三折中保持不温不火的状态。

1998 年瓦杰帕伊刚执政的时候，采取了一系列改善印巴关系的举措，但 5 月的核试验打破了这一进程。1998 年 5 月的核试验是为了增加印度世界大国地位的资本，并不是针对巴基斯坦，但也不是完全没有考虑对巴基斯坦的威慑作用。印度核试验之后，巴基斯坦也进行了核试验，两国关系迅速下滑。核试验加剧了南亚地区的紧张局势和核军备竞赛，遭到国际舆论谴责。就地区发展而言，两国的军备竞赛耗费了大量的钱财，同时造成地区局势失控，国内政局不稳，危害到经济发展。在局势失控前，两国的工商企业界和友好人士共同发声，要求改善双边关系，两国领导人顺水推舟。1998 年 7 月 29 日，瓦杰帕伊与谢里夫在南亚区域合作组织会议上会面。1998 年 9 月，谢里夫和瓦杰帕伊在纽约参加联合国会议时也举行了会谈。双方一致同意恢复在 1997 年已经认可的八个问题的基础上，进行正式对话，还恢复了从德里到拉合尔的巴士。

1999 年 2 月 20—21 日，印度总理瓦杰帕伊参加德里到拉合尔公共汽车的开通仪式并专程访问了巴基斯坦，这是 50 多年来第一位乘坐公共汽车踏上巴基斯坦领土的印度领导人。访问期间，双方签订了具有历史意义的拉合尔宣言。双方承诺就安全概念和核定义进行双边磋商，建立常规武器和核武器的磋商机制，以避免冲突；互相通报弹道导弹射程试验问题；成立部长级双人委员会，协商处理扣留公民和失踪战俘的人道主义待遇问题；双方同意通过谈判解决克什米尔问题。印方对协议的签署给予高度评价，纳拉亚南总统在议会的演讲中，称《拉合尔宣言》是印巴两国和平与安全的里程碑。巴基斯坦舆论界的反应却比较谨慎，认为印巴首脑会晤，只是朝着缓和双方紧张关系迈出的第一步。拉合尔宣言的签署消除了巴基斯坦对印度人民党上台的恐惧，同时也说明执政的印度人民党延续了国大党政府的对巴政策。

印巴之间的"巴士外交"并没有从根本上解决双方的冲突和分歧，在巴士外交后，双方又展开了新一轮的军备竞赛。1999年4月11日，印度发射烈火 II 型中程弹道导弹，巴基斯坦立即还以颜色，4月14日试射高里 II 型中程弹道导弹。15日，巴基斯坦再次试射射程为600公里的"山鹰"式导弹。印度则于16日试射一枚短程地对空导弹，两国的军备竞赛愈演愈烈。在激烈的军备竞赛开展的同时，1999年5月，印巴之间又爆发了卡吉尔战争。卡吉尔战争是双方激进派推动的结果。当时，巴基斯坦的谢里夫政府倾向于缓和印巴关系，主张开放贸易，放松签证制度，鼓励双方开展包括人员、文化和体育在内的交流活动。穆斯林强硬地认为，谢里夫政府的政策过于软弱，是对印度人民党强权的妥协。印度教教派主义极端力量则是一直主张对巴基斯坦采取强硬的政策。卡吉尔冲突持续了两个多月的时间，双方都保持了相对克制的态度，并没有酿成灾难性的后果。这与核试验后印度的经济状况恶化有很大的关系。核试验后，印度受到国际社会的制裁，日用品价格上涨，而国防开支也大量增加，持续进行战争的成本很高。

卡吉尔战争后，巴基斯坦发生军事政变，穆沙拉夫上台，双方的关系恶化，但随后迅速抓住了橄榄枝。2001年7月14日，穆沙拉夫和瓦杰帕伊在阿格拉地区会晤。印巴之所以出现和谈的局面，首先是经济原因。因为冲突就意味着双方要在边界地区屯兵，屯兵就意味着大规模地耗费财力。另外，印巴之间的冲突也造成地区安全形势恶化，阻碍了外国投资的进一步增长，而这对于经济的发展很关键。此外，印度想要建立一条从伊朗经由巴基斯坦进入印度的天然气管道，这也需要巴基斯坦的协助。其次就是双方国内政局的变化。对巴基斯坦来说，军事政变后，除了发展经济的任务之外，还要争取国际承认。为了改变自己在国际政治上的孤立地位，换取对政府合法性的承认，军方被迫做出妥协的姿态。对印度而言，印度人民党在3月经历了丑闻事件，5月的邦选举又失利，迫切需要缓解国内压力。在这样的背景下，为了回应国际上和平解决克什米尔问题的呼吁，5月24日，印度总理瓦杰帕伊在邀请信中谈到"重新恢复和平进程"，共同致力于使次大陆走上和平与繁荣的"康庄大道"。他在信中谈到贫穷是两国共同的敌人，而确保次大陆人们未来安全和繁荣的唯一途径就是"和解的道路"。[①] 穆沙拉夫也积极回应印度伸出的橄榄枝，接受了瓦杰帕伊的邀请。5月13日，印巴首脑会晤。会晤历时3天，双方本来拟订发表联合声明，包含九个重要问题，但因为在克什米尔问题上未达成协议，所以发表联合声明的计划也随即破产。

　　印巴阿格拉峰会后，仅仅半年的时间，2001年12月13日又发生了印度议会大厦遭袭事件。在袭击后的枪战中，有十二人死亡，包括六名袭击者和六名殉职警员。印巴关系又趋于恶化，印度召回驻巴大使，双方在边境屯兵百万，战争有一触即发之势。但这次的情形不同于1965年和1971年。一是两国都拥有核武器；二则因为美国高举反恐大纛，阿富汗战争还在如火如荼地进行。印度本想借助反恐大旗，将巴基斯坦定位为恐怖主义国家，一举消灭伊斯兰圣战组织。但美国也有自己的考虑，它不愿让印、巴混战打乱其在阿

---

① Frontline, Vol. 18, Issue 12, June 09 – 22, 2001.

富汗的军事部署。另外，美国也意识到巴基斯坦在伊斯兰组织中的分量，打击恐怖主义必须拉住巴基斯坦。出于自身利益的考虑，美国开始居间调停。印巴领导人都做出一定的让步。23日，巴基斯坦软禁了"穆罕默德军"领袖阿兹哈尔。30日，巴基斯坦军方政府宣布逮捕涉嫌国会袭击案的"纯正军"领袖沙伊德，双方紧张局面随之缓解。

印巴关系发展中的主要制约因素包括领土争端、恐怖主义和宗教。克什米尔问题是悬在双方头上的达摩克利斯之剑，集以上三个问题于一身。印巴领导人都想利用边界问题、宗教和恐怖主义问题挑动民族主义情绪，从中获得政治上的好处，但对民众来说，他们已经厌倦了战争。根据印度《政治家》的报道，民众对两国不断冲突，但无法解决问题的困局感到无奈和不解。加尔各答的比亚尔·穆克吉说，印度和巴基斯坦自独立以来就互相争吵不休。由于两国大多数人民都处在贫困状态，战争只会给两国人民带来巨大的灾难。印巴两国进行了好几场战争，什么问题也没有解决，应该采取外交方式对巴基斯坦施加压力。恐怖主义就像神话中的多头魔鬼，必须用外交手段来对付。一位名叫拉杰希·简的小商人表示，他不希望战争。他说，战争不能解决任何问题，只会耗费大量的金钱，造成许多人失业。家庭主妇蒂维亚·莱纳坚决主张和平。她说："我很难想象还有比战争更大的灾难，不过面临核武器的威胁，印度要特别小心。人的生命比所有武器加在一起都要宝贵。"[①] 印巴关系的发展牵涉南亚的地区稳定，不仅关乎印度和巴基斯坦的利益，而且受到国际社会的关注。就印度和巴基斯坦自身的发展而言，它们也不希望发生战争，但鉴于印度与巴基斯坦历史上的恩怨，这一问题又是加强民族凝聚力，挑动民族主义情绪的有效工具，所以双方都不愿放弃自己的一贯立场，这也是印巴问题始终无法解决的历史和现实原因。

---

[①] 《大公报》2002年5月30日。

### 五、印度与各大国的合作与制衡

1. 中印关系

中国和印度是亚洲两个最大的经济体，在国际政治领域既存在合作，也存在竞争。印度独立和新中国成立后，中印关系由最初的友好协作到爆发边界冲突，之后一直在曲折中发展。印度一方面需要与中国加强经济合作，另一方面又将中国视为竞争对手。因此，中印关系除了受到传统边界因素的影响之外，还受制于国际政治格局的发展与变化。

印度人民党上台之后，为了贯彻自己的大国战略，在拉贾斯坦邦进行了五次核试验。为了规避国际社会的制裁，寻找违规的借口，印度将中国当作挡箭牌，导致中印关系一度出现波折。曾以反华著称的国防部长费尔南德斯在接受印度一家私营电视台记者采访和纪念克里希纳·梅农诞辰101周年的讲话中，均侮蔑中国是印度"潜在的头号威胁"。[①] 当然，挑起中印冲突，并不是印度的最终目的。在完成以"中国威胁论"为核试验提供借口的目标后，瓦杰帕伊随后就做出和解的姿态。1998年6月3日，瓦杰帕伊在议会的发言，表达了与中国发展友好关系的愿望与诚意。他说："我向联邦院保证我们寻求与所有邻国，包括最大的邻国中国的友好关系。……我们相信由中印两国共同倡导的和平共处五项原则仍是发展双边关系的准则。……在边界问题上，我们承认达成协议需要时间和耐心，但是在这一问题上，我们能够而且应该取得进展。"[②] 曾经在4月大谈"中国威胁论"的费尔南德斯在1998—1999年国防部的报告中写道："中国是印度最大的邻国。印中关系在最近几年得到了改善。""印度不是将中国看成敌人，而是作为最大的邻国，印度愿意与中国发

---

① 赵蔚文：《印中关系风云录》，时事出版社2000年版，第364页。
② M. L. Sondhi and Prakash Nanda, Vajpayee's Foreign Policy, p. 108.

展互惠友好关系。"① 这充分说明了印度虽然在潜意识中将中国作为其战略竞争对手，但出于发展经济的需要，又不得不与中国和解的矛盾心态。

随着新世纪的到来，印度经济改革进入关键阶段，需要国际市场，尤其是中国这样的人口大国资金、技术和人力上的支援。于是，瓦杰帕伊政府开始缓和与中国的关系。2003年是中印关系良好发展的关键一年。该年，印度国防部部长、总理都相继在非典时期访华，表达了印度在改善中印关系方面的诚意。4月，印度国防部部长费尔南德斯访问中国，这是印度国防部部长十多年来首次访华。费尔南德斯访华期间，与中国国防部部长曹刚川会晤，对曹刚川部长提出的有关加强双边军事合作、采取联合行动打击恐怖主义等提议表示赞同。印度国防部部长费尔南德斯访华意在修补中印关系上出现的不愉快，为瓦杰帕依总理的访华牵线搭桥。2003年6月22日到26日印度总理瓦杰帕伊访华，这是十年来印度总理第一次访华。此次访华，印方首次以官方文件形式承认西藏是中国领土的一部分。访华期间，瓦杰帕伊与中国总理签署了《双边关系原则和全面合作的宣言》，在宣言中，印方承认西藏自治区是中华人民共和国领土的一部分，重申不允许西藏人在印度进行反对中国的政治活动。中方对印方的立场表示赞赏，重申坚决反对任何旨在分裂中国、制造"西藏独立"的企图和行为。在中印边界矛盾的处理上，双方认识到，中印两国的边界争端需要通过谈判达成解决方案。在与中国政府签订的联合宣言中，印度政府同意任命特别代表来解决边界问题。另外，在经济、军事等方面，双方都达成富有建设意义的共识。双方经济上的互补与需求是瓦杰帕伊政府调整对华关系的最重要的原因，体现了瓦杰帕伊政府外交战略中的现实主义取向。

莫迪上台后，在对华政策上，依然是遏制与和平共处交替使用，但前者所占比重更大。对莫迪来说，要发展经济，保证高增长率，

---

① M. L. Sondhi and Prakash Nanda, Vajpayee's Foreign Policy, p. 105.

中国的投资和在印度建厂对印度来说非常关键。当习近平访问印度时，中国承诺了高达 200 亿美元的投资。莫迪也做出回应，承诺为中国公司建立两个工业园区。印度在金砖国家发展银行和亚投行问题上与中国保持同步。但作为全球竞争伙伴，印度始终视中国为主要的对手。在 2014 年年底访问日本期间，莫迪诋毁中国，称一些大国以 17 世纪和 18 世纪欧洲强权国家的方式推行扩张主义和侵略政策。在一带一路倡议建设上，印度一直以中国在规划项目时包容性和透明度不够为借口，拒绝加入。更重要的是，莫迪在外交上通过一系列象征性或实质性的动作暗示印度与中国的对抗关系。莫迪与那些对中国不友好的国家保持友好合作，例如美国遏制中国，日本遏制中国，印度与美日加强战略合作关系。通过这样的外交举动，印度试图表明中国在国际舞台上地位的提升影响到印度的国际表现力，印度与中国的关系是对抗性质的，而且利用这些国家达到遏制中国的目的。

中印关系一直在曲折中发展源于两个方面的原因。第一，印度和中国之间理解上存在不对称性。印度受英语教育的精英更多受到东方主义观点的影响，他们认为佛教文化对东亚文化发展起到了非常重要的影响。因为佛教起源于印度次大陆，一些印度学者想当然地认为佛教的传播是中国印度化的体现。实际上，儒家文化才是中国文化体系的核心，佛教只是边缘文化体系的一支，而且中国佛教思想体系不同于印度的佛教。印度精英对中国文明的理解依然局限于古代佛教发展和传播阶段，也难怪印度人对印度文明复兴有着执着的信念。另外，中国对印度的认知除了佛教来源于印度外，就是印度人在中国租借充当英国殖民者的走狗和工具。双方认知上的错位影响到两国关系的发展。

第二，印度在制定亚洲区域合作政策时，固守狭隘的民族主义思想。尼赫鲁曾说"无论确定什么样的政策，主持一国外交事务的艺术都在于找到对本国最有利的办法。我们说到国家间的善意时，可以语出至诚。但归根结底，政府是为了它治理的国家的利益服务的。没有一个政府敢于做出任何在短期或长期显然不利于自己国家的事情。"[1] 片面夸大印度文明的作用，忽视其他文明的优点和长处，导致印度人民党在制定外交政策时，以印度为中心，强行推行霸权主义。在中印关系上则表现为没有事先征求中国的观点，单方面宣布麦克马洪线是最终边界，将中印之间未定界变成最终的边界线。对西藏自治和宗主权问题也持同样的单边主义立场。

在当前形势下，处理中印关系应该注意以下几点：首先，印度外交战略中的现实主义层面。印度对中国的外交政策始终保持着灵活性。瓦杰帕伊政府上台之时进行核试验，散布"中国威胁论"，但很快做出调整。莫迪也跟其前任一样，能够很快从强硬的鹰派外交转变为缓和的鸽派外交。对印度来说，经济发展需要中国的支持，中国经济发展的经验也值得印度借鉴。现实主义外交的结果是印度会毫不保留地利用可能的机会，缓和中印之间的关系。

其次，印度国内部分力量主张与中国合作。2016年，由前印度外交秘书领衔的24名专家组成的印度新德里智库组织——Aspen研究所和中国研究所——提交的研究报告建议印度重新考虑其在一带一路倡议中的立场。"印度参与一带一路倡议将会提高其余亚洲和印太沿岸国家的互联互通。印度政府应该看到，一带一路倡议是一个合作的、参与的倡议，聚焦于发展基础设施，实现更便捷的联通。""一带一路倡议也可以以其他的替代方式进行，印度代替中国维护中国在印度洋地区的利益，而中国代替印度维护印度在东海和南海的利益。"[2] 这样的建议有利于中印之间战略上的对接。对于印度来说，一带一路倡议是千载难逢的好机会。

再次，我们不能忽视印度在外交政策上的自主性。美国一直希

---

[1] [美]亨利·基辛格：《世界秩序》，胡利平等译，中信出版社2015年版，第259页。

[2] Dipanjan Roy Chaudhury, Anti-China policy not good, says ex-NSA Shiv Shankar Menon, July 8, 2016, https://economictimes.indiatimes.com/news/politics-and-nation/anti-china-policy-not-good-says-ex-nsa-shiv-shankar-menon/articleshow/53106762.cms.

望印度加入遏制中国的战略规划中，形成美、印、日、澳为四角的对抗中国的战略态势。印度虽然与美国在走近，但还是有一定的保留。例如，印度没有邀请澳大利亚参加马拉巴尔军事演习就是不想形成所谓的黄金四角，增加对中国的敌意。莫迪政府虽然对一带一路倡议还持保留态度，但是印度需要向中国学习互联互通、整合和经济发展的经验，而这正是目前印度国内政策的关键和重点所在。我们不能忽视印度的国内和国际需求。

尽管中印双方在边界问题、外交政策方面还存在一定的分歧，但是从历史发展过程来看，两国之间的关系虽然不时会有不和谐的声音，但总可以通过协商谈判达成共识。如果过去只是一个序曲的话，双方在今后的发展中可以奏出更加宏大的音乐篇章。作为世界上发展最快的两个经济体，中印之间需要合作共赢。

2. 印美关系

冷战时期，美国扶持巴基斯坦，以遏制苏联势力南下。印度认为美巴联盟是对其在印度洋天然霸主地位的挑战，因而与美国关系冷淡，转而与苏联保持了实际的战略伙伴关系。冷战结束后，美巴军事同盟关系不复存在，从而为印美关系改善提供了机会。冷战后，尤其在印度实行改革开放政策以后，美国看到印度巨大的市场潜力，因而很重视发展同印度的友好关系。印度则抓住历史机遇改善与美国的关系，并试图利用与美国建立的战略伙伴关系，遏制中国。在印度人民党执政时期，除了核试验期间印美关系出现波折外，印美友好合作是两者关系发展的主流。

印度实行核试验后，美国既采取严厉的制裁措施，同时又为双方关系的缓和留有余地。1998 年印度核试验后，美国强烈谴责印度的这一举动，认为此举会引发多米诺骨牌效应，造成南亚地区的军备竞赛，破坏地区安全环境。因而核试验后，美国对印度实施经济制裁。1998 年 5 月 13 日，美国总统克林顿提出了制裁印度的清单，清单涵盖了经济、军事、金融等领域。①但印度的市场潜力使美国决策机构面临经济利益集团的压力，这也说明了印度在解锁方面有缓解的余地。其实美国也是想借此机会，使印度在禁止核试验条约问题上做出让步，所以，对经济上的制裁双方尚有商讨的余地。在核试验后的危机处理中，瓦杰帕伊政府表现出相当的灵活性。他首先派出核试验问题上鸽派的贾斯旺特·辛格为代表，与美国副国务卿塔尔博特就签订核不扩散条约等事宜进行谈判。同时，印度也紧急改善与巴基斯坦的关系，防止事态的进一步恶化。这些外交举措既平息了美国的怒气，也给美国提供了台阶。

印度的外交努力，再加上美国战略界对印度潜在的经济和战略地位以及在遏制中国上的特殊作用的认识，美国对印度的外交政策开始从核试验后的单一关注核问题转向多层面问题齐头并进，主动向印度示好，印美外交僵局被打破了。1999年，克林顿获得国会授权后取消了对印度的部分制裁，包括美国政府和商业方面的交易。2000年3月19日，克林顿访印，标志着美国对印度战略的实质性的转变。克林顿访印期间，双方在开展深入而广泛的框架合作以及经贸关系上达成一系列的协议。

克林顿是1978年以来首次访问印度的美国总统，克林顿访印打开了双边关系的新篇章。在对待印度核试验问题上，美国的态度与伊拉克和朝鲜形成鲜明的对比，这也反映了美国的国家战略，鉴于亚洲的战略平衡，寻求与南亚地区大国——印度达成谅解。

克林顿访印后，两国的关系继续向着良好合作的方向发展。印度总理瓦杰帕伊抓住机遇，于2000年9月访美，瓦杰帕伊在美国国会发表演讲时称，印美是天然的伙伴关系。布什政府上台后，重新定位印度在亚洲战略中的地位，认为印度是可以与中国抗衡的潜在力量，因而应该加强与印度的战略关系。他明确表示印度是维护亚洲稳定与安全的潜在力量，美国乐意印度在此方面发挥更重要的作

---

① 肖敬民、吴鹏：《南亚核风云》，长虹出版社1998年版，第187—188页。

用。印度政府也认识到了这样一个机会，在外交上与美国保持一致，双方关系进一步拉近。

2001年4月，正值中美撞机事件，贾斯旺特·辛格在华盛顿访问，受到了美国总统非正式的接待。2001年5月，美国提出导弹防御系统计划，印度第一个发声支持布什的新战略框架。这也有印度自身利益的考虑，因为此举可以减少美国在核问题上给予它的压力，同时也可以大张旗鼓地进行军事力量的动员，减少来自美国的干预。这一事件也是印美关系发生转折的分水岭。5月，美国副国务卿阿米塔吉到德里访问，称美国放宽对印制裁，扩大与印度在印度洋的军事合作。美国参谋部联席会议主席谢尔顿上将访印，双方就恢复和加强新世纪印美军事关系进行了一系列磋商。尽管谢尔顿上将称双方的国防联系主要局限在国际维和和救援使命以及军事训练方面，但这一举动本身表明美国已经改变了核试验后强硬的制裁态度。谢尔顿上将访印，表明双方军事领域的合作获得突破性进展。9·11事件发生后，美国加大了对印度的拉拢力度，2001年9月22日，美国总统布什全部取消了对印度的制裁。2001年11月8日，美国将印度定义为"天然的盟友"，称印度是反对恐怖主义"国际联盟中重要的合作者"。[1]

伴随中国的崛起，美国国内保守主义的抬头，印美关系越走越近，尤其是莫迪政府上台后明确表示了改善印美关系的愿望。2015年的共和国日，莫迪邀请奥巴马参加游行活动。在奥巴马访问期间，双方发表名为"美印亚太和印度洋地区联合战略展望"的联合声明，声明以对抗中国为主要目标，首次涉及东海和南海问题。声明指出，美国和印度建立更加密切的伙伴关系对于促进亚太和印度洋地区的和平、繁荣和稳定必不可少。印度一直寻求成为亚太经合组织的成员国，此举得到了美国的支持，美国副国务卿布林肯在国会亚洲听证会上说"我们对印度有兴趣加入亚太组织表示欢迎"。双方在经济

---

[1] The Hindu, November 9, 2001.

和技术领域也开展了一系列的合作。虽然印度在拉近与美国的关系，但在外交上它还是强调独立自主。从印度拒绝澳大利亚参加军演事件中可以看到端倪。

即使印美两国在经济和军事领域展开合作，但两国关系的发展，仍存在一系列的制约因素。第一，美国与巴基斯坦的关系是制约两国关系发展的主要因素。美国自然没有完全放弃冷战时期在巴基斯坦经营了多年的中亚战略。巴基斯坦是美国接近资源丰富的中亚的一个重要通道。而且，美国也担心巴基斯坦失去了与美国的联系，会转而加强与中东伊斯兰教国家的联系，因此美国试图将巴基斯坦作为伊斯兰友好国家的样板。第二，与美巴关系相关，克什米尔问题也制约两国关系的发展。美国对克什米尔的解决奉行4"R"政策，即双方克制；尊重控制线；拒绝暴力和恢复对话。但克什米尔牵涉宗教、民族、两国的历史宿怨，所以问题的解决非一日之功。印度在克什米尔问题上，反对巴基斯坦政府提出的全民公投，反对第三方势力介入。美国并不完全同意印度所持立场。第三，美国不会坐视印度在南亚，甚至亚洲地区坐大，成为自己的竞争对手。美国的外交政策更多出于维护自己世界霸主的宝座，不允许其他国家对它的超强地位提出异议和挑战。而印度也有自己的战略目标，希望成为有声有色的世界大国。

3. 印俄关系

印俄在冷战时期就建立了战略伙伴关系，冷战结束后，印度寻求在重组的国际格局中确立大国地位，急需俄罗斯的军事装备来增强自己的军事实力。另外，印度虽然积极发展同美国的关系，增加自己在国际上说话的资本，但印度也意识到单方面发展同美国的友好关系，会加大对美国的依赖，印度需要以俄罗斯为最后的依托，增加自己外交的回旋余地。如，在核政策问题上，美国及西方国家的制裁，对经济发展造成很大的影响。而核试验后，俄罗斯并没有对印度实施全面的制裁。印度从大国之间的矛盾关系中，体会到可以利用大国之间的矛盾满足自己的需要。因而，俄罗斯就成为发展和维持印美友好关系的一个重要制衡力量。俄罗斯由于苏联的解体,经济不景气,急需硬通货;而且面对美国咄咄逼人的霸权,它只能被动应付,急需与南亚重要的传统伙伴印度巩固关系,以增强在亚洲地区与美国的抗衡。

印俄两国在外交领域的活动,主要是加强军事领域的合作。在美国轰炸伊拉克时,俄罗斯外长普里马克夫访印,双方签订了印俄长期军事合作的关键性文件,这一协议的目标在于规划出直到2010年,两国之间安全关系的总方向。普里马克夫此次访印,双方还签订了购买俄国航空母舰的谅解备忘录,以及刑事犯罪的引渡条约、空中服务和领事条约。

2000年10月俄罗斯总统普京访印,其主要目的是在新的形势下,巩固双方的战略伙伴关系。尽管双方也签署了商务合作方面的协议,但主要还是有关军事防务方面的协议。这次访印,普京拿到了总额为30亿美元的军火订单,这花掉了印度软件业一年出口额的75%。[①] 此外,双方还就军事合作方面的有关事宜达成一致,签署了《战略伙伴宣言》和其他11项协议,其中包括4项防务合作协议:建立政府间防务和技术合作委员会、印度从俄罗斯购买航空母舰和T-90型主战坦克以及俄罗斯许可印度生产苏-30MKI战斗机。这些协议的签订表明双方继续延续了传统的伙伴关系,同时,在新形势下,这一伙伴关系具有了某些新的内涵和意义。即双方都更加关注现实的国际地位和国际战略的需求。俄罗斯已不具备苏联所拥有的国际地位,在经济形势不容乐观的情况下,俄罗斯需要别的国家的援助和支持。印度在新的国际形势下,改善了与美国的关系,有自己的战略优势。在这种情况下,印度不再是俄罗斯的一个小伙伴,单方面依赖发展与俄罗斯的关系。两国之间的关系,与过去相比,更具有实质性的伙伴关系,印度在打俄罗斯这张牌。

普京访印之后,两国之间又开展了一系列的互访活动。2001年

---

① 李文云:《印俄关系新内涵》,《人民日报》2000年10月6日。

6月，印度外交部部长贾斯旺特·辛格访俄。2001年11月，瓦杰帕伊访俄。双方除了讨论军事协作和国防事务以及核能源和商业学术交往外，还就反对国际恐怖主义进行了广泛的探讨，双方在11月6日签署了关于反恐的莫斯科宣言并发表了联合声明。莫斯科宣言号召在联合国的监督之下，完成广泛的国际反恐以及控制核恐怖行动协议草案的起草，以这些协议为基础，加强有效对抗全球恐怖主义威胁的国际法基础，加强联合国在反对恐怖主义中的作用。这就意味着严格遵守包括联合国宪章在内的国际法律，反对美国的单边霸权主义政策，强调多极世界的概念，建设新的国际合作安全秩序。另外，双方还达成协议，俄国为泰米尔纳杜建立核电厂提供技术和财政上的支持，这打破了西方国家对印度核技术发展30年的封锁，有利于核试验后印度外交领域的拓展。

莫迪政府执政后，双方延续了战略伙伴关系。2014年莫迪上台后，俄罗斯在国际上遭到欧美国家的制裁，国内经济发展也不容乐观，面临重重障碍。而莫迪政府制订了野心勃勃的基建计划、强硬的外交政策和国防建设计划，这些需要俄罗斯技术和军事上的支持，因此两国领导人积极互访。2014年，俄罗斯总统普京访问印度，印度总理莫迪于2015年、2018年访问俄罗斯，双方签署了防务、能源和经济领域的一系列合作协议，延续了双方在军事、经济领域的合作。

在印度人民党执政时期，印俄之间继续巩固了传统的战略伙伴关系。由于国际形势和地区局势的变化，印度积极开展多元外交，改变单方面依赖俄罗斯的局面，从而使印俄伙伴关系更具有实质性的内容。印度利用俄罗斯这张牌，增加自己在对美外交政策中的自主性，以重建印度的大国地位。

纵观以上印度人民党的外交政策，具有如下特点：

其一，从一定程度上说，印度人民党的外交政策是国大党外交政策的延续。比如，发展核武器、进入核俱乐部也是国大党政府长期追求的目标。拉奥政府也曾准备进行核试验，但在美国的压力之下，被迫放弃。印度人民党执政后，延续了国大党的政策，并把前几届政府无法实现的目标付诸行动。因此，印度人民党的外交政策体现了印度政府在外交政策上的延续性。

其二，在延续国大党政策的基础上，印度人民党政府也对国大党政府的外交政策进行了一定的调整，体现了印度人民党的强力特征。与国大党政府相比，印度人民党政府更加强调国家安全，强调发展国防力量。在核问题上，印度人民党政府的态度比国大党政府要强硬，充分体现了印度人民党的大国战略思想。在与巴基斯坦的冲突与和解中，贯穿了印度人民党的宗教民族主义指导思想和现实主义战略。在国防工业方面，印度人民党政府强调军事工业国有化，与日本和美国合作，遏制中国。

其三，在奉行大国战略的同时，印度人民党也充分体现了自己在外交政策上的灵活性。在处理核试验引发的外交危机，以及与世界各大国之间的关系上，印度人民党表现了自己作为现代政党，驾驭国际政治领域关系的能力。这一现实主义的处理方式既维护了印度的利益，同时，又增强了自己在国际舞台上的回旋余地。因而，印度国内对印度人民党的外交政策的认可度相当高。对印度人民党对卡吉尔战争的处理是否满意的问卷中，回答满意的达到74%，不满意的有18%，不知道的有8%。当被问及，如果国大党执政，是否会更好地处理卡吉尔问题时，同意的人占31%，不同意的占44%，不知道的占25%。[1] 时报集团对2019年大选进行选前民意调查，该次民调在2018年5月23—25日举行，涉及时报集团的9个媒体，超过9种语言。当被问到你如何评估莫迪政府的外交政策时，62.63%的人说"非常好"，17.43%的人说"好"。[2] 印度人民党的

---

[1] G. V. L. Narasimha Rao and K. Balakrishnan, Indian Elections: The Nineties, New Delhi, 1999, p. 28.

[2] Mega Times Group Poll: Lok Sabha Election Opinion Poll 2019 by Times Group, https://www.opinionpoll2019.in/mega-times-group-opinion-poll/.

外交政策通过提振民族主义情绪的方式实现印度文明的复兴和大国战略，还是得到了民众的认可。

总体说来，印度人民党执政时期的外交政策，并不像执政前那样立场极端，但也没有改变政党一贯坚持的大国外交和实力外交。大国战略是印度人民党外交政策体系的核心，围绕大国战略，印度人民党构建了以国防和力量为中心的外交政策体系。国防和实力是印度人民党关注的中心，体现在政党的核政策及执政后不久即开展的核试验，研发高端武器系统，升级军事武装配备，频繁开展大规模的军事演习，这些都体现了印度人民党的大国主义追求。在国防和力量建设的基础上，印度人民党采取"与邻为善"的近交政策，巴基斯坦因为历史上的宿怨而与近交政策有所背离，但并不影响印度南亚国际关系体系的建构。以南亚地区为中心，向亚洲东部和西部延展，并通过加强与东南亚的关系进入亚太地区。在南方，形成印度洋为中心包括澳大利亚和新西兰的印度洋外交圈。通过这样的外交网络，形成以南亚为中心，印度洋为依托，贯穿亚洲的外交关系网络。这个网络向西可延伸至非洲，向东可延伸至美洲。在这样的国际关系体系内，印度审时度势，利用大国之间的制衡，把握机会，大搞多元外交，获取核心技术和经济利益，增强自身的实力。由于印度人民党在制定外交政策时，很好地把握了宗教民族主义思想和现实主义战略之间的平衡，在外交上的成就可圈可点，获得了较高的民众认可度。

二十一世纪，民族的观念不再是以自我为中心的情绪性的民族主义，而是与全球的经济发展、政治和安全密切相关。虽然，从一定程度上说，武力是一个国家力量的重要衡量指标。但是在科技发达的今天，仅仅依靠武力无法实现国家在国际舞台上地位的提升。经济和技术的进步才是国家实力的根本所在。印度人民党政府也认识到这一点，在贯彻大国战略的同时，也总能保持理性变通的态度，灵活地处理外交事务。

从印度人民党执政时期的经济、文化教育和外交政策来看，印度人民党联合政府任内,以将印度建成强大而繁荣的现代化国家、复兴印度教文明为目标,在内政、经济、外交上既贯彻印度教民族主义的某些政治日程,也采取实用主义的态度发展经济和制定外交政策。在平衡地使用两手策略的情况下,印度人民党既维护了联合政府的稳定,又能够在内政外交上取得良性发展。

在经济政策上,印度人民党意识到经济在政党选战中的地位,也认识到经济因素是一个长效的作用机制,因而在坚持经济自由化的传统主张的同时,也积极推进国大党的经济改革政策,融入全球经济发展进程中。印度人民党在金融、电信、对外贸易等领域排除了同盟家族极端派对政府经济改革政策的反对,继续推进经济改革政策,提高了印度的综合国力。在农业、社会部门、劳工法等方面,印度人民党并没有兑现选举纲要的承诺,其自由化改革的很多措施以经济效益为主要追求目标,而在社会公平上所做甚少。这也反映了印度人民党的社会基础以中产阶级为主。为了扩大政党的社会支持基础,印度人民党也在反腐败、黑钱等问题上采取一系列的举措,以增加下层民众对印度人民党的信心和支持。

在内政方面,印度人民党联邦政府积极与反对党协调,较好地解决了古吉拉特教派冲突、联邦中央地方关系、反腐败等问题,尤其是古吉拉特教派冲突,对印度人民党联邦政府的执政能力和执政理念提出了强有力的挑战。在古吉拉特教派冲突的危机处理中,印度人民党联邦领导虽然也说过教派主义的不当言辞,但在冲突处理中,它还是体现了从教派冲突的鼓动者转变为控制教派冲突的管理者的角色转换。从社会冲突管控的角度来看,联邦政府通过行政手段、军事措施、经济上的援助以及法律手段的综合使用,将教派冲突控制在古吉拉特邦范围之内,有效地阻止了教派冲突在全国的蔓延,解决了教派冲突后的混乱局面,充分体现了印度人民党实用主义的一面。但在文化教育领域,印度人民党为了贯彻印度教教派主义意识形态,干预教育和历史研究,阻碍了教育和学术研究工作的正常发展。古吉拉特邦印度人民党政府在处理教派冲突中,纵容、不作为，甚至暗中鼓励同盟家族的教派行为，造成大量的人员伤亡以及经济上的损失，体现了同盟家族的印度教极端主义始终是印度社会稳定的威胁。

在外交政策上，印度人民党以大国战略和国防建设为中心，推行强势外交。执政不久即进行了五次核试验，并与巴基斯坦展开军备竞赛，这些不利于地区环境安全。在亚洲政策上，印度人民党推行大国战略，通过东进和西通、与日本联合进军亚太的方式，布局亚洲乃至世界大国的外交蓝图。在与各大国关系中，印度人民党奉行实用主义的独立自主外交政策，利用大国之间的竞争与矛盾，居间斡旋，获得经济和军事上的利益。这样的外交政策得到了印度民众的认可，在印度人民党连选连任中发挥了重要的作用。

印度人民党执政后的政策并没有像有些人预言的会出现断崖式的突然转变以贯彻教派主义意识形态，而是基本上延续了国大党政府的政策，主要原因在于国大党政府所贯彻的世俗主义原则，建立的政治体制虽然在很多方面借鉴了西方的发展模式，但这些制度在印度运行了几十年后，在与印度社会的磨合中逐步适应了印度社会的特殊结构。也就是说，西方发展模式与印度本土特色在矛盾冲突中逐步走向适应与稳定。这个过程既是被动的适应，同时也是积极的调整，是不可逆转的历史进程。当然，这个发展进程可能还存在变数，但未来的发展趋势只会趋向稳定。无论是世俗主义原则、宗教改革，还是民族主义理念的发展，都必须与印度国情结合，才能在印度的土壤上生根发芽，并茁壮成长。

# 结　　论

一、从边缘到中心——宗教民族主义与政治实用主义的相生相伴

自1980年建立以来，印度人民党经历了1984年选举的低潮后，实力稳步上升，20世纪90年代初实现在地方执政的目标，1998年在联邦执政，1999年、2014年和2019年又获得三次在联邦执政的机会。短短30多年的时间，印度人民党实现了从政治边缘到中心的飞跃。在2014年议会选举中获得半数以上的席位，是1989年以来首个获得议会半数以上席位的政党。2019年大选继续了横扫的趋势，获得303席，超过了2014年。反观国大党，虽然在2018年年底的邦选举中强势回归，但在大选中依然状态低迷，只获得52个席位，比上届选举也仅多出8席。国大党主席拉胡尔·甘地在尼赫鲁家族的传统选区阿米蒂完败印度人民党候选人。印度人民党能够从"政治上的不可接触者"发展到现在的议会第一大党，不是空穴来风的昙花一现，而是意识形态调整、实用主义的政治策略与社会变迁所营造的政治生态环境共同作用的结果。

第一，意识形态的调整是印度人民党崛起的主导因素。印度教民族主义是政党意识形态的基础，但它并不教条地固守教派主义的观念体系，而是根据形势的变化，不断地对意识形态体系进行重新解释，以达到稳固核心支持力量，扩大概念体系包容性的功效，争取更广泛的社会支持和更多民众的认可。从印度教到印度文明的释

义体系的变化体现了印度人民党及同盟家族从狭隘的教派主义向包容性的民族主义的历史转变，也是印度人民党对印度现代化发展模式的探索过程。

20世纪20年代，印度教大会领导人萨瓦尔卡和国民志愿团的最高领袖高瓦克提出的印度教特性概念将民族与种族联系在一起。萨瓦尔卡的印度教特性概念是民族—种族和文化的综合体。通过地理、血缘和文明三个构成要素，层层排除，将起源于印度本土的佛教、耆那教、锡克教纳入印度教特性的概念范畴之内，而借助文明认同将穆斯林和基督教教徒排除在印度民族范畴之外，从而成功地将印度教特性与印度教捆绑在一起，使印度民族的概念与印度教民族画上了等号。穆斯林和基督教集团或者接受印度教文明成为印度公民，或者离开印度。高瓦克则强调民族由地理、种族、宗教、文化和语言五个要素构成，强调印度教是印度民族自性的唯一组成部分。与萨瓦尔卡相比，高瓦克更强调力量建设和民族精神的培养，强调印度教徒的封闭性与纯粹性，强调印度教民族与伊斯兰民族之间的差异，带有很强的种族暴力主义色彩。

独立后，印度教特性政治进入整体人本主义发展阶段。20世纪60年代，国大党垄断联邦和邦政权的局面在改变，反对党和地方政党在国大党的衰落中看到了打破国大党独霸地位，登顶地方政治乃至联邦政治的机会。印度人民党的前身人民同盟敏锐地抓住了国大党政府未能实现预期的发展目标，社会不满情绪在积累的有利时机，提出了整体人本主义的发展模式，与国大党的混合经济体制对抗。在阐述整体人本主义思想体系时，乌帕德亚雅不遗余力地批判资本主义制度和社会主义制度，批判西方经验，其实是直接针对国大党发展模式的批判。在批判的同时，乌帕德亚雅不断申明印度文明的优点和长处，强调司瓦德西和本土工业的发展，强调道德政治和分权化。这些本是针对国大党发展模式的缺陷而提出的富有建设意义的修正，但它过分强调印度文明的优势，贬斥其他文明的优点和贡献。因此，整体人本主义发展模式又陷入国粹主义的泥淖之中，没有得到社会的广泛认可。

　　20世纪80年代中后期是印度人民党政治和社会影响全面铺开的时期，种姓冲突和教派对立是这一时期的两大主要矛盾。这两大矛盾也促使印度教特性运动从整体人本主义发展阶段进入极端教派主义发展阶段。极端教派主义运动聚焦于印度教内部的统一和社会的印度教化。为了克服印度教内部一盘散沙的局面，加强团结，同盟家族致力于加强印度教内部的统一和规范，在宗教组织的建立、宗教仪式和圣典的规范方面采取了一系列的行动。同时，它也加快了推动社会印度教化的步伐。在这方面，制造他者是同盟家族最常用也最为有效的手段。因为印度教和伊斯兰教之间历史上的宿怨，同盟家族以制造印度教与穆斯林对立的方式开发印度教徒的宗教感情，以阿约迪亚清真寺作为标的物，蛊惑印度教民众，称历史上印度教因为教派主张的差异以及社会结构上的封闭而在伊斯兰教进入印度时表现得异常脆弱，现在印度教徒一定要展示集团的力量，传达印度教文明的自信与强大，而穆斯林则被妖魔化。同盟家族倾注心血开展了一场静悄悄的文化改造工程，通过将神话故事和宗教因素加入政治和社会宣传内容的方式，利用宗教影响的广泛性，将自己塑造成古代盛世理想秩序的守护者，谆谆诱导公民遵守印度教传统文化和价值观。同盟家族长期锲而不舍地通过教育、传统仪式符号的开发、公共媒体，以及社会福利工程的方式改变了公共政治文化和社会价值导向，使其偏向于教派主义认同。随着社会文化建设的深入，印度教意识形态也建立了对印度社会的文化霸权。这样，印度教特性意识形态不仅仅是政治人物或者宗教人物的认知基础，而且渗透进了广大民众的意识之中，被作为常识和现实而被广泛接受。社会的印度教化直接导致了教派主义意识形态主导了政治话语权体系，颠倒了世俗主义与教派主义的位置关系。印度人民党及同盟家族深深地认识到，解构世俗主义是打击国大党最有效的手段，因此，同盟家族加紧攻击国大党的世俗主义是伪世俗主义，是安抚少数派的同义语。面对印度人民党的进攻，国大党的应对显然是灾难性的，它选择在教派主义政治话语体系范畴内与印度人民党竞争。这也就意味着国大党要在印度人民党政治战略的范围内出牌，也就是说，国大党现在是被印度人民党牵着鼻子走。国大党是全民政党，在教派政治领域内的竞争，它显然不是印度人民党的对手。为了选举政治的需要，国大党向教派主义力量暗送秋波，这导致了灾难性的后果。世俗主义的声音越来越弱，极端教派主义越来越强。这一极端主义倾向在1992年毁寺事件中达到了顶点。毁寺事件中宗教狂热所带来的破坏性后果不啻为印度政坛和社会的降温剂。在这样的背景下，世俗主义和教派主义都在向理性的方向回归。这样，印度教特性运动也进入经济民族主义和文化民族主义发展阶段。

1992年阿约迪亚清真寺被毁给印度教特性运动留下的教训是如果只关注破坏性的政治动员，而没有系统的建设性纲领为支撑，运动将难以为继。为了吸引更多民众，消除教派骚乱带来的负面影响，印度人民党着手改变印度教特性概念过于印度教化的刻板形象，将印度教特性关联的民族概念的范围从宗教扩大到印度文明。也就是说，印度教特性运动在印度民族的界定上已经走出宗教民族主义的狭隘视角，从其他宗教或者社会集团作为古代和印度文明遗产的组成部分的角度来确定民族边界。印度文明是一个软边界的概念，不同的集团和阶层可以有不同的解读，这样就保持了印度民族概念的开放性。由此可见，毁寺事件后，印度人民党从容而理性地应对教派冲突带来的负面影响，印度教特性概念的阐释也进入新的历史发展期——由破转向立。由破到立的过程也是印度人民党从宗教极端主义的立场上后退，开始转向文化民族主义动员，以挑动民族主义情绪、重振印度文明作为政治动员的主要手段。在1996年选举纲要中，印度人民党将民族主义观念与印度文化遗产联系在一起，提出文化民族主义是印度教特性的核心。在2004年6月召开的执委会会议上，印度人民党提出印度教特性、印度和印度性是近义词，它并不坚持使用其中某一特定的词。也就是说，印度教特性概念中的教派主义的内容更加虚化，即印度教教徒和穆斯林的教派对立不再是印度教特性运动动员的重点。现在的重点转向强调大国战略和印度文明的复兴，以民族主义情绪保持印度教特性运动的活力。在经济上提出司瓦德西发展模式，强调经济民族主义，反对外国资本，保护本土企业。但在经济改革政策深入人心，改革趋势不可逆的情况下，印度人民党又开始强调司瓦德西概念中的发展与竞争理念，强调经济在外交中的重要性，将经济发展放在实现大国战略和实现古印度复兴的中心位置。在全球化时代，印度人民党认识到经济发展在政治动员上的重要性，在意识形态口号关注度降低的历史背景下，印度人民党做出积极的调整，关注民众生活的改善，关注印度文明的复兴。在这个发展过程中，印度人民党从最初印度教上等种姓的代表，慢慢地转变为代表全民族的政党，以印度文明作为纽带联系印度社会不同的阶级、阶层、种姓和宗教集团。

　　印度教教派主义意识形态因为教派特征和暴力性质而受到外界的质疑，他们从教派主义和世俗主义二元对立的视角界定印度教特性运动是教派主义、法西斯主义运动，是全球宗教原教旨主义流毒的一部分。这些看法只关注到印度教特性运动教派主义的一面，忽视了印度教特性运动中的政治、经济等现实因素的作用，也忽视了印度教特性运动所具有的实用主义特征和变通调节的能力。从印度人民党崛起的过程中可以看到，在印度教特性概念的历史发展过程中，关于宗教原则和教义的争论并不是它强调的重点，其发展背后真正的驱动力量是政治和经济问题。在国大党强调一元化的民族国家建设理论渐渐失去对印度公民吸引力的时候，地方民族主义、语言民族主义、印度教民族主义等政治力量纷纷登上政治舞台，宣示自己所在的社会集团的政治权利，印度人民党也是在这样的历史背景下，提出了整体人本主义、印度教特性、经济民族主义和文化民族主义的发展规划，针对国大党发展模式中出现的问题有的放矢地提出解决方案，因此，与其说印度教特性运动是宗教原教旨主义运动,不如说它是一个政治文化运动,是在国大党世俗主义发展模式之外探索印度发展道路的一种尝试。印度人民党对印度教特性概念的阐释从印度教到印度文明的转变也是印度人民党从边缘走向政治中心的历程,印度教特性运动由破到立的发展表明印度人民党在政治上的成熟。

第二,温和派和极端派结合的政治发展战略是印度人民党能够在政治上崛起的重要保障。在印度人民党崛起的过程中,印度教教派主义和实用主义互相配合,相生相长,共同促进印度人民党在政治上的崛起与执政。

根据对印度教特性概念解读的差异,可以将印度教民族主义者分为温和派和极端派。极端派认为血缘、地缘和文化三者合一才能成为印度公民,从而将穆斯林和基督教教徒排除在民族概念之外,包括印度教改宗者。这样的主张吸引了印度教教徒内部的极端力量和印度教的笃定信仰者,但与印度多民族、多语言、多宗教以及种姓分割的社会现状相抵牾,不符合政党长期发展的需要。温和派对印度教民族主义意识形态的解释则灵活得多,为了争取更多的选民支持和扩大社会基础的需要,穆斯林也可以被称作穆斯林印度教徒,基督教徒也可以被称为基督教印度教徒,但实用主义的温和派因为态度的灵活,易被贴上政治机会主义的标签。以瓦杰帕伊为首的温和派,在政治行为中,并不看重成员的国民志愿团背景,主张政党与教派主义保持一定的距离,体现了印度教民族主义思想中实用主义的一面。在追逐政治权力的过程中,印度人民党结合极端派和温和派的优势,以印度教民主主义思想为基准,在极端主义和温和主义之间始终保持某种平衡,从而适应不同阶段的发展需求,顺利地渡过危机。当然,两者也不是截然分开的。通常,为了适应社会和政治环境的变化,印度人民党会配合使用极端主义动员和实用主义的政治策略,实现与社会的互动,掌控舆论导向,把握政治发展方向。

可以说,印度人民党在执政之前,尤其是在形成与发展时期,其主要策略是进行教派主义鼓动。在着意培育印度教民族主义情绪的过程中，印度人民党与国民志愿团、世界印度教大会结成紧密的同盟。其中，作为母组织的国民志愿团是印度教教派主义运动的总指挥部，负责意识形态体系建构，掌控和协调同盟家族众多社会组织的活动。在它的旗下，既有印度教意识形态的思想库乌帕德亚雅研究院，也有宗教组织世界印度教大会，还有印度工人联盟、全印学生联盟、部落人福利协会、全国农民联盟和全国女工协会等覆盖社会各层面的社会组织，从而建构了以印度教意识形态为中心，覆盖社会各阶层的印度教社会关系网，为印度人民党提供了组织基础和舆论支持。世界印度教大会作为同盟家族的宗教组织，利用印度教在传统文化和社会生活根深蒂固的影响，通过将印度教教派主义社会积极分子的活动与宗教领袖的宗教活动结合的方式，以大量传统的宗教仪式、宗教象征符号传播印度教徒平等团结的宗教理念，力图克服印度教松散无序的状态，加强印度教内部统一和凝聚力，并以此调动印度教徒的宗教情绪，进行舆论造势，争夺公共媒体空间。印度人民党则是同盟家族中的政治中坚力量，它与同盟家族一方面保持亲密的关系，利用同盟家族的印度教社会资源，获取政治资本；另一方面为了政治动员的需要，又会超越同盟家族的意识形态范围，利用世俗政治手段来拓宽政党的社会基础和政治影响力。这三个组织的共同点是以印度教民族主义为核心，各自承担不同的政治和社会功能，共同促进印度教意识形态的发展。它们虽然关系密切，同是同盟家族成员，但都有独立的组织结构和工作人员，因而在一定程度上又是相互独立的。由于活动领域不同，作为政治组织一翼的政党与其他社会组织之间在动员策略的选择上往往存在矛盾。印度人民党作为政治组织不同于社会组织，其成员资格对全体公民开放。但国民志愿团对这些非同盟家族出身的政治家持怀疑，甚至否定的态度，对印度人民党不符合印度教教派主义思想的政治行为也颇有微词，同盟家族母组织在政党人员任命和政策主张上的干预和牵制打破了各组织独立分工的基本原则，给印度人民党政治上的发展制造困难，也引发双方的矛盾斗争，尤其是执政后更为明显。

执政后，印度人民党出于现实政治的需要，虽然修正了自己的印度教民族主义极端立场，但在同盟家族的牵制和推动下，又表现出印度教教派主义意识的一面。比如，在历史教科书问题上，瓦杰帕伊政府提出修改使用了数十年的历史教科书，删除其中与印度教教派主义不吻合的观点和历史叙述。2014年莫迪政府执政后，企鹅印度停止发行温蒂·多尼格的《印度教徒：另类历史》，任命在学术上没有建树但认同印度教民族主义意识形态的Y.S.拉奥担任印度历史学会主席，引发了学界对印度学学科发展和历史研究客观公正性的担忧。又如，在古吉拉特教派主义冲突的处理过程中，政府又表现出对邦政府纵容教派冲突行为的偏袒，以教派主义的观点将古吉拉特教派冲突的原因归咎于穆斯林。在人权组织和反对党提供大量证据的前提下，拒不解散邦印度人民党政府，并千方百计为邦政府的行为辩护。再如，印度教极端组织对探讨传统印度教价值理念和女性问题的主题影片的攻击，导致电影的拍摄和放映工作无法正常进行。再如，在外交政策上，印度人民党则表现了强势的一面，冒天下之大不韪进行核试验，造成南亚地区安全环境的恶化。莫迪政府上台后积极实施其大国战略，加强印度国防建设，以印度洋为中心，向东将东向政策升级为东进政策，向西发展与西亚国家的友好关系，并改善国大党时期忽视的印以关系。

印度人民党表现教派主义一面的原因有三：第一，印度人民党的意识形态基础是印度教民族主义，很多党员都是国民志愿团的成员。国民志愿团有一套严格的体能培训和思想培训体系，灌输印度教教派主义思想。他们在进入政治领域后依然以印度教民族主义思想为最高的行为导向，在政治和社会主张上立场激进。第二，满足同盟家族内部极端势力的愿望。以国民志愿团为首的同盟家族成员在生活和社会活动中践行印度教民族主义思想，对宗教异常执着，鄙视政治实用主义和机会主义，认为这些行为是西方政治文化影响的结果，强调印度教传统文化在所有领域的主导地位。他们在政治、社会文化和经济领域都表现出极端民族主义的立场。他们在克什米尔、阿约迪亚罗摩庙和个人法等问题上的强硬不妥协立场给印度人民党执政带来很多的困扰。无论同盟家族和印度人民党存在怎样的分歧，他们却有着共同的目标，那就是振兴印度，重现古代印度教国家的辉煌和成就，而且印度人民党在政治上有所发展必须倚重同盟家族社会组织所建构的社会基础。第三，印度教在印度社会的影响。20世纪80年代，同盟家族的教派鼓动、贱民改宗伊斯兰教、穆斯林个人法等造成印度社会宗教情绪的高涨。1991年经济改革后，印度社会的动荡、外资的进入在一定程度上使宗教情绪稳定在比较高的水平上。印度人民党在政治发展的过程中也看到了宗教情绪在选举政治中的重要性，加紧了对教派鼓动手段的使用。

　　教派主义对印度人民党来说是一把双刃剑。它既可以带来较高的选举利益，同时在突破一定的限度之后，又会引发宗教骚乱，破坏社会秩序，降低政党的威信和对其意识形态的支持。比如，1992年，阿约迪亚毁寺事件引发全国性的宗教骚乱，造成多人殒命和大量的财产损失。在随后的1993年邦议会选举中，印度人民党除了在拉贾斯坦获得多数外，在其他三个邦都失去了多数。因此，印度人民党在利用宗教民族主义进行政治动员的同时，也在不断调整策略，遏制教派主义消极因素对政治进程过多的干预和影响，以政治实用主义的态度和手段引导政治发展日程。

　　印度人民党根据不同时期政治、经济和社会文化的变化，及时调整自己的政治战略，对意识形态重新进行诠释。在人民同盟时期，由于一直遭到国大党的压制，政治活动空间有限。20世纪70年代国大党走弱，它的全民社会基础为地方政党、种姓政党、阶级政党分割，其一统式的意识形态控制也变成多个政党竞争的纷乱格局，人民同盟从中看到了印度教民族主义意识形态发展的机遇。在加强印度教思想体系的宣传与社会动员的同时，以联合的政治战略与其他反对党展开合作。在双方合作的过程中，人民同盟与国民志愿团配合，加紧对公共舆论的渗透与控制，为之后印度人民党的发展奠定了良好的社会和舆论基础。这个时期，国大党是反对党共同攻击的目标，在反国大党主义的旗帜下，反对党建立联合阵营，印度人民同盟也加入其中。联合战略使人民同盟1977年作为人民党的一员成为联邦执政党，但思想主张各异的反对党之间机会主义的联合只是暂时的，在面临困难的时候，印度教民族主义依旧是选举政治失败的替罪羊。1980年浴火重生的印度人民党决定改变政党极端主义的形象，执行温和的印度教民族主义战略。为了去除极端教派主义的烙印，瓦杰帕伊提出了甘地社会主义、价值政治、民主、民族整合和价值政治等世俗主义概念体系内的热点问题与其他政党竞争，并且在邦和人民院的选举中，充分利用合作、结盟等政治手段，以期建立不同于人民同盟的温和印度教民族主义政党形象。但20世纪80年代，印度社会右转的趋势明显，印度教复兴和团结的号召不但在北印度掀起热潮，而且南印度也在紧锣密鼓地展开重振印度教的活动。印度人民党的形象改变并没有适应社会的变化，从而导致1984年选举惨败。在经历1984年选举失败后，印度人民党开始调整战略，转向激进的印度教特性阶段。印度人民党转向激进的教派政治阶段是对社会日益高涨的教派主义情绪政治评估的结果，是政党实用主义战略的体现。一旦认定教派政治，印度人民党在教派战略的实施上比人民同盟更为坚决和执着，国大党也与印度人民党一道开发教派政治。双方竞争的结果是1992年阿约迪亚毁寺事件的发生，并引发全国性的宗教冲突。教派政治的负面效应在此暴露无遗，印度经济此时也遭遇困难，民众开始冷静思考教派主义问题，印度人民党的支持率也出现下滑趋势。在这样的历史背景下，印度人民党又开始重新定位教派主义在政党政治战略中的地位。这一战略转变在1991年已初露端倪。在1991年大选后，印度人民党抓住国大党经济改革倡导西方化的自由主义思想的有利时机，于1992年提出带有鲜明印度本土特征的司瓦德西经济民族主义发展模式，以凸显国大党经济发展模式与振兴印度文明上的双重失败。在之后的人民院选举中，印度人民党以反对腐败和良好的治理为选战的中心，迎合了民众对国大党政治腐败极度反感、渴望结束联合政治极端不稳定状态的心理。

1998年在联邦执政后，瓦杰帕伊重新纠正政党过于依赖教派主义的倾向，以文化民族主义的概念取代宗教民族主义概念。在罗摩庙问题上的态度也明显表现出其实用主义的一面。2002年1月27日，世界印度教大会要求将政府在阿约迪亚获得的土地交给罗摩出生地委员会，遭到瓦杰帕伊的拒绝。印度人民党从最初强调寺庙问题不能通过法院的判决简单解决，到强调服从法院的判决，再到后来的主张协商一致解决问题，充分展现了政党灵活变通的政治手腕。瓦杰帕伊政府在古吉拉特教派冲突的处理上也体现了政党维持法制和民主制度，保护公民基本权利的统治职能。2014年莫迪政府执政后继续了瓦杰帕伊政府的政策。莫迪上台前热炒的国语问题、克什米尔宪法地位问题、穆斯林个人法问题都没有在极端派的莫迪手中出现变数。在经济政策上，印度人民党充分认识到经济发展对政党政治有最深远的影响，它并没有实行闭关锁国的自给自足的经济政策，而是继续国大党的经济改革政策，进一步拓宽外资投资市场，发展高科技。在社会政策上，印度人民党改变了对保留政策的反对态度，但强调保留制度应该与经济指标结合，将政治动员的触角伸向占人口绝大多数的下等种姓和落后阶级。这些都体现了印度人民党并不是原教旨主义政党，印度教民族主义更多是作为政治实用主义的工具在发挥作用。

印度人民党政策没有极端化的原因有：第一，角色的转换迫使印度人民党从自己的保守立场上后退，修正了某些不利于社会稳定和经济发展的激进主张，并在继承历届政府政策的基础上，进一步采取有利于推动国家发展的政治、经济和社会措施。执政党不同于反对党，维护国家的安全、稳定和发展，是政府，也是执政党的首要职责；以挑动宗教情绪起家的印度人民党开始成为控制社会冲突的主导力量。第二，印度人民党内存在的世俗潜流。印度人民党内部有温和派和极端派之分，温和派的瓦杰帕伊有着40年的议会政治经验，政治作风稳健，成为协调各种政治势力的关键人物。1998年选举时，印度人民党和国民志愿团在总理候选人人选上存在争议，但最后同盟家族还是选择了稳健的瓦杰帕伊，他也不负众望，成为印度人民党和其他政党协调的核心力量。印度人民党组阁后，他任命贾斯旺特等具有自由主义倾向而较少国民志愿团背景的人担任内阁要职。这些人物组成了印度人民党内部的温和派，他们的存在制约了印度人民党内部极端派强硬政策的实施。第三，印度的政体和各项制度都没有变化，变化的只是执政党。印度的政治体制虽然不是很成熟，但经过独立后的发展，已经成为各派政治势力共同认可的制度规范。而且，印度社会本身就是一个以渐变为主要特征的社会，政治上发生突变的可能性较小。因此，在印度，政党权力的更迭对政府政策的影响有限。第四，联邦联合政府内部各个小党的牵制。印度人民党在议会中并不占有多数，依靠各个地方小党的支持，印度人民党才获得了执政地位。这些小党并不认同印度人民党的意识形态，他们各自都有自己的政治主张和社会基础。因而，每个联合伙伴都构成了对印度人民党激进政策的制约。印度人民党执政后教派主义色彩的减弱，有利于它扩大自己的社会基础，实行间接社会动员。而且印度人民党也在与其他政党的磨合中，更加现实地面对意识形态问题。第五，印度教民族主义概念体系的灵活性为印度人民党的多重诠释提供了空间。印度独立后的宗教发展有其特殊性。对于西方国家来说，世俗主义意味着民族国家世俗政权与教会的分离，而在印度世俗主义政策意味着国家既要保证宗教的平等，又要改革本土宗教，保障外来宗教的少数派权利，政治权力卷入宗教政治中，意味着政治力量在宗教问题上可以有多面向的解读。例如，针对少数派的特殊地位，既可以从正面解读为对少数派权利的保护，也可以从消极层面解读为妨碍了国家统一，与宪法规定的公民权利平等的基本原则相悖。概念边界的模糊也给司法工作带来很大的困扰，法官在判决时更多依靠自由意志，所以才会在印度教特性的判定上有不同的看法。但是，这样的概念游离空间却给印度人民党的实用主义策略的实施提供了转圜的余地。

第三，印度社会变迁与国大党世俗主义政治的衰落为印度人民党崛起提供了历史机遇。除意识形态和政治上的调整外，印度人民党的崛起在很大程度上得益于国大党作为全民政党的衰落和社会变迁所引发的政治力量对比的变化。

从政治层面上说，独立后世俗政治理念的变化与联合政治的发展，为印度人民党的崛起提供了政治背景。首先，国大党的世俗主义政治理念不断淡化，为了选举政治的需要，它公然迎合集团政治的狭隘政治主张，贯彻政治机会主义原则，导致印度社会分化严重，民众纷纷抛弃国大党。独立后，在以尼赫鲁为首的国大党政府的带领下，印度走上了政治民主和世俗化的政治现代化发展道路。政治现代化建设所依据的是西方的自由平等的政治理念，但印度社会却面临双重的困难。其一，印度脱胎于英国殖民地，印度独立是在和平移交政权的基础上实现的，没有打破传统的社会构成和政治结构，无法为政治理念的推行扫清道路。其二，殖民统治时期，殖民者虽然在印度推行西方政治制度，但在一切为殖民统治服务的前提下，西方政治制度的推行非但没有在印度造就市民社会，反而因为分而治之政策造成印度社会的分裂与混乱。尼赫鲁政府执政后，在改造前资本主义社会上，没有选择激进的政策。尼赫鲁试图以社会平权政策和经济改革滴漏效应结合的方式，渐进地实现印度社会的改造。在国大党政府的主持下，上等种姓统治精英、地方实力派人物构成新的统治阶层。在尼赫鲁的个人魅力和独立初期民族主义情绪高涨的历史背景下，这些力量还可以凝聚成统一的政治力量，执行国大党的世俗主义发展理念。但在尼赫鲁去世后，地方实力派人物试图控制英·甘地，英·甘地不堪忍受地方实力派大佬的控制，绕开地方实力派，直接诉诸民众感情建立统治合法性。在英·甘地执政时期，更多是从建立统治合法性的现实主义的角度来进行政治操作的，导致一些政治机会主义者进入政治领导层。这些人缺乏政治理想，以权力为导向，忽视体制的作用，导致腐败和政治犯罪化现象严重，以致某些评论家认为它构成了印度政体的背景。① 这种政治怪象至今依然是难以治愈的顽疾。民主改革协会和国家选举观察的资料显示，30%的人民院议员和31%的立法会议议员面临腐败和犯罪指控。②对于狭隘的集团认同，国大党也不再视其为印度统一和国家建设的破坏因素，一切以是否符合政治需要为标准。为了选举政治的需要，国大党自己也利用教派主义。世俗政治理念的缺失和道德政治的危机导致世俗主义的立国根基不再稳固，国大党的政治霸权地位也同时遭到削弱，印度人民党获得了与国大党在同等条件下、同台竞争的良机。印度知识分子和民众在现实机会主义政治的缝隙中期盼着传统伦理政治的曙光降临。也正是在政治转型的这个阶段，印度人民党承诺根除腐败，倡导价值政治，以印度教传统包装教派主义意识形态，从而得以实现政治上的崛起。

其次，联合政治的发展助推了印度人民党的异军突起。尼赫鲁去世后，地方集团、语言集团、宗教集团表现出对中央的离心力。20世纪60年代，以查兰·辛格为代表的农业资产阶级向城市精英的统治权发起挑战。20世纪70年代和80年代，中央和地方的矛盾冲突达到白热化的程度，甚至英·甘地本人也饮弹身亡。20世纪80年代中后期，低等种姓对高等种姓的挑战形成印度民主化的第二次浪潮。农村与城市、中央与地方、种姓政党与宗教政党从国大党全民社会支持基础上分得相应的份额。这些集团政党联合起来，在反国大党主义的旗帜下，得到在地方乃至联邦执政的机会。利用执政权，它们传播和贯彻集团政治日程。印度人民党虽说是全国性政党，但其支持基础主要集中在北方，属于反对党阵营的一部分。联合政治的发展帮助其在北方几个邦获得执政权，1998年后印度人民党组建的四届政府都是联合政府。联合政治的发展分割了国大党的社会支

---

① 参见［美］弗朗辛·R.弗兰克尔《印度独立后政治经济发展史》，第545—546页。
② 《印度教徒报》2013年7月22日，http://www.thehindu.com/news/national/over-30-of-mps-mlas-face-criminal-charges/article4938403.ece。

持基础，而印度人民党则利用联合战略，以传统道德政治作为筹码，承诺清廉政治，在政治动荡时期，为自己赚足了政治资本。

就经济发展而言，印度独立之初，尼赫鲁政府确立了以工业化为核心的经济现代化道路。在发展战略上则采用尼赫鲁－马哈拉诺比斯模式，即优先发展重工业和国有企业，在自力更生的基础上实现印度经济现代化的发展战略。国大党经济发展战略的伦理面向使国大党得到较多民众的支持，1967年之前国大党一直保持第一大党的地位，说明其民众支持基础比较稳固。20世纪60年代后，印度的经济发展并不理想，尤其是社会主义政策并没有发挥滴漏效应，社会贫富分化进一步加剧，"印度教徒"式的增长速度导致社会离心倾向严重。在大工业发展模式下被边缘化的本土工业、乡村工业和小工业投靠主张自由化，反对政府干预的人民同盟。1991年拉奥政府经济改革后，印度社会分化更为严重，面对跨国企业的竞争，本土工业和一部分下层中产阶级的利益受损，下层民众也对国大党的经济改革政策不满。印度人民党利用这个机会，提出了司瓦德西的经济民族主义主张，以经济民族主义主张赢得国内企业业主和中下层民众的支持。经济向来是民众关注的焦点，印度人民党已经充分认识到这一点的重要性。在全球化的今天，它又以经济发展作为政治动员的重点，强调古吉拉特发展模式和新印度发展战略，充分体现了政党对社会环境的适应。

在社会层面上，在印度独立后50年的发展历程中，其多元化的社会矛盾和殖民地时期遗留的各种矛盾一直相伴相生，构成了印度社会各种矛盾的主流。它们是印度人民党赖以生存的社会环境，并决定了它的战略选择。尼赫鲁的理想是建构一个团结和一体化的世俗的民族国家。但尼赫鲁促进世俗社会发展的手段却是渐进的，也就是说，他并没有选择直接打破传统的社会结构，打破上等种姓的社会垄断地位，而是依靠间接的社会改革和经济上的发展带动社会改革的深入发展，动摇前现代社会历史遗留。但是，传统生活方式、价值理念和社会制度共同维系的是一个复杂而变化缓慢的社会体系，传统的负重不但难以在短时间依靠经济发展实现突破，而且会阻碍经济的发展。更为严重的是，传统因素往往为现代民主政治所利用，尤其在民主制不成熟的国家，更易于加剧原有的社会分裂。这样的渐进发展模式没有解决旧有经济体制面临的社会矛盾，而且伴随着新的经济政治体制推行，新的矛盾又出现了，新旧矛盾的交织导致印度社会矛盾更加复杂，解决的难度也越来越大。

就宗教而言，宗教既是印度传统文化的载体，又是近代以来教派冲突的诱因。印度独立后的世俗主义政策不同于西方国家，世俗主义也包括了对本土宗教的干预和对少数宗教的保护，这意味着政府也需要干预宗教。印度是一个多宗教的国家，政府在处理宗教事务时，稍有不慎就会引发社会不满情绪。在众多宗教矛盾中，印度教徒和穆斯林之间的教派冲突是最主要的矛盾，它也是印度人民党崛起过程中社会动员所倚重的主体矛盾。在教派冲突中发展起来的印度教民族主义思想是印度人民党崛起的意识形态基础和工具。20世纪80年代后，印度人民党不失时机地利用印度出现的宗教热，全力开发教派政治。为了激发印度教徒的团结意识，印度人民党以原始的宗教联系和宗教感情为依托，围绕阿约迪亚寺庙之争开展教派动员，成功地将神话传说和信仰融入历史事实，从而使印度教徒在这次运动中拧成一股绳。对上层印度教徒来说，印度教民族主义意味着回到传统，恢复他们在社会和政治中的主导地位。对下层印度教徒来说，印度教民族主义意味着印度走向强大，他们的经济地位得到改善，社会地位也随之提升。但印度还是一个多宗教的国家，除了印度教和伊斯兰教外，还有锡克教、基督教、耆那教、袄教乃至佛教等众多宗教，这些宗教并不认同印度教的主张，即使本土的佛教、耆那教也是在反对印度教社会不平等的基础上建立的，以印度传统文化的名义将这些主张各异的宗教统一到印度教大家庭中的方式是否可行？如何真正贯彻古代印度多元主义的文化传统，排除教派主义在建设多元社会上的干扰，这是印度人民党面临的主要难题。

本土文明和外来文明的矛盾、传统与现代的矛盾也贯穿印度人民党发展的始终。对传统和现代的阐释，对西方文明的吸纳与抗拒，以及对全球化思潮的迎合与抵制，一直影响着印度人民党的哲学认同以及政治经济政策的制定。印度独立是在和平移交政权的基础上实现的，独立运动的骨干对西方自由民主体制推崇有加，这样，独立后印度的政治体制基本承袭了英国的议会民主制和法律制度。随着国大党对社会和政治意识形态控制的减弱、民主制度实行过程中出现的诸多问题、联合政治的发展、机会主义和犯罪政治等造成的政治混乱和无序状态，导致民众开始质疑现代西方文明是否适应印度社会发展的需要。20世纪80年代中期以来，面对现代化过程中出现的紧张状态和异化，在印度出现了本土文明的复兴浪潮。传统社会结构的紊乱，社会变迁引发的心理变化，以及价值观念的异化，触动了民众心里的思旧情结，他们强烈呼吁秩序、纪律、互助等传统价值的回归，希望以本土文明重塑个人、社会和公共行为。印度人民党此时确立整体人本主义为政党的基本哲学，谴责西方文明以需求为导向，造成个人、社会和国家分割的状态，要以印度文明改造印度，甚至世界。但是，从另一个层面来讲，现代化发展模式在印度已经经过多年的发展，社会民主和自由等观念也融入社会和政治过程中。在这种情况下，印度人民党又表现出相当的变通性。根据社会政治经济条件的变化，总结国大党施政的经验与教训，理性地推行现实主义战略。因此，执政后，印度人民党依然沿着前任政府开辟的道路制定各项政策方针，而不是开历史倒车。

种姓也一直贯穿印度人民党政治发展的始终。在殖民统治时期，英国统治者为了政治统治的需要，将平等、公正等概念引入种姓制度，从而使种姓制度在仪式之外获得了意识形态的政治经济意义。随着工业化、城市化的发展，社会流动的增加，传统洁净污秽概念也发生改变，跨地区认同、职业认同等新社会集团认同不断动摇传统种姓制度赖以存在的根基，阶级概念体系也进入种姓制度之内，动摇种姓社会分层体系。印度独立后，民主制度的确定导致种姓制度与传统认同标准的断裂式剥离。也就是说，种姓制度不再依靠传统的仪式观念支撑，而与代议制的权利义务体系直接挂钩，政治经济成就在衡量个人成败上的作用要远远大于传统世袭的种姓传承。随着种姓制度的非仪式化和平权政治的开展，种姓作为等级划分标志的功能弱化，但并不意味着种姓已经失去了社会功能。相反，在民主政治体制内选举政治的作用下，种姓制度旧瓶装新酒，成为权力争夺的工具。[①] 种姓矛盾对印度人民党来说具有决定性的影响。印度人民党骨干以高等种姓为主，它虽然倡导印度教文化的复兴和印度教徒集团的团结，但并没有提出解决人数占优的低等种姓渴望向上流动的良方。低等种姓在历史上一直遭受高等种姓的奴役，即使现代民主政治也未能完全打破身份等级的限制，高等种姓和低等种姓在政治、经济乃至社会资源的占领上都严重地不平等。不平等的经济和社会地位催生落后种姓强烈的自我保护的集团政治意识。在20世纪80年代前，表列种姓和落后种姓主要投票给国大党，依靠国大党的平权政策和社会福利政策改变不利的社会现状。20世纪80年代种姓政党出现后，他们又转而依靠种姓政党维护自身利益。印度人民党作为高等种姓的政党，不希望看到人数占优的低种姓选民离开印度教大家庭。因此，在曼达尔种姓冲突后，它在对落后种姓和阶级的保留问题上态度出现松动，基本上认可了落后阶级的认定标准，只是在其中加上了经济要素。在近期的选举和政治活动中，印度人民党增加了对低等阶级的吸引，包括推出低等种姓出身的莫迪担任总理以及在经济政策上的倾斜，以争取低等中产阶级支持印度人民党。但低等种姓的人数优势和民主政治的发展，使印度人民党也很难操控种姓政治。低等种姓和表列种姓的政治代言人根本不愿加入印度教大家庭，成为印度人民党的小跟班。如何有效地吸引低

---

① D. L. Sheth, Secularisation of Caste and Making of New Middle Class, Economic and Political Weekly, Vol. 34, No. 34/35, pp. 2502 – 2520, p. 2502 – 2504.

等种姓的支持，打破上等种姓政党的刻板形象，是决定印度人民党选举成绩的一个重要方面。

**二、印度人民党亦或国大党？——印度人民党的未来发展**

从独立后历史发展的进程来看，印度人民党的崛起和国大党的衰落是历史的必然。独立之初，国大党建构的世俗主义模式存在导致其衰败的内在矛盾。印度世俗主义政策不同于西方，宗教分布的特殊情形要求政治必须卷入宗教事务以实现宗教集团的相对平衡，具体表现在世俗政府对少数派的特惠政策与对多数派的宗教干预，从而导致多数派的受迫害心理和少数派的保守倾向。唐纳德·欧根·史密斯早在1963年就发现了印度宪法中关于多数派和少数派规定的不平等及其可能带来的问题。他称："印度宪法在处理少数群体事务时所具有的防范政治干预的功能，在处理印度教事务时却付之阙如，他认为这是世俗脉络中潜在的问题。宪法的运作情形已经证实了这种忧虑其来有自。政府已经放弃了依宪法第44条所要求的，去指定一部适用所有印度人民的统一民法典，一方面，为了少数群体权利，免除了穆斯林的义务；另一方面，政府干涉印度教的仪式，即便有时出于善意，就如同1987—1988年通过的反萨提赞颂的法令所象征的，持续地助长一种感觉，那就是印度的世俗主义越来越导向反印度教的。"[①] 世俗政府的这一政策虽然旨在建构民族国家实体内各宗教集团的平等，在客观上却造成了社会的分隔。在经济不发达的情况下，以教派为标准划分社会集团的后果如英国之"分而治之"政策，会加重集团之间的矛盾和斗争。而印度的经济发展恰恰也陷入困境，"印度教徒式"的增长速度使社会集团对经济资源的争夺越来越激烈，随之导致社会集团之间的裂痕也越来越大。在政治矛盾激烈和社会对立加剧的关键时刻，国大党没能坚守世俗主义理念的阵地，尤其在教派主义情绪高涨时，国大党采取了与印度人民

---

① ［印度］沙尔玛：《印度教》，张志强译，上海古籍出版社2008年版，第113页。

党在教派政治领域竞争的策略。其实，在印度这样一个宗教气氛浓厚的国家，在遭遇政治危机的时候，以宗教思维思考政治和社会问题是政治家一贯的策略。"世俗政治的辩护者往往理所当然地认为，印度人口需要这种或那种形式的宗教政治。这已经导致世俗主义者想在政治上妥协，用'软印度教特性'回应'硬印度教特性'政治。"[①] 然而，国大党放弃世俗主义阵地的后果却是灾难性的。印度人民党在教派政治领域有同盟家族的社会工程和文化建设做支撑，它在开发教派政治上具有先天的优势，斗争伊始，胜负的结局已注定。国大党在这个过程中不仅失去了世俗主义这个立党的根本原则，而且也失去了民心，辜负了知识分子的寄望。党派利益至上的观念不但没有实现设定的目标，而且失去了更多。

反观印度人民党，主张以印度教民族主义整合社会和政治，而且一直坚持了这样的原则主张。在印度人民党那里，印度教民族主义具有两方面的属性，一方面是印度教的多数地位和受难者地位，另一方面是古代文化遗产。为了与国大党在政治意识形态领域争夺。印度人民党提出印度教民族主义是自古以来印度的国家和社会整合模式，与国大党来自西方的"伪世俗主义"政策和建国理念不同。印度人民党此种提法意在解构国大党的世俗主义意识形态基础。尼赫鲁执政时期，这一战略并不成功。在尼赫鲁去世后，英·甘地大量使用个人政治动员模式获取和保持政治权力，忽视制度建设，印度政治进入不稳定发展期，政治腐败、犯罪化、党员倒戈现象日益严重，印度人民党此时以根除腐败，建立稳定的政权、重振古老的印度文明等政治议题进入道德政治和意识形态领域，与国大党展开竞争。对民众来说，国大党世俗主义意识形态的吸引力在慢慢降低，他们希望听到更多不同的声音。也就是说，在政治和社会动荡期，民众保持了意识形态选择上的开放

---

[①] ［印度］阿玛蒂亚·森：《惯于争鸣的印度人——印度人的历史、文化与身份论集》，刘建译，上海三联书店2007年版，第54页。

性，国大党和印度人民党处在同一起跑线上。在这个关键的历史机遇面前，印度人民党跟进形势的发展，提出针对性的政治发展战略。在以宗教笼络抚慰民众不安的心理的同时，又以经济上的主张吸引上等种姓、中产阶级和社会下层的支持，整体人本主义、经济民族主义、道德政治等主张表明印度教民族主义运动是一个混合了宗教、政治、经济和社会改革内容在内的综合的政治改革运动。在印度这样一个多元化的国家，依靠单一的印度教意识形态统一社会和政治规范，只能增加其他宗教集团以及印度教内部低等种姓集团的厌恶和抵触情绪。印度人民党已经从1992年的寺庙之争和保留制度中看到了这一趋势。在20世纪90年代中期后，印度人民党的印度教特性意识形态开始向文化民族主义的方向转化。与此同时，印度知识界和学界对印度教特性概念和印度文明特征的讨论也越来越深入，这表明印度社会在印度教问题上的认识越来越理性。只有在宗教宽容的前提下，保持各社会集团交流的畅通，在文化融合的基础上建构新的民族实体才是唯一的出路。印度各界在这一问题上的认知也在慢慢走向成熟。

就未来的发展而言，国大党虽然在最近两次选举中连续落败，但也不意味着它没有东山再起的机会，毕竟它是一个有着130多年历史的百年老党。对于国大党来说，首先，未来的发展取决于国大党的改革，目前国大党组织涣散，地方领导不服从中央的指挥，党内机会主义和政治腐败都是制约政党未来发展的主要因素。国大党的改革迫在眉睫。其次，国大党必须提出具有吸引力的政治日程。家族政治在印度政治中的影响力已经大大降低。国大党不能只依赖尼赫鲁和甘地的遗产来吸引民众。只有走出甘地—尼赫鲁家族的光环，针对社会和政治形势的变化，提出有针对性的策略，真正表现国大党的活力和解决问题的诚意，才能打动民众。作为印度唯一的百年老党，国大党一直坚持全民社会基础，反对集团政治，这是它的优势所在，也是其未来成败的关键。

印度人民党的未来发展主要取决于三个方面：第一，印度人民党的未来发展取决于同盟家族内部关系的处理。印度人民党执政的几届政府都遇到过如何解决与同盟家族社会组织之间的矛盾的尴尬。对于印度人民党来说，它是政治一翼，长期在政治领域活动，有足够的政治经验，需要在政治治理上获得更多自主的决定权，减少同盟家族的干预。但同盟家族也有自己的发展日程，有同盟家族的规划，自然希望能够从大家庭的整体利益出发，统筹规划。但同盟家族社会组织由于没有政治经验，在政治、经济、宗教问题上的立场往往过于极端，缺乏变通性，这不利于政治一翼开展活动。但如果失去同盟家族的支持，印度人民党的社会动员也会受到极大的影响。因此，如何约束同盟家族的极端立场，排除它的干扰，真正执行政党独立的政治日程是印度人民党未来发展的关键。第二，印度人民党是否能够解决印度在政治经济发展上面临的困局。地方执政以及中央执政的经历已经使印度人民党认识到经济问题在政党政治发展中的重要性，排除同盟家族的干扰，提出可行的核心经济规划以推动各项改革的顺利进行，解决下层面临的就业问题，是印度人民党未来成败的关键。第三，印度人民党要想在政治上有所作为，必须解决好教派民族主义与多元印度社会之间的矛盾。对印度人民党来说，要充分尊重其他宗教集团的合法权益和地位，不能以印度教传统文明的名义，企图建立印度教的一统地位，传统印度教大家庭是建立在多元主义文化的基础之上的，强行推行一元文化反而会适得其反。正如泰戈尔所言，"由于试图鼓励和利用分离主义，印度教特性运动已与印度理念本身发生对抗。这无异于持续不断地致力于微缩一个襟怀开阔的大印度——为其存在异端观念的过去和拥有多元文化的现在而自豪——理念，而以一个同急剧狭隘化了的印度教变体捆绑在一起的小印度的印记取而代之。在大印度与小印度的对抗中，较为开明的认识肯定能够获胜。"[1] 对印度教民族主义者而言，

---

[1] ［印度］阿玛蒂亚·森：《惯于争鸣的印度人——印度人的历史、文化与身份论集》，第54—55页。

他们需要做的是放弃近代以来发展起来的极端狭隘的观点，用包容的精神创造彼此尊重、对话协商的公平而人道主义的社会。教派主义与多元印度社会的矛盾是制约印度人民党发展的瓶颈，不解决好这个问题，印度人民党在政治上将很难有大的作为。

# 附　　表

**附表1　印度人民同盟在人民院选举中获得的席位（个）和得票率（%）**

|  | 1952年 | 1957年 | 1962年 | 1967年 | 1971年 |
|---|---|---|---|---|---|
|  | 议席（得票率） | 议席（得票率） | 议席（得票率） | 议席（得票率） | 议席（得票率） |
| 安德拉 | — | 0 (0.04) | 0 (1.17) | 0 (1.00) | 0 (1.57) |
| 阿萨姆 | 0 (3.64) | — | — | 0 (5.48) | 0 (2.46) |
| 西孟加拉 | 2 (5.94) | 0 (1.43) | 0 (1.05) | 0 (1.39) | 0 (0.85) |
| 比哈尔邦 | 0 (0.40) | 0 (0.51) | 0 (2.34) | 1 (11.05) | 2 (12.1) |
| 昌迪加尔 | — | — | — | 1 (48.70) | 0 (23.31) |
| 德里 | 0 (25.92) | 0 (19.71) | 0 (32.66) | 6 (46.72) | 0 (29.57) |
| 古吉拉特 | — | — | 0 (1.44) | — | 0 (2.22) |
| 哈里亚纳 | — | — | — | 1 (19.85) | 1 (11.19) |
| 喜马偕尔 | 0 (10.72) | — | 0 (4.49) | 0 (19.06) | 0 (10.64) |
| 查谟和克什米尔 | — | — | — | 0 (20.34) | 0 (12.23) |
| 卡纳塔克 | 0 (4.16) | 0 (2.48) | 0 (2.68) | 0 (2.25) | 0 (1.9) |
| 喀拉拉 | — | — | 0 (0.68) | 0 (1.39) | 0 (1.4) |
| 中央邦 | 0 (9.65) | 0 (13.96) | 3 (17.87) | 10 (29.56) | 11 (33.56) |
| 马哈施特拉 | — | 2 (3.38) | 0 (4.40) | 0 (7.36) | 0 (5.23) |
| 奥里萨 | — | — | — | 0 (0.55) | 0 (0.22) |
| 旁遮普 | 0 (5.6) | 0 (16.05) | 3 (15.18) | 1 (12.49) | 0 (4.45) |
| 拉贾斯坦 | 1 (3.04) | 0 (11.15) | 1 (9.28) | 3 (10.27) | 4 (12.38) |
| 泰米尔纳杜 | — | — | 0 (0.04) | 0 (0.22) | 0 (0.02) |

续表

| | 1952 年 议席（得票率） | 1957 年 议席（得票率） | 1962 年 议席（得票率） | 1967 年 议席（得票率） | 1971 年 议席（得票率） |
|---|---|---|---|---|---|
| 北方邦 | 0（7.29） | 2（14.79） | 7（17.57） | 12（22.18） | 4（12.23） |
| 总计 | 3（3.06） | 4（5.93） | 14（6.44） | 35（9.31） | 22（7.35） |

资料来源：Election Commission of India, Statistical Report on General Elections, New Delhi, 1951, 1957, 1962, 1967, 1971。

### 附表 2　印度人民党在历届人民院选举中所得议席（个）和得票率

| | 1984 年 议席（得票率%） | 1989 年 议席（得票率%） | 1991 年 议席（得票率%） | 1996 年 议席（得票率%） | 1998 年 议席（得票率%） | 1999 年 议席（得票率%） | 2004 年 议席（得票率%） |
|---|---|---|---|---|---|---|---|
| 安德拉 | 1（2.22） | 0（1.97） | 1（9.63） | 0（5.65） | 4（18.30） | 7（9.90） | 0（8.41） |
| 阿萨姆 | — | — | 2（9.60） | 1（15.92） | 1（24.47） | 2（29.84） | 2（22.94） |
| 西孟加拉 | 0（0.40） | 0（1.67） | 0（11.66） | 0（6.88） | 1（10.20） | 1（11.13） | 0（8.06） |
| 比哈尔邦 | 0（6.92） | 8（11.72） | 5（15.95） | 18（20.54） | 20（24.03） | 23（23.01） | 5（14.57） |
| 昌迪加尔 | 0（5.60） | 0（12.26） | 0（28.80） | 1（39.05） | 1（42.36） | 0（45.07） | 0（35.22） |
| 德里 | 0（18.85） | 4（26.19） | 5（40.21） | 5（49.62） | 6（50.73） | 7（51.75） | 1（40.67） |
| 古吉拉特 | 1（18.64） | 12（30.47） | 20（50.37） | 16（48.52） | 19（48.28） | 20（52.48） | 14（47.37） |
| 哈里亚纳 | 0（7.54） | 0（8.31） | 0（10.17） | 4（19.74） | 1（18.89） | 5（29.21） | 1（17.21） |
| 喜马偕尔 | 0（23.27） | 3（45.25） | 2（42.79） | 0（39.62） | 3（51.43） | 3（46.27） | 1（44.24） |
| 查谟和克什米尔 | 0（1.71） | 0（7.15） | — | 1（19.04） | 2（28.64） | 2（31.56） | 0（23.04） |
| 卡纳塔克 | 0（4.68） | 0（2.55） | 4（29.28） | 6（24.85） | 13（26.95） | 7（27.19） | 18（34.77） |
| 喀拉拉 | 0（1.75） | 0（4.51） | 0（4.61） | 0（5.61） | 0（8.02） | 0（6.56） | 0（10.38） |
| 中央邦 | 0（29.99） | 27（39.66） | 12（41.88） | 27（41.32） | 30（45.73） | 29（46.58） | 25（48.13） |
| 马哈拉施特拉 | 0（10.07） | 10（23.72） | 2（20.20） | 18（21.81） | 4（22.49） | 13（21.18） | 13（22.61） |
| 奥里萨 | 0（1.18） | 0（1.28） | 0（9.50） | 0（13.42） | 7（21.19） | 9（24.63） | 7（19.30） |
| 旁遮普 | 0（4.45） | 0（4.17） | — | 0（6.48） | 3（11.67） | 1（9.16） | 3（10.48） |
| 拉贾斯坦 | 0（23.69） | 13（29.64） | 12（40.88） | 12（42.36） | 5（41.65） | 16（47.23） | 21（49.01） |
| 泰米尔纳杜 | 0（0.07） | 0（0.29） | 0（1.65） | 0（2.93） | 3（6.86） | 4（7.14） | 0（5.07） |

续表

|  | 1984年 议席(得票率%) | 1989年 议席(得票率%) | 1991年 议席(得票率%) | 1996年 议席(得票率%) | 1998年 议席(得票率%) | 1999年 议席(得票率%) | 2004年 议席(得票率%) |
| --- | --- | --- | --- | --- | --- | --- | --- |
| 北方邦 | 0 (6.42) | 8 (7.58) | 51 (32.82) | 52 (33.44) | 57 (36.49) | 29 (27.64) | 10 (22.17) |
| 总计 | 0 (7.74) | 85 (11.36) | 120 (20.11) | 161 (20.29) | 182 (25.59) | 182 (23.75) | 138 (22.16) |

资料来源：Election Commission of India, Statistical Report on General Elections, New Delhi, 1984, 1989, 1991, 1996, 1998, 1999, 2004。

# 参考书目

## 一 原始资料

1. Ghatate, N. M. ed., *Atal Bihari Vajpayee: Four Decades in Parliament*, Delhi, 1996.
2. Upadhyaya, *Deendayal, Integral humanism*, http://www.bjp.org.
3. V. D. Savarkar, Hindutva, Hindi Sahitya Sadan, New Delhi, 2009.
4. ABPS, *RSS Resolution*, March 1998, http://www.rss.org/march1998.htm.
5. ABPS, *RSS Resolution*, March 1999, http://www.rss.org/march1999.htm.
6. ABPS, *RSS Resolution*, March 2000, http://www.rss.org/march2000.htm.
7. ABPS, *RSS Resolution*, March 2001, http://www.rss.org/march2001.htm.
8. ABPS, *RSS Resolution*, March 2002, http://www.rss.org/march2002.htm.
9. Zaidi, A. Moin. ed., *The Annual Register of Indian Political Parties*, New Delhi, 1973, 1974–1976, 1976–1977, 1979, 1980, 1989.
10. Bharatiya Jana Sangh, *Party Documents, 1951–1972*, Vol. 1–5, New Delhi, 1973.
11. Bharatiya Janata Party, *BJP's White Paper on Ayodhya & The Rama*

Temple Movement, April 1993, from http: //www. hvk. org/special-repo/bjpwp.

12. Golwalkar, M. S. , *Bunch of Thoughts*, http: //www. hindubooks. org/bot.

13. VHP, *The Ram Janmabhoomi Mandir: Presented to the Government of India on December 23, 1990*, http: //www. hvk. org.

14. BJP, *Election Manifesto 1998*, National Agenda For Governance, http: //www. bjp. org.

15. NDA, *Election Manifesto 1999*, For A Proud, Prosperous India, http: //www. bjp. org.

16. Minstry of Finance, *Union budget: 1998 – 1999, 1999 – 2000, 2000 – 2001, 2001 – 2002*, http: //indiabudget. nic. in.

17. Minstry of Finance, *Economic Survey: 1998 – 1999, 1999 – 2000, 2000 – 2001, 2001 – 2002*, http: //indiabudget. nic. in.

18. Prime Minister's Economic Advisory Council, *Economic Reforms: A Medium Term Perspective*, http: //pmindia. nic. in.

19. Planning Commission, *9th Five Year Plan*, http: //planningcommission. nic. in.

20. Ministry of Commerce, *Exim Policy 2002 – 2007*, http: //dgft. delhi. nic. in.

21. Hegde, R. K. , *Text of the Speech Delivered by Commerce Minister R. K. Hegde on Thirteenth April, 1998 on the Occasion of Release of the Revised EXIM Policy.* http: //pib. nic. in/archieve/others/explz. html.

22. Ministry of Commerce, *Medium Term Export Strategy 2002 – 2007*, http: //commerce. nic. in/medium_ term/cover. htm.

23. Insurance Regulatory and Development Authority, *Insurance Regulatory Development Authority Act, 1999*, http: //www. irdaindia. org/index. htm.

24. Government of India, *The Electricity Laws (Amendment) Act 1991*, http：//www.indianelectricity.com/goinot2.htm.

25. Government of India, *The Electricity Laws (Amendment) Act 1998*, http：//www.indiainfoline.com/infr/lapo/laws/la98.html.

26. Government of India, *Patents (Amendment) Act, 1999*, http：//www.patentoffice.nic.in/ipr/patent/patents.htm.

27. Planning Commission, *National Population Policy 2001*, http：//planningcommission.nic.in.

28. Department of Health, *National Health Policy 2002*, http：//mohfw.nic.in/np2002.htm.

29. Government of India, *National Human Development Report 2001*, http：//planningcommission.nic.in/reports/genrep/nhdrep/nhdreportf.htm.

30. A. Vajpayee, *Prime Minister's reply to the discussion in Lok Sabha on Nuclear Tests, 1998*, http：//www.indianembassy.org/pic/pm(ls).htm.

31. A. Vajpayee, *The text of Prime Minister Atal Vajpayee's letter to Clinton*, O.P. Ralhan, Rise and Fall of BJP Government, New Delhi, 2000, p.229.

32. Supreme Court, *Supreme Court of Indian Judgement In The Matter of National Curriculum Framework For School Education, 2000*, http：//www.ncert.nic.in/frame.htm.

33. National Council of Educational Research and Training, *National Curriculum Framework for School Education*, http：//ncert.nic.in/cf-contents.htm.

34. Justice D.P. Wadhwa Commission, *Justice D.P. Wadhwa Commission of Inquiry Report*, http：//www.hvk.org/specialrepo/wadhwa/main.html.

35. National Human Rights Commission, *Order on Gujarat*, http：//nhrc.nic.in/Gujarat.htm.

36. Election Commission of India, *Statistical Report on General Elections*, New Delhi.

## 二 西文书目

1. Aggarwal, J. C., *Elections in India – 1998*, Shakarpur, 1998.
2. Arya, P. P. and B. B. Tandon, eds., *Multinationals versus Swadeshi Today: A Policy Framework for Economic Nationalism*, New Delhi, 1999.
3. Ayres, Alyssa and Philip Oldenburg, eds., *India Briefing: Quickening the Pace of Change*, New York, 2002.
4. Bajpai, Kanti ed., *Kargil and After: Challenges for Indian Policy*, New Delhi, 2001.
5. Banerjee, Sikata, *Warriors in Politics: Hindu Nationalism, Violence, and the Shiv Sena in India*, Boulder, 2000.
6. Basu, Amrita ed., *Community Conflicts and the State in India*, Delhi, 1998.
7. Basu, Tapan, *Khaki Shorts and Saffron Flags: A Critique of the Hindu Right*, New Delhi, 1993.
8. Baxter, Craig, *Government and Politics in South Asia*, Colorado, 1998.
9. Baxter, Craig, *The Jana Sangh: A Biography of an Indian Political Party*, Bombay, 1971.
10. Bhambhri, C. P., *Indian Politics Since Independence*, Delhi, 1994.
11. Bhambri, C. P., *BJP Led Government and Elections 1999*, Delhi, 2000.
12. Bidwai, Praful, Harbans Mukhia and Achin Vanaik, eds., *Religion, Religiosity and Communalism*, New Delhi, 1996.
13. Brass, Paul R., *The Politics of India Since Independence*, Second Edition, Cambridge, 1994.
14. Chande, M. B., *Betrayal of Indian Democracy*, New Dehli, 1999.
15. Chandra, Prakashi, *Changing Dimensions of the Communal Politics in*

*India*, Delhi, 1999.

16. Chatterjee, S. K., *The Scheduled Castes in India*, New Delhi, 1996.
17. Chatterji, Pakhahari ed., *Politics India: the State-Society Interface*, New Delhi, 2001.
18. Chatterji, Rakhahari ed., *Politics India*, New Delhi, 2001.
19. Chaube, S. K. ed., *Indian Democracy At the Turn of Century*, New Delhi, 1999.
20. Chhibber, Pradeep K., *Democracy Without Associations*, Michigan, 1999.
21. Chowdhary, Rekha, *Ideology and Politics of Ruling Parties in India*, New Delhi, 1991.
22. *Christian, Niels, Fundamentalism, Mythos and Worle Religion*, New York, 1993.
23. Corbridge, Stuart and John Harriss, *Reinventing India: Liberalization, Hindu Nationalism and Popular Democracy*, Cambridge, 2000.
24. Datt, Ruddar, *Second Generation Economic Reforms in India*, New Delhi.
25. Delury, George E. ed., *Political Systems and Parties*, Third Edition, Vol. 2, New York, 1999.
26. Delury, George E. ed., *World Encyclopedia of Political System*, Vol. 1, Essex, 1983.
27. Deol, Harnik, *Religion and Nationalism in India: the Case of the Punjab*, London, 2000.
28. Dettman, Paul. R., *India Changes Course*, Wesport, 2001.
29. Genlot, N. S. ed., *Current Trends in Indian politics*, New Delhi, 1998.
30. Ghosh, Partha S., *BJP and the Evolution of Hindu Nationalism: From Periphery to Center*, New Delhi, 1999.
31. Ghosh, S. K., *Muslim Politics in India*, New Delhi, 1987.

32. Gordon, Sandy, *India's Rise to Power in the Twentieth Century and Beyond*, New York, 1995.
33. Goswami, Atul ed., *Regional Disparities in India*, New Delhi, 2001.
34. Gottschalk, Peter, *Beyond Hindu and Muslim*, New York, 2000.
35. Grover, Verinder ed., *Political System in India*, Vol. 5, Party System and Political Parties, New Delhi, 1989.
36. Hansen, Thomas Blom, *The Saffron Wave: Democracy and Hindu Nationalism in Modern India*, New Jersey, 1999.
37. Hasan, Zoya ed., *Parties and Party Politics in India*, New Delhi, 2002.
38. Jaffrelot, Christophe, *The Hindu Nationalist Movement in India*, New York, 1996.
39. Jai, Janak Raj and Rajiv Jai, *Revival of Two Party System In India: Ruling vs. Combined Opposition*, New Delhi, 1999.
40. Jana, Arun K. ed., *Class, Ideology, and Political Parties in India*, New Delhi, 2002.
41. Jayal, Niraja Gopal, *Democracy in India*, New Delhi, 2001.
42. Jenkins, Rob, *Democratic politics and Economic Reform in India*, 1999.
43. Jetly, Nancy ed., *India's Foreign Policy: Challenges and Prospects*, New Delhi, 1999.
44. Jodhka, Surinder S. ed., *Community and Identities*, New Delhi, 2001.
45. Kakar, Sudhir, *The Colors of Violence: Cultural Identities, Religion and Conflict*, Chicago, 1996.
46. Kaul T. N., *India and the New World Order*, Vol. 1, New Delhi, 2000.
47. Kaushik, Sanjay, *A. B. Vajpayee: An Eloquent Speaker and A Visionary Parliamentarian*, New Delhi, 1998.
48. Kohli, Atul ed., *India's Democracy*, New Jersey, 1988.

49. Kohli, Atul, *The Success of India's Democracy*, Cambridge, 2001.

50. Kumar, Arun, *On Coalition Course*, New Delhi, 1998.

51. Lal, Shiv ed., *Select Volumes on Indian Polity*, New Delhi, 1992–1993.

52. Lal, Shiv, *Party politics in India: Janata's Strange Bed Fellows*, New Delhi, 1979.

53. Larue, C. Steven ed., *The India Handbook*, Chicago, 1997.

54. Mahalanobis, Surojit, *Manifestos of Major Political Parties of India*, New Delhi, 1997.

55. Majumdar, A. K. ed., *Regionalism in Indian Politics*, New Delhi, 1997.

56. Malik, Yogendra K. and V. B. Singh, *Hindu Nationlism in India*, Boulder, 1994.

57. Mattoo, Amitabh, *India's Nuclear Deterrent: Pokhran II and Beyond*, New Delhi, 1999.

58. Mckean, Lise, *Divine Enterprise*, Chicago, 1996.

59. Mehta, Vinod ed., *Reforming Administration in India*, New Delhi, 2000.

60. Mitra, Subrata K. and V. B. Singh, *Democracy and Social Change in India*, New Delhi, 1999.

61. Mohanty, Manoranjan, *Contemporary Indian Political Theory*, New Delhi, 2000.

62. Narasimha Rao, G. V. L. and K. Balakrishnan, *Indian Elections: the Nineties*, New Delhi, 1999.

63. Nayar, Baldev Raj, *Globalization and Nationalism*, New Delhi, 2001.

64. Noorani, A. G., *The RSS and the BJP: A Division of Labour*, New Delhi, 2000.

65. Oldenburg, Philip ed., *India Briefing, 1991*, Colorado, 1991.

66. Oldenburg, Philip ed., *India Briefing, 1992*, Colorado, 1992.

67. Oldenburg, Philip ed. , *India Briefing, 1993*, Colorado, 1993.
68. Oldenburg, Philip ed. , *India Briefing, 1995 – 1996*, Colorado, 1996.
69. Palanithurai, G. ed. , *Perspectives on Indian Regionalism*, Delhi, 1992.
70. Pandya, B. P. , *Parliamentary Government in India*, Delhi, 1999.
71. Parikh, Kirit S. and R. Radhakrishna eds. , *India Development Report 2002*, New Delhi, 2002.
72. Parikh, Kirit S. ed. , *India Development Report 1999 – 2000*, New Delhi, 1999.
73. Pattanaik, D. D. , *Hindu Nationalism in India*, New Delhi, 4V, 1998.
74. Pillai, K. Raman ed. , *Indian Foreign Policy in the 1990s*, New Delhi, 1997.
75. Prasad, Nageshwar, *Ideology and organization in Indian politics: a Study of Political Parties at the Grass-Roots*, New Delhi, 1980.
76. Raj, Hans, *Encyclopaedia of Indian Parliament*, Vol. 13, New Delhi, 1998.
77. Rajagopal, Arvind, *Politics After Television: Hindu Nationalism and the Reshaping of the Public in India*, Cambridge, 2001.
78. Ralhan, O. P. , *Rise and Fall of BJP Government*, New Delhi, 2000.
79. Ram, Sundar ed. , *Coalition Politics in India*, Jaipur, 2000.
80. Ray, Anil Baran, *Students and Politics in India: the Role of Caste, Language and Region in an Indian University*, New Delhi, 1978.
81. Rudolph, Lloyd I. and Susanne Hoeber Rudolph, *In Pursuit of Lakshmi: The Political Economy of the Indian State*, Chicago, 1987.
82. Sarkar, Bhaskar, *Kargil War: Past, Present, and Future*, New Delhi, 1999.
83. Sastry, T. Suryanarayana, *Fifty Years of Indian Independence and the Polity*, New Delhi, 2000.
84. Sathyamurthy, T. V. ed. , *Industry and Agriculture in India Since In-*

dependence, Vol. 2, Oxford, 1995.

85. Sathyamurthy, T. V. ed. , *Class Formation and Political Transformation in Post-colonial India*, Vol. 4, Oxford, 1996.

86. Sathyamurthy, T. V. ed. , *State and Nation in the Context of Social Change*, Vol. 1, Oxford, 1994.

87. Shah, A. M. , B. S. Baviskar and E. A. Ramaswamy, *Social Structure and Change*, New Delhi, 1996.

88. Sharma, Arvind ed. , *Hinduism and Secularism After Ayodhya*, New York, 2001.

89. Sheth, Pravin, *India 50: Political Development and Decay*, New Delhi, 1998.

90. Singh, Jasjit ed. , *Kargil 1999: Pakistan's Fourth War for Kashmir*, New Delhi, 1999.

91. Sisson, Richard and Ramashray Roy eds. , *Diversity and Dominance in India Politics*, Vol. 1, New Delhi, 1990.

92. Smith, David, *Hinduism and Modernity*, Malden, 2003.

93. Sondhi, M. L. , PrakashNanda, *Vajpayee's Foreign Policy: Daring the Irreversible*, New Delhi, 1999.

94. Thakur, C. P. and Devendra P. Sharma, *India Under Atal Behari Vajpayee: the BJP Era*, New Delhi, 1999.

95. Thakur, Ramesh, *The Government and Politics of India*, Basingstoke, 1995.

96. Vakil, F. D. and K. H. Shivaji Rao, *Indian Government and Politics*, New Delhi, 1990.

97. Van Der Veer, Peter, *Religious Nationalism*, California, 1994.

98. Varma, Pavank, *The Great Indian Middle Class*, New Delhi, 1998.

99. Varshney, Ashutosh, Democracy, *Development and the Countryside: Urban-Rural Struggles in India*, New York, 1995.

100. Mcguire, John; Copland, Ian Ed. , *Hindu Nationalism and Gover-*

*nacnce*, New Delhi, 2007.

### 三、中文书目

1. 林承节主编：《印度现代化的发展道路》，北京大学出版社 2001 年版。
2. 陈峰君：《东亚与印度：亚洲两种现代化模式》，经济科学出版社 2000 年版。
3. 孙士海主编：《南亚的政治、国际关系及安全》，中国社会科学出版社 1998 年版。
4. 孙培钧等：《印度从半管制走向市场化》，武汉出版社 1994 年版。
5. 孙培钧，华碧云主编：《印度国情与综合国力》，中国城市出版社 2001 年版。
6. 尚会鹏：《种姓与印度教社会》，北京大学出版社 2000 年版。
7. 高鲲、张敏秋主编：《南亚政治经济发展研究》，北京大学出版社 1995 年版。
8. 朱明忠：《恒河沐浴——印度教概览》，四川民族出版社 1994 年版。
9. 林承节：《印度近现代史》，北京大学出版社 1995 年。
10. 曹永胜等：《南亚大象》，解放军出版社 2002 年版。
11. 赵蔚文：《印中关系风云录》，时事出版社 2000 年版。
12. ［美］塞缪尔·亨廷顿：《文明冲突与世界秩序的重建》，周琪等译，新华出版社 1998 年版。
13. ［美］许烺光：《宗族、种姓、俱乐部》，薛刚译，华夏出版社 1990 年版。
14. 陈峰君主编：《印度社会述论》，中国社会科学出版社 1991 年版。
15. 孙培钧主编：《中印经济发展比较研究》，北京大学出版社 1991 年版。
16. 林良光主编：《印度政治制度研究》，北京大学出版社 1995 年版。
17. 王宏纬主编：《南亚区域合作的现状与未来》，四川大学出版社

1993年版。

18. ［美］弗朗辛·R·弗兰克尔:《印度独立后政治经济发展史》,孙培均等译,中国社会科学出版社1989年版。

19. 文富德:《印度经济发展经验与教训》,四川大学出版社1994年版。

20. 殷永林:《独立以来的印度经济》,云南大学出版社2001年版。

21. ［美］西摩·马丁·李普塞特:《政治人:政治的社会基础》,张绍棠译,上海人民出版社1997年版。

22. ［英］拉尔夫·达仁道夫:《现代社会冲突》,林荣远译,中国社会科学出版社2000年版。

23. ［英］安东尼·D. 史密斯:《全球化时代的民族与民族主义》,龚维斌等译,中央编译出版社2001年版。

24. ［美］塞缪尔·亨廷顿:《变动社会中的政治秩序》,王冠华等译,三联书店1989年版。

25. 王红生:《论印度的民主》,社会科学文献出版社2011年版。

26. 姜士林等主编:《世界宪法全书》,青岛出版社1997年版。

27. ［美］西摩·马丁·李普塞特:《一致与冲突》,张华青等译,上海人民出版社1995年版。

28. ［美］格林斯坦等:《政治学手册精选》(上、下册),竺乾威等译,商务印书馆1996年版。

29. 王邦佐等主编:《西方政党制度的社会生态分析》,学林出版社1997年版。

30. ［美］斯坦利·A. 科查内克:《印度国大党:一党民主制的动力》,上海市徐汇区教师红专学院译,上海人民出版社1977年版。

31. 邱永辉:《印度世俗化研究》,巴蜀书社2003年版。

32. 许保强等选编:《发展的幻象》,中央编译出版社2001年版。

33. ［英］约翰·邓恩编:《民主的历程》,林猛等译,吉林人民出版社1999年版。

34. 王缉思主编：《文明与国际政治》，上海人民出版社 1995 年版。
35. ［美］迈克尔·罗斯金等：《政治科学》，林震等译，华夏出版社 2001 年版。
36. ［意］安东尼·葛兰西：《狱中札记》，曹雷雨等译，中国社会科学出版社 2002 年版。
37. ［日］猪口孝：《国家与社会》，高增杰译，经济日报出版社 1989 年版。
38. 萧新煌主编：《变迁中台湾社会的中产阶级》，巨流图书出版公司 1989 年版。
39. ［美］戴维·伊斯顿：《政治生活的系统分析》，王浦劬译，华夏出版社 1999 年版。
40. ［印度］阿玛蒂亚·森：《惯于争鸣的印度人——印度人的历史、文化与身份论集》，刘建译，上海三联书店 2007 年版。
41. ［法］古斯塔夫·勒庞：《乌合之众：大众心理研究》，冯克利译，中央编译出版社 2000 年版。
42. ［瑞典］冈纳·缪尔达尔：《亚洲的戏剧——南亚国家贫困问题研究》，谭力文、张卫东译，北京经济学院出版社 1992 年版。

### 四、杂志

《南亚研究》

《南亚研究季刊》

*Asia survey*

*India Review*

*EPW*

*Frontline*

*Studies in Indian Politics*

*Seminar*